长江文化读本

（普及版）

CHANGJIANG WENHUA DUBEN

安徽省政协 主编

贺云翱 钱念孙 执行主编

长江文化读本

黄山书社

图书在版编目（CIP）数据

长江文化读本：普及版 / 安徽省政协主编；贺云翱，钱念孙执行主编 . -- 合肥：黄山书社，2025. 6.

ISBN 978-7-5737-1120-5

Ⅰ. K295

中国国家版本馆 CIP 数据核字第 2025V2S351 号

长江文化读本：普及版
CHANGJIANG WENHUA DUBEN PUJIBAN

安徽省政协　主编
贺云翱　钱念孙　执行主编

项目策划　安徽省政协
项目统筹　任吉梅　陈　永
出版统筹　葛永波　汤吟菲
责任编辑　刘莉萍
装帧设计　钱志刚
责任印制　李　磊
出版发行　黄山书社
地　　址　安徽省合肥市蜀山区翡翠路 1118 号出版传媒广场 7 层　邮编：230071
印　　刷　安徽新华印刷股份有限公司
版　　次　2025 年 6 月第 1 版
印　　次　2025 年 6 月第 1 次印刷
开　　本　710 mm × 1010 mm　1/16
字　　数　430 千字
印　　张　36.5
书　　号　ISBN 978-7-5737-1120-5
定　　价　68.00 元

服务热线　0551-63533706

销售热线　0551-63533761

官方直营书店（https://hsss.tmall.com）

《长江文化读本》编委会

目　录

第三章　江山胜迹

第四章　造物之美

第五章　多样竞辉

第六章　人文荟萃

第七章　水润中华

引 言

“你从雪山走来，春潮是你的风采；你向东海奔去，惊涛是你的气概；你用甘甜的乳汁，哺育各族儿女；你用健美的臂膀，挽起高山大海……”一曲《长江之歌》，倾诉着人们对长江的深情礼赞。

作为中华民族的母亲河，长江以独特优越的自然资源和生态环境滋养亿万中华儿女，也以积淀深厚的多彩文化塑造五千年华夏文脉，堪称中华民族的代表性符号和中华文明的标志性象征。

一

地质学家和考古学家告诉我们，人类赖以繁衍生息的地球在形成之初，遍布茫无际涯的海洋。今天的中华大地，包括整个长江流域，当时都沉浸在一片汪洋之中。

距今约1.8亿年，地壳处于印支运动构造阶段，中国西部的高山纷纷隆起，昆仑山、巴颜喀拉山、秦岭等横空出世，古地中海西退，今天长江中下游区域升为陆地，地球为长江的隆重出场铺排了北部舞台屏障。

距今约1.4亿年，也就是从侏罗纪到白垩纪的恐龙活跃时期，地壳发生惊天动地的造山活动：燕山运动。亚洲东部大陆边缘出现地貌重构，长江上游西部的青藏高原昂然突起，长江中下游的巫山和大别山等巍然隆起，而四川盆地则相对凹陷，其内侧沿武夷山、南岭构成长江流域的东界和南界，而外侧则阻断了太平洋海水的入侵。

距今约7000万年，发生新的造山运动：喜马拉雅运动。青藏高原和云贵高原大幅隆升，长江中下游则出现大小不一的丘陵、平原和盆地，长江流域西高东低的地理形势呈现雏形。

距今约300万年，喜马拉雅山再度升高，长江流域西部不断隆起，古长江侵蚀作用增强，天长日久，终于切穿巫山，初步形成万里长江东流水的大体状貌。

距今约50万年，随着地球温度升高，长江源头高山区的冰川加速融化，降水量增加，长江年均流量猛增，滔滔江水穿山越岭，一路向前，终于呈现出滚滚长江东流入海的壮阔景观。

长江从青藏高原逶迤而下，流经青海、四川、西藏、云南、重庆、湖北、湖南、江西、安徽、江苏、上海等11个省、自治区、直辖市，绵延6300多千米，是中国第一、世界第三长河，故有“万里长江”之美誉。

长江不仅主流浩荡，源远流长，还拥有雅砻江、乌江、岷江、沱江、嘉陵江、汉江、湘江、赣江、青弋江、秦淮河、黄浦江等众多支流，沿江还有洞庭湖、鄱阳湖、洪湖、巢湖、太湖等许多大型湖泊。全流域河网密布，雨量丰沛，水系延展至贵州、甘肃、陕西、河南、浙江、广西、广东、福建等8个省、自治区，形成流域面积180多万平方千米、约占我国陆地面积20%的巨大自然与人文区域。

作为中华民族的摇篮，长江与黄河一样，为华夏儿女繁衍生息和民族发展提供了重要地理条件与资源支撑。长江以其庞大密布的水系、独特完整的自然生态系统，涵养水源、繁育生物、释氧固碳、净化环境，维护和保障了我国主要生物基因库与重要生态系统。

长江流域水资源丰沛，年径流量9500多亿立方米，约占全国水资源的36%，每年供水量超过2000亿立方米，不仅保障流域内的供水需求，还通过南水北调、引汉济渭、引江济淮、滇中引水等工程，惠泽流域外广袤城乡的生产和生活。

长江流域物种资源丰富，淡水鱼类占全国总数的33%，珍稀濒危植物占全国总数的39.7%，不仅有大熊猫、金丝猴、中华鲟、江豚和扬子鳄等珍稀动物，还有银杉、水杉、珙桐等珍稀植物，是我国珍稀濒危野生动植物集中分布区域。

长江流域水能丰富，拥有三峡大坝、葛洲坝水电站、二滩水电站等一系列重要水电工程，水资源发电量占全国的47%以上。长江流域是我国实施新能源战略的主要基地，流域内风能、太阳能、生物能、地热能等新能源丰富多样，是我国新能源发展的重点区域。

作为连接我国东部、中部和西部的“黄金水道”，长江水系拥有700多条通航河道，干支流通航里程近8万千米，货运占全国内河货运总量的60%。

长江流域横跨我国西南、华中、华东三大区域，是我国重要的粮食生产基地。长江流域耕地面积4.62亿亩，粮食产量1.63亿吨。长江流域人口密度较高，约为全国平均人口密度的1.8倍，在全国经济社会发展中具有举足轻重的地位。

二

我国拥有百万年的人类史、一万年的文化史、五千多年的文明史。这一悠久而漫长的发展历程，在长江流域的演变发展中得到充分印证和生动演绎。

在长江流域，考古学家发现了250多万年前的安徽繁昌人字洞石器，200多万年前的湖北恩施建始人化石和重庆巫山人化石，170万年前的云南元谋人化石等。从直立人到智人的化石，长江流域都有发掘，井然有序，排列清晰。这说明人类起源与演化在我国境内形成了完整的证据链，为“现代人起源多地区进化说”提供了科学实证。

以早期智人为代表的现代人，同样率先在长江流域出现。湖北郧县（今十堰市郧阳区）发现距今35万年的古人类化石，安徽东至华龙洞发现30万年前的“东至姑娘”化石等。考古学家与古人类学家研究认为，这些化石不仅表明东亚地区有向智人（现代人）演化的最早古人类，也表明中国人是自身演化而来。

距今1.5万—1万年，长江中下游地区出现世界上最早的水稻驯化和稻作农业文明，并且孕育出不同的文化体系。如由桂圆桥文化、宝墩文化等构成的上游史前文化体系，由玉蟾岩文化、屈家岭文化等构成的中游史前文化体系，由河姆渡文化、马家浜文化等构成的下游史前文化体系，均具有早期农业文明遗址的显著特征。

距今5000—4500年，在长江流域出现具有一定规模的城址及较大型的礼制建筑，如上游的宝墩文化及三星堆文化，中游的屈家岭文化、石家河文化，下游的凌家滩文化、良渚文化等。区域性邦国文明星罗棋布，标志长江流域先民创造了璀璨夺目的早期区域文明。

商周时期，长江流域形成巴蜀文化、荆楚文化、吴越文化、群舒文化等不同文明圈。巴蜀、群舒文化相对地缺少文字著录，荆楚和吴越文化则留下不少文献记载，如吴王夫差和越王勾践的故事、楚国屈原和宋玉的作品及传说等，均被载入历史，清晰明了。

秦汉时期，随着大一统国家格局的形成，春秋战国五百多年的诸侯割据局面宣告结束，长期与中原地区分离的长江流域文化，迈开融入中原文化的步伐。长江流域设立了蜀、巴、黔中、汉中、长沙、九江、巫、庐江、会稽等郡，陇西、南阳、内史等郡也包括部分长江流域的土地。长江流域在与中原文化的交流中取长补短，呈现出新的发展格局。

魏晋南北朝是一个动荡不安的年代。北方游牧民族先后南下入侵中原，形成匈奴、鲜卑、羯、氐、羌等多个民族统治区域。黄河流域覆盖的中原地区战乱不已，生灵涂炭，大量北方人口南迁长江流域，东晋以及南朝（宋、齐、梁、陈四个王朝）在长江重镇建康（今江苏南京）建立都城，有力地促进了长江流域的开发与发展，长江流域初现赶超黄河流域的端倪。

唐宋时期，尤其是晚唐和南宋时期，由于唐朝的“安史之乱”和北宋的“靖康之难”，大批中原士族南下迁徙至长江流域。其间，唐朝皇室曾入蜀躲避战乱，而南宋王朝则在临安（今浙江杭州）设立都城。伴随全国政治、经济、文化中心的一再南移，长江流域多次担负起中华文化传承和发展的重任，并在这一过程中不断吸收和融合外来文化，逐步走向兴盛和繁荣。

元明清三朝，是长江流域发展的鼎盛时期。自元代开始，中国的“西北核心块”的优势地位基本丧失，而“东南核心块”的优势地位稳固确立，中国经济社会发展中心已逐步迁移到长江流域的中下游地区。尽管元明清三朝的政治中心仍在华北平原，但它必须仰仗以大运河为枢纽而输入的东南财富，才能维系国家的稳定和发展。“湖广熟，天下足”“赋之所出，江淮居多”“当今赋出于天下，江南居十九”“东南财赋地，江浙人文薮”等流行于明清时期的民谚熟语和诗句，无不表明长江流域在国家发展中至关重要的地位。

三

长江流域作为中华民族的重要发源地和传承复兴地，不仅孕育了中国古代最为发达的稻作农业文明与商业市镇经济，还与这种经济生产方式相伴而生，形成了凸显长江流域特色的思维方式、生活习惯、岁时节令及风土人情等。这就是说，长江文化不仅包括农业、工业、商贸、水运、建筑、都市等物质形态的内容，还包括教育、科技、艺术、民俗、生态等精神形态的内涵，是一座历史悠久、积淀深厚、渊博浩瀚、异彩纷呈的文化宝库。

今天我们梳理长江文化，就是要提炼和展示其中蕴含的精神特质与思想精髓，为长江流域的进一步创新发展提供源头活水，为中华民族伟大复兴提供智慧力量。长江文化精神特质最为突出的有以下几个方面：

其一，天下兴亡、匹夫有责的家国担当。从屈原《离骚》

高扬“长太息以掩涕兮，哀民生之多艰”的家国情怀，到范仲淹《岳阳楼记》里“先天下之忧而忧，后天下之乐而乐”的忧患意识；从顾炎武的“保天下者，匹夫之贱，与有责焉”的振臂高呼，到近350万川籍官兵为救亡图存走上抗日前线；从陈独秀、胡适为变革图强发起新文化运动，到周恩来立下“为中华之崛起而读书”的宏大志向，这些都是长江儿女心系国运、勇于担当精神的生动写照。

其二，重商致用、兴利济民的经世之风。长江流域具有重商传统，上游的巴蜀商人不仅发明了全球第一张纸币“交子”，还开辟了千里茶马古道和南方丝绸之路；下游的越国人范蠡被誉为“商圣”，在担任相国时推行一系列经济发展措施，后在齐国经商富可敌国；下游的徽商、浙商、苏商等更是明清时期叱咤风云的著名商帮，沈万三、胡雪岩、盛宣怀、张謇等贾而好儒，其诸多商业报国和兴利济民的思想与实践，至今传扬四方。

其三，崇文重教、创新超越的进取精神。西汉时期，蜀郡太守文翁在成都设立石室精舍，创办中国历史上有明确记载的第一个地方官办学校。北宋初年，湖南岳麓书院创立于长沙湘江西岸，“千年学府”至今弦歌不绝。元明清时期，赣、皖、苏、浙无不是书院多、私塾多、家学多，读书人更多，为数百年来中国科举仕进人数最多的区域。此外，从史前凌家滩和良渚的精美玉器、商周时期三星堆青铜器的独特神奇，到春秋战国荆楚文化的瑰丽多彩，再到景德镇瓷器货通四海和江南丝绸“衣被天下”，以及近代以来在工业、商贸、教育、科学等诸多方面领时代之先，无不彰显长江文化勇于创新超越的精神气质。

其四，开放包容、海纳百川的胸襟气概。长江流域地理单元复杂，山体多、支流众、地貌异、区域广，在如此多样的生态环境中孕育出来的文化，是一种多元兼容的文化。长江流域不仅上游、中游和下游之间互助互学，携手前行，还在与中原及北方移民的长期交往中取长补短，共同发展。长江深入内地而通达海洋，近代以来更是通过与西方文明的交流互鉴，呈现出不同文化兼容并蓄、多样竞辉、和合共生的宏大格局。改革开放以来，长江流域，尤其是长江三角洲区域始终立时代潮头，得风气之先，以开放开拓促进创新发展，留下了丰富生动的实践经验。

四

当前，长江流域是中国经济社会开放程度高、创新能力强、吸引外来人口多、发展最具活力的区域。它既是国家实施长江经济带、长三角一体化、长江中游城市群、成渝城市群等发展战略的空间载体，又是实施“一带一路”国际合作，构建人类命运共同体的重要通道，在以中国式现代化全面推进强国建设、民族复兴伟业中具有十分重要的战略地位。

长江文化是长江流域历史发展的产物，也是长江儿女辛勤创造的成果。传承长江千年文脉，深入发掘长江文化的时代价值，推动中华优秀传统文化创造性转化、创新性发展，是促进长江经济带高质量发展的内在要求，也是建设文化强国、建设中华民族现代文明的题中应有之义。

党的十八大以来，习近平总书记高度重视保护传承弘扬长江文化，多次亲临长江流域考察并作出一系列重要指示。2020年11月14日，他在南京主持召开全面推动长江经济带发展座谈会，特别提出“要保护传承弘扬长江文化”。2021年底，长江国家文化公园建设正式启动，《长江文化保护传承弘扬规划》

于2023年7月印发各地，一系列切实举措推动了对长江文化的传承发展和研究阐释，使长江文化迎来发展繁荣的新时期。

新时代新征程，我们要深入学习贯彻习近平文化思想，坚守中华文化立场，以文培元，以文铸魂，传承长江文脉，让长江文化更加熠熠生辉，为长江经济带高质量发展提供历史借鉴和现实路径。

我们要坚持古为今用、推陈出新的原则，一方面着力构建系统保护的体制机制，不断加大长江文物和文化遗产的保护力度，传承中华文化基因，守护中华历史文脉；一方面利用长江流域丰富的历史文化资源，深入挖掘长江文物和文化遗产的多重价值，调动社会力量和科技手段，展示传播更多承载长江经济带高质量发展的文化符号和文化产品，做大做亮中华文化的长江标志。

我们要做好长江文化育民、惠民、利民工作，用长江文化中凸显中华优秀传统文化、革命文化、社会主义先进文化的闪光点，发挥文化固本培元和成风化俗的教化功能，让人民群众享有更高质量的精神文化生活。文物和文化遗产保护不是将文物和文化遗产束之高阁，最好的保护是让文物和文化遗产“活”起来，转化为时代文化走进人们的日常生活，浸润人们的精神世界。要提升长江流域公共文化服务水平，优化供给、创新机制、提高效能，加强共建共享，推动长江文化融入城乡建设，用长江文化引导人、凝聚人、激励人。

我们要推动文化和旅游业发展的提质增效，坚持以文塑旅、以旅彰文，做好长江流域文化产业和旅游业深度融合的大文章，发挥文旅产业在传播弘扬长江文化中的独特优势。要推进长江国际黄金旅游带建设，高标准打造长江国家文化公园，大力培育体现长江文化特色的优质旅游产品和精品线路，让人们在领略自然之美中感悟生活之乐，升华人生境界。要聚焦长江题材，加强文艺创作生产，推出更多满足人民群众需求、体现长江文化丰厚内涵的优质文艺产品，向中国和世界讲好长江故事。

在面向现代化、面向世界、面向未来的今天，文化在经济发展中的作用越来越大，文化与经济相互作用、相互促进、联动发展，日益成为一个整体。坚持以习近平新时代中国特色社会主义思想为指导，传承长江文脉，深入挖掘和阐发长江文化在经济发展、生态保护、科技创新以及文化涵育等方面的价值与功能，推动中华优秀传统文化创造性转化和创新性发展，必将为长江经济带高质量发展提供强大的文化引导和智慧支撑。

这本图文并茂的《长江文化读本》，通过对长江文化史的勾勒，展示出长江流域文明演进的状貌和特色，以及在中华文明发展中的重要地位。希望它不仅有助于读者了解长江流域悠久而灿烂的历史和文化，而且能够增进读者对中华文明形成发展过程的认识和体悟，为谱写中华民族现代文明的新篇章贡献力量。

第一章

文化根脉

长江文化的宏阔气象，离不开千万年的深厚积淀。从远古人类的生命踪迹到人猿揖别的文明曙光，从具有划时代意义的“农业革命”水稻驯化到中国大地上最早的古城址湖南澧县城头山遗址，从古老神秘的文字符号到辉煌灿烂的青铜文明，生活在长江流域的先民开启了我国百万年的人类史、一万年的文化史、五千多年的文明史。波澜壮阔的长江文化根脉，承载着中华民族的共同记忆，蕴藏着中华民族的文明基因，创造了中华文明生生不息的壮丽图景，确立了长江文化在整个中华文化版图中的重要地位。

远古人类的生命踪迹

长江流域地域广袤，水源充足，物产丰富，是人类理想的繁衍生息之地。

从20世纪初期，田野考古和研究工作推进到长江流域以来，远古时代长江流域先民的生活图景逐渐展现在人们眼前。一个个石破天惊的发现，揭示出长江流域在我国百万年人类史乃至人类起源与演化史上的重要地位。

江畔古影：冲积层中的直立人足迹

1965年4月初，为了配合成昆铁路建设，地质部地质科学研究院钱方一行来到金沙江南岸的云南元谋县上那蚌村进行地质考察。他们在村庄西北一处高约4米的土包下部褐色黏土层中发现了2件疑似人类牙齿的化石，经研究鉴定，这2件化石属于一

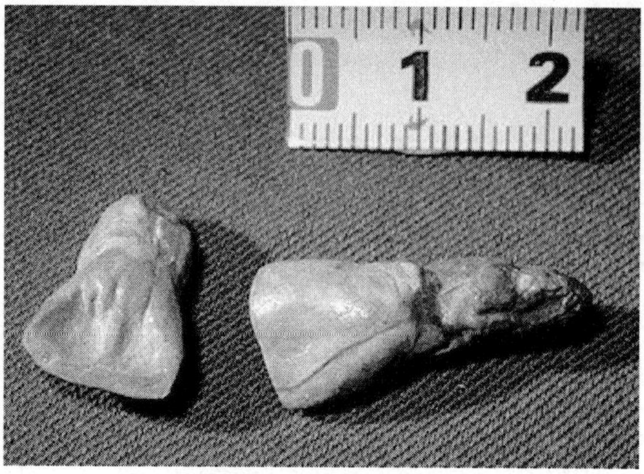

元谋人牙齿化石

名成年男性，分别是左、右上内侧门齿。它们的主人所属人种被定名为“直立人元谋新亚种”，简称“元谋人”。经过各种测年方法检测，专家们认为元谋人化石的年代距今约170万年。其后，元谋人遗址又经过数次考古发掘，出土了1件距今100多万年的胫骨化石残段、22件有人工痕迹的石制品、1件尖状骨器、数件带有人工修理痕迹的骨片、炭屑遗存，以及6目29属约40个种类的哺乳动物化石。这些遗存无声地展示了元谋人在金沙江南岸森林中生活的岁月，他们使用石器进行狩猎、采集，逐渐掌握了火的使用方法，改造着自然与自身。

乌蒙山，连绵起伏；乌江水，奔腾不息。乌江上游的黔西市，有一个喀斯特溶洞——观音洞。1964年，考古工作者首次踏入观音洞，一段被封存的远古记忆得以重见天日。在接下来的10年间，经过多次细致的挖掘，观音洞向世人展现了一幅生动的旧石器时代早期人类社会画卷。沿着东西向的裂隙，主洞延伸出近百米，两侧的支洞则分别向南北蜿蜒而去。洞内的文化遗存分为两个时期，早期堆积为含有角砾的砂质黏土，而晚期堆积则是红土。这些堆积物中不仅藏有石制品，还有20多种哺乳动物化石。石制品大多以硅质灰岩为原料，经过简单的锤击打制而成。石制品中刮削器占绝大多数，其次是砍砸器和尖状器。而那些哺乳动物化石则告诉我们，当时的观音洞周围草木丰茂、竹林遍布，山间盆地和洼地中有丰富的水源，是一个充满生机的地方。

长江三峡地区是世界上罕见的古人类化石密集区。1984年，古人类学家黄万波在重庆市巫山县长江南岸的庙宇镇龙坪村发现了一处古人类遗址——龙骨坡遗址。在随后的发掘中，出土了1件距今约200万年的灵长类下颌骨化石，这一发现令“巫山人”成为学术界关注的焦点，三峡地区也因此被誉为“东亚人类的摇篮”。然而，这件下颌骨化石主人的身份至今仍是学术界争论的热点话题。它究竟属于人类还是猿类？不同的研究者持有不同的观点。近年来，考古工作者对龙骨坡遗址进行系统发掘，清理出土数百件哺乳动物的化石及带有明显人工痕迹的石制品。含巫山人化石的地层年代可追溯至214万年前，并一直延续到100万年前。

巫山县南面的湖北建始县，地处长江重要支流清江流域，这里也有一处距今215万—195万年的直立人遗址——建始巨猿洞。20世纪50年代末60年代初，建始兴起一股挖“龙骨”之风，当地老百姓在一个洞中每天可挖数百斤“龙骨”。1968年，中国科学院古脊椎动物与古人类研究所一个野外科考队在巴东中药材收购部收购的“龙骨”和“龙齿”中，发现了200多件巨猿牙齿化石，并根据药材入库单一路追寻到这批“龙骨”的产地——建始县高坪镇巨猿洞。1970—2002年，考古工作者对这里进行了9次调查与发掘，发现早期直立人牙齿化石5件以及丰富的石制品、骨制品，还有包括步氏巨猿在内的80多个种属的哺乳动物化石。

汉江是长江最长的支流，汉江上中游和秦岭地区气候温润、植被茂密、水源充足，良好的自然气候条件使秦岭—汉水区域成为古人类起源演化的一个重要地区，堪称人类进化廊道。学堂梁子遗址位于湖北省十堰市郧阳区曲远河与汉江交汇的河谷地带，四周是连绵的群山。遗址保存了100多万年以来不同时期的地层堆积，每一层地层都像是一本翻开的史书，记录着地球的变迁与生命的演变。1989年，在学堂梁子遗址，考古工作者发现了一件

“郧县人”3号头骨化石发掘现场

珍贵的头骨化石，并将其定名为“郧县人”1号。随后，在1990年的正式发掘中，考古工作者又发现了“郧县人”2号头骨化石。2022年5月，“郧县人”3号头骨化石在考古发掘中被发现，它保存完整，颅型饱满，眉弓明显隆起，是迄今亚欧内陆发现的同时代保存较为完整的直立人头骨化石。郧县人化石距今约100万年，处在亚欧大陆古人类近200万年演化历程的关键环节，是研究东亚地区人类起源和发展的重要化石证据。

这一带还有几处重要的直立人化石和文化遗存被发现，比如郧阳梅铺直立人遗址、郧西白龙洞直立人遗址。郧西白龙洞直立人遗址出土了9件古人类牙齿化石及几十件石制品、骨制品，曾在这里生活的古人类被定名为“郧西人”，年代距今60万年左右。

让我们把目光转到长江下游地区。迄今为止，长江下游地区的南京人遗址、和县人遗址出土了直立人化石，还有一处遗址虽然暂时没有发现古人类化石，但学术意义重大，这就是繁昌的人字洞遗址。

人字洞遗址位于安徽省芜湖市繁昌区孙村镇癞痢山南坡，绝对年代距今256万—220万年，是迄今为止亚欧大陆发现的最古老的人类活动遗址。1998年至今，人字洞遗址经历了13次考古发掘，出土了上万件、上百种脊椎动物化石和200多件人工石制品、骨制品。

1993年，在开发长江南岸南京汤山地区溶洞旅游资源时，当地居民在汤山葫芦洞内挖土时发现"南京人"1号头骨。同年，南京市博物馆考古队在当地又征集到一件颅骨化石，定名为"南京人"2号头骨。1号头骨被认为与周口店遗址北京人3号头骨年代相近，距今62万—58万年。

比南京人年代稍晚的是距今约41.2万年的安徽和县人。和县人遗址位于长江北岸安徽和县汪家山北坡龙潭洞，1979—1981年，中国科学院古脊椎动物与古人类研究所、安徽省文物工作队通过调查、试掘和两次正式发掘，共发现14件古人类化石，包括1件完整的头盖骨、2件头骨碎片、1件附带有2颗牙齿的下颌骨残片、10颗单个牙齿，还有一些动物骨、角、牙制品和哺乳动物化石。和县人生活在长江边动植物资源丰富的环境里，他们通过狩猎和采集获取生活所需的各种资源，使用打制石器，会使用火，并且会制造和使用骨制品、角制品和牙制品。在这一时期，长江支流水阳江流域出现了以陈山遗址为代表的旧石器地点群，尤其是60

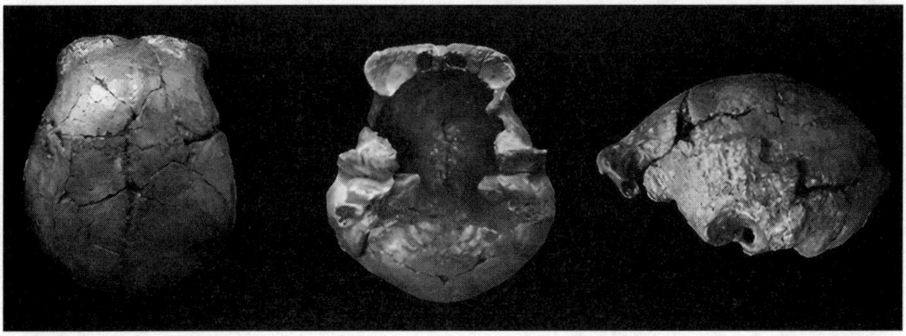

和县人头骨化石

万年前的毛竹山遗址，发现了由砾石和石制品构成的半圆形人工堆积，显示这处遗址可能是当时的中心营地。

智慧火种：长江流域的早期智人

距今 20 万年的旧石器时代中期，人类进入早期智人阶段。长江流域发现了多处早期智人化石和文化遗存，以大洞人、桐梓人、奉节人、长阳人、银山人等为代表的早期智人与自然抗争，与岁月同行，用智慧和汗水书写了人类历史上辉煌的一页。

在乌江流域的喀斯特溶洞中，贵州省盘州市大洞遗址和贵州省桐梓县岩灰洞遗址表明它们曾作为古人类的栖息地。在大洞遗址内，考古工作者发现了距今 33 万—13 万年的古人类牙齿化石及大量石器、动物骨骼等遗存。这些牙齿化石，既保留了早期智人的原始特征，又展现出早期现代人的现代特征，揭示了东亚大陆中更新世晚期人类演化的复杂过程。在岩灰洞遗址内，桐梓人牙齿化石的发现，进一步印证了这一地区古人类演化的连续性。他们制作石器的方法虽以锤击法为主，技术相对简单，但透露出对自然环境的深刻理解。他们用自己的双手和智慧，在乌江流域的大地上留下了深深的印记。

长江三峡同样留有早期智人的踪迹。2001 年，在重庆市奉节

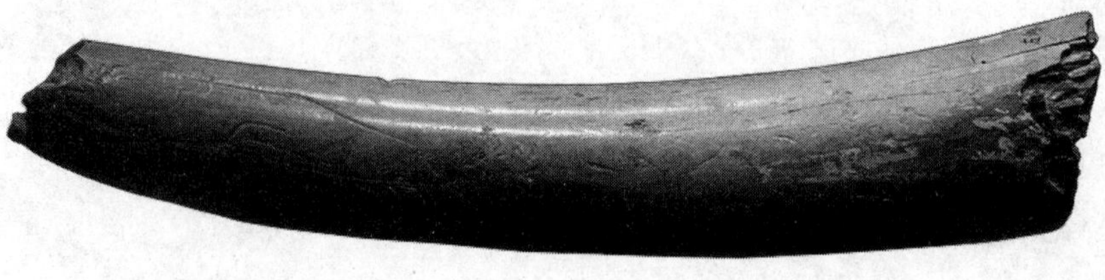

兴隆洞遗址出土的有人工刻痕的剑齿象门齿

县兴隆洞，考古工作者发掘了一批距今15万—12万年的早期智人化石以及丰富的手工制品，包括4件早期智人牙齿化石、20件石制品、2件有人工刻画痕迹的剑齿象门齿化石以及多件骨制品和艺术品。其中，石哨和石鸮等艺术品尤为引人注目。这些艺术品虽然工艺简单，但充满了原始的美感和生命的活力，体现了当时奉节人的审美意识，也是人类符号思维萌芽的重要标志。

1956年，在位于长江中游的湖北省长阳县钟家湾村关老山南坡的一个喀斯特溶洞内，考古工作者发现了长阳人化石，包括保留有第一前臼齿的残破的左上颌骨化石和一件单独的左下第二前臼齿化石。长阳人年代介于直立人与现代人之间，具有典型的早期智人特征。长阳人具有较高的石器制作水平，制作的石器种类丰富，他们在这片水草丰茂的土地上使用石器狩猎、采集，与大自然和谐共处。

长江流域安徽段的古人类文化遗存以华龙洞遗址和银山遗址为代表。东至县华龙洞遗址发现于1988年底。2024年，华龙洞遗址发掘出土了11件古人类化石，其中包括1件保存完整的跖骨、40余件石制品、大量哺乳动物化石以及3种爬行类化石等。华龙洞人距今约30万年，是迄今东亚地区呈现出智人（现代人）特征最多、年代最早的从古老型人类向智人过渡的古人类。华龙洞人的面部和下颌部已经开始向智人演化：面部扁平、眼眶较高、头骨纤细化，出现了智人标志性特征——下巴的雏形。华龙洞遗址是继北京周口店遗址之后，在中国发现的同时包含有丰富人类化石、大量石制品及哺乳动物化石的重要古人类遗址，是探讨现代人起源及其行为方式的最理想地点。

银山遗址是20世纪80年代被发现的，位于安徽省巢湖市银山村。经过多次发掘和清理，银山遗址出土了古人类枕骨化石、

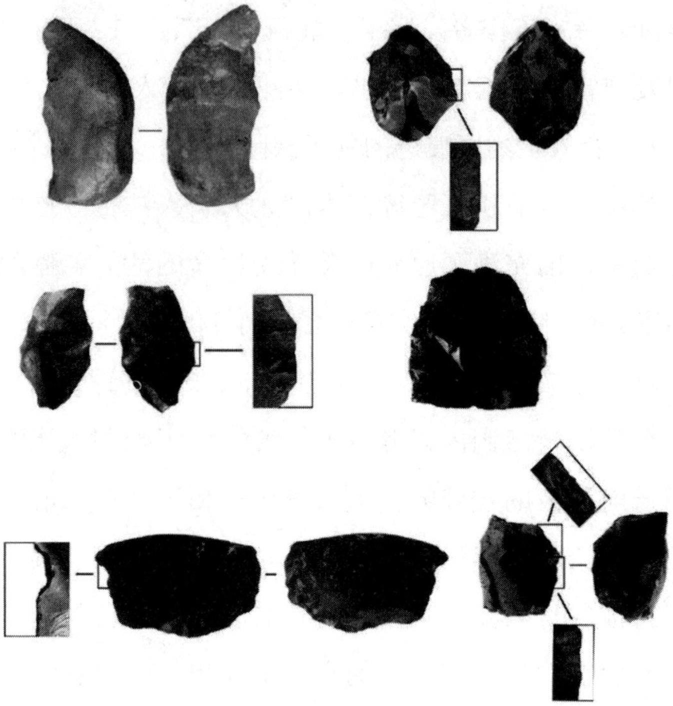

华龙洞遗址出土的部分石制品

上颌骨化石各1件，牙齿化石3件，28个种属的哺乳动物化石若干，年代距今20万—16万年。人骨化石中枕骨骨壁较薄，曲度较直立人大，具有早期智人的典型特征。

走出洞穴：大江两岸的晚期智人足迹

在距今5万—1万年的旧石器时代晚期，长江流域的晚期智人以其非凡的适应能力，从高山之巅逐渐走向广袤的平原与湖区。他们的足迹，不仅留在了崇山峻岭的洞穴深处，也延伸到了丘陵岗地的每一个角落，更在平原湖区的肥沃土地上生根发芽。

靠近水源的江畔山区洞穴是晚期智人的重要庇护所，他们在洞穴中躲避严寒与野兽的侵袭，用简陋的工具探索着未知的世界。

在云南丽江的木家桥村，乡民的一次偶然发现，揭开了丽江人的神秘面纱。这些生活在距今 10 万—5 万年的古人类，不仅掌握了制作石球并用其狩猎的技能，还懂得使用鹿角制造工具，展现了晚期智人在适应自然环境、改造生存环境方面的能力。

随着气候的变迁和人类生存技能的提升，一部分晚期智人逐渐走出洞穴，向丘陵岗地进发。在四川资阳的黄鳝溪大桥下，资阳人的头骨化石静静诉说着地球生命演化的故事。这位古人类女性，距今约 3 万年，其头骨特征与现代人相似，却仍保留着一些原始特征。资阳人不仅掌握了利用赭石处理皮毛及缝制衣物的技术，还留下了丰富的石器、骨器和动植物遗存，展现了一幅立体的旧石器时代社会生活图景。

长江中下游的平原湖区，水资源丰富、土地肥沃，是晚期智人理想的栖息地。湖北郧西的黄龙洞遗址、湖北汉南的纱帽山遗址以及湖南道县的福岩洞遗址，共同见证了晚期智人在这一地区的迁徙与适应过程。黄龙洞遗址出土的晚期智人牙齿化石，证明了东亚地区早期现代人的存在；汉阳人头骨化石的发现，揭示了晚期智人较早阶段的形态特征；道县福岩洞的 47 件人类牙齿化石，表明在 12 万—8 万年前，现代人已经在该地区活动。

湖北荆州鸡公山遗址，展示了晚期智人从洞穴走向平原的迁徙过程。在这个距今 2 万—1 万年的遗址中，考古工作者清理出了面积约 500 平方米的活动面，以及由砾石围成的圆形石圈和脚窝遗迹。这些遗迹不仅见证了古人类居住环境的变迁，也反映了他们适应新环境、创造新生活的勇气和智慧。

长江下游地区的旧石器时代晚期遗址，同样充满惊喜。安徽巢湖柳家 2 号遗址和太湖中的三山岛遗址，展示了晚期智人的生活方式和技术发展。柳家 2 号遗址出土的大量石制品，主体年代距今 7.8 万—3 万年，展示了古人类在石器制作方面的精湛技艺；而三山岛遗址以其独特的地理位置和丰富的出土文物，描绘了一幅更新世晚期动物群落与人类共生的生动画卷。

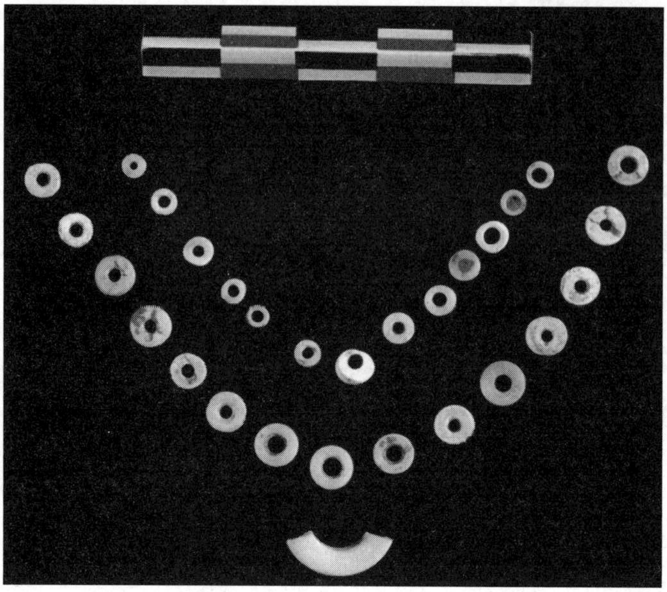

穿洞遗址出土的装饰品

在旧石器时代晚期，长江流域的古人类在石器制作技术上取得了显著进步。从石片到砍砸器、尖状器、刮削器等复杂工具的出现，不仅种类显著增加，制作技术也更加精湛。锤击法、直接打击法和间接打击法的运用，使得石器更加锋利耐用。同时，骨器的普遍出现也标志着古人类在材料利用上的新突破。箭头的出现与弓箭的发明，更是极大地推动了渔猎的发展，为新石器时代制陶业和早期农业的产生与发展奠定了基础。

在追求实用的同时，古人类也没有忘记对美的追求。如贵州穿洞遗址中发现的骨质、贝壳质串珠，就是他们审美情趣的生动体现。贵州招果洞遗址中的骨器磨制精美，磨制石器上沾有的赭石粉末，更是让我们窥见了古人类对于色彩和美的独特理解。

长江流域的现代人，展现出一种明显的连续性，这是中华文明连续性的一个重要体现。这些远古先民以狩猎和采集为生，在茂密的森林间穿梭，追逐猎物、采集植物。随着时间的推移，这些早期人类迎来了新石器时代文化的曙光，标志着人类文明的又一次飞跃。

稻作农业的诞生与发展

“风吹稻花香两岸”“秋收满畈稻谷香”……这些歌词唱出了中华田园之美，也是对长江流域稻作文明的深情礼赞。

从考古发掘的实证来看，“鱼米之乡”其实有着十分悠久的历史传承。早在新石器时代，长江流域的先民就通过栽种水稻、捕捞鲜鱼，过上了“饭稻羹鱼”的日子。

民以食为天。当我们的先民在1万多年前将稻粒播种到长江之滨时，就已经为长江、为中国留下了维系生命的主粮。

稻作遗存：长江是水稻的故乡

自古以来，人类逐水而居、依水而兴。纵观历史，无论是我国的华夏文明，还是古埃及文明、古巴比伦文明、古印度文明等，无一不是在大江大河流域孕育诞生，无一不是得益于水的滋养而发展壮大。

在滋养各自文明的大江大河中，长江的自然地理条件最为优越。长江源头高耸的雪峰和上游的横断山脉，牢牢挡住了来自太平洋的暖湿季风，将其“封印”在长江流域范围内循环，产生了充沛的降雨，再加上充足的光照，使长江流域非常有利于农业发展和人类生活。

文明的变迁以食物结构的改变为基础，从采摘、狩猎到农耕定居，是人类文明发展史上的一次重大变革。北纬30度附近的大河流域，进入农耕社会时大多以种植大麦、小麦为主，我国黄河流域则是以种植耐旱的粟为主，只有长江流域一开始就种植水稻，成为水稻栽培种植的起源地、世界稻作农业的摇篮。

关于水稻和稻作农业的起源，曾有“印度说”“东南亚说”等，学术界一直争论不休。自20世纪70年代以来，中国关于稻作农业的一系列重大考古发现迅速改写历史。长江流域截至目前发现了近20处8000年前的稻作农业遗址，有力地证明了长江流域为世界稻作文明的起源地。早在旧石器时代晚期，勤劳聪慧的长江流域先民，就已经开始在雨量充沛、气候温暖的长江两岸采集、驯化和栽种野生水稻。

玉蟾岩遗址出土的稻谷

需要说明的是，“稻作”与“稻作农业”是两个概念。“稻作”包含水稻的驯化，其历史可以追溯到万年之前；而“稻作农业”则是指成熟的、规模化的稻作系统。

在湖南永州道县的玉蟾岩

遗址，老祖先当年留下的几粒稻种，于 1995 年出土。1.5 万年前开始，长江流域的先民在采集野生稻的同时，已开始有意识地栽培水稻，并初步掌握了驯化野生稻的技术。

野生稻被驯化后，又经过几千年的发展，稻作农业才逐渐形成。距今 1 万年左右，长江中下游的先民率先在江西、湖南和浙江境内开始了驯化稻的规模栽培。距今 1 万年左右的浙江浦江上山遗址出土了许多陶片、红烧土残块，考古工作者在其中发现了大量炭化稻壳，浮选发现炭化稻米，还出土了镰形石器和石刀等收割工具、石磨盘和磨石等加工工具。距今 9300—8000 年的浙江省衢州市皇朝墩遗址是一处新石器时代早期聚落遗址，考古工作者在那里发现了世界上已知最早的水稻田。

稻作农业的发展奠定了新石器时代长江流域发展的经济基础。距今 8000 年左右，成熟农业出现，稻田规模巨大，先民的农田管理经验日益丰富。湖南澧县彭头山与八十垱，浙江余姚田螺山、萧山跨湖桥、嵊州小黄山、浦江上山，江苏泗洪顺山集，河南舞阳贾湖、邓州八里岗等距今 10000—7000 年的新石器时代早中期遗址中，均发现了大量水稻遗存和水稻田。

新石器时代晚期，稻作农业的规模日趋扩大，水稻品种不断改良，并出现了许多整治水田的农具，陶器上也刻有“稻熟猪肥”的图画。良渚先民普遍采用犁耕，水稻产量大幅提高。据相关考古研究测算，至良渚文化晚期，浙江省杭州市茅山遗址稻田平均亩产量达 141 千克，是河姆渡文化（距今约 7000 年）早期浙江省余姚田螺山遗址稻田平均亩产量的 2.5 倍，接近铁器已普及的汉魏时期南方水田平均 150—181 千克的亩产量。

2011—2012 年，考古工作者在良渚古城宫殿区南部的池中寺遗址发现了一个填满大量炭化稻米的灰坑，考古工作者推测是当时的粮仓失火。灰坑面积为600—700平方米，灰层厚40厘米左右，以此测算稻谷损失为1万—1.5万千克。可见，在5000—4000年前，长江中下游地区已经陆续建立起成熟的稻作农业社会。四川成都宝墩遗址表明，4500年前古蜀先民已经种植水稻。

天下粮仓：风吹稻花香两岸

“一条大河波浪宽，风吹稻花香两岸，我家就在岸上住……”《我的祖国》里这段歌词深入人心，歌中“一条大河”的原型就是长江。这首歌也道出了稻作与长江、稻作与人类繁衍的关系。

滔滔江水，润泽了丰饶的土地。新石器时代早中期，我国水稻栽培区域进一步扩大，向长江上游、黄河以北推进，基本形成

茅山遗址古稻田遗迹

了我国古代水稻分布的大格局。此后经历代开发，江南水稻种植面积和产量日益增加，从秦汉之际的“楚越之地，地广人稀，饭稻羹鱼”，发展到南朝时的“地广野丰，民勤本业，一岁或稔，则数郡忘饥”。

历经汉末之后多次大规模的北方人口南移，至唐宋之际，长江流域人口大量增长，农田辟垦范围与面积大幅扩张，水稻种植进入高峰时期。不少在南方为官或生活的文人，都将当时鲜活的水稻种植场景写进了诗词中。诗圣杜甫在安史之乱后寓居夔州（今重庆奉节），得到时任夔州都督柏茂琳的照拂，主管官府在东屯的百顷稻田，同时自己也租了一些稻田耕种，因此对于水稻的种植十分关注，有好几首专写这方面的诗，如《行官张望补稻畦水归》中“东屯大江北，百顷平若案。六月青稻多，千畦碧泉乱。插秧适云已，引溜加溉灌”，生动地描绘了水稻秧苗插栽后农民引水灌田的情景。著名的《夔州歌十绝句》中也有“东屯稻畦一百顷，北有涧水通青苗”的描述。南宋豪放派代表人物辛弃疾被罢黜官职闲居上饶期间，曾作《西江月·夜行黄沙道中》一词，其中名句“稻花香里说丰年，听取蛙声一片”，所描写的场景就是当地农田里水稻拔节扬花，在夏夜里散发出幽幽清香，蛙鸣阵阵，预示着又是一个丰收年。

大兴水利促进了农田排灌设施的完善，两宋时期长江流域水稻产量也有了明显提高。特别是在太湖地区，人们广泛种植朝廷推广的优良水稻品种——占城稻，通过精耕细作，已经实现一年两熟，产量一般每亩在2—3石，合今亩产180—270千克，太湖地区成为当时全国水稻最高产地区，被范仲淹称为“膏腴千里，国之仓廪也”。全国的粮食供给也因此多依赖南方水稻，苏轼在《进单锷〈吴中水利书〉状》一文中写道：“两浙（今江苏省境内长江以南区域及浙江省）之富，国用所恃，岁漕都下米百五十万石，其他财赋供馈不可悉数。”当时全国漕粮总数只有600万石，两浙占了1/4，成了名副其实的国家主粮仓。到了南宋初期，江淮、湖广、四川等地沿江输送的漕粮，运抵都城临安的也达到600万石，其中江西一地占比近1/3。

长江流域的人口在明清时期激增，沿江的大小河谷、丘陵或小山下的平原、河流冲积形成的滩涂、湖泊淤积形成的洲地都得到开发。江西在这一时期跃升为全国重要的米谷输出地，明洪武二十六年（1393年），朝廷从江西征粮259万石，占全国总数的1/10；清乾隆年间（1736—1795年），江西北部物资集散地九江，平均每月出入港口码头的粮船有6600多艘，载粮150多万石。明嘉靖三十三年（1554年），无锡知县王其勤主持丈量土地，测得无锡有良田149.1287万亩，全年水稻总产量达24.5386万石，每亩单产由25千克猛增为100千克，最高亩产达400千克。明末成书的《天工开物》记载“今天下育民人者，稻居七”，就是说水稻占了全国粮食供给的七成。大江南北，稻米飘香。这就是长江流域担当“天下粮仓”的底气所在。

摹楼璹《耕作图》（局部）（传）元·程棨

精耕细作：“鱼米之乡”的悠久传承

俗话说，一方水土养一方人。稻作农业起源并兴盛于长江流域，并非偶然，这得益于长江两岸得天独厚的水土条件。

长江支流众多，在这些支流与长江的交汇处，往往都会形成大片由江河裹挟泥沙冲积而成的平原。面积较大的主要有长江上游的成都平原，长江中下游的江汉平原、洞庭湖平原、鄱阳湖平原、皖中平原和长江三角洲平原等。久远的岁月里，这些冲积平原都是长江的洪泛区，奔流不息的滔滔江水润泽了这些肥沃的土地。人们依水而生，趋水之利而避水之害，在湖沼之间围河筑堤，垦出垸田，种植水稻，精耕细作，过上农耕生活。

“鱼米之乡”是大江两岸这些物阜民丰的膏腴之地共同的别称。著名民歌《洪湖水浪打浪》中所唱的“秋收满畈稻谷香，人人都说天堂美，怎比我洪湖鱼米乡”，就是江汉平原丰饶富庶的真实写照。

长江流域降雨充沛，水热条件优越，大部分地区农业发展较早，耕垦历史悠久。长江流域的先民从丘陵、低洼环境中的河谷平原

起步，开始进行小规模的水稻种植。随着人口的增加和技术的进步，尤其是防洪手段的加强，水稻种植逐渐推进至地势低平的平原地区。一代又一代的长江儿女，在大江南北年复一年地耕种、施肥、轮作、灌溉、排水，改造出高度熟化、适宜农作物生长的沃土，为长江流域发展成我国重要的农业区奠定了基础。

当然，限于生产力水平，早期长江流域的耕作，主要是火耕水耨的原始方式，即用火烧去杂草，然后引水灌田种植稻谷。及至楚国在长江流域崛起，楚国人不仅制造了大量锋利的青铜兵器和精美的青铜礼器，还制造了不少性能远胜木石器的农业生产工具，提升了土壤的开发效率。战国末年，中原移民卓氏迁居蜀地临邛（今四川邛崃），“即铁山鼓铸，运筹策，倾滇、蜀之民”，对西南地区使用铁制农具发展农业生产起了积极作用。此后，铁器逐渐推广和普及，到东汉时期，长江流域已彻底告别火耕水耨的粗放型耕作方式，特别是汉江流域和长江下游地区，普遍使用牛耕和铁制农具，汉中、南阳、襄阳等地被开垦为主要粮食生产基地。

魏晋南北朝时期的大规模北民南迁，不仅充实了长江流域的劳动力，还带来了先进的农业生产技术，大批来自中原的能工巧匠、种田能手和江南的居民一起，兴修水利、开垦农田，促使长江流域农业生产由粗放经营向精耕细作转变，甚至出现了“膏腴上地，亩直一金”的上等良田。大量良田的开垦，极大地增加了长江中下游的粮食种植面积，促进了经济社会的发展，史称这一时期的荆州为“南楚之富”，湘州（今湖南长沙）“民丰土闲”，襄阳则“田土肥良，桑梓野泽，处处而有”，而太湖流域已发展为“地广野丰”“余粮栖亩”的粮仓。

隋唐时期，是长江流域农田开垦史上一个转折性的阶段，其

分稻图（局部）　（传）宋·钱选

标志是修建了大量的农田灌溉工程，使得沿江滨湖的易洪易涝地以及沿江易旱的丘陵岗地广为利用。为防止洪水侵袭，人们在沿江滨湖的低地四周修筑圩堤挡水，围护起来的农田，长江中游将其叫作“垸田”，下游叫作“圩田”，统称“圩垸”。今江西、皖南和苏南丘陵山区，还依托塘堰灌溉工程修建了大量的梯田。此外，唐代江南地区还出现了稻麦复种制、茶林间作与鱼草轮作之法，这不仅令长江流域丰富的水热资源得到更充分的利用，而且有利于保持生态平衡，进一步改良了农田土壤。

长江后浪推前浪，江畔青苗接稻黄。在宋代，江南圩区出现了联圩这一新的围垦形式，即通过筑长堤，将众多小圩并联起来，以取得“塞支强干”和防洪保种保收之效。从筑圩到联圩，这是江南农业发展史上的一大飞跃。北宋庆历三年（1043 年），范仲淹上奏称：“江南旧有圩田，每一圩方圆数十里，如大城，中有河渠，外有门闸，旱则开闸引江水之利，潦则闭闸拒江水之害，旱潦不及，为农美利。”南宋诗人杨万里专门写有《圩丁词》十首，描绘了当时江南水乡修筑圩田的情景，其中有一首这样写道：“年年圩长集圩丁，不要招呼自要行。万杵一鸣千畚土，大呼高唱总齐声。”

除联圩外，沙田、葑田、淤田等各种垦殖方式，在两宋时期亦盛行起来，使得粮食产量随着农田面积的扩大而增长，故南宋中期以来，“苏湖熟，天下足”之说广为流传，意思是只要苏州府和湖州府的粮食丰收了，就足可供养天下。民间还有“今之沃壤，莫如吴越闽蜀”和“苏常湖秀，膏腴千里”之说。

明代，湖广行省下辖的今湖北、湖南两地，开启大规模围湖造田、湿地改造活动，成就了“湖广熟，天下足”的盛名。

传播之路：从长江走向世界的主粮

易生速长的水稻，是长江流域主要的粮食作物，也是目前世界上最重要的粮食作物之一，全球约半数的人口都以水稻为主食。

水稻在长江中下游完成驯化后，随着人群交流与文化交融，逐步向周边地区传播。距今 8000 多年前，淮河上游的贾湖先民和下游的顺山集先民等就开始种植水稻。距今 6000—5000 年，中原、关中乃至甘肃东部地区已陆续出现稻作农业，稻粟混作的

长江中下游平原田园风光

农业形态逐渐在中国大范围形成。稻作农业的普及不仅促进了农业生产的多样化，也为五谷丰登的农业模式奠定了基础。

水稻的传播之路，也是一条文化交融之路，它并未止步于中华大地，而是跨越山海，将稻香从环太平洋地区带到了世界各地。粳稻在距今约 4000 年时传入印度，与当地野生稻杂交后形成了籼稻；公元前 4 世纪至公元前 3 世纪，水稻又传入日本，催生了弥生文化，为日本的农业和社会发展注入了新的活力。同时，水稻还向东亚的朝鲜半岛及东南亚的越南、老挝、缅甸等地传播，深刻影响了亚洲的农业与文化发展。

从长江之滨的驯化起源，到跨越千山万水向外传播，这是一条水稻从长江走向世界的主粮之路，还是一条人类文明交流互鉴的光辉之路。

史前文化的绚丽多姿

经过旧石器时代200多万年漫长岁月的进化，到了距今1万多年，长江流域勤劳聪慧的先民开始了定居生活，约5000年前，出现了不断壮大的部落，一部分人从农业生产中分离出来，烧制陶器、雕琢玉石、主持祭祀……为了抵御自然灾害和保卫劳动成果，他们建造了巨大的水坝长堤，修筑了坚实的城池宫殿。

长江流域，史前文化的交流与融合从未停歇。从上游宝墩文化的独特风韵，到中游城池的崛起，再到下游良渚文化的璀璨夺目，每一个文化节点都闪耀着智慧的光芒，彼此交织成一幅多元共生的历史长卷。

火的吟唱与泥土的颂歌

当火焰腾空而起，袅袅升起的烟雾覆盖在洞穴之上，朴实的

仙人洞遗址出土的陶罐

泥土在熊熊烈焰中涅槃重生，化作坚固耐用的器皿。

回溯至2万年前，长江中游的江南丘陵地带，如江西省万年县的仙人洞、吊桶环与湖南省道县的玉蟾岩，率先奏响了人类历史上烧制陶器的序曲。这些初生的陶器，多为圜底釜形，胎壁厚实，虽然简单粗糙，却满载着先民对未知世界的勇敢探索与对美好生活的无限憧憬。回想那个遥远的黄昏，先民围炉而坐，用这些亲手制作的陶器烹煮食物，品尝着更为丰富的味道，这是人类生活品质的提升。

为何陶器会在长江流域率先诞生？这背后，是自然环境与先民生活方式的完美契合。长江流域以其温暖湿润的气候、繁茂的植被，为先民提供了丰富的食物资源；而密布的河网则为陶器的烧制提供了得天独厚的条件。更重要的是，长江流域的先民在长期的生产实践中，积累了宝贵的经验与智慧，为陶器的诞生与发展奠定了坚实的基础。

岁月流转，长江中游地区的陶器制作技艺逐渐流传至长江上游、下游乃至岭南地区。广东英德牛栏洞遗址出土的陶片，其年代可追溯至距今约1.6万年，见证了陶器技术的南传之路。广西桂林庙岩、甑皮岩等遗址出土的陶器，虽年代稍晚，却同样诉说着南方陶艺的辉煌。在湖南临澧华垱、澧县宋家岗，以及三峡地区的重庆奉节鱼复浦、湖北长阳桅杆坪等地，同样能发现距今约1万年的陶器遗存。浙江浦江上山遗址出土了以大口盆、平底盘、双耳罐为代表的陶器群，展现出长江下游地区在陶器制作上的精湛技艺与多元发展，从简单的圜底釜到盆、罐、壶等多种器形，陶器逐渐融入日常生活的方方面面，成为人类不可或缺的日用品。

长江流域由烧制陶器开启的文化传承与创新的脚步从未停歇。数千年后，江畔儿女再次以非凡的创造力发明了瓷器，开启了中华文明史上又一个辉煌的篇章。

从洞穴到干栏式建筑

在江西万年县仙人洞、吊桶环遗址，以及湖南道县玉蟾岩遗址的洞穴之内，碎石铺就的居住空间、白灰土铸就的防潮线，以及平地上斑驳的篝火遗迹，共同勾勒出先民日常生活的轮廓。尽管群山依旧环抱其家园，但先民的目光已越过山峦，投向了河谷的丰饶之地，内心萌动着对全新生活方式的向往。

随着时光缓缓流淌，先民勇敢地迈出洞穴，踏入广袤的旷野，向河流两岸的平坦地带迁徙。这一迁徙，不仅是地理空间的跨越，更是人类生活方式的一次重大转折——定居生活悄然兴起。考古显示，在距今10000—8000年的岁月里，无论是长江下游的上山，还是中游的彭头山，随着稻作农业的蓬勃发展，这里的先民已开始了稳定的定居生活。族群在这片肥沃之地茁壮成长，文化习俗在岁月的积淀中逐渐成形，进而催生出更为复杂的社会结构。

进入距今8000—7000年的时段，在长江下游的跨湖桥、河姆渡等地，先民在密布的河网环境中不仅掌握了木结构建筑技术，还发明了木船，迈出了从山地向平原乃至滨海地带迁移的坚定步伐。跨湖桥遗址中出土的 5.6 米长独木舟，便是当地先民近海航行能力的有力证明。

宁绍平原上，以干栏式建筑与水田为核心特征的河姆渡文化，生动展示了水乡低海拔平原的聚落风貌。在河姆渡遗址中，高耸的干栏式建筑不仅是先民对抗潮湿与洪水的智慧结晶，也是他们卓越建筑技艺的集中体现。

与此同时，长江流域的社会结构也在悄然发生着变化。湖南省澧县八十垱遗址的环壕聚落及与之毗邻的城头山古城遗址的早

城头山古城遗址

期城市形态，就是这一变化的生动写照。城头山的先民不仅在聚落外围挖掘壕沟以抵御洪水与外敌，更在后续岁月中修筑了城墙，构建了完整的城市防御体系。城内的祭坛、建筑基址、道路及排水系统，无不彰显着社会组织的日益复杂与稳固。

长江下游王权崛起与国家形成

良渚古城遗址被认为是中华 5000 多年文明史的实证，良渚古国也被认为是东亚最早的城邦大国，但是良渚文化的形成不是一蹴而就的，而是有着一个漫长的孕育过程。

以良渚文化的发展为代表的长江下游文明化进程，是一部王权崛起、国家形成的壮丽史诗。距今 7000—6000 年，河姆渡文化与马家浜文化交相辉映。马家浜文化晚期，玉石器制作技艺炉火纯青。时光流转至距今约 5800 年，长江下游的文化格局迎来巨变，崧泽、北阴阳营、凌家滩、黄鳝嘴等文化竞相绽放，各自以其独特魅力引领风骚。其中，崧泽文化上承马家浜文化，下接良渚文化，以其博采众长、自成一体的文化体系脱颖而出，标志着长江下游文明迈入新纪元。

坐落于长江南岸张家港的东山村遗址，作为崧泽文化的核心聚落，见证了早期王权的萌芽。这里的大型建筑基址与公共墓地，尤其是那些规模宏大的墓葬，透露出当时社会的等级分化。大型墓葬中，精致的玉石钺、玉玦、玉环等装饰品与丰富的陶器随葬品，与小型墓葬的简陋随葬品形成鲜明对比，彰显了“崧泽王”的尊贵地位，同时也反映了当时社会已存在明显的贫富差距。

凌家滩遗址及其聚落群，以其鲜明的等级制度与防御体系，

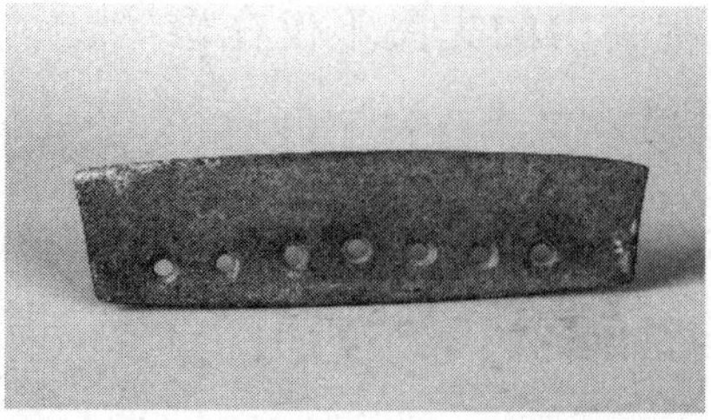

北阴阳营遗址出土的七孔石刀

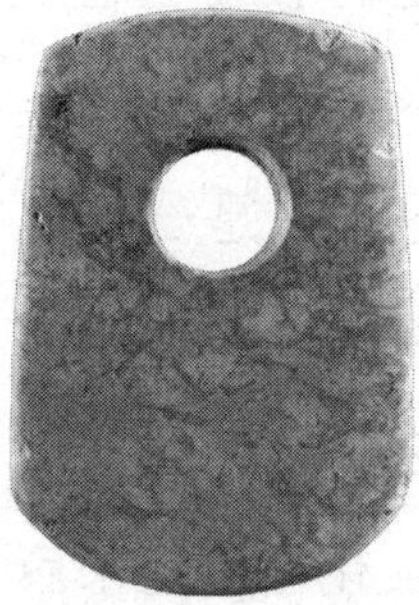

东山村遗址出土的石钺

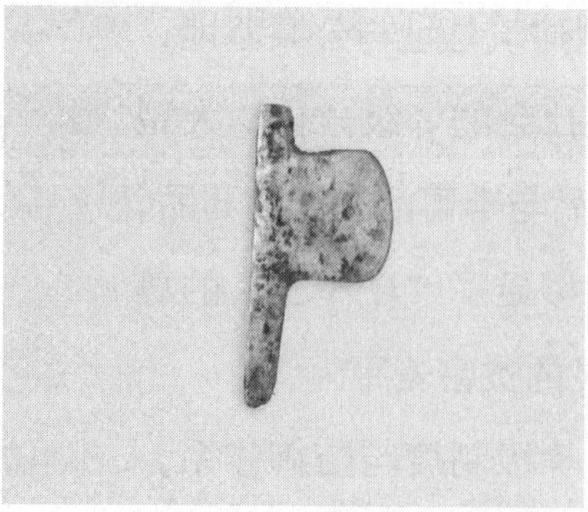

东山村遗址出土的钺形玉饰

展现了强大的社会组织能力。高等级墓葬中玉器成堆，玉钺、玉龙、玉鸟等不仅彰显了军事与宗教权力的结合，更体现了当时玉器制作工艺的巅峰水平。有学者推测，凌家滩的玉工或许因寻觅资源而迁徙，其精湛技艺传入东部的崧泽文化区域，为后来良渚文化的繁荣奠定了基础。

良渚文化是中华文明早期长江下游文明的巅峰。良渚古城、良渚庞大的水利系统、反山王陵以及精美的玉器，共同展现了良渚文明的辉煌。良渚古国以其强大的组织能力与社会动员能力，将太湖流域纳入一体化的统治之下。玉琮作为王权的神圣象征，不仅承载着宗教的庄严，更见证了良渚社会的高度整合与凝聚力。

稻作农业作为长江下游文明的经济基石，为良渚古国的繁荣提供了坚实的物质基础。水利系统、大型粮仓的兴建，展现了农业生产的卓越成就；而玉器、陶器、漆器制作等手工业的繁荣，则促进了社会分工的进一步细化与经济的多元化发展。王权、神权、军权的紧密交织，构建了复杂而稳定的社会等级制度，而统一的信仰体系则强化了社会的整体凝聚力。

良渚文化的深远影响，不仅体现在其物质文化的传承上，更体现在其精神文化对后世中国文明的塑造上。玉琮、神人兽面纹等文化元素，在商、周乃至后来的朝代中得到了延续与发扬，成为中华文明早期的重要遗产。

在良渚文化末期，随着龙山文化王油坊类型等外来文化的冲击，长江下游逐步融入中华文明多元一体的历史洪流之中。这一系列的文化互动与融合，不仅丰富了长江流域的文化内涵，更为中华文明的繁荣发展注入了新的活力与灵感。

长江中游文化的多元与统一

长江中游新石器时代文明的滥觞，可追溯至彭头山文

凌家滩遗址出土的玉人

凌家滩遗址出土的玉鹰

反山王陵出土的神像纹冠状玉饰

良渚古城出土的玉琮

化，它主要繁盛于湖南西北部的澧阳平原及湖南北部的洞庭湖畔，典型遗址如澧县八十垱、临澧杉龙岗、汨罗黄家园等，时间跨度为距今 9500—7800 年。彭头山文化的诞生，或许源自本地旧石器时代文化与南岭地区文化的交融互鉴，抑或是南岭中心区域如甑皮岩、玉蟾岩等地的文化向北拓展的结果。但无论其根源何在，彭头山文化无疑承载着长江中游文明最初的记忆。

距今约 7000 年，长江中游的文化风貌再度更迭。高庙文化、城背溪文化与皂市下层文化逐渐隐退，取而代之的是汤家岗文化、柳林溪文化、边畈文化及下王岗一期文化等。北方系统以边畈文化、下王岗一期文化为代表，以鼎为其特色；南方系统则以汤家岗文化、柳林溪文化为典范，以釜与圈足盘彰显其风貌。这些文化在南北二元结构体系中交织融合，展现了这一时期文化的多样性。

距今约 6300 年，长江中游的文化版图再次重构。大溪文化在汤家岗文化与柳林溪文化的基础上应运而生，它不仅汲取了这两种文化的精髓，还接纳了来自北方与东方文化的影响。与此同时，油子岭文化在汉东地区崛起，其红陶系向黑陶系的转变，标志着新石器时代制陶技术的一次重大飞跃。

距今约 5700 年，油子岭文化展现出蓬勃生机，不仅自身实现了制陶技术革新，更将这一变革传播至更广阔的地域。油子岭文化的黑陶系遗存分布广泛，从汉水下游至鄂东地区，最终促进了长江中游文化的一体化。

油子岭文化的整合为屈家岭文化的到来铺平了道路，屈家岭文化在继承油子岭文化传统的基础上蓬勃发展。屈家岭文化时期的长江中游见证了众多城池的建立，据统计，目前我国已发现 20 座屈家岭文化时期的城池，这些城池的建造，反映了当时复杂的社会组织结构。屈家岭文化在鼎盛时期甚至占据了黄河以南、淮河中上游的大片区域，影响力波及大汶口文化的势力范围。

石家河文化是屈家岭文化的直接传承者，它在继承屈家岭文化的基础上又进一步发扬光大，将长江中游的文明程度推向了新的高度。石家河文化的遗址数量众多，分布广泛，不仅在长江中游地区留下了深刻的印记，还向南扩展至湘江中游，向东越过大别山抵达河南驻马店一带。位于湖北天门市的石家河古城，经历了从油子岭文化到屈家岭文化、石家河文化时期，始终是长江中游面积最大的城池。

公元前 2100 年左右，石家河文化与中原地区的王湾三期文化发生了一场大规模的碰撞。王湾三期文化的大规模南下，导致石家河文化的覆灭。王湾三期文化不仅占据了原属于石家河文化的豫南、鄂西、鄂北等地，更让江汉平原腹地的文化面貌也变得与其相似，此后长江中游的文化被称为后石家河文化或肖家屋脊文化。这一现象正好与古代文献中记载的“禹征三苗”事件相对应。

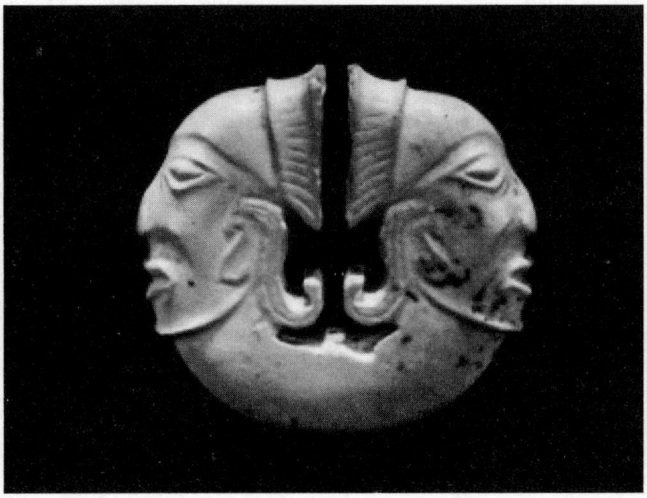

石家河古城谭家岭遗址出土的连体人头玉玦

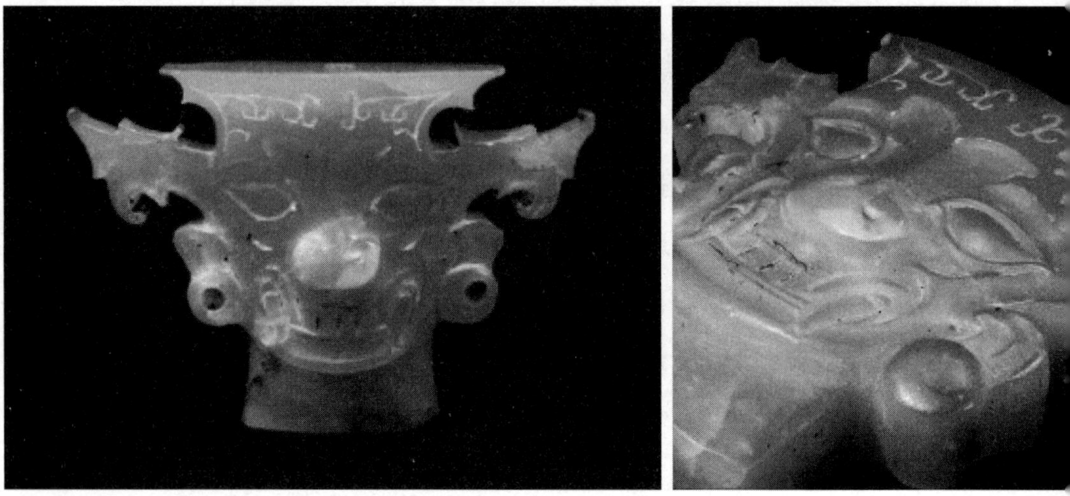

石家河古城谭家岭遗址出土的玉神人头像

从屈家岭文化到石家河文化，延续近千年的20座古城遭到毁弃，曾经盛行的红色小陶塑、红陶杯、套缸祭器等基本消失，取而代之的是放在瓮棺葬里面的精美的小件玉器，这些显然是属于黄河中下游地区的文化元素。

从彭头山文化至石家河文化，长江中游的史前文化发展，犹如一部恢宏的史诗，每一章都大气磅礴。

长江上游古蜀文明的源起

与下游和中游不同，长江上游的文明化进程深受外来文化的影响，在这一阶段，神权与王权的迹象尚不明显。

营盘山遗址，坐落于四川省阿坝州茂县凤仪镇境内的河谷冲积扇平原之上，紧邻长江支流岷江的东南岸，矗立于三级台地之间，其文化遗存的年代可追溯至距今5300—4600年。该遗址的陶器大致可划分为三组：一组与甘肃秦安大地湾遗址、陇南大李家坪遗址以及陕西宝鸡福临堡遗址的仰韶晚期陶器特征相契合，归属于仰韶晚期文化体系；一组则与甘肃天水赵村遗址、东乡林家遗址的马家窑类型陶器风貌相似，隶属于马家窑文化体系；而另一组则显现出土著文化的独特韵味，与四川盆地北缘、东缘同期的新石器时代陶器有着诸多共同之处。我们可以合理推测，古蜀先民一部分源自5000多年前的西北马家窑文化族群，另一部分则是川西高原的土著居民。他们在不断地迁徙与融合中，于营盘山遗址留下了斑斓的生活印记，共同孕育了底蕴深厚的营盘山文化。营盘山遗址规模之宏大、文物之丰富，无不昭示着这里曾存在一个高度组织化的社会形态，为后续的宝墩文化铺设了坚实的基石。

时光荏苒，距今4500—3800年，成都平原上绽放出了一朵新的文化之花——宝墩文化。宝墩文化的核心区沿着岷江两岸蜿蜒分布，一系列史前古城先后涌现。这些城池大小不一，面积自10万平方米至60万平方米不等。相较于营盘山文化，宝墩文化展现出了更为成熟的社会形态。城池多择址于台地之上，形制或呈矩形，或呈不规则状，其布局既体现了防洪的考量，又透露出城防的军事需求。城墙的构筑采用了“双向堆土、斜向拍夯”的精湛技艺，彰显了当时工程技术的卓越水平。宝墩与古城村等地均发现有大型公共建筑的遗迹，这些建筑可能是当时权力与宗教活动的核心场所。尽管聚落规模蔚为壮观，但内部的文化遗存鲜有社会不平等的痕迹，这表明当时的社会尚未形成明显的阶级分化。

长江上游的文化演进，宛如一幅由点及面展开的壮丽画卷。如果说营盘山文化是这片土地上最初的文明之光，那宝墩文化的

宝墩古城外围城墙

兴起则是这一光芒的绽放与延续。随着岁月的流逝，这些璀璨的文化最终汇聚成三星堆遗址与金沙遗址所展现的古蜀文明，为长江流域的文明发展注入新的动力。

古老神秘的文字符号

符号对文明的意义不可小觑，文明的诸多重要特质体现或蕴藏在史前符号中。

长江流域的众多史前符号，如同历史的印记，或被镌刻在陶器表面，或被雕刻在石器、玉器上。它们形态各异，不仅记录了古代先民的生产生活，更反映了他们对世界的独特理解和想象，成为中华文明的重要组成部分。

神鸟驮日：高庙白陶的纹饰

在长江中游的诸多史前文化中，发展于长江支流沅江上游的高庙文化地位独特，特别是那些神秘的白陶纹饰，掀起了长江流域史前艺术的第一波浪潮。

1985 年 9 月，考古工作者在湖南省洪江市安江盆地西北边缘发现了一处距今约 8000 年的遗址——高庙遗址。引人注目的是，遗址下层出土的陶器（主要是白陶）纹饰之多样、构图之奇异，前所未见。

高庙文化白陶艺术的主要意象是太阳崇拜，日乌（阳鸟）、獠牙神面和太阳符号这三个艺术要素，象征着高庙先民对神秘大自然的想象，呈现出史前社会人类精神信仰的丰富图景。

《山海经》中“金乌负日”的神话传说，或许就源自高庙文化，因为在高庙遗址出土的白陶上，就有飞鸟载着太阳的图案。很多高庙白陶纹饰表现的是一张大嘴、两对大牙，还有大量与鸟相关的图形，一些画面上的飞鸟双翅上有獠牙神面，这些鸟与鸟翅指代的就是神话中的日乌。鸟翅间有太阳图形，象征日乌载着太阳飞翔。高庙白陶纹饰，证明了日乌神话在 8000 年前就已形成。

高庙文化的重要价值不仅体现在其遗存年代久远，更重要的是其反映的高庙先民的社会形态与中华文明的起源息息相关。白陶上的纹饰还表明，高庙先民已具有天圆地方的认知，在部分陶

高庙遗址出土的白陶

器的太阳图像周围刻有写实的圆形天体。陶器上的八角星图像，表现的是用立竿测影的方式来确定太阳运行的规律，为我国最古老的太阳历的源头。

高庙遗址出土的陶器上的图像纹饰，是那个时代先民的艺术创造，也是其信仰和精神的表达。在空间上，它影响了大半个中国；在时间上，它影响了商周时期，对中华文明进程产生了深远影响。

东方物语：河姆渡印记

1973 年的一个夏日，浙江余姚渡头村的村民们在建造排涝站时，不经意间挖掘出一段尘封的历史。随着土壤的翻动，一批夹炭黑陶片、建筑木构件、动物骨角，以及人工栽培稻谷的遗迹，重见天日。

随后的数十年间，考古工作者在杭州湾南岸的宁绍平原上，相继发掘了一批与河姆渡遗址年代相近、遗物相似的文化遗存，这一文化类型被正式命名为河姆渡文化，其时间跨度在距今 7000—5000 年。河姆渡文化的黑陶制品独具匠心，胎料中蕴含着丰富的炭晶粒，这是由植物茎叶碎末、谷壳等有机物在低温还原火焰中精心烧制而成的。陶器表面多见绳纹及各式刻画纹，诸如直线、斜线、圆点、波浪、圆圈等几何图案，以及单叶、双叶、四叶、五叶、稻穗等纹饰。陶釜的口沿与腹部多饰以凸脊，凸脊外侧又常饰以角或凹弧，其上更刻画出众多由几何纹与动植物变形纹交织而成的图案，既写实又质朴，展现出古人独特的审美。

值得一提的是，河姆渡遗址还出土了一件国宝级文物——双鸟朝阳纹象牙雕，其正面以阴线雕刻出一组精美绝伦的图案：中心为大小相套的同心圆，同心圆外沿则刻有火焰纹，象征着太阳；

河姆渡遗址出土的双鸟朝阳纹象牙雕

两侧则是昂首对望的双鸟，它们面向太阳振翅欲飞，形成对称之美。四周巧妙地钻有六个小圆孔，上四下二，排列有序。而背面则略显粗糙，与正面的精细雕琢形成鲜明对比。

河姆渡先民用最简陋的工具，在陶器和骨角器上描绘着他们对世界的认知与感悟。那些抽象的几何图案，那些栩栩如生的动植物形象，无不透露出他们对自然的敬畏和对生活的热爱。这些图案，犹如人类文明早期的图腾，是人类精神世界最初的萌芽。双鸟朝阳的图案，是他们对光明与希望的深切祈愿；稻穗纹，则寄托着他们对丰收的殷切期盼；而那些神秘的符号，或许正是他们内心想与神灵沟通时使用的神圣语言。

刻符闪耀文明之光：从双墩到凌家滩

1985 年，安徽省蚌埠市的一次文物普查工作，意外揭开了位于江淮之间、距今已有 7300 年历史的双墩遗址的神秘面纱。自 1986 年至 1992 年，安徽省文物考古研究所对双墩遗址展开了全面而系统的发掘，出土了超过 600 件陶器，其上镌刻的独特符号被认为是中国文字的重要源头。

双墩刻画符号内容丰富多样，既有单独的图形，也有由多个图形组合而成的复合图案，它们大多被巧妙地刻在陶器的底部。这些符号按形态可分为象形类、几何类和其他类，内容丰富，涵盖了自然景物、动植物、日月星辰等。

双墩刻画符号

双墩刻画符号中的象形、会意、指事特征显著，具有明确的记事功能和一定的表意指向，为学术界提供了巨大的解读空间。学者们将这些符号与甲骨文、金文乃至现代汉字进行对照研究，认为双墩刻画符号与汉字之间存在着深厚的渊源。值得注意的是，双墩刻画符号不仅见于双墩遗址，在安徽定远的侯家寨等遗址中亦有发现，彰显了同一地域内文化的强烈共性及统一性。

在安徽，还有另一处同样重要的新石器时代遗址——凌家滩遗址，其年代可追溯到距今 5800—5300 年。自 1985 年被发现以来，凌家滩遗址经过多次考古发掘，出土了大量精美的玉器，以玉人、玉鹰、玉龙、玉龟和玉版等为代表，其中玉龟和玉版上的符号尤为引人注

凌家滩遗址出土的玉版

目。学术界推测，这些符号与当时的占卜活动有关。玉龟分为背甲和腹甲两部分，上面钻有对应的圆孔，用于拴绳固定。出土时，玉版被夹在玉龟的腹甲和背甲之间，其上刻有一个小圆圈，圈内刻有八角星纹，圈外则刻有一个大圆，两圆之间以直线平分为八等份，每等份中刻有一个圭形纹饰，其具体含义至今仍众说纷纭。一些学者推测，这些符号可能与天文观测、历法制定或宗教信仰有关，甚至可能与后来的八卦符号存在某种联系。

江淮文明之花：龙虬庄陶文

位于江苏高邮的龙虬庄遗址是江淮地区东部最大的一处新石器时代早期遗址。1993—1995 年，考古工作者对该遗址先后进行了 4 次发掘。在首次发掘中，考古工作者在河畔偶得一磨光泥质黑陶盆口沿残片，其上镌刻着 8 个神秘的图文符号。这些符号分左右 2 列，各 4 个，排列井然。左侧 4 个符号以直线为主，结构严谨，与甲骨文颇为神似；右侧 4 个符号则更富象形意味，疑似兽形、鱼或鳖形、蛇形及鸟形。这些符号背后究竟隐藏着怎样的深意？学术界就此展开了热烈的探讨。古文字学家饶宗颐指出，左侧首字难以辨识，其后依次为“年”“朱”“尤”，而右侧的图纹辨识难度较大。他推测，鉴于龙虬庄遗址出土有粳稻残粒，可知当时农业已颇为发达，因此“年”字或许与祈愿丰收有关。南京大学周晓陆教授则对其进行了更为详尽的考证和解读，他将符号分为甲乙两组，每组 4 个字，甲组记录着“戊辰日，男女交媾，巫师鼓舞生育”的场景；乙组则描绘“辛未日，女子分娩，巫师祈祝成真，欢庆歌舞”的画面。

黑陶盆口沿上的这 8 个符号，虽笔触简练，却深刻地反映了古老部落对自然、生命及神灵的敬畏。有人视之为甲骨文的滥觞，它们穿越时空，向后人诉说着遥远的记忆。这些微小的符号，犹如古老的预言，预示着华夏文明的曙光。这些质朴无华的符号，宛如一首远古的歌谣，在时间的长河中悠扬回荡，经久不息。

龙虬庄遗址出土的陶片

解读密码：良渚刻符

距今 5300—4300 年，长江下游的环太湖地区以其肥沃的土地和丰饶的水草，孕育了繁荣的良渚文化。精湛的玉器、陶器与石器制作工艺，让良渚文化享誉古今中外。而在这些珍贵的文物上，那些或具象或抽象的刻画符号，犹如一道道谜题，吸引着人们深入探索。

考古工作者在良渚文化的众多遗存中，已发现上千个刻画符号，包括生动形象的图画式图符与简约抽象的符号式图符。图画式图符以繁复的笔触勾勒具象之物，如葡萄畈遗址宽把杯上的“鳄鱼”图案、仙坛庙遗址器盖上的“房屋”景致、美人地遗址玉璧上的“鸟立高台”景观。符号式图符则以简洁的线条勾勒，高墩出土的陶罐上，寥寥几笔勾勒出如“一、二、三”般的质朴笔画，或许象征着良渚先民对数的朦胧认知，或是对自然现象的朴素记录。

一件来自杭州余杭南湖湖底的黑陶罐，以其独特的刻画符号吸引了考古学家的广泛关注。这件国宝级文物肩部和上腹部的 12 个符号，排列井然，有的如羽毛，有的似山川，还有的呈现出纵

余杭南湖湖底出土的黑陶罐

横交错的网状结构。这些符号的组合排列，透露出良渚先民在刻画这些符号时的某种规律性，或许是对日常生活的琐碎记录，或许是宗教祭祀的神圣象征。无论如何，这件黑陶罐上的刻画符号，为解读良渚文化提供了宝贵的线索。

浙江平湖庄桥坟遗址，作为良渚文化遗址中刻画符号最为丰富的一处，共发现 242 件刻有符号的陶器与玉石器。其中，2 件刻文石钺上的 6 个符号，形态规整、排列有序，或许承载着简短的语言信息，或许是某种原始文字的雏形。

良渚文化的刻画符号究竟意味着什么？这一谜题始终萦绕在考古学家与语言学家的心头。有人将其视为“记号文字”，有人则主张它们是早期文字的雏形。

良渚文化不仅以刻画符号著称，还因其出土的玉器上的纹饰闻名。玉琮，这一良渚文化的标志性玉器，以其庄重的形态与精致的纹饰，成为祭祀礼仪中的神圣器物。玉琮上雕刻的纹饰，或许正是良渚先民“天人合一”信仰的生动体现。在他们的世界观中，天地万物紧密相连，神与人、人与兽之间界限模糊而和谐共生。

江汉神语：石家河符号

湖北省天门市石家河遗址群，位于长江中游江汉平原北缘与大洪山南麓的怀抱之中，40 余处遗址如星辰般散落并连接成一幅壮丽的图画。这片土地的主体遗存年代距今 6000—4000 年，是长江中游地区延续时间最长、面积最广阔、等级最高的史前都邑性聚落群，也是长江中游地区新石器时代晚期的区域文明中心。

在石家河遗址群的邓家湾、谭家岭、肖家屋脊等地，各式精美的玉器、陶罐、陶尊、大口缸上，镌刻着共计 55 个神秘符号。

石家河古城邓家湾遗址出土的陶缸和刻画符号

这些符号以象形为主，用简洁有力的笔触勾勒出事物的轮廓，它们大多独立存在，少数则巧妙融合。这些符号的意义远不止于对自然的简单描绘，它们或许是族群首领与神灵对话的神秘语言，或许是巫觋在庄严仪式中书写的祷文和咒语。

在印信台遗址，考古学家揭开了一个祭祀场景的神秘面纱。那排列如星斗的陶缸，肩腹部上刻画的符号如同某种神秘的语言，描述着当年的祭祀场景。或许，这些符号正是先民向神祇献上敬畏与祈求的载体，祈求风调雨顺，祈求部落的繁荣与安宁。

象形符号不仅刻印在陶器之上，还出现在玉器上。从谭家岭遗址中重见天日的 240 余件玉器，如神人头像、双人连体玉玦、玉虎、玉鹰等，精美绝伦，承载着先民对自然与宇宙的无限崇拜之情。

在中国文字漫长而辉煌的发展历程中，石家河文化的符号无疑占据了举足轻重的地位。尽管它们尚未具备甲骨文那样复杂而系统的记录功能，但其刻画的形态与深刻的象征内涵，却与后世的文字系统有着千丝万缕的联系。正是在这些神秘的符号中，我们可以窥见中华文明早期文字的雏形，感受文明从混沌中破土而出的蓬勃生命力。

符号之语：三星堆的未解之谜

在长江上游的三星堆遗址，位于四川省广汉市，距今 4800—2800 年。时间仿佛被青铜器和陶器的光泽凝固，数千年前镌刻其上的符号，正静静地等待着被解读的那一刻。

三星堆遗址中目前所发现的符号，大多呈现出独一无二的特性，鲜有重复。纹饰中的“臣”字眼纹，宛如古蜀人对太阳与光明崇拜的图腾，而金杖上穿越鸟群的箭矢，更像是一种深植于族群记忆中的隐喻符号，诉说着不为人知的历史篇章。目前学者们对这些符号的具体含义尚未达成共识，它们既可能是古代仪式的记录工具，也可能仅仅是对祝福与祈愿的朴素表达。

时至今日，这些符号依然保持着它们神秘的面纱。尽管它们并不符合现代文字的定义，但不可否认，这些符号体现了古蜀人对世界的深刻洞察与独特理解，一笔一画中都蕴含着远古的智慧之光与探求精神，展示着古蜀文明的辉煌与神秘。

值得注意的是，巴蜀符号也是先秦时期一种未被释读的古文字系统，文献称为“蜀左言”。目前，考古学家已发现巴蜀符号数百个，其文字意义有待学术界进一步探究。

三星堆遗址出土的青铜器及其上的“臣”字眼纹

闪耀夺目的青铜世界

青铜器是人类进入文明社会的标志之一。我国历史上的“青铜时代”，贯穿了夏、商、周三代，直至秦汉鼎盛一时。青铜时代，长江流域已显露繁荣——曾国青铜器，铭文深镌，仿佛历史之笔，于铜面书写过往风云；楚地青铜器，造型独特，纹饰繁复，尽显匠人巧夺天工之术；皖南与群舒，青铜器制作工艺精湛，凝聚地域文化之精华；吴越青铜剑，锋利无匹，闪烁着铸剑匠人智慧的光芒。

每一件青铜杰作，都是对长江母亲的深情颂歌，串联起一段段不朽的文明传奇，让后世得以窥见那远古时代永不暗淡的光辉。

千古矿脉：大冶铜绿山的青铜传奇

熠熠青铜，烁烁其华。青铜器承载了先秦时代的文化，以其独有的辉煌，照亮了华夏文明的开端。重达 832 千克的司母戊大方鼎（又称“商后母戊鼎”）、气势磅礴的曾侯乙编钟、精美绝伦的越王勾践剑……这些形态各异、数量庞大的青铜器具，其冶造所需之铜料来自何方？这一谜题，曾长久地萦绕在中国考古学家的心头。

1973 年，一把深埋地下 2000 余年的铜斧在湖北大冶重见天日，铜绿山采矿遗址也同时被发现。

那一年，湖北大冶有色金属公司的工作人员在铜绿山矿场的一次日常作业中，意外发现了冶炼渣、铜斧等古物，以及深埋地下的古坑木与坑道。一柄 3.5 千克重的铜斧，劈开时光的阻隔，成为连接古今的使者。考古专家经过细致勘探，初步断定这里是一处春秋战国时期的庞大采矿遗址。随着考古工作的深入，更令人震惊的发现接踵而至——铜绿山的采矿历史，远早于春秋战国时期。

从 1974 年至 1985 年，国家文物局组织的专业团队，在铜绿山展开了 10 余年的考古发掘，共发现了古代采矿竖（盲）井 302 个、

铜绿山古铜矿遗址产业链分布图

平（斜）巷120条、炼炉12座，冶炼工具及冶炼标本1000余件。铜绿山的采矿活动始于商代后期，历经西周、春秋战国，直至西汉，时间跨度1000余年。在这漫长的岁月里，古人以非凡的智慧和坚忍的毅力，开凿出7个露天采场、18个地下采区，竖井密布，井巷纵横，总长度超过8000米。

铜绿山古铜矿遗址，以采冶时间之长、规模之大、技术之高、保存之完好，成为中国古代矿冶技术的杰出代表，也是世界矿冶史上的耀眼明珠。这里出土的炼铜竖炉、采掘工具、陶器、照明用品及兵器等，表明我国青铜器铸造业与采矿、冶炼业早就已经分工进行。

2011年以来，考古工作者对7号矿体（大岩阴山）先后进行多次新的发掘，发现了完整的开采产业链，同时还发现了宋明时期的多座焙烧炉，进一步丰富了中国冶金史。

中华文明探源工程首席专家王巍指出："铜绿山古铜矿遗址以无可辩驳的事实证明，中国青铜文化是一部完整独立的发展史，彰显了其在人类冶金史、科技史和文化史中的重要地位。"

古矿遗址：皖南山水中的青铜秘境

山川不言，却以它独有的方式镌刻着历史的痕迹。安徽境内长江南岸的大工山与凤凰山，守护着那些古老而神秘的铜矿开采与冶炼记忆。自西周以降，直至宋代，千年的时光在这里缓缓流淌，留下了不可磨灭的印记。

皖南地区处在长江中下游铜矿带上，铜矿资源丰富。20世纪80年代以来，考古工作者在皖南南陵、铜陵、繁昌、池州、青阳等地陆续发现西周、汉、唐、宋时期的铜矿和冶铜遗址上百处。

金牛洞遗址

其中以地处南陵、铜陵交界地带的大工山、凤凰山、狮子山、铜官山等处最集中，重要遗址包括南陵大工山江木冲、塌里牧和铜陵凤凰山、木鱼山等，发现一批春秋—西汉冶铜炉，唐宋矿石焙烧窑、圆形炼铜地炉，汉唐地下采矿场等遗迹，出土铜锭、铜器、铁器、陶器等遗物。1996 年，大工山—凤凰山铜矿遗址被国务院公布为全国重点文物保护单位。

南陵戴镇的江木冲为春秋至汉初冶铜遗址，面积达到 1.5 平方千米，地表堆存炉渣 50 万吨以上。若按每 10 吨炉渣可出 1 吨粗铜推算，这里就曾生产粗铜达 5 万吨以上。

金牛洞遗址位于铜陵顺安镇凤凰村境内，是一个生产链条完整的古代铜矿生产基地，年代跨度也是春秋至西汉。

木鱼山遗址位于铜陵天门镇木鱼山村北，年代跨度从西周至宋代。这里出土的冰铜锭和大量炼渣，表明了铜陵是中国最早使用硫化铜矿的地区之一，把中国使用硫化铜矿的历史提前了 1000 多年。

大工山—凤凰山铜矿遗址如同散落在大地上的珍珠，串联起一部中国古代铜矿开采冶炼与流通史。我们可以据此探索长江中下游地区青铜文明的起源与发展、先秦时期中原商周王朝等地青铜原料的来源以及中国古代铜矿开采冶炼技术等问题，进而理解长江中下游地区在中华文明形成与早期发展过程中的突出地位。

楚式青铜：古韵悠长的工艺传奇

“筚路蓝缕”和“问鼎中原”，两个成语描绘了楚国跌宕起伏、波澜壮阔的立国、发展到崛起的过程。

在800余年的历史里，幅员辽阔、国力强盛的楚国创造了绚烂多彩的楚文化，不仅可与中原文化比肩而立、竞趋争先，而且很多方面可与同处于鼎盛时期的古希腊文化媲美。特别是当时楚国的青铜冶炼和锻造工艺，其发展早于希腊并处于世界领先地位。

楚式青铜器，形制独特，自成一系。从20世纪50年代起，在湖北、湖南、安徽等楚国故地，一批又一批楚国青铜器相继出土。

楚式青铜器以其独特的造型和精美的纹饰著称，它们在纹饰上既保持了与中原青铜器的一致性，又体现了楚地的地域特色。楚式青铜器中素面器较多，如鼎、盉、壶等，均以素面呈现，简洁而不失高雅。铜器器身的装饰繁复而精美，玲珑剔透，如变形蟠螭纹、简化的凤鸟纹等，独具特色。

春秋战国时期，青铜嵌错工艺达到了高峰，楚式青铜器上常见这种工艺。这不仅是一种技术，更是一种艺术。工匠在铸好的铜器表面镶嵌其他材质做成的丝或片，再将铜器表面磨错平整，构成纹饰或文字。绿松石、红铜、金、银等材质的运用，使得楚式青铜器更加绚丽多彩。

武王墩墓出土的三足球形铜瓮

楚式青铜器在祭祀宴飨等场合中扮演着重要角色。青铜礼器如鼎、簋、壶等的组合，不仅体现了贵族的身份等级，更反映了礼仪规范。楚国的鼎，束腰收腹，以其成熟的形态特征，被称为“楚式鼎”。而楚国青铜乐器，尤其是编钟，以其悠扬的乐声，展现了楚人的浪漫主义情怀。

随着战争的需要，大量青铜被用来制造武器。出土的楚国后期青铜器有大量的剑、戈、戟、矛，其中剑的数目最多。

战国时代，青铜的运用由礼乐文化转向世俗生活，楚人开始大量使用青铜制造日常生活用品，如铜镜和铜带钩，楚国铜镜类型丰富，数量众多，远胜于其他地区。这不仅体现了楚国制造工艺的精湛，也反映了楚人生活的丰富多彩。

安徽寿县是楚国最后一个都城所在地，淮南市武王墩墓出土的大量文物，展现了楚国在历史上最后的灿烂。

编钟遗韵：曾国青铜的文化印记

1978 年，湖北省随县曾侯乙墓出土的编钟震惊中外，更让曾国这一在历史文献中略显模糊的诸侯国，凭借青铜的辉煌，镌刻在了中华民族的文化记忆之中。

追溯曾国青铜器的发现过程，仿佛是一场跨越时空的寻宝之旅。从薛尚功《历代钟鼎彝器款识法帖》中的零星记载，到近代《两周金文辞大系图录考释》中的系统整理，再到 20 世纪六七十年代湖北随州、枣阳一带青铜器的批量出土，曾国青铜器的面纱逐渐被揭开。

曾国青铜器，以其多样的器物类型和精湛的制作工艺，展现了古代工匠的智慧与才华。鼎、簋、壶、缶、钟、剑……这些青铜器不仅涵盖了礼器、乐器、兵器等多个领域，更在造型与纹饰上展现出独特的艺术魅力。而那些镌刻在青铜器上的铭文，更是历史的活化石，记录着器物的制作年代、用途与所有者，也映射出当时社会的风貌与文化特征。

曾侯乙墓中出土了 4640 余件青铜礼器、乐器、兵器、车马器，

曾侯乙墓出土的编钟

重达 10 吨，消耗了铜、金、锡、铅等金属约 12 吨。这些青铜器物造型之复杂，纹饰装潢之精美，世所罕见。在制作工艺上，更是综合使用了浑铸、分铸、锡焊、铜焊、雕刻、镶嵌、铆接及熔模铸造技术。其中一件青铜尊盘，尊与盘的口沿均饰以蟠虺透空花纹，玲珑剔透、层次分明。令人吃惊的是，该尊盘是我国目前发现的最早采用失蜡法铸造的青铜铸件，铸造工艺水平达到了先秦时期青铜器制作技术水平的巅峰，反映了中国古代科技的杰出成就。

曾侯乙编钟，规模宏大，保存完好，不仅是中国古代音乐史上的奇迹，更是世界音乐史上的瑰宝。65 件青铜钟，错落有致地悬挂在曲尺形的钟架上，仿佛一张精美的乐章图谱。每当钟声响起，那悠扬的旋律便仿佛穿越时空的壁垒，将人们带入礼乐交融的先秦时代。

群舒故地：青铜文明交融的见证

西周初年，周公东征，东夷部分族群开始向南转移，至江淮地区与当地土著相融合，逐渐形成淮夷。部分淮夷部族又在安徽江淮地区建立舒、舒庸、舒鸠、舒蓼、舒龙、舒鲍、舒龚等群舒方国。

群舒故地，文献中关于它的记载仅有只言片语，但它的形象在考古发现的佐证下逐渐清晰。20 世纪 50 年代以来，牺首鼎、牺首尊、铉鼎、汤鼎、曲柄盉等带有明显地域特征的青铜器，让群舒的青铜之光再次闪耀于世。

作为青铜时代最重要的礼器之一，鼎在祭祀与宴饮中扮演着举足轻重的角色。在群舒的祭祀宴会上，鼎不仅是烹煮佳肴的器具，更是连接天地的神圣媒介。商周之际，鼎的数量与规格，成为衡量贵族身份的重要标尺。而群舒的青铜鼎，以其独特的造型与纹饰，展现了那个时代对美的追求与对礼制的尊崇。

舒城五里出土的兽首鼎

群舒青铜器上的纹饰，同样是其艺术魅力的重要组成部分。夔龙纹的灵动、窃曲纹的曲折、几何纹的简约、兽首饰的威严……这些纹饰不仅装饰了青铜器的外观，也蕴含着丰富的文化内涵与审美追求。它们或细腻入微，或粗犷豪放，共同构成了群舒青铜文化的独特风貌。

铜陵钟鸣出土的曲柄盉

历史的长河在波涛汹涌中奔腾向前。东周时期，诸侯争霸，江淮地区成为吴楚等国的必争之地。群舒诸国在大国的夹缝中艰难求生，最终难逃灭亡的命运。但群舒文化并未因此消逝，它如同一条细流，融入了更广阔的文化海洋之中，与中原文化、楚文化、吴越文化等相互交融，共同绘就了中华文明多元一体的壮丽画卷。

20世纪60年代，当我国著名的古文字学家商承祚首次见到群舒青铜器的代表器物——兽首鼎时，内心充满了震撼与惊叹，他挥毫泼墨，写下了一首赞美群舒文化的诗篇："莫道春秋舒国小，牛形盆口邈难追。横铉遗制真谁偶，拍案惊看振世奇。"

吴越铜剑：江南文化锋利的一面

烟雨朦胧的江南，水波轻漾间不仅有温婉的诗意，也有冷峻而锋利的兵器。

吴越之地，依水而生，舟楫为马，步兵轻捷，短兵相接间，青铜剑成为争霸战场上的主角。它不仅是战士手中的利刃，更是技术与艺术的完美融合，每一柄剑都闪烁着匠人智慧的光芒，讲述着关于勇气与荣耀的故事。

江南的铜矿，为吴越青铜剑的铸造提供了丰富的资源。干将、莫邪、湛卢……匠人们以火为媒，以铜为骨，精心雕琢出一柄柄名震天下的宝剑。它们不仅是吴越青铜铸造匠人的巅峰之作，也是吴越文化精神的象征。菱形暗格纹的细腻、剑首同心圆的和谐、复合剑体的精妙，被誉为吴越青铜剑“三绝”，它们共同铸就了吴越青铜剑的独特魅力。

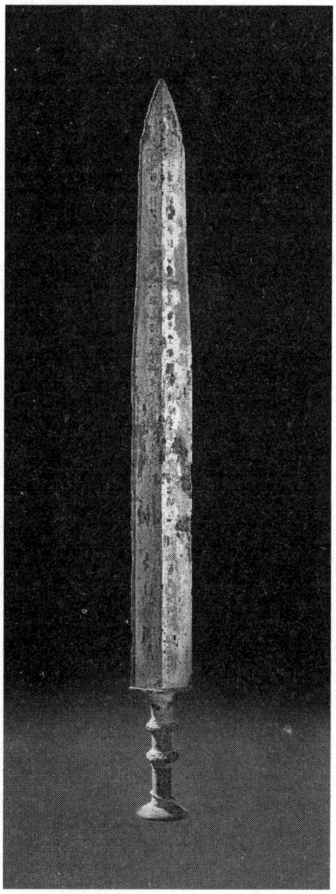
吴王余眛剑

吴越青铜剑，以锋利无比的刃口，见证了无数英雄豪杰的辉煌与落寞。它们以精美的纹饰，彰显了古代工匠的审美情趣。在《周礼》与《战国策》的记载中，人们得以窥见古人对吴越青铜剑的赞誉。它们之所以在异地难以被复制，皆是因为这片土地独有的“地气”，那是一种融合了气候、水土与人文精神的独特气质。

与吴越青铜剑有关的故事，更是广为流传。公子光与吴王僚的权谋之争，专诸的鱼腹藏剑，这些惊心动魄的历史瞬间，都被一柄柄青铜剑所铭记。在《越绝书》与《吴越春秋》等野史中，铸剑师欧冶子、干将、莫邪的传说，更是为吴越青铜剑增添了几分神秘与浪漫的色彩。

从目前出土的吴越青铜剑来看，传说中的剑名并未直接镌刻于剑身之上。它们更多的是以器主的题铭形式存在，如吴王光（阖闾）与夫差父子剑上的铭文，记录了权力的更迭与历史的瞬间。

越王勾践剑是吴越青铜剑的巅峰之作。这把剑，穿越了千年的时光，依然寒光闪闪，锋利如初，堪称中国古代兵器艺术的瑰宝。其剑身上的黑色菱形花纹与鸟篆铭文，如同历史的密码，等待着我们去解读。

金道锡行：长江流域的青铜生命线

早在中国青铜时代，就有一条连接着南国矿藏与中原炉火的纽带。这便是“金道锡行”，一条流淌着青铜生命力的不朽之路。“金道锡行”四字，最早见于春秋早期青铜器曾伯桼簠的铭文：“克狄淮夷，抑燮繁阳，金道锡行……”

青铜在古代也叫“吉金”，被广泛应用于祭祀、宴乐、朝聘、会盟等重要场合。在青铜时代，铸造用于祭祀和战争的青铜礼器与武器是国家的重要事务。铜和锡作为铸造青铜必需的物质，其运输和流通对国家至关重要。因此，将铜（金）和锡从南方运往中原王朝的“铜锡之路”应运而生。

长江两岸，从湖北大冶到江西瑞昌再到安徽铜陵，绵延数百千米，形成了一个长江中下游地区古铜矿采冶带，商周王朝的铜料正是源于此。江汉之间，以随州、枣阳作为关键之处的“随枣走廊”蜿蜒曲折，连接南北，见证了车马辚辚、商贾往来的繁

内有“金道锡行”记载的曾伯桼簠

忙景象。这里是“金道锡行”的主干道之一，长江中下游的铜锡资源沿着这条古道，穿越崇山峻岭，跨越江河湖泊，最终抵达洛阳、长安等中原腹地。考古证实，曾国在西周早期立国，控制、管理南方铜锡资源的运输，这应该是得益于其优越的地理位置。

春秋之际，楚国的崛起再次扩大了“金道锡行”的版图。长江中游的金属资源在新的政治格局下得到更大幅度的整合，江汉平原西部成为长江中游金属流通的新枢纽。在诸国争霸的背景下，长江流域的楚与吴先后兴起并与晋争霸，其政治影响力与资源优势互为表里，这也导致靠西的汉水—夏路及靠东的邗沟—泗水通道成为金属资源北上的重要路径。

“金道锡行”不仅仅是物质的流通，也是长江文明与黄河文明的交融与碰撞。它如同一股无形的力量，推动着中原青铜文明向南传播，与江汉、荆楚、吴越等地的本土文化相互渗透、相互影响。在“金道锡行”复杂网络的辐射下，皖南的繁昌、南陵、铜陵等地，江西的吴城，乃至更远的江南水乡，都留下了青铜文明的深深烙印。那些出土的青铜器，无论是造型还是纹饰，都透露出商周文化的影子，静静地诉说着中原与江南之间千丝万缕的联系。

王朝时代的辉煌成就

上善若水，水利万物。

青铜文明时代，长江上、中、下游分别形成的巴蜀文化、荆楚文化、吴越文化等，在彼此交流以及与中原文明的互动中，不断融会贯通，为多元一体的中华文明提供了生生不息的磅礴力量。

滔滔江水浇灌着滋养万民的千里沃野，流淌着造福国家的滚滚财富，促进了经济重心南移，“用东南之财赋，赡西北之甲兵”，成为自晚唐之后各个朝代赖以立国的根本。

秦汉一统

在秦国统一天下的进程中，公元前316年南下吞并巴蜀是极为关键的一步，其势力范围从此由黄河流域的关中地区扩展至长江上游的四川盆地。此后，秦蜀郡太守李冰在岷江流域兴建了包括都江堰在内的众多水利工程，将成都平原改造为“水旱从人，不知饥馑，时无荒年”的“天府之国”，秦国从此有了一块富庶稳定的后方战略要地。

在秦国征服和改造长江上游的巴蜀之地时，长江中游的楚国与下游的越国亦通过战争实现了整合。战国早中期，楚国以江汉平原为发展基地，经济、军事力量蓬勃发展，北面与中原诸国争锋，西北、西南分别防御秦与巴蜀，东面与吴、越争雄。长江下游的越国在勾践的领导下，最终攻灭吴国，北上称霸。然而，盛极必衰，勾践去世后，越国内乱频发，贵族间的权力斗争愈演愈烈。公元前 306 年，楚怀王瞅准时机，直捣越国腹地，越王无彊战死，越国随之分崩离析，长江下游成为楚国的领地。

83 年之后，秦国攻占楚国，一统天下的宏伟蓝图终成现实，长江与黄河这两条孕育中华文明的母亲河，终于在秦人的统治下实现了真正的交汇与融合。

然而，残暴的统治让秦王朝迅速崩塌，“二世而亡”。“楚虽三户，亡秦必楚”，这句话在秦末汉初的乱世中掷地有声，刘邦、项羽举起了反秦大旗。最终，刘邦以汉水上游的汉中为基地，击败了楚国贵族后裔项羽，建立了汉王朝。

汉代，长江流域的农业开始走向精耕细作，促进了当地经济的发展，尤其是成都平原的富庶程度，足与关中平原相媲美。长江上游的矿产资源

四川新都新农出土的东汉酿酒画像砖

得到大力开采，长江中下游的荆、扬二州，冶铁业、铸铜业、漆器业蓬勃发展。吴王刘濞开采矿产铸钱，又煮海水制盐，使得吴国成为当时最为富饶的地区。东汉章和二年（88年），朝廷废除了盐铁禁令，允许百姓自由煮盐铸钱，长江流域的经济实现了进一步的繁荣与发展。

西汉时代，在长江上游出现的“滇国”和“夜郎国”的青铜文化，既有其特定的民族特色，又表现出与汉文化融合的痕迹。

汉朝承接了秦朝开创的大一统局面，为自信、强大的中华民族的形成奠定了坚实的基础。

六朝风流

公元220年，汉献帝刘协让帝位于曹丕，曹魏政权建立，东汉灭亡，中国历史进入三国鼎立时代。此后，刘备在长江上游建立蜀汉政权，定都于成都；孙权在长江中下游建立东吴政权，并逐步将都城从武昌（今湖北鄂州）迁至建业（今江苏南京）。

蜀汉在诸葛亮的治理下，以成都为中心开发西南，希望效法秦国以长江上游之利进取中原，以恢复汉室，同时联合东吴，以长江为防线抵御曹魏。但奈何蜀汉与曹魏相比实力相差实在太大，加之外来集团和巴蜀本地士族之间有无法调和的矛盾，导致诸葛亮两出祁山却功败垂成。但蜀汉政权留下的文化印记不可磨灭，左思的《蜀都赋》就描述了当时成都的繁华景象。

东吴政权凭借长江天险和强大的水军，击退了曹魏的多次进攻，确保了长江中下游的安宁。孙权积极发展生产、兴修水利，江南地区的社会经济得到了前所未有的发展。南京又先后有东晋、南朝宋、齐、梁、陈在此建都，加上东吴，史称“六朝之都”。六

南京长岗村东吴墓出土的青瓷釉下彩羽人纹盘口壶

朝时期，长江流域在文化、经济、政治各方面均取得了长足的发展。

西晋政权虽然统一了天下，但很快因内部争斗和外部侵袭而分崩离析。永嘉年间（307—313 年），数百万中原士民为了生存向长江流域迁移。这一时期的长江流域，在融合南北文化、发展经济和保持政治稳定方面，都取得了卓越的成就。中原先进的农业、手工业技术与江南传统生产技术相结合，大量南下人口以侨置郡县的方式安家落户，共同开垦长江流域的土地，开采矿藏资源，当地经济迅速发展。到了东晋时期，江南一带已成为粮食主要产地。鄱阳湖地区粮食不仅能够自给，而且可以销往外地，蚕桑业也得到较大发展。荆湖地区经济发展更快，夏口（汉口）成为江汉交汇和洞庭湖流域农产品转运中心。襄阳为江汉重镇，农副产品丰富，是南北物资交换的枢纽。

六朝上承两汉，下启隋唐，是中华文明的一个重大转型期。此时的长江流域，特别是建康（今江苏南京），成为华夏文化的中心，对东亚地区产生了深远影响。六朝的文化成就在思想、宗教、文学、建筑、书法、绘画、雕塑、丧葬制度、瓷器、砖瓦、漆器、冶金等各方面都有体现。“三曹”的诗歌、王羲之的书法、顾恺之的绘画、刘勰的《文心雕龙》、钟嵘的《诗品》、萧统的《昭明文选》、范晔的《后汉书》、裴松之的《三国志》、葛洪的《抱朴子》、刘义庆的《世说新语》、法显的《佛国记》等，皆为当时人民智慧的结晶。

唐代巨变

长江流域一经开发，农业生产与商贸经济便借灌溉之利与舟楫之便，迅速发展。

隋唐时期，伴随着国家再度统一与京杭大运河通航，经济中心从南北并驾齐驱到逐渐南移。安史之乱以后，长江流域经济发展超过黄河流域，成为全国经济最发达的地区。杜甫在《后出塞》中写道：“云帆转辽海，粳稻来东吴。越罗与楚练，照耀舆台躯。”可见在盛唐时期，江南地区已通过海运向北方边境输出粮食与布匹，为维护国家安全提供物资保障。

经济南移的背景下，扬州、益州（今四川成都）在唐代成为全国最繁华的工商业城市，经济地位超过了长安、洛阳。扬州处在长江与京杭大运河交汇口，是唐代漕运及盐铁转运中心，洪迈的《容斋随笔》记载：“唐世，盐铁转运使在扬州，尽斡利权，判官多至数十人，商贾如织。故谚称‘扬一益二’，谓天下之盛，扬为一而蜀次之也。”

当时的扬州城内商贾如云，丝绸、瓷器、茶叶等商品借大运河畅销全国，远销海外。长沙窑瓷器经湘江、长江至扬州转运，印尼海域发现的“黑石号”沉船满载长沙窑瓷器，证实其国际贸易地位。扬州手工业种类繁多，铜镜、漆器、玉雕、金银器制作及刺绣等工艺精湛。成都则以蜀锦与丰富物产著称，蜀锦不仅是贵族享用的奢侈品，也是外贸重品。蜀绣为中国四大名绣之一，在唐代常作为贡品。成都造纸业发达，蜀纸品质优良，工艺独特，为印刷业发展提供了坚实基础。唐代成都雕版印刷品内容丰富，涵盖佛经、道经、儒家经典及医药书籍等。

唐代伎乐飞天纹金栉

大唐盛世经安史之乱后迅速衰落，在此后持续一个世纪的动荡中，约有 250 万中原人口向长江流域迁徙，形成我国第二次人口南迁的浪潮，被裹挟在南渡人群中的李白曾感慨“四海南奔似永嘉”。大批北方人口南迁，不仅充实了长江流域的劳动力，还带来了先进的农业生产技术，促进了长江流域农业、手工业、商业、对外贸易的发展。唐王朝所需的粮食大部分依赖于长江流域，其他农副产品和手工业品如盐、茶叶、蔗糖、麻、油料、水

唐三彩骆驼载乐俑

果等都以长江流域出产为最多。

安史之乱后，没有边防压力又相对富庶的江南地区，成为唐王朝财赋的主要倚仗，《新唐书》称之为“故天下大计，仰于东南”。辅佐唐宪宗开创元和中兴的宰相李吉甫在《元和国计簿》中记载，朝廷“每岁赋税倚办止于浙江东西、宣歙、淮南、江西、鄂岳、福建、湖南八道四十九州，一百四十四万户”。

宋元富庶

“上有天堂，下有苏杭。”这句千古流传的名言，出自南宋范成大《吴郡志》。此后苏杭声名远扬。

长江流域的经济地位在宋代正式超越北方，成为全国经济的领跑者，尤其是长江下游地区，更是全国最为发达的经济区域，国家的军费开支多依赖于东南之地。经济的蓬勃发展，不仅为百姓带来了富足的生活，更推动了文化的繁荣与昌盛。特别是南宋政治中心南移至杭州后，长江流域的经济文化更是得到快速发展。

至 12 世纪初，中国人口首次突破 1 亿大关，这得益于农业的飞速发展。有学者认为，宋代长江流域经历了一场“农业革命”，太湖地区的稻米产量更是冠绝全国。在这片肥沃的土地上，勤劳的农民用汗水浇灌出丰硕的果实，为国家的繁荣稳定奠定了坚实的基础。

在农业发展的基础上，两宋的工商业也迎来了前所未有的繁荣。丝织、棉纺、制瓷、制茶、酿酒、制糖、制盐、造纸、印刷、铜镜制造、造船、矿冶等行业蓬勃发展，产品种类繁多，质量上乘。商业网点遍布城乡，国内外贸易极为活跃。南宋时期，政府尤为重视对外贸易，长江流域的临安（今浙江杭州）、庆元（治所位于今浙江宁波）、温州、嘉兴、江阴等城市均设有市舶司，负责港口贸易。

宋代更是中国古代四大发明的重要完成时期。造纸工艺水平在长江流域达到了前所未有的高度，纸张的质量与产量均创下新高，为书写、印刷等文化活动提供了坚实的物质基础。雕版印刷术在唐、五代时期的杭州与成都地区已有发展，而在北宋庆历年间（1041—1048 年），毕昇更是发明了具有革命性的活字印刷术，

仿绘宋院本《金陵图》（局部） 清·杨大章

体现了中国印刷技术的创新活力。此外，火药与指南针也在长江流域诞生，为军事战争与航海探索带来了新的变革。

商业领域的变革更是打破了传统的城市里坊制度，各级城市从封闭走向开放，促进了商业的自由与活跃。北宋中期，年商税达到 10 万贯的城市有 18 个，其中 17 个位于长江流域。南宋时期，长江两岸更是涌现出大批的镇市与墟市，为商业的兴盛注入了新的活力。

从浙江兰溪出土的棉毯来看，南宋时长江流域棉纺织业得到长足发展，元代更是进一步发展。黄道婆等纺织家的出现，推动了纺织技术的革新与进步。制瓷上，景德镇的青花瓷享誉中外，成为著名的“瓷都”。

元天历二年（1329 年），全国商业税收达到 76 万余锭，其中江浙一省就占了 26.9 万余锭，占全国商税的 35% 以上，而杭州的税收更是位居全国各大城市之首。意大利旅行家马可·波罗从北方进入中国后，沿着大运河自北而南游历了淮安、扬州、南京、镇江、苏州、吴兴（今浙江湖州）、杭州等地。他在《马可·波罗游记》中对杭州的记载约占全书的 1/15，称赞杭州为“世界上最美丽华贵之天城”。

元代的对外贸易同样繁荣昌盛。长江口一带的上海、太仓等海运港口更是成为中国对外贸易的重要门户。其中，上海自宋末起便崭露头角，逐步发展为中国对外贸易的桥头堡。

明清鼎盛

明清两代，长江流域成为中国经济的命脉，迎来了其在古代中国发展的鼎盛期。朱元璋建都南京，明成祖朱棣虽迁都北京，但经

清代《陶瓷谱》图册中的御窑厂

济重心始终未离江南。随着商品经济的繁荣，资本主义在长江下游地区悄然萌芽，长江流域内部以及与其他地区的经济联系愈加紧密。江南地区的高收益型经济、长江上中游等地的商品粮输出等，都在商品流通的推动下形成各自的特色。特别是“湖广填四川”的移民潮，不仅改变了四川的人口结构，也为四川的经济发展注入了新的活力。

明初，朝廷高度重视农业生产，设立营田司，加强对水利设施的建设和管理。长江中下游地区和四川盆地的水利设施得到极大改进，促进了农业的发展。今上海、浙江、江苏、安徽、湖北等地成为主要的粮、棉产区；四川、湖北、湖南、江苏、浙江等地还种植小麦、玉米、甘薯等，以提高土地利用率，增加粮食作物产量，调整饮食结构。在长江中游平原湖区、丘陵山区，农业垦殖的规模和程度空前，早在明弘治年间（1488—1505 年），就出现了“湖广熟，天下足”的谚语；清康熙三十八年（1699 年），康熙在谕旨中引用此说，并称“江浙百姓，全赖湖广米粟”。同时经济作物以及林区特产如棉花、烟草、茶叶、生漆、桐油、药材、白蜡、木耳等的生产经营也都获得了相应发展。以淡水捕捞为主的渔业在湖广地区的社会经济中也具有重要作用。

农业的繁荣带动了纺织、制瓷、造纸、制盐等相关产业的发展。松江地区以棉纺织业闻名，成为全国最大的棉纺织业中心，苏杭成为闻名天下的丝织中心。景德镇的制瓷业更是闻名遐迩，每年烧造的瓷器数量庞大，工艺精美。江西广信府（今江西上饶广信区）是著名的造纸区，在明万历年间（1573—1620 年）出现了“槽房”式的手工工场，雇用了大批工人。四川井盐已成为明王朝财政收入的重要来源。由于矿业政策的松动，明代长江流域的民矿、民冶业发展颇快，上中下游均有分布。

随着商品经济的繁荣，长江流域的城市经济也迅速发展。江南的苏、松、嘉、湖、杭等地市镇经济异常活跃，松江、上海一带的家庭手工棉纺织品商品率极高，苏州、杭州、南京等城市成为丝绸、瓷器、茶叶等商品的重要生产和交易中心。汉口更是成为巴蜀、关中与华中和东南贸易的枢纽，享有“九省通衢”的美誉。湖广粮食大量运销外地，逐步形成明清时期长江流域无锡、长沙、芜湖、九江四大米市。这四大米市，不仅是大米的集散地，更是各地文化的交会点，见证了中国古代农业商品经济的顶峰。

明清之际，一批有识之士积极吸收西方的科学知识，如天文历法、数学、物理学等，取得了显著成就。同时，以顾炎武、黄宗羲、方以智、王夫之为代表的进步思想家，主张政治经济变革，发展科学的辩证思想，开启了近代改革的先河。江南地区的教育、科举、出版、藏书、学术、手工技艺、园林建筑、书画艺术、文学创作、戏曲、宗教等文化要素相互交织，形成了一个繁荣的文化圈。

这一时期，徽州文化极具特色。徽州由于其独特的地理位置，历史上曾成为理想的避难所和徙居地。西晋、南宋之际，中原士族的迁入带来了先进的中原文化，与当地文化融合，形成了独特

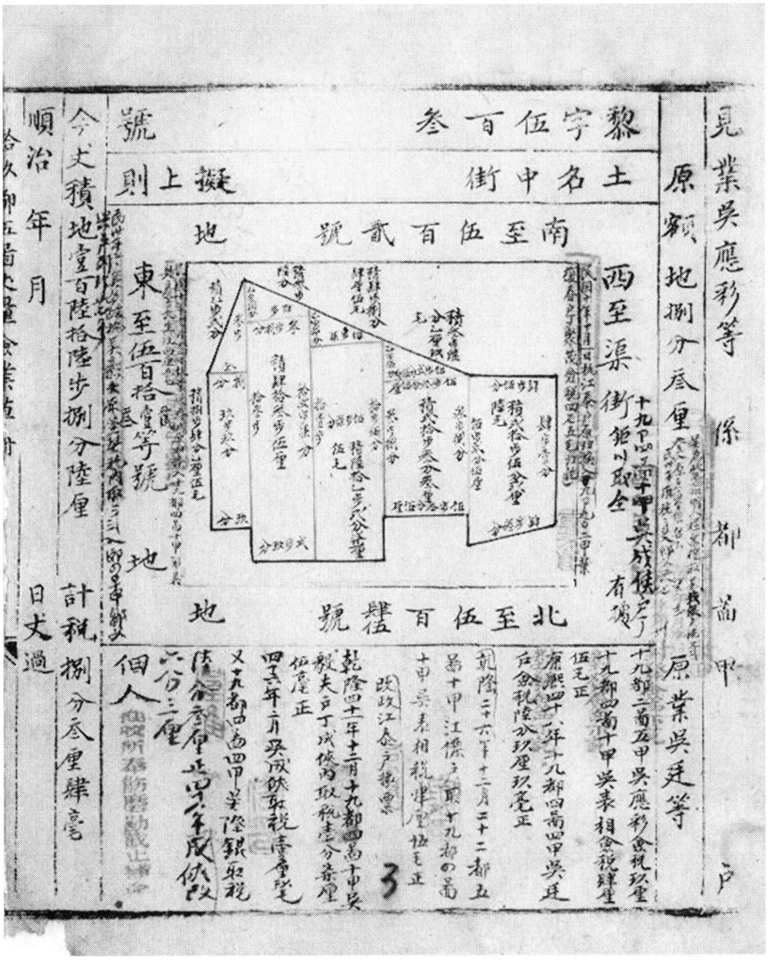

徽州文书

的地域文化。徽州商人将巨额商业利润带回故里，促进了家乡的文化建设和社会发展。

从以南京、杭州、苏州、徽州等地为中心的江南文化圈，到巴蜀、荆楚、吴越等地域文化的繁荣，再到与西方文化的交流与融合，长江流域展现出丰富多彩的文化风貌。

明清时期，长江下游地区经济和文化前所未有地繁荣，特别是江南市镇经济获得了空前繁荣和发展，这些都得益于得天独厚的地理优势和丰富的自然资源以及劳动人民的辛勤付出。这一时期的长江下游地区，不仅为中国的经济和文化发展注入了强大的动力，也为后世的经济和文化繁荣奠定了坚实的基础。

第二章

黄金水道

长江横贯中国腹地，源远流长，水量充沛，常年不冻，航运便利，素有“黄金水道”之称。自古以来，长江以其悠久的开发历史、先进的造船技术、规模巨大的官办贸易、兴盛的商帮航运、畅通的航道以及众多的繁华港埠，保障水运交通事业持续繁荣发展，在促进国内各地区经济文化交流与发展中发挥了巨大的作用。与此同时，长江流域通过海上丝绸之路，开展文化、科技、经济活动，有力促进了中华文明与世界文明的交流互鉴。

舟楫、栈道与纤道

或静谧如诗，或澎湃激荡。水网纵横的长江，自古以来就以奔腾不息的姿态，通过舟楫之便、栈道之巧、纤夫之力，勾勒出一幅幅壮丽的水运交通画卷。

远古先民刳木为舟，到中流击水，是长江舟楫之便的肇始。其后，伴随着社会进步、生产力发展，长江流域的船舶建造工艺在数千年间不断精进。

舟楫往来，再辅以栈道与纤道，引领着长江两岸儿女，拓展了航行的疆域，从江水浅湾的温柔怀抱，勇敢地驶向了蔚蓝无垠的远洋。

长江舟楫制造史：从刳木为舟到百舸争流

奔腾长江，水道纵横，便于行船。

跨湖桥遗址出土的独木舟

早在七八千年前，长江先民就已“刳木为舟，剡木为楫”，成为荡舟弄潮的先驱。他们掏空大原木，制成独木小舟浮于水中，然后攀附其上，或顺水向前，或逆流奋楫，凭“舟楫之利”，“以济不通”，在沼泽密布、森林茂盛、山岭起伏的江南低湿之地，构建了顺畅的水运网络。

这是有考古实证的。位于浙江省杭州市萧山区的跨湖桥遗址，出土过一艘在整棵马尾松上用火焦法挖凿的独木舟，经碳 -14 测定，其年代距今 8200—7600 年。距此不远的河姆渡遗址也发现了 7 支距今约 7000 年的船桨，而且是做工精细的雕花柄叶连体桨。到了距今 5300—4300 年的良渚文化时期，人们已能熟练地驾驶舟船在各个大小聚落之间穿梭往来。

至青铜时代，体积更大、结构更为稳固的木板船出现了。人们驾着船，载运各种物资甚至军队，从小河来到大江之上。商王朝将盘龙城定为南土行都后，长江中下游优质的铜料等战略物资，稻米、陶器等生活物资，都是通过木板船运送到盘龙城集中后再中转北送，通过汉江及其支流，越过大别山、桐柏山的隘口，最后到达位于中原的商王朝首都。

春秋战国时期，长江流域船舶制造和航行技术已相当成熟，长江干支流上水运开发利用范围更加广泛。《史记・张仪列传》记载：“一舫载五十人，与三月之食，下水而浮，一日行三百余里。”1958 年和 1965 年前后，人们两次在常州淹城遗址内发现 4 条独木舟，经碳 -14 测定，距今有 2800 余年历史。当年淹城百姓用它来载人运货、采莲捕鱼、操练水师……在抵御外敌、守护淹城的战斗中，独木舟发挥过重要作用。

安徽寿县曾出土鄂君启金节。战国中期楚国贵族鄂君启手持楚王颁发的青铜符节，在长江干流、洞庭湖水系、汉江水系上转运物资，开展商贸活动，其船队船只数量可有 150 条，足见当时长江流域水运之发达。

这一时期列国争雄，兼并战争激烈而频繁，发达的造船技术也被应用到军事斗争中。中原诸国驱长车在辽阔的原野对垒，南方诸国则驾战船在交错的江河上列阵，楚、吴、越等国“以舟为车，以楫为马”，拉开了将长江“舟楫之便”应用于军事的序幕。吴国的战船大翼和王舟艅艎，是当时代表性的大舰。艅艎专供吴国国君乘坐。战船大翼长 12 丈，宽 1 丈 6 尺，合今日的米制，大翼长 27.6 米，宽 3.68 米，可容战士 26 人，棹卒 50 人，船夫 3 人，

战国铜壶及壶上刻的水陆攻战纹（局部）

操长钩、矛、斧者各4人，吏仆射长1人。今天，在嘉兴船文化博物馆，通过复原模型，我们可以再次领略到吴国战船大翼的雄姿。

江上水战，促进了船舶制造技术的进步，汉代船只已经普遍安装并使用舵来辅助航行。西晋，晋武帝以王濬为益州刺史，泰始八年（272年），王濬造大船准备伐吴。咸宁六年（280年），王濬东下先克西陵，后又从武昌顺流直趋建业（今江苏南京），致孙皓降而吴亡。《晋书·王濬传》载："武帝谋伐吴，诏（王）濬修舟舰。濬乃作大船连舫，方百二十步，受二千余人。以木为城，起楼橹，开四出门，其上皆得驰马来往。"两船并列为"连舫"。若长为55米、宽15米的两艘船连舫，则能合"方百二十步"（围长约170米）之数。南北朝，造船业取得突破性进展，长江流域开始开展大规模航运。史载，南朝宋孝武帝刘骏自都城建康（今江苏南京）溯江西巡，"龙舟翔凤以下，三千四十五艘。舟航之盛，三代二京无比"。

随着隋代大运河的开通，以及唐宋以后江南成为国家财赋之源，长江流域的粮食、丝织品及其他各种物资，通过长江黄金水道和大运河源源不断地被运往长安（今陕西西安）、开封、洛阳、涿郡（今北京）等地，运输船队甚至形成了"舳舻相接，二百余里"的盛况，以长江干流为中枢的运输网络基本成熟。历代王朝也以这张水运网为基础，通过长江干支流的延伸，建立了北方与南方区域间的交流，从而实现了对全国的有效掌控。

宋元时代，我国的造船技术进入大发展时期，船只的运量、运距、航速等都达到了新的高度。宋朝将车船列入水军编制并配有相当的规模，杨幺起义军在洞庭湖大造车轮战船，给南宋朝廷造成巨大威胁；在南宋抗金的"采石之战"中，车轮战船也发挥了巨大的威力。除战船外，长江上的船舶开始有客船与货船之分。客船设有舱室，内有桌椅床铺、茶水饮食，货船形制圆短，旨在让装载空间最大化。

船舶制造技术的发展，促进了长江航运的进一步繁荣发展，从而推动了各大城市之间的经济、文化交流。号称天下最繁华的扬（今江苏扬州）、益（今四川成都）二州，常有“弘舸巨舰，千舳万艘，交贸往还”其间，运送粮、盐、丝、茶。南宋著名诗

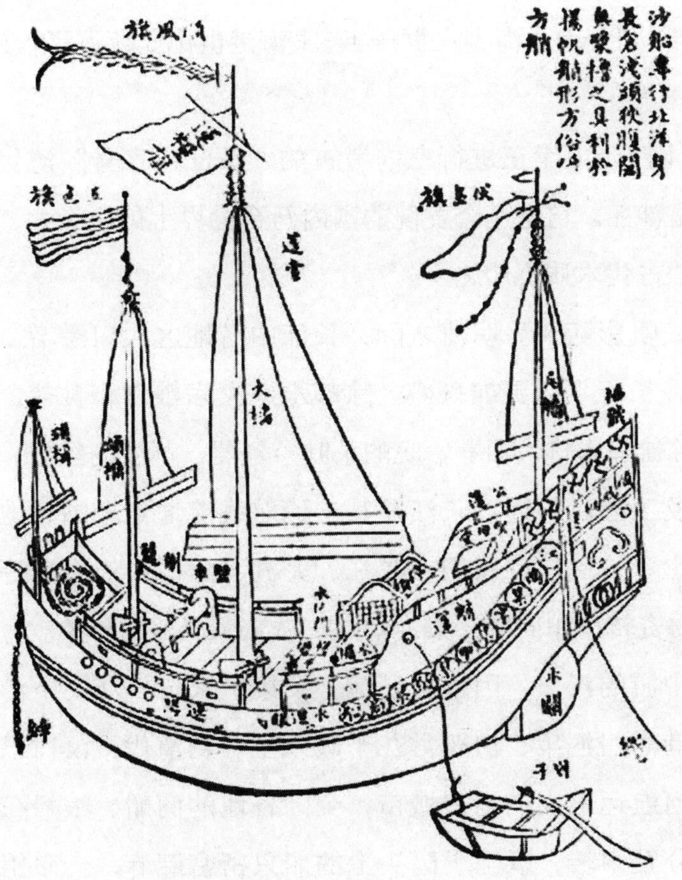

《江苏海运全案》中的沙船

人陆游在《入蜀记》中记述："贾船客舫，不可胜计，衔尾不绝者数里。"

在我国舟楫制造史上，沙船是最古老的船型之一。它是发源于唐代长江口一带的方头平底的浅吃水船型，多桅多帆，桅高帆高，能逆风行船。宋代称其为"防沙平底船"，至明代统称为"沙船"。因为沙船底部平整，对于浅水下的沙滩有良好的适航性，甚至稍有搁浅也能快速脱浅，因此常常行驶在沙质河床的近海和内陆江河。沙船还配有一种叫"披水板"的装具，用时插入水中，阻遏船只横向漂移。"披水板"的发明创造，充分显示了中国古代帆船制造的高超技术。至清道光年间（1821—1850年），全国沙船总数在万艘以上，而上海则占据一半，上海港也由此获得了"沙船之乡"的美誉。

近年被整体打捞上岸正进行室内考古的"长江口二号"清代沉船有可能就是沙船。它是迄今发现的国内乃至世界上体量最大、保存最为完整的古代木质沉船之一。

橹声摇月，帆影随风。明清之际，长江中游地区人口激增，土地开发加速，长江水运更加兴盛。除却水运大宗粮食和食盐，滇铜，川盐，黔盐和木材，湘鄂赣皖的茶叶、瓷器，苏浙的丝绸、棉布、茶叶以及工艺品等通过长江及其支流航线流通到全国各地及海外。沿江上下，武昌、汉阳、九江、芜湖、龙潭、刘家港等港口，得益于物资转运和商贾云集，都是一派繁荣兴盛的景象。

位于长江中游的汉口，因水运便捷，聚集了来自长江上下游的商人。汉口港商船汇集，泊船常在千艘以上。到清代，汉口已发展成中国内河航运最大的港口城市，全国各地的商船、粮船在此汇集，然后分发中转，以至于码头上的船只密密麻麻，一眼望不到头。据记载，清乾隆年间（1736—1795年），汉口码头曾发生过一次火灾，当时100多艘粮船、3000多艘商船在大火中化为灰烬。

近代以后，随着晚清朝廷与列强之间一系列不平等条约的签订，长江沿线通商口岸遍布，西方殖民者的汽轮纷至沓来，妄图控制我国长江流域的水上运输。秉持着“师夷长技以制夷”的精神，民族航运业克服困难，走出了自己的轮船运输之路。由李鸿章倡办的轮船招商局和卢作孚创办的民生轮船公司分别是官办企业和民办企业的代表。1873年，轮船招商局所属“永宁”号从上海出发，开往镇江、九江、汉口，标志着中国轮船首航中国内河。自此之后，一艘轮船从上海出发，只需3天即可抵达汉口，彻底告别了以往需耗时20天、乘坐木船颠簸的历史。在轮船的带动下，长江成为中国步入现代社会的快速通道。

中华人民共和国成立后，长江航运事业进一步发展，组建了政企合一的长江航务管理局，统一组织开展长江航运生产。如今的长江黄金水道依然繁忙，上行下行船队密布江面，各色货轮、客船来来往往，一派百舸争流、千帆竞渡的壮观画面。

从刳木为舟到百舸争流，数千年的时光里，涛声依旧的长江上，船型变得越来越丰富，永远不变的，是滚滚江水带来的舟楫之便。

郑和宝船：无与伦比的巨舰

明代早期，南京城下，长江之畔，一艘艘巨舰缓缓驶出，以其无与伦比的雄姿，开启了人类航海史上的新纪元。

这些名为“宝船”的巨舰，是郑和七下西洋的雄伟座驾，也是中国古代造船技艺的巅峰之作。

明洪武元年（1368年），朱元璋在应天府（今江苏南京）建

建造郑和宝船的南京宝船厂船坞遗址

立大明王朝。这座古都凭借得天独厚的地理位置与深厚的造船底蕴，迅速成为全国船舶制造与管理的中枢。永乐初年，明成祖朱棣胸怀壮志，意图以海为路，广交天下，遂下令全国广造海船，筹备远航。南京城西的宝船厂，正是在这样的历史背景下，肩负起了打造“入海取宝”船只的重任。

宝船厂内，炉火熊熊，锤声阵阵，自永乐二年至宣德八年（1404—1433 年），无数工匠的心血与智慧凝聚成一艘艘巍峨壮观的宝船。据《明史 · 郑和传》记载，这些被后世誉为“大䑸宝船”的巨舰，规模之宏大，令人叹为观止：船长 44 丈（约 147 米），宽 18 丈（约 60 米）。如此庞然大物，在当时的世界航海史上，无疑是独一无二的。巩珍在《西洋番国志》中赞叹其“所乘之宝舟，体势巍然，巨无与敌”。

宝船尺寸巨大，制造工艺精良，技术装备先进。从船型设计到模型制造，从船坞设备到滑道下水，表明明代江南地区的造船水平已达到一个前所未有的高度。《龙江船厂志》中记载的“起船、出船、车水、作坝”等一整套科学方法，显示了当时造船工艺的规范化与科学化。而宝船上的巨型舵杆、高耸的桅帆、沉重的锚链，无一不彰显着工匠们的智慧与汗水。特别是那三四层楼高的舵杆，用铁力木制成，全长 10 余米，其上孔槽榫卯，精密无比，确保了宝船在茫茫大海中稳定航行。

郑和宝船的建造，汇聚了来自江西、福建、湖广、浙江及江苏等地的能工巧匠，他们以精湛的手艺共同铸就了这一时代的辉煌。

各国学者对郑和宝船的评价极高，英国科学家李约瑟在《中国科学技术史》中称："明代文献中有关郑和旗舰的尺度，乍看似乎难以相信，但在实际上丝毫不是'奇谈'。"他进一步指出，明朝海军在全盛时期，其规模与实力或许已超越了历史上任何时期的亚洲国家，甚至可能超过同时期的所有欧洲国家海军的总和。日本学者寺田隆信亦在其著作中盛赞明代的造船技术，认为15世纪初的中国，以高超的传统造船技术，建造了令人难以置信的巨大船舶，其规模、性能及船队之壮大，均远超后来的"大航海时代"。

救生会：长江上的守望者

"江风白浪起，愁杀渡头人。"川流不息的长江，滋养了两岸的沃土；波涛汹涌的长江，也暗藏着无数未知的危险。浪大风急之间，舟船倾覆事件时有发生。有一群无名英雄，他们驾驶着红色的救生船，穿梭在波涛之间，用爱与勇气编织着生命的希望之网。这就是带有慈善性质的水上救生组织——救生会。

中国的救生文化，源远流长。北宋天圣四年（1026年），翰林学士夏竦的一纸谏言，开启了官方设立救生船只的先河。而真正将这一善举发扬光大的，则是那些默默无闻的民间慈善组织。自明末至清康熙年间，镇江超岸寺避风馆、京口救生会，安徽桐城老洲头生生堂、针鱼嘴生生堂等一批民间慈善救生组织相继诞生。它们如同点点星光，照亮了黑暗中的航道。

镇江，这座位于长江与大运河交汇处的古城，因其独特的地理位置成为水上救援的重镇。宋乾道年间（1165—1173年），知府蔡洸在西津渡设立官渡船，既便利了漕运，又兼顾了救生之责。

到了明末清初，金山寺下的救生红船更是成为长江上的一道亮丽风景线。这些红船，船身扁长，周身火红，仿佛燃烧的火焰，照亮了遇险者的希望之路。船头的虎头牌、虎头旗，以及那震耳欲聋的铜锣声，都是对生命最深沉的敬畏与呼唤。

清康熙四十二年（1703 年），京口救生会成立，将长江上的救生事业推向了一个新的高度。这个由士绅蒋元鼐等人发起的组织，不仅筹集资金、购置救生船，还制订详细的救援方案，为落水者提供全方位的救助。西津渡昭关晏公庙旧址上的会址，便是救生活动的指挥中心。那高耸的瞭望哨，时刻注视着江面上的风吹草动，一旦发现险情，便立即派出红船前往救援。

京口救生会在长江上坚守了 300 多年，见证了无数生命的重生，其影响力远远超出了镇江一隅，江西、湖北、安徽等省纷纷效仿，成立了各自的救生组织。官府的加入更是让这一善举如虎添翼，焦山救生总局、瓜镇义渡总局等官方机构的成立，使得长江上的救生网络更加完善。

在长江上游，明天启年间（1621—1627 年）归州知州周昌期于川江险滩——叱滩上创设救济船两只，救人无数。清同治《归州志》记载：“（周昌期）乃捐俸造救生船二只，且建庙……本年五月有木筏行船先陷于漩，已救活二十余人，六月复有船陷漩中，一船五十余人尽行救活。”至康熙、

救生红船

乾隆年间（1662—1795 年），长江上游已经普遍设立了救生船。

长江中游救生船的设立应该是在清代乾隆初年。《岳州救生局志·序》中记载："乾隆二年，先是制军高公奏于沿湖设立红船十六艘。"后又于舵杆洲设立红船 12 艘，据其称，"实为救生船之始"。《钦定大清会典事例》卷九百三十九《工部》记载："乾隆三年，奉上谕，湖广地方三湘七泽水势汪洋，凡有应设救生船之处，着该督抚确勘，照江南一例办理。"

扬州何园主人何芷舠，其家族曾为望江华阳救生局捐载重 40 吨船 4 艘，以"平、安、吉、庆"四字分号，总称"鸿船"。支援救生的慈善之举在当时蔚然成风。

岁月流转，时代变迁。随着大型汽轮逐渐取代传统木船，京口救生会等水上救生组织也完成了它们的使命，渐渐退出了历史舞台，但那份对生命的尊重与关爱永远镌刻在了长江的记忆之中。

川江号子：江流不息的千年回响

"巫山七百里，巴山三回曲。"巴渝地区多崇山峻岭，高山峡谷间的江河水路便成为当地交通的命脉。船只穿梭于峡江弯曲湍急的航道中，明礁暗石，急流险滩，无不考验着船工们的智慧与勇气。

川江船工号子，盛于明清时期，是船工劳作时所唱的劳动号子，简称"川江号子"。千百年来，长江日夜奔流，川江号子也声声不断。在机械动力尚未普及的年代，船只的航行几乎完全依赖于人力，依靠数十乃至上百名船工，以血肉之躯对抗大自然的狂澜。而川江号子，便是这人力协作中不可或缺的纽带与灵魂。

川江号子，是船工们在与江水搏斗中自然流露出的呼喊，它

三峡纤夫旧影

伴随着船工们每一次的挥桨拉纤，响彻峡谷，震撼人心。领唱者，即号子头，凭借对江水的深刻了解和丰富经验，用变化多端的唱腔指挥着整个船队的行动。无论是水流湍急时的紧张闯滩，还是风平浪静时的悠然航行，号子都以其独特的韵律调节着船工们的劳动强度与情绪，成为他们心灵的慰藉与力量的源泉。

“三尺白布四两麻，手扒石头脚蹬沙。一步一拐一把汗，恨不得早点就回家……”这些质朴无华的歌词，道出了纤夫们生活的艰辛与对家的无限思念。川江号子的旋律，时而激昂高亢，如战鼓擂动，激发着船工们战胜困难的决心；时而低回婉转，如泣如诉，诉说着船工们内心的柔情与苦楚。在这声声号子中，我们仿佛能听到历史的回响，感受到人们对生活的热爱与对命运的抗争。

川江号子的歌词丰富多彩，不仅包含了沿江的地名、物产、历史与人文景观，更蕴含着船工们对自然的敬畏与对生命的尊重。这些号子，既是行船的知识库，也是文化的传承者。它们见证了川江两岸的沧桑巨变，记录了船工们的汗水与泪水，更传承了中华民族不屈不挠、乐观向上的精神风貌。

川江号子这一独特的艺术形式，不仅是劳动的号角，更是生命的赞歌。现代船舶已不再需要以人力拉纤，但川江号子依旧活跃在时代的舞台上，并且以更加崭新的面貌活跃在人们的视野中。

2006年，“川江号子”被正式列入国家级非物质文化遗产代表性项目名录，代表曲目有《十八扯》《八郎回营》《桂姐修书》《魁星楼》等。这不仅是对川江号子历史价值的肯定，更是对其文化内涵的珍视与传承。

栈道与纤道：江畔坚韧的历史印痕

“噫吁嚱，危乎高哉！蜀道之难，难于上青天！”李白的《蜀道难》虽然运用了浪漫与夸张的创作手法，却也恰如其分地描写了古代巴蜀地区交通之艰难。川江两岸，尤其是三峡地区，自古便是“滩多水急，船行难安”之地，特别是在瞿塘峡和西陵峡段，每遇洪水季节，川江航行中断，上下往来交通断绝。

为了解决江畔交通问题，古人以超凡的智慧和勇气，硬生生在无法通行的江边峭石陡壁上凿孔楔木，然后铺设木板于其上，从而在崇山峻岭间开辟出一条条通往外界的生命通道——栈道。

栈道的历史可以上溯至战国时期，《战国策·秦策》中便有“栈道千里于蜀、汉”的记载。及至秦汉，栈道已是巴蜀地区和中原军事与经济交流的重要纽带。刘邦“明修栈道，暗度陈仓”的典故，更是让栈道之名为今人所熟知。

三峡古栈道，以瞿塘峡一段最为出彩。这里有瞿塘峡栈道、孟良梯栈道、偷水孔栈道……它们是峡中的名胜古迹，也是峡江交通变迁的缩影。其中最为著名的瞿塘峡栈道，位于瞿塘峡口至白果背一带，是在峡江北岸坚硬的绝壁上开凿出来的，如一条长龙紧紧缠绕在峭壁之上。栈道全长1250米，最宽处可容数人并行，最窄处则仅容一人通过。自先秦以来，无数工匠与行商用汗水与生命，将这条原始的粗糙鸟道逐渐拓宽为能够承载更多行人与货

瞿塘峡古栈道

物的宽阔步道。

如果说栈道是悬于空中的生命通道，那么纤道则是紧贴水岸的生命轨迹。在古代三峡，纤道是与栈道并行的另一种交通方式，它见证了长江航运的另一番艰辛与辉煌。

“三里一弯，五里一滩。”三峡航行的艰险，非亲历者难以言喻。而纤夫，便是这艰险航道上的守护者。他们弯腰弓背，以血肉之躯对抗着自然的暴虐。纤绳，是他们与江水较量的武器；纤道，是他们与命运抗争的见证。

在纤道旁的石棱上，那一个个形似“牛鼻子”的石孔，是纤夫们休息时拴纤绳的地方；而那些被纤绳长年累月勒出深深痕迹的“纤夫石”，不仅记录了纤夫们的艰辛与付出，也见证了长江航运的发展。

中华人民共和国成立后，党和政府对川江航道进行了大规模整治，炸礁除滩、建设航道……一系列举措让长江航运焕发出新的生机与活力。那些昔日见证长江航运辉煌与艰辛的栈道和纤道，已无用武之地，大多淹没于三峡水库的碧波之下，成为历史的记忆，但古栈道和纤道承载的那份勇于开拓、坚忍不拔的精神，如同长江之水，永远流淌在中华民族的血脉之中。

从津渡、码头到港口

自古代津渡轻舟自横，至现代港口巨轮远航，长江的涛声见证了水上交通的沧桑巨变。昔日简陋的津渡，如纽带般横跨碧波，承载商旅民生，促进两岸风情相融，商贸文化悄然兴盛。码头崛起，以其稳固之姿，成为江畔繁荣的基石，商贸之轮滚滚向前，文化交流更为频繁，区域经济因之而兴。

步入现代纪元，长江流域的港口群落绽放异彩，从传统迈向国际，每一步都铿锵有力。上游重庆港，凭借地利之势与现代化之翼，翱翔于内陆开放的天际，成为内陆发展的新引擎；中游武汉港，居中而立，宛若长江之心，东西贯通，南北辐射，编织着区域经济的繁荣网络；下游上海港，这颗东方明珠，以世界级的物流体系、惊人的吞吐能力和开放包容的营商环境，引领全球贸易的航向，让长江之水与世界潮流同频共振。

渡口的变迁与印记

“大江横万里，古渡渺千秋。”大江东去，帆影点点，云卷云舒间，渡口如星辰般点缀两岸。瓜洲渡、西津渡、龙街渡、横江浦渡口、五马渡、采石矶渡口、燕子矶渡口……这些名字，不仅仅是地理的坐标，更是文化与记忆的载体，承载着商贸的繁荣、军事的智谋与文化的交融。

长江上游，嘉陵江畔，水会渡、白沙渡、桔柏渡三处唐代渡口静卧于时光深处。杜甫自陇右赴剑南任职，沿途写下纪行诗12首，其中3首诗分别描写了这些古渡口的风光。在重庆南坪，黄桷渡于南宋时已是人、货进入渝黔的重要渡口。

转向西南，金沙江中的龙街渡口，自宋元初建，至清代鼎盛。它不仅是南方丝绸之路上的重要节点，更是革命记忆中的深刻烙印。1935年，红军在此上演了“巧渡金沙江”的壮举，红色精神在这片土地上熠熠生辉，成为激励后人的精神源泉。

汉江之畔，凤林古渡静守春秋战国以来的悠悠岁月。从东津渡到桃林渡，再到凤林古渡，名称更替间，是文化的积淀与传承。欧阳修、王安石等文人墨客在此留下了“锦苞玉笋味争新，凤林花发南山春”“汉水泱泱绕凤林，岘山南路白云深”的不朽诗句，照亮了这片渡口的文化天空，赋予了它深厚的文化内涵。

长江下游，自汉代以后沿岸的渡口数量日益增多，仅黄浦江上便有渡口20多个，包括张家塘渡、龙华渡、草庵渡、周家渡、高仓渡、老白渡、陆家渡、杨家渡……更不必说长江其他各条支流了。长江下游最著名的渡口当数“江南第一渡”——西津渡了。西津渡是我国古代的重要渡口，也是当时镇江通往江北的主要渡口。从三国时的蒜山渡，到唐代的金陵渡，再到宋代的西津渡，每一个时期都留下了丰富的文化遗产和动人的篇章，成为镇江“文脉”之所在。李白、孟浩然、马可·波罗等都曾到访。宋代王安石北上赴京，在此留下“京口瓜洲一水间，钟山只隔数重山。春风又绿江南岸，明月何时照我还”的千古诗篇。

位于扬州的瓜洲古渡，是京杭大运河与长江的交汇点。唐代伊娄运河的开凿，使瓜洲成为漕运与盐运的重要枢纽，商队、官船，凡南北经过扬州，抑或沿江东西交通，几乎皆过瓜洲渡。明清时期，瓜洲的繁华达到顶峰，商贾云集，百业兴旺，被誉为“江淮第一雄镇”。白居易的《长相思》、高蟾的《瓜洲夜泊》……无数文人墨客在此留下传世佳作。据传历史上与瓜洲有关的诗词有3000多首，这一文化盛景，被赋予“诗渡瓜洲”的美名。

西津晚渡 清·周镐

长江两岸的历史要津

依托发达的舟船水运，长江沿岸港埠码头遍布，且随各时期政治、经济与军事形势的变化，布局不断变迁。到鸦片战争前夕，长江干、支流已有大中型港埠 30 余处。

春秋战国时期，城市经济的萌芽与贸易的兴起，已让部分沿江城邑成为舟船集泊的要津。江州（今重庆）、郢都纪南城（今湖北荆州）等地，因水道便捷，逐渐成为船舶往来的重要枢纽。江州因水运地位重要，被秦相张仪作为攻楚的战略要地来经营。郢都纪南城，是楚国鄂君启商船队“上江—庚木关—庚郢”航线的终点，见证了楚国商贸的繁荣。寿州当长淮之冲，楚国营造的寿春城气势壮观，堪称晚楚的政治、金融、商贸中心。

荆州凤凰山汉墓 8 号墓出土的简牍

位于长江中游的江陵（今湖北荆州），水运条件得天独厚，吸引了四方商贾，在汉代迅速崛起为长江航运的中心港埠。从江陵凤凰山汉墓中出土的竹简和木牍，生动地记录了当时航运业的繁荣景象，以及商人驾船贩运贸易的盛况。

西晋“衣冠南渡”后，建康（今江苏南京）取代江陵成为六朝的政治、经济中心，也成为长江新的航运中心。当时的建康港口，顺江而下有江宁、板桥、新林、新亭、石头津等众多码头，常停泊着数以万计的船只。东晋元兴三年（404 年）因发生了一次风灾，码头便出现了“贡使商旅，方舟万计，漂败流断，骸胔相望”的情况，被毁官商船只及海外商船万余艘，可见港口停船之多、贸易之盛。刘宋时期（420—479年），建康更是成为“贡使商旅，方舟万计”的繁华之地，南方、北方、西方航线在此交汇，来自各地的名贵商品汇聚秦淮河两岸。

同一时期，长江沿线的其他港埠也各有千秋。江夏（今湖北武汉）以其“通接雍梁”的要冲地位，成为商贸往来的重要节点；巴郡治（今重庆）在李严的治理下，水运码头日益兴旺；广陵（今江苏扬州）和京口（今江苏镇江）则因政治、军事的需要，军舟停泊与过往频繁；襄阳等地，也在晋室南迁后逐渐成为商埠与港口合一的繁华之地。而在长江中，因泥沙堆积，涌起了许多沙洲，如鹦鹉洲和烈洲，也因其便于泊船而成为著名的洲港。

因地处长江与大运河两大水运通道交汇之要津，扬州港在唐代崛起为内河与滨海大港，市容繁盛。唐代薛渔思的《河东记》载：“于时舳舻万艘，溢于河次，堰开争路，上下众船相轧。”万艘舳舻、百货所集，扬州港不仅连接着江西、鄂岳、巴蜀等地，还通过运河与赣江及岭南、福建、苏杭等地相连，商品运输甚至远达日本、印度、波斯等国。与此同时，长江中游的汉口已成为江汉地区和洞庭湖地区农产品东运必经之地；浔阳（今江西九江）商贾云集，《太平广记》说此地“群舟泊者，悉是大商”；洪州（今江西南昌），成为各方商货汇集之区。此外，苏州、润州（今江苏镇江）、鄂州（今武汉武昌）、襄阳、潭州（今湖南长沙）、荆州、渝州（今重庆）、益州等港埠都有较大的发展。

宋代，鄂州以其独特的地理优势和繁荣的商贸活动，成为长江沿岸的商贸之都。陆游笔下的鄂州，“贾船客舫，不可胜计”，繁华程度甚至超过了京口以西的其他港口。临安（今浙江杭州）作为南宋都城，也成为长江流域最繁忙的港口之一。浏家港（后改名刘家港）、仪征、淮安等新兴港口的兴起，更是为长江航运增添了新的活力。

元代，随着江海联运的兴起，刘家港成为海运漕粮的始发港与对外通商的中心港口。每年春夏两季，从这里发运的粮食高达数百万石，船只往来不绝。《昆山郡志》赞其为“六国码头”，足见它的重要地位。

明清时期，长江沿岸的港埠继续发展，南京作为古埠再度复兴。清代，汉口镇后来居上，成为长江中游最大的港埠。艾家咀、关圣祠、五圣庙、老官庙、接驾咀、大码头、四官殿和花楼，组成了汉口著名的“八大码头”。各地商会、会馆云集于此。长江沿岸的宜宾、泸州、安庆、江阴、通州（今江苏南通）、常州、无锡等港埠也相继崛起。

长江沿岸港埠的兴衰，反映了各个历史时期航运的发展状况，见证了商贸繁荣与文化交流，在历史长河中留下了深刻的印记。

长江沿线港口的近现代变迁

鸦片战争后，国门洞开，列强进入长江水道，沿江港口城市陆续开埠通商。1843 年 11 月 17 日，上海正式开埠；1861 年 5 月 10 日，镇江开埠立关。其后，九江港、汉口港、南京港陆续对外开放，外轮蜂拥而至，某种程度上加快了长江沿线传统水运行业的近代化转型。洋务运动的兴起，标志着中国长江轮船运输业的诞生，引领中国水运业步入新的纪元。

1865 年，长江上迎来了历史性的时刻——第一艘国产轮船“黄鹄”号下水，这是由中国人自己设计、制造成功的第一艘轮船。其后，

“黄鹄”号模型

怀抱着“庶使我内江外海之利，不致为洋人占尽”的信念，以轮船招商局和民生轮船公司为代表的民族航运企业逐渐夺回了被西方列强把控的长江航运市场，“江顺”“江安”“江华”等江字号客轮和“民生”“民望”“民众”等民字号客轮穿梭于长江沿岸各个码头之间。长江上的木船逐渐被新式轮船所取代。19 世纪末至 20 世纪初，船只的现代化使得长江的航运能力得到极大提升，港口建设更为高效，规模也日益庞大。

1876 年中英《烟台条约》签订后，宜昌、芜湖被辟为通商口岸，外国侵略势力进一步向长江腹地扩张。作为历史古港，条约签订后，宜昌港和芜湖港开始了向近现代化港口的蜕变。

宜昌，扼守川江咽喉，是货物进出四川的必经之地。其独特的地理位置，使得宜昌港自然而然成了川江与长江中下游之间的重要中转站，辐射鄂西、湘西、川东等广大区域。开埠后，中外轮船竞相开辟汉口至宜昌的航线，宜昌的转口贸易日益繁荣。

芜湖，历史上一直是长江下游的重要枢纽港。作为安徽与外省水陆联运的桥梁，芜湖在开埠前已是长江流域知名的商品粮集

民国时期的上海市景挂图

散地。开埠后，英商“太古”“怡和”等洋行纷至沓来，设立趸船，开展轮运业务。芜湖港进出口物资日益增多，大宗货物如米谷、土特产等源源不断输出，而棉纱、棉布、金属制品等进口商品则丰富了当地市场。

随着近代工商业的蓬勃发展，长江流域的商品流通量急剧增加，港口的吞吐、辐射能力也随之扩大。海关统计数据显示，长江干、支流上的多个港口贸易额持续攀升。从 1921 年到 1936 年，长江港口的贸易总额实现了近两倍的增长。

长江沿线港口上海早在 19 世纪中叶即已成为对外贸易的第一大港，外滩一带是外国洋行和银行的集中地，也是东西方文明交流的心脏地带。南京则以其独特的地理位置成为长江与沪宁、津浦铁路的交会点，大宗物资在此中转，展现了其作为交通枢纽的重要地位。长江中游的九江与汉口，亦是声名远播的大港。九江以其稳定的贸易环境著称，而汉口则以其庞大的水陆交通网络成为华中地区的枢纽。在长江上游，万县（今重庆万州区）与重庆则分别因桐油出口与身为西南物资集散地而声名鹊起。从客观上看，开埠对中国近代的经济社会发展有一定刺激作用，不过在航运主权丧失的情况下，港口的发展之路必然充满艰辛。

现代港口的蝶变之路

中华人民共和国成立后，长江航运开启了新篇章。在中国共产党领导下，沿江港口的面貌发生了翻天覆地的变化，真正实现了从落后到进步、从封闭到开放、从贫穷到繁荣的伟大历程，并高速向现代化迈进。

中华人民共和国成立初期，长江航运百废待兴。新生的人民政府迅速接管旧航业管理机构，整顿秩序、恢复运力，成立长江航务管理局，扩充沿江港口，着手建立航运经济新秩序，长江航运逐步恢复与发展。

20 世纪 50 年代，长江航务管理局先后建造了 10 余艘中华人民共和国第一代长江客轮，无论是船舶设计、航线拓展，还是运力提升，均得到了快速发展。进入 20 世纪 60 年代，沿江城市客运港口数量超过了铁路、公路站点，成为地区的客运枢纽。特别是在上海、南京、武汉、重庆等大城市，客运港都处于城市核心地带，成为城市活力与繁荣的象征。上海外滩的十六铺、南京的下关、重庆的朝天门，高峰期码头周边人潮涌动，船票更是一票难求。武汉作为九省通衢，早年间客运码头位于沿江大道和民生路的交会口，航线上到宜昌、重庆，下至南京、上海，并辐射至沙市、黄石、武穴等，每年数百万人在这里抵达或中转。1986 年 6 月，武汉港新客运大楼破土动工，毗邻繁华的江汉关、江汉路，地处城市中心的黄金地段。1991 年，新落成的武汉客运港如一艘桅杆高耸的巨轮，屹立在长江北岸，与龟山电视塔和江南的黄鹤楼遥相呼应，成为当时武汉新的城市地标，被称为“亚洲第一大船”。

改革开放后，长江港口建设快速推进。1981—1985 年，长江港口建设总投资为 2.01 亿元，新增泊位 13 个；1986—1990 年，长江港口建设总投资为 6.27 亿元，新增泊位 25 个；进入 20 世纪 90 年代，港口建设作为长江干线的重点，完成基建投资 11.8 亿元，新建、扩建货运泊位 29 个，在一定程度上缓解了港口通过能力严重不足的问题；“九五”期间，长江干线港口陆续完成了一批改扩建工程，完成建设投资约 15 亿元。从初期的稳步增长到后续的迅猛扩张，沿江港口的投资规模与建设成效均实现了质的飞跃。

进入 21 世纪，“十五”期间，港口投资力度不断加大，完成建设投资 68.02 亿元，新建和改造码头泊位 102 个，其中万吨级泊位 11 个，长江港口向现代化、大型化迈出了坚实步伐。这一时期，大批沿海与内河港口群迅速崛起，现代化港口与专业深水泊位如雨后春笋般涌现，辅以与港、航相配套的各种设施，共同编织成一张覆盖广泛、功能完备的水运网络，极大地促进了长江上下游之间经济的融合发展。

“十一五”期间，我国长江黄金水道港口建设全面提速，港口吞吐能力大幅增加。其中，重要港口、主要港区的专业化码头建设步伐明显加快，建成了南京龙潭港区（第四、第五期）、重庆寸滩国际集装箱码头（第一、第二期）、芜湖奇瑞滚装码头、吉安石溪头货运码头等工程，南通、苏州、江阴、镇江、南京、武汉新港迈入亿吨大港行列，湖南、四川等省港口吞吐能力翻了一番。

南京龙潭港

“十二五”期间，长江等内河航运发展上升为国家战略，长江沿线已基本建立了以三大航运中心为骨干、以沿江主要港口为支撑、其他重要港口为补充、干支联动的现代化长江港口体系，形成了四川三峡库区港口群、湖北武汉地区港口群、安徽沿江地区港口群、江苏南京等长三角地区港口群等四大港口群，港口群内部与港口群之间的分工日趋合理，逐步实现了优势互补、相互协作、竞争有序的良性格局，长江港口支撑腹地经济发展的能力显著增强。长江干线亿吨大港从 2010 年的 5 个增加到 2015 年的 12 个，万吨级泊位由 2010 年的 323 个增加到 2015 年的 502 个。

近 10 年来，长江干线港口货物吞吐量由 2012 年的 19.7 亿吨增长到 2021 年的 35.3 亿吨，亿吨大港由 10 个增至 15 个，货运船舶平均吨位由 1080 吨提升至 1972 吨，达到世界领先水平。建成长江口南槽航道治理一期、南京以下 12.5 米深水航道整治二期、武汉至安庆段 6 米水深航道整治、荆江航道整治等一批标志性重大工程，实现 5 万吨级海轮直达南京、万吨级船舶直达武汉、3000

吨级船舶直达重庆、2000吨级船舶直达宜宾。一条延绵2808千米的“水上高速”连贯东西、沟通南北，构建了现代综合交通运输体系的主通道。

随着长江沿线及腹地城市的经济发展，长江沿线港口群迎来了全新的发展机遇。作为中西部唯一直辖市，重庆依托长江黄金水道，如今已发展为长江上游最大的水运枢纽，拥有7个正式国家开放口岸，数量位居西部内陆第一。武汉，如今是内陆最大的水陆空交通枢纽，是长江中游的航运中心。武汉港、汉口港、武汉新港、沌口港、阳逻武汉新港间的高效协同，共同推动了武汉港口集群的规模化、专业化发展。九江作为江西省唯一通江达海的水路口岸，是长江五个国家主枢纽港之一，其战略地位日益凸显。

在长江下游，苏州港口集群以太仓港、张家港港、常熟港为核心，凭借江海联运的独特优势，不仅成为江苏乃至长江沿岸的航运龙头，更是上海国际航运中心的重要支撑。作为“公铁水”联

九江江景

运的枢纽，南京港与龙潭港携手构建起长江江海转运的核心体系，这里既是万吨级海轮进入长江的终点，也是多式联运的起点。

上海，这座以港兴商、以商兴市的国际大都市，自 1996 年启动建设国际航运中心以来，不断向“数字化”“绿色化”“智能化”转型，不仅巩固了其作为中国最大港口的地位，更跻身世界顶尖综合性大港之列，成为长江经济带高质量发展战略的成功典范。

从 19 世纪末至今，长江港口的发展经历了由传统到现代的转型。今天，一大批沿江城市仍然是重要的港城，如宜宾港、重庆港、宜昌港、武汉港、黄石港、九江港、安庆港、芜湖港、马鞍山港、南京港、镇江港、扬州港、泰州港、南通港、江阴港、张家港港、太仓港、上海港、宁波港等。这些港口不仅在物流运输系统中扮演着核心角色，也是推动地方经济发展的重要力量。而它们的功能也已经从单一的货物运输中心转变为多元功能产业，涵盖了乘客运输、工业生产、国际贸易等多个方面。

江河上的那些桥

“逢山开路，遇水架桥。”古人面对山水之阻，或凿山路以越，或架桥梁以渡，一步步摸索出通往远方的路径。

有水的地方，就会有桥的故事。长江流域建桥历史悠久，千百年来，人们将石、木、索、板在长江及其支流之上搭成桥梁，让隔江相望变得畅通无阻。

从“桥东桥西好杨柳，人来人去唱歌行”，到“一桥飞架南北，天堑变通途”，随着时代变迁，长江之上桥影绰绰，串联起两岸繁华。

板直刚正的梁桥

梁桥，是桥梁史上一抹简约而不简单的风景。

一根根长而直的木梁、石梁或是金属梁，稳稳地横卧在滚滚波涛之上，两端则以坚实的材料为支撑，宛如历史的脊梁，坚韧

长桥卧波图　南宋·佚名

挺立。这就是梁桥，没有繁复的装饰，仅凭一条坚实的主梁，跨越江河，连接两岸，在板直刚正、质朴无华的力量美中展现对自然法则的敬畏。

在中国古代的神话传说中，依稀可见梁桥的身影。大禹治水时，曾有鼋鼍（大鳖）化身为桥的神话。这不仅是对自然界神奇力量的想象，也蕴涵了人类对于桥梁建造的憧憬。《诗经·卫风·有狐》中的“淇梁”，更是以文学的形式，将梁桥融入人们的日常生活与情感世界。

追溯至秦以前，梁桥几乎是桥梁的全部形态。那时，木材是主要的建筑材料，正如《说文解字》所言：“桥，水梁也。从木，乔声。”这些木桥虽已湮没于历史的尘埃之中，但从出土的遗址中，我们依然能窥见它们的身影。湖北纪南城遗址的南垣水门中，成排的木柱静静地躺在古河道里，诉说着春秋末期木梁柱桥的辉煌与沧桑；江苏扬州的唐代城壕木桥桩柱，则是另一段历史的见证，它们共同勾勒出一幅幅古代桥梁的壮丽画卷。

经济社会发展及商贸文化往来交流，催生桥梁建造技术不断进步。秦汉之际，石柱、石梁之桥开始崭露头角，唐代徐坚《初学记》所载的灞桥，便是以石为梁，展现了古代工匠的卓越技艺。由于石桥工程繁重，古代的人力物力难以全面普及，于是，木石、木铁混合的梁桥应运而生。

四川泸县的龙脑桥，无疑是梁桥中的佼佼者。这座建于明洪武年间（1368—1398 年）的龙雕石梁板桥，不仅是我国现存最大的龙雕石梁板桥，更是桥梁石雕艺术的瑰宝。桥长 54 米，宽 1.9 米，12 个桥墩 13 个孔，中间 8 墩分别雕刻着麒麟、青狮、龙、白象四大瑞兽，形态各异，栩栩如生。它们或昂首挺胸，或低首凝视，仿佛随时准备跃入碧波之中，与江水共舞。清代乾隆皇帝亲笔题写谕旨，对其加以保护。龙脑桥不仅是一座桥梁，更是一部石刻艺术的史书，它以古朴壮观的姿态，展现了中华民族深厚的文化底蕴。

泸县龙脑桥

无锡惠山寺前的金莲桥，在梁桥家族中也颇为引人注目。这座建于北宋末年的三孔石梁桥，造型古朴典雅，优美匀称。桥身横跨于池上，池中金莲盛开，香气袭人，与桥名相得益彰。桥栏板上雕刻的牡丹图案细腻精美，寓意吉祥。桥身南侧镌刻的“懋德堂李府”5个字，揭示了金莲桥背后的历史故事。金莲桥历经沧桑，古今材质共存一桥之上，更添了几分历史的厚重与文化的韵味。

绒穹隆崇的拱桥

拱桥是日常生活中很常见的一种桥梁形式，其半圆形或弧形的拱券，仿佛自然界的微笑，温柔地拥抱着奔腾不息的水流。我国拱桥的建造历史，可追溯到东汉中后期。《水经注》所载洛阳城外那座“悉用大石，下圆以通水”的旅人桥，虽已湮没于历史尘烟中，却为我们勾勒出了早期拱桥的基本轮廓。

历史的镜头缓缓转向长江以南，小桥流水人家的画卷徐徐展开，而拱桥便是这画中最温婉的一笔。在水网密布的江南水乡，简朴而不失雅致的单孔石桥遍布于小河之上。其中，苏州枫桥因唐代诗人张继的《枫桥夜泊》而闻名遐迩。“月落乌啼霜满天，江枫渔火对愁眠”的意境与枫桥的倒影交相辉映，成为历代文人墨客心中永恒的风景。

当水面更加宽广时，多孔拱桥便以其宏大的气势，展现了人类对自然的征服与敬畏。长江流域的三孔、五孔乃至更多孔的拱桥，不仅满足了人们在交通上的需求，更成为艺术与工程完美结合的典范。扬州的五亭桥，便是这样一座集实用功能与艺术性于一身的多孔拱桥杰作。五亭桥，古称“莲花桥”，是清代扬州巡盐御史高恒及扬州盐商为了迎接乾隆皇帝，特请能工巧匠设计建造于瘦西湖上的。它宛如湖的一根腰带。桥上建有五亭，故又名“五亭桥”。桥身有三种不同的券洞，彼此相通，每当皓月当空，各洞衔月，金波荡漾，美不胜收。《扬州画舫录》赞誉五亭桥：“月满时，每洞各衔一月，金色滉漾。”五亭桥不仅是瘦西湖的标志，更是扬州城的象征。中国著名桥梁专家茅以升评价五亭桥为“最具艺术美的桥”。

在湖南株洲的醴陵，渌江桥静静地诉说着另一段历史。这座桥始建于南宋，历经战火与风雨的洗礼，多次修缮，最终于 1924 年呈现出如今的模样。桥名由康有为亲笔题写，碑文由傅熊湘撰写，两者皆嵌刻于桥侧，无声地诉说着时代的沧桑巨变。渌江桥不仅是湖南省内跨度最大、保存最好的大型石拱桥，更是中国近现代石拱桥建筑的瑰宝。

在湖南沂溪的上游，还隐藏着一座更为罕见的四孔半圆石拱桥——大福桥。这座桥始建于清嘉庆十五年（1810 年），历时 7 年方得竣工，工程之浩大，花费之繁多，在当时堪称全县之最。大福桥的四孔设计，不仅增加了桥梁的稳固性，更在视觉上呈现出一种独特的韵味。

说到长江流域的拱桥，不得不提苏州的宝带桥——这座中国

扬州五亭桥

现存最早、保存最完整的多孔石拱桥，以其53孔连拱的壮观景象，成为长江流域乃至全国桥梁建筑中的瑰宝。宝带桥始建于盛唐，历经明正统年间（1436—1449年）的重建，以其超长的身姿和完美的结构，成为贯通江浙陆路古道、宣泄太湖之水入海的重要通道。1200余年的风雨洗礼，非但没有抹去它的风采，反而让它显得更加古朴与庄重，成为中华民族桥梁文化的活化石。

缘绳悬渡的索桥

索桥，古称“绳桥”，常见于长江上游。面对崇山峻岭、急流险滩，在既无法操舟而渡，亦难筑墩架梁的情形下，古人以非凡的智慧和勇气，向自然发起挑战，创造出了凌空悬渡的索桥。这些索桥如同天堑上的琴弦，轻轻拨动，便奏响了跨越时空的壮丽乐章。

早期的索桥，多选用坚韧的竹子作为主要材料。世界现存最早的索桥——四川都江堰的安澜索桥，便是一座典型的竹索桥。相传在战国末期，古代劳动人民就在水流湍急的岷江两岸架设溜索，行人挂上铁环，利用溜索的弧度飞滑而下，过半江则以手拉索前进，直至抵达对岸。后来，人们便在溜索的基础上建造了索桥，这便是安澜索桥的前身。

安澜索桥有据可考的历史是北宋淳化元年（990年）。在大理评事梁楚的主持下，当地民众就地取用竹、木、石等材料，立木架4座于溪间，于中流垒石墩1处，建造出结构精妙的竹索桥。安澜索桥横跨岷江南北，宛如飞虹凌空，不仅是古代索桥工程的杰出代表，更被誉为中国古代五大桥梁之一，历史价值与艺术魅力举世罕见。安澜索桥今日犹在，为了更好地适应现代交通需求，桥体已被改造为钢索结构。

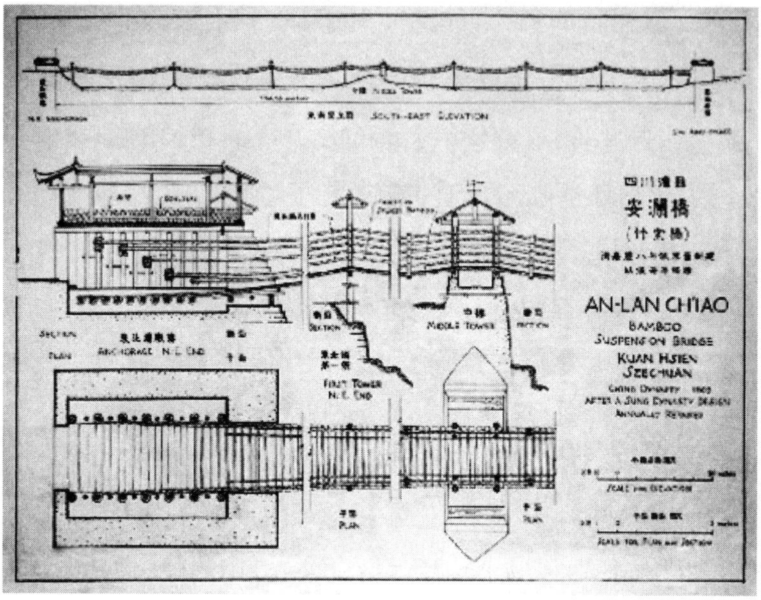

梁思成手绘的安澜桥图纸

如果说竹索桥是轻盈的舞者，更加坚固耐用的铁链桥便是坚韧的战士。随着冶铁技术的发展，铁链桥逐步取代竹索桥。在贵州北盘江上，有一座始建于明崇祯元年（1628 年）的盘江铁索桥，它是黔滇古道上的重要桥梁。它经历了无数次兵乱与水灾，依然屹立不倒，成为连接两岸的坚固纽带。在抗战的烽火岁月中，无数援华物资通过盘江铁索桥，从缅甸、印度运往中国的前线，为抗战胜利贡献了不可磨灭的力量。这座桥虽小，却承载了民族的希望，成为贵州乃至中国历史上的一座丰碑。

谈到索桥，还有一座不得不提的名桥便是泸定桥。泸定桥位于四川省泸定县，横跨大渡河，通称为“大渡河铁索桥”，始建于清康熙四十四年（1705 年）。此桥为铁索悬桥，净跨长度 100 米，宽 2.8 米，桥面距枯水位 14.5 米，全桥铁索共 13 根，9 根铁索平行系于大渡河两岸，上铺木板作为桥面，其余 4 根分别悬于左右作为桥栏扶手。1935 年 5 月 29 日，中国工农红军长征途中曾在此取得飞夺泸定桥的重大胜利，毛泽东为此写下“大渡桥横铁索寒”“三军过后尽开颜”的光辉诗篇，让泸定桥驰名中外。

连舟为桥的浮桥

浮桥，古称“浮梁”。其历史可追溯至《诗经》中的“亲迎于渭，造舟为梁”。诗句生动形象地勾勒出周文王以木船架设浮桥迎娶新妇的浪漫画面，同时也将中国浮桥的历史推至3000余年前。

受限于生产力水平，早期浮桥皆就地取材，或用船，或以竹、木、苇草和牛羊皮囊编筏子架设，在耐用性和安全性等方面并不尽如人意，只能充当临时的泅渡工具。直到秦汉时期，随着造船技术的进步和铁器的广泛应用，大量用船和铁链组合而成的大型浮桥开始出现，极大地提升了安全性和通行能力。

长江上搭建浮桥的实例，有史可考者，第一桥应属东汉建武九年（33年），割据蜀地的公孙述为阻止刘秀入蜀，在荆门和虎牙间架设的荆门虎牙浮桥（又称“江关浮桥”）。《资治通鉴》记载其“因据荆门、虎牙，横江水起浮桥”。此后，在长江沿岸的奉节、荆门、武汉等地，浮桥的身影时隐时现。它们或临时搭建，以解燃眉之急；或长久矗立，成为两岸人民往来的重要通道。

南北朝以后，随着水运的发展，浮桥的使用明显增多。《建康实录》卷九引南朝梁陈时期顾野王《舆地志》云：“六代自石头东至运署，总二十四所度，皆浮船，往来以税行直。”“二十四所度”即秦淮河上的二十四座浮桥，其中著名的有朱雀航（桥）、骠骑航、竹格航、丹杨郡城后航等，以朱雀航最引人注目。六朝时，每遇战事，是否能争夺到朱雀桥的控制权往往成为决定交战双方胜负的关键。西晋永兴二年（305年）、东晋太宁二年（324年）、齐永元元年（499 年）、梁太清二年（548 年）、陈祯明三年（589 年），都有围绕朱雀桥而进行的战斗。

连舟为桥、撤舟为流，浮桥因其架设简便、成桥迅速的特点，在军事上被广泛应用，又被称为“战桥”。唐末，梁太祖朱温派遣部将朱友恭攻打黄州，朱友恭在勘察了附近的地形后，决定在樊港建造浮桥。樊港即今湖北省鄂州市长港河，古为战略要道。浮桥建成后，“梁祖遣朱友恭率步骑万人渡江”，武昌、黄州很快被朱友恭攻下。这一仗的胜利，为朱温建立后梁奠定了基础。

北宋开宝七年（974 年）闰十月至十一月，为了攻打南唐，宋人利用冬天枯水期在采石渡江面上建造了一座跨江大浮桥。据《续资治通鉴长编》载，宋“遣八作使郝守濬率丁匠自荆南以大舰载巨竹絙，并下朗州所造黄黑龙船，于采石矶跨江为浮梁”。宋军建成浮桥后，“王师过之，如履平地”，长驱江南，攻灭南唐。这座桥的成功建造和使用，不仅是中国古代战争史上的一个创举，也标志着建造浮桥的工程技术取得了重大进展。

宋代，赣州古城位于章江、贡江和赣江三江交汇地带，几乎各县都建有浮桥。宋乾道年间（1165—1173 年），赣州知军洪迈主持建成惠民桥（赣州古浮桥）。浮桥由 100 多只小舟束以缆绳相连而成，长约 400 米，连接贡江两端，每天定时开启，以便来往船只通行。这座浮桥经历了大大小小的维修以及不可计数的洪水，至今仍在使用，成为赣州宋代古城风貌的重要组成部分。

各具风采的现代桥梁

中华人民共和国成立后，特别是改革开放以来，中国的桥梁建设如同插上了翅膀般腾飞。今日大江之上，横跨着一座又一座

武汉长江大桥

不同类型、不同跨径的现代桥梁，千姿百态、异彩纷呈，绘出一幅幅文化与科技交织的壮丽画卷，谱写了中国桥梁建设从追赶到引领的辉煌篇章。

武汉长江大桥携“万里长江第一桥”的头衔，掀开了中国现代桥梁建设的新篇章。1955 年，随着第一铲土的飞扬，中华人民共和国桥梁建设的梦想正式启航。历经两年多的建设，这座集铁路、公路于一体的双层巨桥矗立江面，全长 1670.4 米，主跨 1155.5 米，犹如钢铁巨龙横跨长江天堑，成为连接南北的重要通道。武汉长江大桥，不仅是中国第一座自主设计建造的复线铁路、公路两用桥，更是中华人民共和国桥梁建设史上的里程碑，它见证了中华人民共和国从百废待兴到蓬勃发展的伟大历程。

如果说武汉长江大桥是中华人民共和国桥梁建设的开篇之作，那么南京长江大桥则是中国桥梁建设自力更生、勇攀高峰的典范。这座由中国人自行设计和建造的双层式铁路、公路两用桥梁，极大地缓解了长江南北的交通压力，不仅以其雄伟的身姿成为南京城的新地标，更以其重大的经济、政治和战略意义，被誉为“争气桥”。

进入 20 世纪 90 年代，中国的桥梁建设事业再次迎来新的高峰。

南京长江大桥

九江长江大桥与铜陵长江公路大桥的相继建成，不仅丰富了长江上的桥梁景观，更反映了中国建桥技术的不断进步。九江长江大桥以其独特的结构和先进的技术，成为当时中国桥梁建设的新标杆；铜陵长江公路大桥，则是安徽第一座跨江大桥，成为安徽人民心中的骄傲。这两座桥梁的建成，不仅极大地改善了当地的交通条件，更为长江流域的经济社会发展注入了新的活力。

迈入 21 世纪，中国的桥梁建设事业更是突飞猛进，不断刷新世界纪录。2014 年开工建设的沪苏通长江大桥，是中国现代桥梁建设的又一里程碑。这座横跨苏州与南通的宏伟建筑，如一条腾空而起的巨龙，连接着江南水乡与江海交汇的繁华之地，书写了中国桥梁建设史上的又一传奇。

长江之上，现代桥梁或如巨龙般横跨江面，气势磅礴；或如彩虹般绚丽多彩，美不胜收。这些桥梁的设计、建造和使用，无不凝聚着中国人民的智慧与创造力，也见证着中国社会的变迁与发展。它们不仅是中国桥梁建设成就的集中展示，更是中华民族自强不息、勇攀科技高峰精神的生动写照。

水利工程泽被千年

充满活力的大江，亿万年来生生不息，用甘甜乳汁养育着中华儿女，用滔滔急流雕刻着如画山川；桀骜不驯的大江，也带来滔滔洪水和滚滚浊流，给人民的生命和财产安全造成巨大威胁。

治国必先治水，这是先贤留给我们的古训。早在远古时期，屈家岭与良渚的先民，就因地制宜在长江中下游建了兼顾舟楫之便与灌溉之利的水利工程。经过历代开发治理，古人给我们留下了芍陂、都江堰、灵渠、溇港、大运河等众多水利瑰宝。

依托这些历经千年而不衰的水利工程，世代流域儿女，男耕女织、帆影渔歌，把广袤连绵的大江南北变成肥美富庶的鱼米之乡。

屈家岭与良渚水利设施：先民与水共舞

自古以来，人类逐水而居、依水而兴。约 5000 年前的新石器时代晚期，为了抵御自然灾害和发展生产，长江流域的先民建造了巨大的水坝长堤，修筑了农业灌溉设施。屈家岭文化、良渚文化中的水利设施，便是先民遵循人与自然和谐共处法则，与水共舞的见证。

屈家岭文化遗址位于湖北省荆门市屈家岭管理区，地处大洪山南麓向江汉平原的过渡地带。为了满足农业生产的需求，古代先民在此规划和建设水利设施，以调控和利用水资源。

在屈家岭文化遗址中，我们不难发现水利设施的踪迹。透过那些或深或浅或宽或窄的河道遗迹，仿佛能听到远古时代先民挥舞石斧、开凿水渠的号子声……一切虽然已随时光消散，但他们创建的文明遗迹，深埋地下数千年后，再次出现时依然惊艳了世人。根据考古发掘的实证，屈家岭文化的水利设施以其宏大的规模和精妙的结构，令人赞叹。其中，熊家岭水利系统尤为引人注目。该系统位于遗址群东北部，由水坝、蓄水区、灌溉区和溢洪道等构成，规模庞大，尤其是坝体中发现的原始的“草裹泥”工艺等，即便在今日看来，也足以令人震撼。

屈家岭文化的水利设施，为当时的社会经济发展提供了有力支撑。根据出土遗物和测年数据，这些水利设施的年代范围可追溯到距今 5100—4900 年，是我国迄今为止发现最早且年代明确的水利设施之一。这一发现，填补了我国史前水利史的空白，为我们研究古代社会的水资源管理和利用提供了重要线索。

良渚古城遗址位于浙江省杭州市余杭区，虽然著名考古学家施昕更于 1936 年就发现了良渚遗址，但古城是直到 70 年后的 2006 年才被确认的。良渚古城在一片浅水沼泽上拔地而起，其兴旺与丰富的水系不无关系。粮食种植需要水源灌溉，产品运输和手工业的技术交流也需要水道交通参与。为此，除了天然的河道，人们还在原有的水系基础上开挖河道。古城外郭以内的河道，大多数不是天然水道。而这些人工河道的长度，已发现的有3万多米。古城中的百姓都是夹河而居，他们在沼泽上堆起高地，垒石头堆砌起河岸，用竹篱笆精心编织成优美的护岸。这种生活模式，如今仍然能在绍兴、乌镇、周庄找到踪迹。

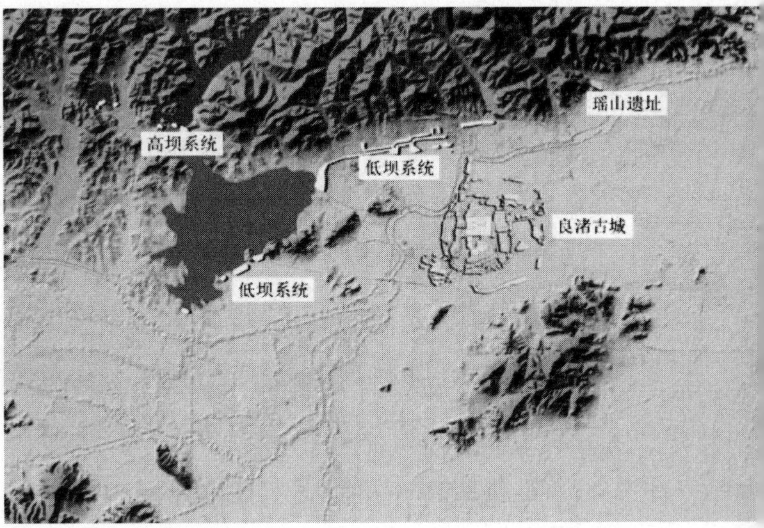

良渚古城与外围水利系统布局

水系发达也会带来洪水灾害，良渚古城西北部分布着由11条水坝和长堤组成的宏大而完整的外围水利工程，其控制范围达100平方千米。这是我国迄今为止发现的最早的大型水利工程体系之一，更是世界上最早、规模最大的防洪水坝系统之一。良渚水利系统的发现，使得中华民族与水抗争的历史，自4000多年前的大禹治水又向前追溯了1000余年。

岁月无声流逝，5000年前生活在屈家岭、良渚等地的先民早已湮没于历史尘埃中，但他们亲手建造的水利设施，一直闪耀着绚丽的光辉，永远镌刻在中华文明的起源处。

芍陂：中国灌溉工程鼻祖

“鲂鱼鲅鲅归城市，粳稻纷纷载酒船。”这是北宋政治家、文学家王安石在《安丰张令修芍陂》诗中描绘的淮南一带丰收连年、殷实富裕之景象。循着跳跃的诗行，我们仿佛能够穿越千年的时光，领略到芍陂这一古老水利工程带来的繁荣与安宁。

芍陂，这座始建于春秋楚庄王时期的古老水利工程，比都江堰和郑国渠还要早300多年，被誉为“中国灌溉工程鼻祖”。它的修建，是楚国夯实国力、北上争霸的需要，也是楚庄王知人善任、重视水利的结果。楚庄王深知水利对于治理国家的重要性，因此任命治水专家孙叔敖担任令尹，主持水利建设。孙叔敖上任后，不负所望，发动民众在楚国境内大兴水利，芍陂便是他主持修建的一项重大工程。

芍陂建成后，改变了当地无雨则旱、多雨则涝的局面，灌溉了万顷良田，使得淮南淮北一带逐渐成为楚国继江汉地区之后的又一个经济政治中心，楚国因此迅速强大，北上击败晋国，楚庄王也一跃成为“春秋五霸”之一。

芍陂的灌溉体系十分完善，主要包括蓄水工程、环塘水门、灌排渠系及配套设施、防洪工程四大部分。

蓄水陂塘是灌溉工程体系的核心，芍陂初建时就是利用了当地低洼处积水的陂塘，将它们汇集在一起，形成蓄水的大陂塘。

环塘水门则是控制工程，用于进水、放水灌溉和排泄洪水。水门的数量和位置随着水源和灌区的变化也不断变化，但始终保持着关键的控制作用。

芍陂的灌排渠系更是错综复杂，各级渠系将陂塘中的水输送至灌区各处农田之内。这些渠系上建有分水闸、节制闸、退水闸等数百座配套工程以及部分排灌站，使得灌溉用水及农田排涝完全能够人为调节。这样的设计不仅保障了灌区旱涝无虞，还大大提高了灌溉效率。

防洪工程则是保障芍陂和灌区安全的重要设施。芍陂初建时便设有专门的水门用于泄洪，后来又不断增建减水闸等防洪设施。这些工程在历次洪水中都发挥了重要作用，保障了芍陂和灌区的安全。

芍陂的水源考证也是一段复杂而有趣的历史。据《汉书》等古籍记载，芍陂的水源最初来自沘水、淠水等河流。然而，由于历史变迁和地形变化，这些水源的流向和名称也发生了变化。北魏时期的《水经注》更是详细记载了芍陂的水源和地形特点，为我们今天了解芍陂提供了宝贵的资料。

芍陂在历史上几经兴废，但始终发挥着重要的灌溉作用。东汉、三国、隋、唐、宋、明、清等朝代都对芍陂进行了修缮和扩建，使其灌溉面积和效益不断提高。特别是在明清时期，芍陂成为淠

芍陂

史杭灌区的重要组成部分，灌溉面积数十万亩。如今，芍陂已经成为淠史杭灌区的一座中型反调节水库。

历经2600余年的沧桑岁月，芍陂依然焕发着勃勃生机，灌溉着67万余亩农田，使得寿县成为名副其实的“鱼米之乡”。

芍陂不仅是一项水利工程，更是一部活生生的历史教科书。它见证了楚国的辉煌与衰落，见证了历朝历代的兴衰更替，也见证了人民对美好生活的向往与追求。

都江堰：万世资灌溉

在成都平原上，大大小小的灌渠有3万多条，它们拥有一个共同的源头，就是都江堰渠首。

都江堰位于成都平原西部的岷江干流中游。古时，岷江穿过上游水流湍急的峡谷后，犹如离群的野马般四处奔窜，致使成都平原水道紊乱，西部洪涝、东部干旱，交替为患。到战国时期，秦国吞并蜀地后，欲将这块膏腴之地打造为支撑其统一天下的后方大粮仓，治理岷江水患、发展农业生产就成了当务之急。公元前256年至公元前251年，蜀郡郡守李冰在借鉴前人治理岷江经验的基础上，充分利用当地西北高、东南低的地理条件，根据岷江特殊的地形、水脉、水势，率众凿离堆、穿二江，以石头、木桩、竹笼为主要材料，建成都江堰。岷江自此被分为内、外两江，外江仍循原流，内江经人工渠道流入成都平原，灌溉农田，把水害变为水利，使四川盆地成了“水旱从人，不知饥馑，时无荒年”的天府之国。

都江堰三大主体工程鱼嘴（分水堤）、飞沙堰（溢洪道）和宝瓶口（引水口）在选址和营构上，巧妙地运用了地形、地势、河流

都江堰

弯道和水流态势，浑然一体，协调运行，共同发挥了引水灌溉、分洪减灾、排沙防淤的神奇作用，其技术含量直到今天仍然令人惊叹，堪称世界上最伟大的古代水利工程之一。

这座世界上唯一存留至今的大型无坝引水工程，以最小的工程量，成功解决了引水、泄洪、排沙等一系列技术难题，在2000多年的漫长岁月中，始终运行不辍、造福一方，是中华民族科学治水的光辉典范。2000年，都江堰被列入世界文化遗产名录；2018年，被列入世界灌溉工程遗产名录。

著名社会活动家赵朴初曾在参观都江堰后赋诗："长城久失用，徒留古迹在。不如都江堰，万世资灌溉。"这一赞誉，都江堰完全担当得起。

灵渠：沟通长江与珠江的纽带

公元前221年，秦始皇统一长江以北大部分地区后，发动了征服岭南的战争，在攻打广西时遇到了顽强抵抗。公元前219年，秦始皇南渡淮水，跨越长江，亲自到湖南督战，发现主要问题是军需品供应不及，于是命令监御史禄督率士兵、民夫在湘江与漓江之间修建一条用于运载军粮的人工河。

5年后，这条位于今广西壮族自治区兴安县境内的人工河凿成，即灵渠。不久秦国就统一了岭南。

灵渠的开凿，在助力秦帝国统一大业的同时，也大幅拓展了中国的陆海疆域，奠定了中国版图的基本格局。灵渠将湘江源头与漓江源头相连，沟通了长江、珠江水系，连通了整个中国的水运网，是连接中原和岭南的重要商贸通道，成为南北往来的交通大动脉，被誉为古代的"水上高速公路"。隋唐时期，随着大运河的开通，岭南地区的货船经漓江、灵渠、湘江、长江、大运河可直达长安城，这极大地促进了中原和岭南经济、文化的交流及民族融合。

灵渠也是历史悠久的灌溉工程。《后汉书·马援列传》记载，东汉伏波将军马援征交趾（又名“交阯”，位于今越南北部红河流域）时，曾“穿渠灌溉，以利其民”。据《广西通志》记载，唐初曾在灵渠南侧筑城设临源县，城址即在今兴安县城。随着人口增多，县城周边的土地被大量开垦，灵渠的灌溉作用逐渐凸显。为此，灵渠上建有堰坝和涵洞，堰坝作用与陡门相似，用以抬高水位，便于水车取水灌田。至宋代，“渠水绕迤兴安县，民田赖之”；清代，“近渠之田，资灌溉者不下数百顷”。中华人民共和国成立后，灵渠的灌溉功能得到进一步开发，在系统修复历史工程基础上，新建、扩建一批灌溉供水工程，灌溉面积大大提高，由此，兴安县成为远近闻名的粮仓。

渠内航运千年通畅，渠外农田五谷飘香。时至今日，灵渠仍在灌溉、旅游方面发挥着重要作用。2018 年，灵渠被列入世界灌溉工程遗产名录。

灵渠

溇港：旱涝不及，为农美利

溇港，是太湖地区一个独有的古老的灌溉与排涝系统。2500年前，吴越两国正上演着跌宕起伏的争霸大戏。为扩大粮食种植面积，吴国相国伍子胥与越国相国范蠡各自组织民众，在太湖南岸的沼泽滩涂上争相开河筑堤，用圈圩挡水之法，陆续开凿出塘、浦、溇、港，修建渠道，排出湿地水分，将涂泥改造为沃土。这是开发溇港系统的起源。

经过历代扩建改良，至北宋时，太湖溇港水利体系臻于完善。在太湖南岸，从东至西，每隔1000米左右就有一条河渠，它们像梳齿一样排列开来，河道窄的叫作“溇”，宽的叫作“港”，故统称为“溇港”。横贯其间的一道道东西向河道叫作“横塘”，纵溇、横塘之间的格子状田块，就是“圩田”。这样，就构筑了“田成于圩内、水行于圩外”的溇港灌溉体系。

每一条溇港与太湖交汇处均建有一道闸门。上游区域遇洪涝时，将水闸开启，泄洪水入太湖；太湖涨水时，将水闸关闭，可防止湖水内侵害田；旱季开启水闸，引太湖水流入溇港灌溉圩田……依靠水闸的调节，溇港中始终可以保持较为稳定的水位，正如北宋范仲淹所言：“旱涝不及，为农美利。”源源不断的太湖水，通过众多溇港流入万千圩田中，造就了“鱼米乡，水成网，两岸青青万株桑”的盛景。时至今日，溇港系统仍发挥着重要的灌溉作用。

双向引排的溇港水利系统，奠定了太湖平原作为鱼米之乡、丝绸之府、财税之区的重要历史地位。正因为如此，该系统曾被水利学家郑肇经高度评价，他认为这是“古代太湖劳动人民变涂

太湖溇港

泥为沃土的一项独特创造”，甚至“可与四川都江堰、关中郑国渠媲美”。

大运河：流淌的民族史诗

中国是最早建设人工运河的国家。

春秋时期，长江流域主要诸侯国楚、吴、越之间上演了一段波澜壮阔的争霸故事。为提高运输效率，更好地服务于军事征伐，三国纷纷在所控制的区域内开凿运河，以沟通自然水系，其中较为著名的有楚国的云梦通渠和吴国的邗沟。

吴王夫差于公元前 486 年下令开凿的邗沟，利用长江与淮河之间密布的天然河湖港汊，就地度量，局部开挖，用人工河道串联高邮湖、博芝湖、射阳湖、白马湖等自然湖泊，从而贯通了长江与淮河。

邗沟作为大运河之滥觞，其历史地位直到 1000 多年后才显现。公元 605 年正月初一，继位不到半年的隋朝第二代皇帝杨广改年号为“大业”，昭告天下其欲成就千秋功业的远大志向。杨广“大业”的第一个项目就是修建大运河，以连通南北水系。从隋大业元年（605 年）至大业六年（610 年），只用了 6 年时间，长度超过

19世纪英国画报中的京杭大运河

长江与京杭大运河扬州段交汇处

2000千米的大运河就建成贯通了，将海河、黄河、淮河、长江、钱塘江五大水系连为一体。隋代大运河以东都洛阳为中心，分为南、北两个系统：南运河是洛阳东南方向的通济渠、邗沟、江南运河，连接江都（今扬州）、余杭（今杭州）；北运河为永济渠，直达涿郡（今北京）。

隋代大运河贯通后，立即成为中国古代最重要的南北交通主通道，“半天下之财赋，悉由此路而进”，是不折不扣的历代王朝之黄金线和生命线，对保持南北统一以及经济、文化的交流发挥了重大作用。

运河舟楫穿行，往来如风。隋之后，李唐王朝缔造的大唐盛世达到了中国封建社会发展的巅峰，在很大程度上也可以说是得大运河之利。到了宋代，全国经济重心南移已经完成，长江和大运河成了北宋朝廷维持政权的生命线。元代定都大都（今北京）后，为了缩短漕粮北运的距离，将原来以洛阳为中心的隋代大运河进行了裁弯取直的改造，修建了从大都到临清的通惠河、济州河、会通河，形成一条北起大都、南至杭州的纵向大运河，比绕道洛阳的隋唐大运河缩短了900多千米，这就是著名的京杭大运河。明清两代，随着商品经济的发展，南北物资交流需求大增，漕运也带动刺激了运河沿岸商业活动的发展。南方的丝绸、茶叶、糖、竹、木、漆、陶瓷等源源不断运往北方，北方的松木、皮货、煤炭等也不断由运河南下。大运河虽为漕运所开，但随着时代变迁，也逐渐成为商运之河、民运之河。

2014年，第38届世界遗产大会宣布，中国大运河项目成功入选世界文化遗产名录，被誉为“活着的、流动着的文化遗产”。

桨声帆影中，大运河历经了2000多年的沧桑风雨，至今仍在使用，使北国与江南相连、让历史与现实相通，如同一部流淌的民族史诗。

槎滩陂：千年活水长流

中国古代社会在唐宋之际进入极盛时期，经济社会有了很大发展。朝廷更加重视农田水利建设，唐代尚书省工部下设水部郎中和员外郎，“掌天下川渎陂池之政令”，凡堤防、塘堰、舟楫、灌溉等，一并管理。一方面，朝廷对历代一些大型水利工程如都江堰、灵渠等进行维修，以充分发挥其灌溉效益；另一方面，官府在长江流域新建了大量灌溉工程，大小陂塘宛如明珠遍布大江南北。

在这些明珠中，江西省泰和县的槎滩陂无疑是耀眼的一颗。

这座始建于公元 937 年的水利工程，历经千年风雨，至今仍灌溉着泰和、吉安两县 4 万多亩的农田，养育着一方百姓。2016 年，槎滩陂被列入世界灌溉工程遗产名录。

据史料记载，南唐金陵监察御史周矩为躲避战乱迁居泰和后，见当地地势“高燥”，百姓深受旱灾之苦，便决定兴修水利。经多年考察、谋划后，周矩于赣江水系禾水支流的牛吼江上游槎滩村畔，组织当地民众将木桩打入河床，再编上长竹条，遏挡水流，然后填筑黏土夯实，最后在主坝上层垒叠坚固的红条石，形成陂坝，名为槎滩陂。陂成后，周矩父子相继率众陆续开挖了 36 条灌溉渠道，使得当地 9000 多亩因旱歉收的薄田变成了旱涝保收的良田。

槎滩陂有主坝和副坝两部分，初建时为木质结构，元代末期重修时改为石质结构。此后又经多次维修，直至 1983 年对坝体进行混凝土包裹加固，一直沿用至今。

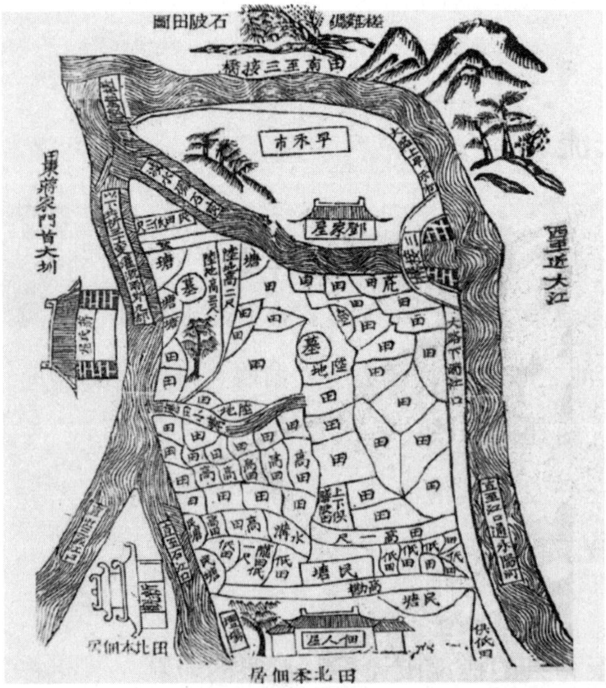

明万历年间（1573—1620 年）《周氏族谱》中所收录的槎滩陂灌区舆图

因地制宜的科学设计，是槎滩陂沿用千年的重要原因。其坝址选在河床坚固、水流较缓的河段，有利于坝体稳定。而经过精心测算的坝高，则略低于河岸，使得枯水期时，陂坝可有效将江水聚集后引入下游灌溉渠网，发挥更大的灌溉作用；洪水期时，陂坝随着水位上涨没入水下，洪水从坝上自然溢出，泄入河道，从而发挥防洪减灾的功能。此外，槎滩陂主坝和副坝各设有一孔冲沙闸，有效解决了坝前泥沙淤积问题。陂左侧还设置了供船只、竹排通行的水道，保证了航运的畅通。

经过多次维修改造，槎滩陂灌区不断扩大，现灌溉面积有6万余亩，滋润着亿万庄稼，槎滩陂因而被誉为“江南都江堰”。

志丹苑水闸：隐于闹市的水利工程

2001年5月，在上海普陀区的一个建筑工地上，工人们意外发现一处元代的水闸遗址。经过考古专家的勘探、文献查证和深入论证，确认这是一处与吴淞江有关的元代水闸遗址。遗址位于上海市普陀区志丹路和延长西路的交叉口，是国内迄今为止发现的规模最大、保存最完整、做工最精湛的元代水闸遗址。

遗址占地面积约1500平方米，位于上海市中心，四周高楼林立。遗址深藏在地表以下7—12米处，以青石闸门为中心，闸门内宽6.8米。水闸底部过水石面长达32米，最宽处达30米，由许多长方形的青石板铺砌而成，石板长度在1—1.35米，宽则在0.6—0.8米。石板之间用铁锭榫卯结构嵌合，下面铺设衬石木板，板下有木梁，木梁下有木桩支撑，整个结构非常稳固。

主持这项水利工程的是元代的水利专家和书画家任仁发。据历史文献记载，任仁发在吴淞江上建设了多座木闸，但由于木闸效果不理想，他在元泰定二年（1325年）向朝廷上书，建议改用石闸。朝廷批准了他的提议，于是任仁发在吴淞江流域建造了多座石闸，而目前能够勘探并完整留存的遗址只有这一处。

考古学家宿白评价这个水闸遗址是“上海的主要历史遗迹”，它不仅展现了元代长江下游接近出海口地区的经济发展情况，也大致反映了元代江南的发展情况。这个水闸遗址与长江流域的经济发展有着密切的联系。吴淞江作为长江的重要支流，其流域的水利工程直接影响到长江下游地区的农业灌溉、交通运输和城市供水，对长江流域的经济发展起到了至关重要的作用。

志丹苑元代水闸的建设地点，是在宋元时期吴淞江（苏州河）支流赵浦的故道。根据《三吴水考》的记载，赵浦的位置与现在的水闸遗址非常接近，专家据此推断这座水闸就是志丹苑元代水闸。这座水闸的发现，对于研究宋元时期江南地区的水利工程、吴淞江流域的历史变迁、吴淞江对整个长江三角洲的经济发展及对上海城镇、城市发展所起的作用，都具有重要的科学价值。

2006 年，志丹苑元代水闸遗址入选中国十大考古发现之一。2013年3月5日，它被国务院公布为第七批全国重点文物保护单位。

长江上的铁血与梦想

长江，横亘神州大地，其水浩渺，其势磅礴，被誉为“天堑”。自春秋烽火至近代硝烟，长江两岸有明月高悬，也有烽火连天。这不仅是一条河流的故事，也是无数英雄豪杰梦想与血泪交织的史诗。

那些血与火的交锋，随着牺牲与哀歌，也悄然推动着时代的步伐。文明碰撞中绽放出的火花，照亮了民族前行的道路，铸就了长江文化中不可或缺的铁血篇章。

吴越之战：江南文化渐成崛起之路

“太湖美，美就美在太湖水……”正如歌中所唱，太湖，以浩瀚之水孕育了江南的灵秀与柔美。穿过久远的历史迷雾，这烟雨蒙蒙的温婉水乡，也曾剑戟森森。吴越春秋争霸，从互相征伐

汉代夫差与勾践画像石拓片

最终走向了文化融合。

太湖之水涤荡了吴越春秋的底色。3000多年前，周太王的长子泰伯与次子仲雍，为避让王位，从陕西岐山来到太湖边上，在今无锡一带营建勾吴古都，建立吴国，这就是《左传》中“泰伯让国”的故事。吴国在太湖的怀抱中逐渐强盛。公元前514年，阖闾即位后，改革内政，扩充军备，任用伍子胥与孙武，在太湖之滨筑姑苏城与阖闾城，吴国实力日增，声威大震。与此同时，由古越族人建立的越国，在越王允常与勾践的励精图治下，亦悄然崛起，与吴国形成了分庭抗礼之势。

公元前496年，战争的阴云笼罩在了太湖之上。吴王阖闾亲率大军南下，越王勾践则严阵以待。两军对峙，剑拔弩张，一场关乎两国命运的较量即将展开。槜李之战中，勾践以奇计破敌，终以吴败越胜告终。

历史的舞台上从不乏对手。阖闾之子夫差，承继父志，誓要雪耻，一场更为激烈的较量在太湖之滨悄然酝酿。公元前494年，夫差亲率大军，乘数百艘战船，借太湖水道南下。越国大夫范蠡、文种虽有远见，却未能说服勾践避其锋芒。于是，太湖之上，两军再度交锋。吴军箭矢如雨，越军逆风而战，处境艰难。最终，勾践不得不采纳范蠡之计，向夫差求和，暂时缓解了危机，却也埋下日后灭吴的种子。

时光荏苒，转眼已是公元前478年。吴国遭遇大旱，国力日衰，越国则趁机举兵伐吴。笠泽江畔，两军再次对峙。卧薪尝胆的勾践重整旗鼓，运筹帷幄，范蠡妙计频出，越军夜袭吴营，大破吴军。夫差虽奋力抵抗，却已无力回天。最终，越军围困姑苏，吴国灭亡，勾践终于完成了他的复仇大业。

吴越之战，客观上提升了长江流域水上作战的技术水平，更推动了造船技术和航运技术的发展。

不过，吴越争霸没有真正的胜者。越国灭吴后，历经盛极而衰的百余年，于公元前 306 年被长江中游的楚国所灭。太湖至此归楚国所有，吴越文化亦融入长江文化的大潮之中。

赤壁之战：第一次大规模江河作战

楚、吴、越三国在春秋战国的兼并战争中，驾战船在交错的江河上列阵，是长江上大规模水战的肇始。此后 2000 多年里，水深江阔的长江上到底发生过多少次舟船水战，已无法统计，但发生在东汉末年的赤壁之战，因其以弱胜强和以少胜多的传奇性，加上奠定三国鼎立格局的历史影响，在史书和民间流传，至今仍被人们津津乐道。

东汉末年，群雄逐鹿，曹操挟天子以令诸侯，在官渡之战中击败袁绍集团后，一统北方。随即他厉兵秣马，训练水军，意图攻灭控制荆襄的刘表和虎踞江东的孙权，进而一统天下。公元 208 年，雄心勃勃的曹操率领 80 万（号称 80 万，实际约 20 万）大军，大举南下。彼时，荆州牧刘表病逝，其子刘琮不战而降，荆州之地轻易落入曹操之手。随后，曹操又在当阳长坂坡大败刘备，迫使刘备仓皇逃至夏口，继而退守樊口。曹操乘胜追击，占领江陵，并收编了刘表麾下的 8 万水军、数千战船及大批物资，实力大增，天下几乎尽在其掌握之中。

在强敌压境、存亡未卜的危急关头，割据江东六郡的孙权和刘备结成联合抗曹的军事联盟，在赤壁（今湖北赤壁市西北，长江南岸）与驻扎在乌林（今洪湖市东北，长江北岸）的曹军对峙，一场决定天下归属的大战拉开了序幕。

曹操虽兵力雄厚，但北方士卒不习水战，加之新收编的荆州水军人心未定，这成为其致命弱点。这一点也为孙刘联军统帅、东吴大都督周瑜所洞悉："（曹操）舍鞍马，杖舟楫，与吴越争衡，本非中国（指中原）所长。"他的这番话，不仅透露出对敌我双方实力的精准判断，更彰显了他对水战的深刻理解和自信。

果然，大战前夕，自恃兵力雄厚的曹操将战船首尾相连，以图稳定航行，却也为孙刘联军提供了可乘之机。周瑜采纳黄盖之计，以诈降之名行火攻之实。决战之时，正值隆冬，江面风急浪高，黄盖率领装满易燃之物的数十艘船只向曹军水寨驶去。待接近敌舰时，黄盖下令点燃火油，一时间火光冲天，烈焰翻腾，火势迅速蔓延，曹军的连环战船被烧得七零八落，火势迅速蔓延至岸上

湖北赤壁古战场景区

的营寨，熊熊烈火映红了江面。孙刘联军趁势发起猛攻，喊杀声震天动地。曹军大乱，死伤无数，溃不成军。曹操见大势已去，只得率领残部逃回北方，途中更是多次遭遇伏击，损失惨重。800多年后，苏轼以“羽扇纶巾，谈笑间，樯橹灰飞烟灭”的寥寥数语，简洁形象地勾勒出周瑜的英姿飒爽和赤壁之战的惨烈悲壮。

赤壁之战以孙刘联军的胜利告终。战后，曹操北归，孙刘联军则趁势扩张，三国鼎立的局面初步形成，中国历史进入一个新的纪元。

赤壁之战是在长江流域进行大规模江河作战的一次重要实践。在这场战役中，楼船、斗舰等战舰得到了广泛应用，各种战术策略层出不穷，为后世的水上作战提供了宝贵的经验。

采石之战：南宋转危为安的关键之役

采石矶，又名“牛渚矶”，位于安徽省马鞍山市西南翠螺山临江处，与城陵矶、燕子矶合称“长江三矶”，自古以来为大江南北重要津渡。采石矶水流湍急，地势险要，易守难攻，素有“金陵屏障、建康锁钥”之称，自古为兵家必争之地。

据不完全统计，自春秋以降，在采石矶发生的大战有50余次，其中发生于南宋绍兴年间（1131—1162年）的宋金采石之战，因宋军以1.8万人大败17万金军的非凡战绩而最为著名。

南宋绍兴三十一年（1161年），金主完颜亮写下“提兵百万西湖上，立马吴山第一峰”的豪言壮语，领兵南下，意图一举吞并南宋。金军的铁蹄震撼着大地，南宋朝野却在这突如其来的危机面前显得手足无措。特别是淮西防线的主将王权，竟未战先怯，弃城而逃，南宋军队被迫仓皇南撤，集结于采石矶畔。

南宋朝廷虽处风雨飘摇之中，官员中却也有不屈的脊梁。十一月初六，前往采石犒军的中书舍人虞允文见溃退而来的败兵秩序混乱、惶恐不安，遂挺身而出，主动担任江防指挥，动员和组织部队抵御金军进攻。经过实地察看，虞允文召集将官张振、时俊、盛新等分析认为，宋军在采石的江防部队仅有1.8万人，只及金军的1/10，在兵力上处于劣势，但在天时地利、水军装备和技术战法等方面具有优势。首先是有长江天堑阻敌；其次是宋军水军实力强于金军，拥有艨艟、海鳅、车船等多种战船，船体坚固，机动性好，攻击力强，而金军用于渡江的船只，是临时拆用民房的木材建造的，很不牢固。

虞允文吸纳众将领意见，决定采用水陆配合、以水战为主的战法。步兵与骑兵埋伏于江岸高地之后，水军分五队，各以海鳅船（一种用车轮激水、行动快速的船）和战船组成，一队泊大江中流，为主力；两队分东西两翼，成掎角之势；另两队隐蔽于姑溪河与锁溪河中，以袭击敌船和援助前阵。采石宋军经虞允文一番整治调拨，由士气低落的溃散兵勇变成一支同仇敌忾的生力军。

完颜亮根本没将不足2万人的采石守军放在眼里。十一月初八，他亲自指挥数百艘战船、10万大军直接展开渡江行动，其中70多艘先头船已迫近岸边。此时宋军已部署到位，虞允文沉着指挥，时俊执双刀奋勇出击，士卒无不以一当十，拼死抵抗。水军则以海鳅船猛冲金军船队，并施放霹雳炮迷敌眼目。由于金军不熟悉长江的水面情况，船只的稳定性和机动性又很差，大部分船只被海鳅船撞沉。虞允文又组织弓箭手齐射，金兵纷纷落水。

首胜后，虞允文冷静判断“敌今败，明必复来”，连夜调整部署，令部分舰船控制上游，另外的舰船封锁金军舰队的唯一入江口——杨林口。次日清晨，金军果然又出动了，但遭到宋军几路夹击，很快败退。由于归路被截断，金军300余艘战船或为宋军纵火而毁，或自焚抛弃。军事上的失败加剧了金军的内部矛盾，十一月二十七日，完颜亮为部属所杀，金军北撤。

“雪洗虏尘静，风约楚云留。何人为写悲壮，吹角古城楼。”爱国词人张孝祥听说采石矶大胜后，激动地写下《水调歌头·闻采石战胜》。

采石大捷以少胜多，将南宋从亡国的危机中拯救出来，国祚又延长了100多年。此战宋军因势利导，战法灵活多变，充分发挥水战之长，创造了以少胜多的战斗奇迹。

钓鱼城之战：改变历史走向的铁血传奇

在重庆市合川区，翠峦环抱的嘉陵江南岸，一座孤城巍然矗立，这便是闻名遐迩的钓鱼城。嘉陵江、渠江、涪江于此汇聚，加之三山并峙，山水相依，地势险峻，钓鱼城自古以来便是巴蜀地区

钓鱼城城门

的咽喉要地、北方军队南下必争之战略重地。

公元 13 世纪，蒙古铁骑如狂风骤雨般席卷亚欧大陆，成吉思汗及其后继者率领的铁骑，意图将南宋纳入版图之时，钓鱼城却以它独有的坚韧，成为蒙古军征服之路上的绊脚石。

南宋宝祐五年（1257 年）春，蒙古大汗蒙哥亲率大军，誓要一举荡平南宋，其战略意图清晰而深远：先取四川，控长江上游，再顺流而下，直捣临安。数月间，巴蜀之地多城沦陷。钓鱼城下，战云密布。面对数十倍于己的强敌，钓鱼城守将王坚与张珏以非凡的勇气和智慧，依托天险，誓死守城。他们深知，此战不仅关乎一城一地之得失，更是南宋命运的转折点。

蒙军攻城器具精良，攻势凶猛，然而钓鱼城地势险峻，易守难攻,使得蒙军的优势难以发挥。数月间,蒙军屡攻不克,士气受挫。而钓鱼城内，军民一心，物资充足，斗志昂扬。南宋守军甚至将鲜鱼与面饼抛至城外，以示坚守之决心。

转折发生在宝祐六年（1258 年）七月初。蒙哥亲临前线督战，为炮火所伤，殁于钓鱼山下。蒙哥突然离世，蒙古大军失去了主心骨，整个战局发生了根本性的变化。蒙古军队士气低落，战斗力大减，不得不放弃对钓鱼城的围攻。

蒙哥死后，蒙古帝国统治阶级开始了新一轮的汗位之争，南宋和西亚战场的蒙古军队全面撤退。钓鱼城之战，因此成为改写世界中古史的关键一役。

在随后的岁月里，钓鱼城虽历经沧桑，却始终坚守，屹立于嘉陵江畔。

直到南宋灭亡的 1279 年，在鏖战 200 余场、坚守 36 载之后，为挽救城内军民的生命，守将王立开城投降。这段历史，如同嘉陵江水般悠长而深邃，永远镌刻在人们的心中，成为一曲悲壮而又雄浑的赞歌。

渡江战役：百万雄师横渡长江

钟山风雨起苍黄，百万雄师过大江。
虎踞龙盘今胜昔，天翻地覆慨而慷。
宜将剩勇追穷寇，不可沽名学霸王。
天若有情天亦老，人间正道是沧桑。

这首脍炙人口的《七律·人民解放军占领南京》，是1949年4月23日毛泽东获悉“南京解放”捷报后，以他那独有的豪情挥笔写下的。这首气壮山河的史诗手稿曾被中共中央军委用电报发

万船齐渡江

到南下渡江作战的各路大军前线，极大地鼓舞了全军将士。

辽沈、淮海、平津三大战役胜利结束后，国民党政府在长江以北的力量全线崩溃，在长江以南也难以组织起系统的防御。但蒋介石仍不甘心失败，在“和谈”的幌子下，国民党加紧构筑长江防线，企图借助天险，实现隔江而治。然而，长江天堑未能阻挡历史的车轮，人民解放军的百万雄师正蓄势待发。

1949 年 4 月 20 日，国民党反动政府最后拒绝在国内和平协议上签字。21 日，中国人民革命军事委员会主席毛泽东和中国人民解放军总司令朱德发布了《向全国进军的命令》。

“打过长江去，解放全中国。”这是中共中央发出的号召，也是中国人民解放军全体指挥员、战斗员共同的呼声。

长江中下游地区地形复杂，天然的地理环境对国民党军的防御本是有利的。但是主持国民党长江防线的汤恩伯在军事部署上显得过于保守，将主力集中龟缩于江阴以下。与国民党的保守策略形成鲜明对比，中共中央军委和渡江战役总前委展现出了高超的战略眼光。他们根据长江地形和汛期的特点，制定了周密的作战计划。在江阴至芜湖段，长江向北突出，南京位于弧形突出部，这为钳形攻击提供了天然的优势。同时，长江里的江心洲，也可以成为过江的跳板。

中共中央军委和渡江战役总前委高度重视“政治过江”和“思想过江”。通过整训工作，解决了部队中存在的麻痹轻敌思想和畏难情绪，增强了全军指战员在南方作战的信心和决心。两个月的渡江训练，将士们学会了泅水，水上作战能力得到极大提升。

1949 年 4 月 20 日晚至 21 日晚，历史性的一刻到来了，百万大军发起了渡江作战。在西起江西湖口、东至江苏江阴的千里战线上，中国人民解放军以木帆船为主要航渡工具，在炮兵、工兵的支持配合下，百万雄师以排山倒海之势，占领贵池、铜陵、芜湖和常州、无锡、镇江等城市，一举突破了国民党的长江防线。22日，国民党军开始总撤退。23日，第三野战军一部解放了国民党22年来的反革命统治中心南京，宣告了国民党反动统治的覆灭。

随后，第三野战军的中、东两集团东西对进，将南京、镇江撤逃的国民党军围歼于皖南的郎溪、广德地区。5月3日，杭州解放。第二野战军的西集团渡江后向南疾进，解放了九江、南昌，斩断了浙赣路，割断了汤恩伯部与白崇禧部的联系。5月27日，上海解放，汤恩伯的主力部队被迅速消灭。6月2日，崇明岛解放，渡江战役宣告胜利结束。

值得一提的是，就在中国人民解放军渡江作战的时候，侵入中国内河长江的"紫石英"号等4艘英国军舰先后驶向中国人民解放军防区，妨碍渡江，双方发生激烈炮战。"紫石英"号被中国人民解放军击伤后搁浅在镇江江面，其余3艘英舰逃走。中国

合肥渡江战役纪念馆

人民解放军总部发表声明，严正指出：“中国的领土主权，中国人民必须保卫，绝对不允许外国政府来侵犯。”近代以来饱受帝国主义欺压的中国人民感到扬眉吐气，外国侵略者依仗船坚炮利在中国领土上横行不法的时代一去不复返了。

渡江战役是一次规模空前的强渡江河进攻战役，在42天的时间里，中国人民解放军百万雄师以雷霆之势强渡长江，解放了南京、上海、武汉等大城市，以及江苏、安徽两省全境和浙江省大部及江西、湖北、福建等省部分地区，为其后解放华东全境和向华南、西南地区进军创造了重要条件。渡江战役的胜利，充分展示了党领导下的人民军队和人民战争无坚不摧、无往不胜的巨大力量。

长江商业文明的繁荣与交融

大江东去，不舍昼夜，见证了无数商船的往来与市井的繁华。

“十里帆樯依市立，万家灯火彻宵明。”这不仅是一幅活生生的商业图景，更是一曲繁荣的赞歌。长江以其博大的胸怀，接纳了来自四面八方的商贾，货物在此交易，文化在此融合，成就了一段又一段商业文明的辉煌传奇。

姑苏繁华图（局部） 清·徐扬

神农遗韵：原始商品交易的曙光

江南之地，水网密布。滔滔江水不仅浇灌出丰饶的鱼米之乡，更在历史的长河中悄然孕育了商业文明的曙光。

长江之水，既是农业灌溉的甘露，也是商品流通的黄金水道。富饶的物产，不仅满足了先民的基本需求，而且激发了他们对交换与贸易的渴望。从最初驯化的牲畜、饲养的家禽，到巧手匠人精心制作的陶器、青铜器、玉石与木竹制品……这些物品通过以物易物的方式，连接起了一个又一个部落与氏族，编织出一张错综复杂的贸易网络。

神农氏，这位被后世尊为农耕文明始祖的伟大人物，他的名字永远镌刻在华夏文明的天幕之上。他不仅教会了人们耕种，更开创了商品市场与贸易活动的先河。《周易》中的寥寥数语，为我们揭开了那段远古岁月的一角面纱："神农氏作……日中为市，致天下之民，聚天下之货，交易而退，各得其所。"每到中午，各部落的先民便汇聚一堂，以物易物，各取所需，欢声笑语中洋溢着对生活的热爱与满足。

《古史考》中的记载，进一步印证了神农氏对商业发展的深远影响："神农作市，高阳氏衰，市官不修，祝融修市。"春秋时期，作为高阳氏的后裔，楚人不仅继承了先辈的商业传统，而且在市场管理制度上进行了有益的尝试与探索，为后世商业的蓬勃发展奠定了坚实的基础。

潮起潮落，时光流转，长江流域的商业活动逐渐从自给自足的简单交换，走向了更加复杂与成熟的商业行为。尧舜时代，舜帝以其卓越的商业智慧，引领着长江流域的商业活动迈向新的高度。《尸子》中记载：“顿丘买贵，于是贩于顿丘；传虚卖贱，于是债于传虚。”这生动地展现了舜帝如何利用地域间商品价格的差异进行长途贸易赚取丰厚利润的场景。他的足迹遍布大江南北，不仅促进了商品的流通，也推动了经济文化的交流与融合。

长江的洪水，虽为灾难，却也意外地开辟了新的商路。洪水退去后，大禹以其非凡的智慧与勇气，充分利用内河航运的便捷性，推动了通商贸易的迅猛发展。在他的努力下，长江流域与中原地区的商业联系日益紧密，各种珍稀物产如羽毛、齿革、珠玑、丹砂等，通过水路源源不断地运往各地，极大地丰富了人们的物质生活，也促进了商业文明的进一步繁荣。

商道春秋：重商主义的兴起与影响

农耕是华夏文明之根本，历朝历代多秉持“重农抑商”之策。但在思想禁锢更少的长江流域，人们更加务实，将农业与商业并举，打造出一幅幅经济繁荣、民生富足的绚丽图景，成为长江流域独有的文化底色。

长江之畔重商主义的历史可追溯至春秋战国时期。楚国的崇商之风悄然催生了商业的第一次大繁荣。司马迁《史记》中的“天下熙熙，皆为利来；天下攘攘，皆为利往”，正是对这一时代商业盛况的生动描绘。

这股重商之风赋予了商人们前所未有的影响力。一些商业巨擘，不仅在经济领域呼风唤雨，更涉足政治舞台，展现出非凡的智慧与魄力。《史记·货殖列传》中记载的 7 位富豪，尤其是巴

寡妇清，以女子之身，在商海中乘风破浪，不但守护了家族基业，而且创造了令人瞩目的财富帝国，得到秦王嬴政的赏识，死后被秦始皇筑台纪念，以昭天下。

商业的繁荣并非没有代价。随着商人财富的积累，土地兼并问题日益严重，农民流离失所，社会矛盾逐渐激化，对封建王权的稳固构成了威胁。西汉中后期，为平衡社会经济结构，重农抑商的声音再度响起。历史的车轮滚滚向前，进入宋代，长江流域的商业再次焕发新生，手工业的巅峰成就推动了商业的蓬勃发展，杭州等城市迅速崛起，成为交通运输和商业流通的重要枢纽。

明初朱元璋推行“重本抑末”政策，虽限制了商业发展，但在长江流域，商业的洪流已不可阻挡。士人纷纷转投商海，民间流传的“士而成功也十之一，贾而成功也十之九”之语，正是这一社会现象的真实写照。沿江的汉口、姑苏、盛泽等新兴工商业中心，如繁星点点，照亮了国家的商业版图。

清朝“康乾盛世”之时，苏州更是一度成为我国最富裕的城市之一，其繁华景象甚至让乾隆皇帝眷恋不已。乾隆皇帝命画师绘就《姑苏繁华图》，以寄思念之情。

姑苏繁华图（局部）　清·徐扬

到了清代末期，随着中西交流的日益频繁，长江流域再次成为新思想、新文化的发源地。曾国藩、李鸿章等人在洋务运动中深刻反思国内的商业政策与制度，引入西方自由竞争思想和民主理念，推动了一场深层次的观念变革。这一时期的长江流域不仅是商品经济的热土，更是中国近代化道路的重要起点。

关市之征：古代商业的流通与监管

岁月悠悠，商潮滚滚。春秋时期，随着商品交换的日益频繁，跨境贸易渐成常态，随之而来的"关市之征"便成了时代的产物。

"关市之征"，是一种古老的税收形式，规定了货物在通过国境的"关"和国内的"市"时，必须接受检查并缴纳相应的赋税。《周礼·天官》中"关市之赋以待王之膳服"的记载，如同历史的低语，告诉我们那时关市之税已由国家统一征收，直接服务于王室。这不仅是对经济秩序的一种维护，更是中央集权制度在经济领域的深刻体现。

鄂君启金节（车节）

鄂君启金节（舟节）

出土于安徽寿县的鄂君启金节，如同穿越时空的信使，为我们揭开了楚国商业辉煌的一角。这些青铜铸就的金节，不仅是权力的象征，更是商业自由的宣言。

鄂君启是楚王信赖的商业巨擘，他凭借手中的金节，享受着水陆贸易的免税特权，其商队乘风破浪，穿梭于长江及其支流间，编织着一张庞大的商业网络，覆盖了楚国最为富庶的土地。这不仅是对商业活动的一次大胆鼓励，更是楚国经济开放与创新的生动写照。

税收，是国家的血脉，自古以来便是国家机器运转的基石。在楚国，关税与市税如同双轮驱动，共同推动着国家财政收入的稳健增长。关税针对过往的行商，确保边境的安宁与国家的收入；市税则针对市场上的坐商，维护市场的秩序与公平。楚人对城市的重视，不仅体现在城市建筑的规模与数量上，更体现在城市对商业的吸引与促进上。城市的繁荣，吸引着四面八方的商贾前来，从而汇聚成一股不可阻挡的商业洪流。

货币演变：从蚁鼻钱到交子

商业的脉搏，随着滚滚江流起落。货币，

作为交易的媒介，见证了社会经济的演变。

当人们逐渐意识到以物易物的局限与不便时，货币，这一交易之精灵便悄然出现。它以天然海贝的形态，开启了长江流域乃至中国商业流通的新纪元。夏商之际，印度洋的海贝，穿越千山万水，成为最早的货币。它们在三星堆的遗址中沉睡千年，见证了蜀地与外界贸易的最初模样，也映照出长江流域对外交流的悠久历史。

随着商业的兴旺，贝币的流通数量日益庞大，天然海贝的数量却显得捉襟见肘。于是，仿制贝应运而生，从石贝、骨贝到陶贝，最终发展为铜铸的蚁鼻钱。楚国的蚁鼻钱，有鬼脸形状的铭文，不仅体现了楚文化亲鬼好巫的特征，更标志着货币从自然物向人造物的转变。

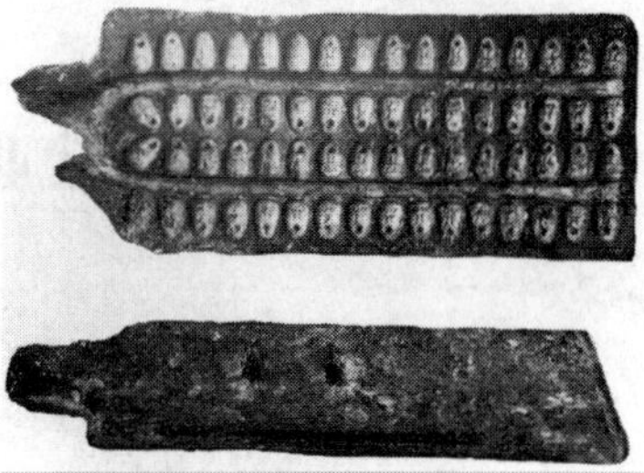

蚁鼻钱范

秦始皇统一货币，确立了圆形方孔的钱币形制。汉武帝的五铢钱制度，更是影响了自汉至隋 800 余年的货币流通。唐朝的通宝币制，成为唐以后铸币的标准。

会子版

及至宋代，商品交易量不断增大，铜钱已不能满足社会的需求。在商贸发达的“天府之国”四川，商人们发明了交子——一种新型的货币形式。最初的交子，是民间私自发行的存款凭证，随着信用的确立，逐渐演变成可以直接流通的纸币，这是中国金融创新的重要一步。

官府整顿交子市场后，不仅制定了一系列

较为完备的保障制度，还规定了官营交子的面值标准，为现代纸币的诞生奠定了基础。

南宋政府从绍兴三十年(1160年)起又发行了新纸币——会子。会子最初是一贯面额，后不断增加，最终因发行量过大，造成纸币贬值，市场混乱。

元明时期，随着商业活动的发展，长江沿岸城市出现了钱铺、钱庄等金融机构，为沿途商业往来提供了资金支持。鸦片战争后，新式银行的产生，进一步推动了金融业的发展，长江沿线的城镇在金融业的历史变迁中始终占据着重要的地位。

货币的演变，从蚁鼻钱到交子……在长江的滋养下，商业与金融的种子生根发芽，开出了灿烂的文明之花。

漕运盐业：经济命脉的双璧

长江水脉孕育了灿烂的商业文明，漕粮与盐业，无疑是其中最耀眼的双璧。

西汉初建，政治中心在西北的关中地区，赋税粮食则主要依赖黄河中下游。将粮食运输到首都长安，溯黄河而上会遭遇三门

全漕运道图　清 · 段必魁

峡的巨大落差，陆路运输又损耗颇大。因此有人提议利用长江—汉江水道，先从淮泗水系南下进入长江，再回溯长江进入汉江，最终从汉中将粮食转运到长安。这也成为汉王朝实行漕粮运输的主要途径。

水运是古代唯一能进行长途大宗运输的交通手段。秦汉以降，长江及其支流组成的水运网，成为贯通东西、连接南北的货物运输大通道，更是把内陆与海上丝绸之路连接起来。沿岸城镇的货物通过长江出海后，销往今天的印度、日本、朝鲜、东南亚各国及部分阿拉伯国家，长江是不折不扣的黄金水道。

明清时期，有漕八省中，除河南省和山东省外其他六省（湖南、湖北、江西、安徽、江苏、浙江）都在长江流域，每一粒漕米从田间地头一步一步集中运往京师，均离不开长江优越的水运条件。

盐业，作为另一项重要的经济活动，影响力同样不容小觑。中国海盐产量之大，以两淮盐场为最。淮盐因其产量大、品质高，对历代政治、经济产生了深远的影响。清乾隆年间（1736—1795年），两淮盐业税收占全国税收的 1/4，其重要性可见一斑。徽商凭借与朝廷的密切关系，在盐业中发迹，涌现出江春等徽商巨富。

淮盐的销售网络覆盖了长江中下游流域和淮河流域的大部分地区，形成以淮安至仪征的漕盐运河、通扬运河、淮河等为主的

外运渠道。在和平年代，中央政府鼓励淮盐的生产与销售；而在战乱年代，川盐因其地理位置的优势，成为国家的重要战略资源。

长江流域的商业文明，是一部流动的历史，漕运和盐业的繁荣，不仅推动了经济的发展，更促进了文化的交流与融合。

商帮纵横：隐入烟尘的商业传奇

商道如水，随势而流，以其无形之力塑造着有形之世界。商帮的故事，在历史的长河中蜿蜒流淌，铸造了一幕幕动人心魄的商业传奇。

巴蜀之地，自古便是商贾云集的繁华之地。西汉张骞的壮举，不仅开辟了丝绸之路，也悄然拉开了四川商人与外界贸易的序幕。茶马古道上，马蹄声声，响彻云霄，川商们肩扛背驮，将四川的茶叶、瓷器、丝绸等珍宝送往远方，又带回异域的物产。

巴蜀的商业繁荣，与长江的滋养密不可分。清代以降，重庆商帮如雨后春笋般涌现，他们凭借着坚忍不拔、吃苦耐劳的精神，在长江的波涛中破浪前行，书写着属于自己的商业篇章。卢作孚的民生公司，古耕虞的虎牌猪鬃，杨粲三的聚兴诚银行……这些名字，如同长江中的灯塔，照亮了川商前行的道路。

而谈及商帮，怎能不提徽商？他们以雄厚的资本和广泛的商业网络，铸就了商业史上的辉煌篇章。徽州之地，虽重峦叠嶂，却挡不住徽商们逐梦的脚步。他们依托当地资源，发展出独具特色的手工业经济，从“文房四宝”到盐、茶、木、典，徽商的业务遍布五湖四海，形成“无徽不成镇”的传奇。胡雪岩、马曰琯、程霖生、胡贯三等徽州商人辛苦打拼，谱写传奇。长江水路成为

两淮盐场及四省行盐图

徽商们连接梦想与现实的桥梁，他们在新安江、富春江、钱塘江乃至京杭大运河上，留下了深深的足迹。清代扬州的盐商，大多数来自徽州。当时扬州的八大总商中，徽州人汪应庚、汪廷璋、江春、鲍志道等都是煊赫一时的两淮总商。

苏州，有洞庭东山、洞庭西山。洞庭商帮便孕育于此。这一商帮又叫“洞庭帮”“洞庭山帮”“山上帮”或“洞庭山人”，几乎成了“苏商”的主体。这个不以苏州，也不以吴县为名，而只是以洞庭东西山的山名为名称的商帮，历史悠久。早在明代，苏州的小说家冯梦龙最先把这一商帮的风貌写进了他的小说集《醒世恒言》里。小说中写道：“两山之人，善于货殖，八方四路，去为商为贾，所以江湖上有个口号，叫作‘钻天洞庭’。”

长江流域的其他商帮，如汉商、沪商、宁波商人等，也在商海中纵横驰骋。武汉，这座九省通衢的城市，凭借其得天独厚的地理位置吸引了无数商帮的汇聚。汉口，作为华中地区的商贸中心，更是商贾云集之地。各行帮在此争奇斗艳，共同绘制出一幅繁荣的商业图景。汉商的坚忍、沪商的开放……这些商帮各自秉持着独特的文化和精神内核，为长江流域的商业发展注入了源源不断的活力。

商海沉浮：长江流域的商业巨擘

数千年来，无数豪商巨贾如璀璨星辰，照亮了长江商道的天空。他们凭借智慧与胆识，在波谲云诡的商界书写下属于自己的传奇。

在关山阻隔的年代，商界精英们凭借勤劳的双手与过人的胆识，在长江两岸编织着财富的梦想。范蠡在辅佐越王勾践成就霸业后，毅然转身投入商海，以“陶朱公”之名，开创了属于自己的商业王朝。他的“旱则资舟，水则资车”与“贱极反贵，贵极反贱”之商道，不仅在当时引领风骚，更为后世商人指明了前行的方向，成为人们敬仰的“商圣”。

汉代的吴王刘濞与邓通，分别凭借铜山与海盐的资源，铸币贩盐，积累了巨额财富，他们财力之雄厚，足以左右货币之轻重。唐代的郭七郎，从江淮间的贸易起家，成为楚城首富。明清时期，西门汪氏、锡山三富等商贾，以经营盐业、钱庄、杂货等为主，富甲一方，成为地方的经济支柱。他们的成功，不仅在于财富的积累，更在于对社会的贡献与影响力。

清代徽商胡雪岩凭借卓越的商业才华和深远的战略眼光，在长江流域乃至全国享有盛名。他凭借丝绸、茶叶等贸易，以及钱庄的经营，成为商界翘楚。胡雪岩不仅善于经营，更懂得回馈社会。

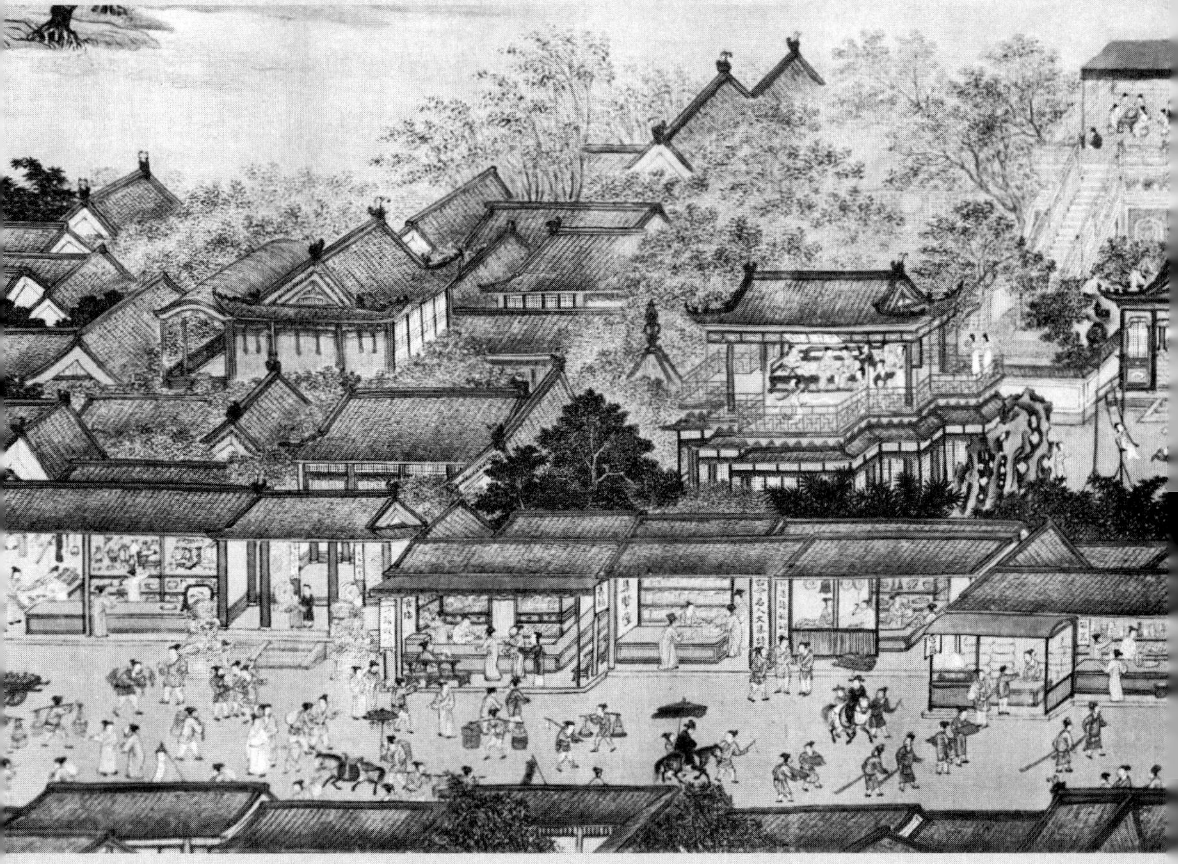

清明上河图（局部）　（托）明·仇英

他在慈善事业上的贡献，为他赢得了广泛的赞誉。他的商业帝国和作为“红顶商人”的人生传奇，至今仍被津津乐道。

甲午战争之后，随着民族危机加剧，“设厂自救”与“实业救国”的呼声在全国范围内高涨。长江流域成为以张謇、荣德生、荣宗敬、穆藕初、范旭东、刘鸿生、卢作孚等为代表的爱国实业家群体发展工业振兴中华的重要舞台，他们在沿江的上海、南通、无锡、南京、汉口、重庆等地设厂、开矿、创办公司。

随着沿江城市的开埠，长江沿岸的商业活动愈加频繁，商业精英们如雨后春笋般涌现。上海的席正甫、叶澄衷、胡笔江，汉口的刘歆生、宋炜臣、蔡辅卿，以及重庆的杨粲三、康心如等人，或在金融界呼风唤雨，或在实业上大展宏图，共同谱写了长江流域近代商业的辉煌篇章。

值得一提的是“邦达昌”商号。作为西藏地区最大的商号，其创始人邦达·尼江凭借非凡的商业才能与深远的战略眼光，将商业版图扩展至长江中下游城市乃至尼泊尔、印度。在国难当头之际，“邦达昌”不仅积极支援抗战物资，更在和平解放西藏的历程中发挥了重要作用。其家族成员邦达·多吉的爱国情怀与商业智慧，更是长江文化中一段不朽的佳话。

这些商界巨擘，用自己的奋斗与智慧，在大江之上书写了一部部精彩绝伦的商业史诗。

沟通文明的动脉

长江磅礴的力量，一直推动着时代大潮滚滚向前。经济重心南移，推动了宋、元、明时期海外贸易发展，大量农产品和手工业产品通过长江水路出海，远销东亚和东南亚，进一步促进了资本主义萌芽的出现。郑和七下西洋，开启了世界航海史上的新纪元，搭建了中国与世界的友谊桥梁。

步入近代，长江沿岸通商口岸化身为东西方文化碰撞与融合的熔炉。西学东渐的浪潮中，长江流域率先拥抱工业革命，上海、武汉等城市迅速蜕变，成为近代工商业的先驱。

长江，这条沟通文明的动脉，让世界看到了一个开放包容、锐意进取的中国。

长江与海上丝绸之路

长江绵延万里，如巨龙横贯神州大地，自古以来便是连接中国内陆与海洋的纽带。其东流入海之处，正是古代船只扬帆起航，融入浩瀚东海的海上丝绸之路的起点。

海上丝绸之路自秦汉初辟，历经2000余载，以商贸为舟，以外港为帆，依托着造船与航海技术的飞跃，跨越重洋，将古老的中国与遥远的世界紧密相连，见证了中国与东亚、东南亚乃至印度洋、非洲、美洲的商贸与文化交流盛况，成为中华文明与世界文明交流互鉴、共同进步的见证。

西汉建元三年（前138年），汉武帝派遣楼船将军严助率领水师，东出长江，再沿海南下，实现了“浮海救东瓯”的壮举，不仅彰显了西汉朝廷的威仪，也反映了当时对江浙沿海航道的精准把握与熟练运用。江苏盱眙大云山汉墓中出土的异域文物，亦是汉代海上贸易繁荣的实物见证，证明了东西方文明早已在这条海上丝路上交织碰撞。

大云山汉墓出土的鎏金铜犀牛与驯犀俑

大云山汉墓出土的鎏金铜象与驯象俑

三国风云变幻，东吴政权依托长江天堑，航海技术得到长足发展，统治者将目光投向更为广阔的海洋。朱应、康泰的南洋之行，加深了与海外诸国的贸易联系，将苏州盛产的吴丝、吴绫等丝织品出口至大秦、高丽、日本等国，也带回了无数奇珍异宝，促进了中外经济文化交流。

两晋南北朝以降，航线日益增多，海外朝贡次数也相应增多。据《南史》记载，海外朝贡国家有百济、林邑、扶南、天竺、波斯等数十个。外国船舶从海上直达建康（今江苏南京）停泊。

及至唐代，国力鼎盛，吸引万国来朝。位于长江和大运河交汇处的扬州发展成当时的国际化大都市，来自新罗、日本的遣唐使不少是从海上进入长江，抵达扬州后再通过运河北上前往西安或洛阳。著名的鉴真大师，还有义空、道昉、真寂等高僧纷纷东渡日本，加上无数的海贸商人穿梭于波涛之间，共同丰富了由长江连接起的海外航线。

明永乐三年（1405 年）七月，郑和奉皇帝朱棣之命，率领由 27800 余人和 62 艘“云帆蔽日”的大船组成的庞大船队，满载着丝绸、瓷器、茶叶及各种金、银、铁器等，从南京龙江关出发，顺滚滚长江而下。在江苏太仓刘家港集结后，船队扬帆远航，沿东海、南海、泰国湾，绕过马六甲海峡，进入安达曼海及孟加拉湾，再绕过整个南印度至阿拉伯海、波斯湾，从亚丁湾进入红海，最远航行至东非马达加斯加北部。

南京象山东晋王氏家族墓地出土的罗马风格玻璃杯

这是郑和第一次下西洋。在此后的 28

扬州出土的唐代青釉绿彩阿拉伯文扁壶

年，这样史无前例的大航海行动，一共进行了 6 次，明朝的船队遍及东南亚、印度次大陆、阿拉伯半岛乃至遥远的东非。

郑和船队每到一地，首先向当地国王或酋长宣读明朝皇帝诏谕、进行朝贡贸易，随后将宝船所载货物在当地进行互市交易，换回各色香料、药材、布匹、金银、犀角、象牙、宝石、珍禽等物品。这种通过贡赐及互市方式进行的贸易，都是建立在双方互惠互利的基础上的。

在建立与海外各国友好关系的同时，郑和船队还肩负起维护海道安宁、调解各国纠纷的使命，沿途打击和剿灭了多股盘踞已久的海盗，并在保持和平外交的基础上为各国调解矛盾。船队所到之处，“多欢声”，“争相迎”。

在海上丝绸之路的引领下，长江流域经济文化空前繁荣。至明万历年间（1573—1620 年），长江中下游棉纺、丝织、造纸、制瓷、制茶、冶金等手工业已经高度发达，集中了大量掌握专门技能的雇佣劳动者，以包买商和雇佣劳动力为标志的资本主义萌芽出现。但是，明末和清代统治者为维护统治地位，实行闭关锁国政策，古代海上丝绸之路渐入尾声，中国也逐渐落后于同一时期工业革命蓬勃兴起的西方世界。

自长江吹起的西学之风

在西方工业革命浪潮的推动下，一套全新的科学体系与理论体系应运而生，悄然成为影响世界格局的重要力量。当这股思潮跨越重洋，与中国古老的文化土壤相遇，便开启了一场深刻而广泛的思想文化的交流与融合——西学东渐。

明末清初可视为西学东渐萌芽期。彼时，西学输入是东西方文化正常的碰撞，经济文化发达的长江流域自然成为西学输入的前沿地区，以利玛窦、艾儒略、汤若望、南怀仁为代表的欧洲传教士，与徐光启、李之藻等江南地区的士大夫携手，绘制、撰写、翻译了《坤舆万国全图》《几何原本》《测量法义》《同文算指》《职方外纪》等一系列介绍西方科学技术的著作，对当时的中国知识界产生了深刻影响。

可惜的是，明末和清代统治者的故步自封与落后的社会制度极大地阻碍了科学技术的发展，导致中国逐渐落后于西方世界。1840 年鸦片战争后，中国闭锁的大门被迫打开，面对西方列强的坚船利炮，清廷统治者被迫签订一系列丧权辱国的不平等条约，割地赔款，开埠通商。自 1845 年上海出现英租界，直至 20 世纪初期，西方列强在长江沿岸城市自东向西先后设立了 11 个租界。中国逐渐沦为半殖民地半封建社会，也被动地开启了近代化进程。

面对亡国灭种的危机，林则徐、魏源等先驱者挺身而出，他们编译《各国律例》《海国图志》等著作，努力寻找图强之道，拓宽了国人的视野，也为后来的改良与革命奠定了思想基础。

1860 年以前，上海墨海书馆陆续出版了《续几何原本》《代微积拾级》《重学浅说》《植物学》等一大批科学书籍。1860 年后，随着对外通商口岸逐渐扩展至长江中上游地区，西学乘着外商轮船向西传播，长江水系成就了西学东渐的传播路线。

19 世纪 60 年代，以“自强”“求富”为口号和目标的洋务运动在长江流域广泛兴起，将西学传播推向一个新的高潮。随着洋务运动的深入发展，洋务派对西方的学习逐渐由器物层面扩展至思想文化方面。江南制造局翻译馆的成立，标志着中国开始系统地引进和翻译西方科学技术著作。这些译作涵盖了医学、农学、化学、工程等多个领域，为中国带来了丰富的科学文化思想。同时，两湖书院、自强学堂等新式学堂的创办，为培养新一代科技人才和文化精英提供了重要平台。

在西学东渐的浪潮中，长江流域的知识分子提出了“中学为体、西学为用”的思想主张。他们试图在保持中国传统文化精髓的同时，吸收和借鉴西方文明的优秀成果。这一思想不仅推动了中国传统学术思想的近代转型，更为中国近代社会科学的发展奠定了坚实基础。

恍若浩荡长江的滚滚涛声，这股西学之风在长江流域汇聚成革命洪流，最终爆发了辛亥革命，推翻了统治中国几千年的君主专制制度，以摧枯拉朽之势冲开了阻碍中国进步的闸门。此后，长江流域的上海、武汉、长沙、成都等城市，成为新文化运动的热土和革命文化的摇篮。

长江沿线的通商口岸

舟楫之便、灌溉之利、鱼米之裕，滋养了长江两岸的富庶与繁华。因此在鸦片战争后，长江自然就成为西方列强攫取中国经济利益的重要通道，沿江口岸和城市在一系列不平等条约中被迫开埠通商，向列强开放。

西方的技术和文化在通商往来中，顺着长江黄金水道不断自东向西传播，长江也成为中国近代化的重要推进线路。

第一次鸦片战争后，上海成为第一批开放的5个通商口岸之一，列强打开了长江门户。第二次鸦片战争后，开放口岸已从沿海溯长江深入中国腹地，被迫增开的10个商埠中就包括长江中下游的汉口、九江、南京、镇江4地。1876年，为解决“滇案”而签订的中英《烟台条约》，又增加了宜昌和芜湖为通商口岸，并规定长江沿岸的安庆、湖口、武穴、沙市等地为外轮停泊码头，实际上就是准通商口岸。4年后的1890年，在中英《烟台条约》的续增专条中，重庆也被确定为通商口岸。1895年，中日签订《马关条约》，长江中上游的沙市、重庆被迫对日本开放，日本可以在此通商、航行、租地、建房、设厂；条约还规定，日本轮船可以从湖北溯长江驶至四川。

清廷一些有识之士也开始主张自开商埠，以维护主权、发展经贸。1898年后，清政府陆续在长江沿线主动开放了吴淞、岳州、武昌、下关、浦口5处交通便利、商业繁荣的商埠。

至19世纪末，长江从上游到下游的重要城市大多已成为通商口岸，西方列强的货轮可以从上海直抵重庆。这些列强在长江腹地各口岸城市设立租界，开办洋行、工厂，倾销商品，大肆攫取政治经济利益。

通商口岸的开放客观上加速了长江沿岸城市的近代化进程，深刻改变了中国的经济结构。随着国内市场与国际市场的接轨，长江下游及东南沿海地区的农副产品、手工艺品等开始大量出口。虽然这一过程中存在着商品结构不合理、贸易利益分配不均等问题，但它也在一定程度上促进了中国经济的多元化发展，为中国工业的兴起奠定了物质基础。

1949年10月1日，中华人民共和国成立，随即对外宣布废

Certificate for less than 100 Shares

Certificate for less than 100 Shares

TEMPORARY CERTIFICATE—Exchangeable for Definitive Certificate(s) when ready for delivery.

No.TO8752

Shares

SHANGHAI POWER COMPANY

Incorporated under the Laws of the State of Delaware, United States of America.

SILVER PREFERRED STOCK

Cumulative Dividends at the rate of 6 Shanghai Taels per annum.

THIS CERTIFIES that

is the owner of full-paid and non-assessable shares without par value of the Silver Preferred Stock of

Shanghai Power Company,

transferable on the books of the corporation by the holder in person or by duly authorized attorney upon surrender of this certificate properly endorsed.

The dividend rate of the Silver Preferred Stock is 6 Shanghai Taels per share per annum; the dissolution price thereof is 100 Shanghai Taels per share and accumulated dividends; the redemption price thereof is 110 Shanghai Taels per share and accumulated dividends; all as more fully provided in the Amended Certificate of Incorporation and in the certificate setting forth the resolutions of the Board of Directors of the corporation establishing the Preferred Stock, Second Preferred Stock and Common Stock and the Silver series of the Preferred Stock and the $7 series of the Second Preferred Stock, both of which are filed in the office of the Secretary of State of the State of Delaware and copies of which are on file at the office of the corporation. The Silver Preferred Stock and all other classes of stock or series thereof are issued subject to all the provisions of said Amended Certificate of Incorporation and of said certificate and the holder hereof agrees to such provisions by the acceptance of this certificate. The designations, preferences and relative, participating, optional or other special rights and qualifications, limitations or restrictions thereof of each class of stock or series thereof, are summarized on the back of this certificate.

WITNESS the seal of the corporation and the signatures of its duly authorized officers.

Dated

样 張

Assistant Secretary
Assistant Treasurer

Vice-President

美商上海电力公司股票样张

除一切不平等条约，结束了长达一个多世纪的通商口岸制度。这不仅是对国家主权和民族尊严的捍卫，更是迈向独立自主、实现民族复兴的重要一步。随着国家政策的调整与改革开放的深入，长江沿岸的商贸门户再次焕发出勃勃生机，成为推动中国经济高质量发展的重要引擎。

诞生在长江流域的近代工商业中心

在鸦片战争爆发前，长江流域仍然以自然经济为主体，但在某些行业中已经出现资本主义萌芽，如南京和苏州的丝织业、云南的铜矿业、江西景德镇的制瓷业、四川的制糖业和井盐业、上海的沙船运输业等，这些行业为近代工商业的出现提供了物质和资本基础。口岸开埠通商后，长江流域成为外国资本开展贸易活动的主要区域。活跃的商贸往来拉动了人流和物流的活跃，加强了沿江城市之间的联系，传播了西方先进的科学技术，进而激发了沿江地区近代工商业的兴起与发展。

19世纪60年代，洋务运动兴起后，曾国藩、李鸿章、张之洞等坚定的洋务派官员，试图在技术层面“师夷长技以制夷”，纷纷引进西方机器设备和科学技术，在各自管辖区内创办新式企业。这些洋务实业在当时不仅引领了民族制造业的发展，而且为中国近代工业体系的初步建立奠定了基础。与此同时，长江流域部分眼界开阔的商人、地主和士绅借洋务运动的东风，投资创办新式工业和商业，一些后来在国内颇有影响力的民营企业相继诞生，标志着中国民族资本主义在长江流域应运而生了。

在开埠通商和洋务运动的双重推动下，长江流域的近代工商业迅速发展，远远走在全国前列，特别是上海和武汉迅速崛起，成为我国近代最重要的两大工商业基地。

上海襟江滨海，地理位置优越，交通便利，早在开埠以前就是商贸重镇，是清政府在东南沿海设立的四海关之一——江南海关的所在地。1843年开埠以后，西方商人和商船接踵而来，以上海为基地加速掠夺长江流域的廉价原料。19世纪50年代前期，上海的对外贸易额已从开埠初期不足全国外贸总额的10%猛增至50%以上。对外贸易的发展也推动了近代上海工业的形成，船舶修造厂、缫丝厂、打包厂等与外贸相关的企业，以及电厂、煤气厂、自来水厂等城市基础设施，都是由外商开设的。本国资本的工业企业也在此背景下兴起，除了官办、官督商办的军事工业，上海的民族资本主义企业也在纺织、木材加工、面粉、印刷等行业中相继出现。到19世纪末，上海已集中了全国数量最多的洋行、银行、钱庄以及近代工业企业，成功转型为近代工商业城市。

上海外滩旧影

不同于上海主要由外资驱动，武汉的近代工商业则由本土资本主导。明末清初，汉口就已是全国四大名镇之一，传统商贸和手工业十分发达。1861 年开埠后，外商纷至沓来，开设洋行、工厂。1889 年底，张之洞出任湖广总督后，兴办了以军工和钢铁等重工业为主的 17 家企业，在龟山和汉水之间的狭长地带打造了武汉历史上第一条“工业长廊”。同时，他在长江之滨设立织布、纺纱、缫丝和制麻四局，构建了比较完整的近代纺织工业体系，并创设了一批与重工业相拱卫的种类繁多的中小型近代企业。武汉由此迅速发展为“驾乎津门，直逼沪上”的近代大都会。

在上海和武汉的引领下，长江流域呈现出“机声隆隆，百业繁昌”的现代文明之象，汇聚成一股“实业救国”的思想潮流，以汹涌之势席卷全国，引领着时代的变革与发展。

第三章

江山胜迹

浩浩长江，逶迤万里，一路欢歌，一路奔腾，描绘了如诗如画的锦绣河山。神奇九寨，长江三峡，庐山、天柱山、栖霞山等数不胜数的名山，通天河、金沙江、川江、楚江、扬子江等纵横交错的河段，武侯祠、杜甫草堂、白帝城、振风塔等历史名胜，上海、南京、武汉、重庆、成都等魅力名城，结古、李庄、里耶、大通等悠久古镇。通过它们，我们触摸古老中国的文化脉搏，感受长江文化的活力与开放。

名山环峙，雄奇长江

天地造物，鬼斧神工，却蕴含着令人不可思议的辩证逻辑。古地中海的退却，成就了青藏高原的隆起，整个长江流域普遍抬升。世界屋脊的形成，造就了东西古长江的贯通，使之奔流到海不复回。

滚滚长江，源于雪山，一路逶迤，蜿蜒数千里，沿岸名山环峙，壁立千仞，峡多滩险，风物各异，美不胜收。

山与水，人类与自然，就这样彼此守望，相辅相成。

从唐古拉山出发

20 世纪 70 年代，我国科学家组织的科考队，首次将长江源头追溯到唐古拉山主峰各拉丹东雪山西南侧的姜根迪如冰川。

400 多年前，地理学家徐霞客从家乡江阴出发，以步履丈量大地，对云南山川进行实地考察后，明确提出长江的源头“必当以金沙江为首”，一举纠正了《尚书·禹贡》中“岷山导江”的传统认知。可惜徐霞客没能继续向前，否则，他或许会更早发现这个隐藏了亿万年的秘密。

唐古拉山横卧青藏高原腹地中部，是海拔5000米高原上耸起的山，主体部分海拔都在6000米以上，但相对高度在500米左右，“唐古拉”，藏语意为“高原上的山”，名副其实。它呈东西走向，全长约1000千米，宽约150千米，东段为青海与西藏的界山，西接喀喇昆仑山脉，东南部延接横断山脉。

唐古拉山终年白雪皑皑，气象变幻万千，有“风雪仓库”之誉。当地人传唱一首民谚：“六月雪，七月冰，八月封山九月冬，一年四季刮大风。”据说，当年所向披靡、横扫欧亚的成吉思汗，试图取道青藏高原进入南亚次大陆，却在这里被挡住去路，拥马不前，空留嗟叹。

各拉丹东雪山海拔高达6621米，域内雪峰林立，冰川遍布，海拔6000米以上的雪山就有40多座，且有130余条冰川纵横其间，“近看是山，远望成川”。冰川缓缓流动，又勾勒出千姿百态、银雕玉琢的冰塔林奇观，尽显大自然的壮美瑰丽。

1974年·长江（局部）　吴冠中

雪山脚下，姜根迪如峰巍然耸立，冰川融化而生的涓涓细流，一路向北，汇为沱沱河，又与楚玛尔河、当曲河两条河流合而为一。万里长江，由此发源。

文起昆仑，横空出世

严格地说，长江源头是介于昆仑山脉与唐古拉山脉之间的一个广阔的地理单元，东西延伸逾 500 千米，南北跨度约 400 千米。

巍巍昆仑山，素有“世界屋脊”“亚洲脊梁”之誉，是古老的褶皱山脉，西起帕米尔高原东部，沿塔里木盆地西南缘、南缘和柴达木盆地南缘，一路向东，延伸至青海、四川境内，东连秦岭—大别山，横亘约 2500 千米，平均海拔 5500—6000 米，宽 130—200 千米，总面积 50 多万平方千米，是地球上平均海拔最高、延伸面积最大的山系，宛若一条巨龙蜿蜒盘踞，构成了中国西部高原地貌的基本框架。

“横空出世，莽昆仑，阅尽人间春色。飞起玉龙三百万，搅得周天寒彻。”昆仑山系，有冰川 1 万余条，面积 2 万余平方千米，长江、黄河、澜沧江、塔里木河等大江大河均从这里发源，堪称“万

昆仑山　清·佚名

水之源”。

在中国文化谱系里，昆仑山不仅仅是一道自然屏障，更是一个文化意象、精神图腾。《山海经》里就多次提到昆仑山：“海内昆仑之虚，在西北，帝之下都。昆仑之虚，方八百里，高万仞。”昆仑，由此有了神性，成为与中华民族精神原点相契合的文化想象。中国人耳熟能详的神话故事，莫不与之有关，昆仑山因而在中华文化史上拥有“万山之宗”“龙脉之祖”的显赫荣耀。

当然，古人所谓的“昆仑”，并非今日地理学意义上的昆仑山脉，而是指天下所有通神之山。西汉时期，张骞“凿空”西域之后，汉武帝将于阗南山定名为昆仑山。这显然是一个美丽的误会，却使得传说中的昆仑变为实指，让国人的文化想象有了具象的寄托。

横断七脉，并流三江

横断山脉，一个尽显霸气的名字。

或许很多人并不知道，这一命名迟至20世纪初才出现于京师大学堂地理总教习邹代钧所编的《中国地理讲义》：“阿尔泰山系与希马剌亚山系间之高原……有大沙积石山，迤南为岷山，为雪岭，为云岭，皆成自北而南之山脉，是谓横断山脉。”

这也难怪，中国的山脉多沿带状分布，呈东西走向，而位于中国西南部、青藏高原东南缘的这一片山系，却突然转向，向南延伸，自西而东，大致分为七列，包括伯舒拉岭—高黎贡山、他念他翁山—怒山、宁静山（芒康山）—云岭、沙鲁里山、大雪山、邛崃山、岷山，合称“横断七脉”。

横断七脉之间，怒江、澜沧江、金沙江、雅砻江、大渡河、岷江奔腾而过，又成“横断六江”之势。更令人叹为观止的是，长江上游的金沙江进入横断山区后横遭“挟持”，与澜沧江、怒江并肩而行，穿梭于担当力卡山、高黎贡山、怒山和云岭等崇山峻岭之间，蜿蜒170多千米，却始终没有交汇，形成世界罕见的“三江并流”地理奇观。2003年7月，“三江并流”自然景观被联合国教科文组织列入世界自然遗产名录。

横断山脉绵延2500多千米，平均海拔4000米以上，是世界上最年轻的山系之一，由于其地理走向特殊、地质构造复杂，形成了与众不同的地貌景观与生态系统。这里有巍峨壮丽的雪山，如贡嘎山、梅里雪山、四姑娘山、玉龙雪山、哈巴雪山、海子山、央迈勇、夏诺多吉等，最高峰贡嘎山海拔7556米，是整个横断山区的“王者”。这里有气势恢宏的冰川，数量多达1961条，总面积超过1300平方千米，相当于200多个西湖，包括宛若银龙的海螺沟冰川、雄伟壮阔的雀儿山冰川、姿态万千的明永冰川等。这里有冰川融化形成的上千个高山湖泊，如四姑娘山的八角棚海子、羊满台海子，沙鲁里山脉的玉隆拉措、姊妹海、巴姆七湖，贡嘎山区的里索海、冷嘎措等，它们与群山相辉映，山在水中，水在山中。这里有幽深险峻的峡谷，如金沙江虎跳峡、怒江大峡谷、澜沧江峡谷等。这里有令人神往的人间胜境，如黄龙、九寨沟、若尔盖、稻城亚丁、大理、丽江、香格里拉、西双版纳等。这里还有广袤的高原草甸和茂密的原始森林，素有“世界生物基因库”之誉，大熊猫、金丝猴、黑金丝猴、白唇鹿、牛羚、野牛、野象、长臂猿、小熊猫、斑羚等珍稀动物栖息于此。

漫长的岁月，特殊的环境，孕育出藏、彝、纳西、怒、傈僳、独龙、普米、白、布依等 20 多个民族，尤以藏、彝两族族人居多，因而被社会学家费孝通称作“藏彝走廊”。在这条著名的民族迁徙、交流的大走廊里，人们繁衍生息、交流交融，勾勒出云贵川区域别具一格又多姿多彩的民族文化风景线。

峨者高峻，眉者奇秀

“蜀国多仙山，峨眉邈难匹。”诗仙李白笔下的峨眉山，宛在仙境，如梦如幻，令人神往。

峨眉山，矗立于四川盆地西南边缘，属邛崃山脉支脉。长江上游的岷江，流经四川盆地，到达乐山，与青衣江、大渡河汇合，环抱峨眉山于臂弯之中。

“峨眉”之名，最早见于西汉扬雄《蜀都赋》：“南则有犍牂、潜夷、昆明、峨眉。”魏晋南北朝时期，关于峨眉山名称由来的记载逐渐增多。北魏郦道元《水经注》中所言“去成都千里，然秋日澄清，望见两山相对如峨眉焉”，就是说大峨、二峨两山相对，犹如美女的一对修长而美丽的眉毛，山因此得名。峨，赞其高；眉，喻其秀。这座集自然奇观与人文底蕴于一体的名山，主脉由大峨、二峨、三峨、四峨四座山峰构成。其中，大峨山最高，最高峰万佛顶海拔3099米，因而今人说的“峨眉山”就是指大峨山。

峨眉三顶　张大千

“峨眉天下秀”，确非虚言。毫不夸张地说，峨眉山就是一部活生生的地壳演变史。从古老的前寒武纪地层到现代的地貌形态，如侵蚀、堆积、流水、岩溶及冰川等，峨眉山一应俱全。天地造化，成就了峨眉山的千峰万壑、壁立千仞，这里晴时山映朝霞，阴时云雾塞谷，满山叠翠，珍禽蹁跹。

千百年来，峨眉秀色吸引着无数探险者、追慕者，更使这里成为世人修身养性、求仙问道的理想去处。东汉道教创立以前，这里便是幽人逸士“弘修道事”之所。唐时峨眉山被尊奉为第七小洞天，道教文化根植已久，至今仍有七宝台、九老洞、仙皇台、七天桥等道教遗迹。公元 1 世纪，佛教由印度传入中国，渐成声势，尤其隋唐以后，“天下名山僧占多”，峨眉山亦慢慢发展成为普贤菩萨的道场，与五台山、普陀山、九华山并称“中国四大佛教圣地”。山上寺庙遍布，最多时有 100 多座，其中报国寺、伏虎寺、万年寺、金顶寺等享有盛名。金顶佛光，晨钟暮鼓，尤为引人入胜。

峨眉山东麓，凌云山栖鸾峰临江峭壁之上，便是举世闻名的乐山大佛，又称“凌云大佛”，是世界上最大的石刻弥勒佛坐像，通高 71 米。据嘉州地方志载，唐开元年间（713—741 年），有僧人海通礼佛于此，见凌云山下江水滔滔，时常泛滥，殃及船民，遂发愿凿山造佛，守护三江安澜。海通托钵化缘，四方奔走，像未成而身先死，幸而有剑南节度使章仇兼琼、剑南西川节度使韦皋前赴后继，乐山大佛雕像历时 90 年而功成。

如今，乐山大佛依旧背靠凌云山峦，与乐山城隔江相望，它头与山齐，双手抚膝，足踏大江，神情肃穆，日夜守护着岷江、青衣江、大渡河的安宁。

1996 年，峨眉山—乐山大佛景区被联合国教科文组织列入世界文化和自然双遗产名录。

三峡瞿塘图 元·盛懋

高峡出平湖

出四川盆地后，长江一头扎进两岸山峦夹峙、水流湍急的峡谷地带，形成了著名的“长江三峡”。三峡指的是长江上游西起重庆奉节白帝城、东至鄂西南津关的 204 千米长的峡谷地带，是瞿塘峡、巫峡、西陵峡这三大峡谷的统称。

重庆奉节县境内的瞿塘峡，为三峡之首，长不过 8000 米，却是最为险峻雄奇的一段。峡西端入口处，两山对峙，断崖壁立，形似两扇石门屹立江边，即著名的夔门。夔门宽度不足百米，河谷狭窄，水流湍急，水流速度可达每秒 6 至 8 米，素有“夔门天下雄”之誉。“众水会涪万，瞿塘争一门”，长江劈此一门，浩荡东去，波涛汹涌，蔚为壮观。

相较于瞿塘峡的雄奇，巫峡则以幽深俊秀著称。巫峡，又称大峡，西起巫山的大宁河口，东至湖北巴东的官渡口，由两段峡谷组成，西为金盔银甲峡，东为铁棺峡。峡谷幽深曲折，层峦叠嶂，奇峰嵯峨，云雾缭绕，船行其间，如入画境。巫山十二峰是巫峡的标志性景观，其中以神女峰最为著名，更留下“曾经沧海难为水，除却巫山不是云”的动人传说，仿佛神女峰真的是神女瑶姬的化身，千万年岿然不动，守望着奔流不息的长江。

西陵峡素有“三峡门户”“川鄂咽喉”之美称，西起湖北秭归的香溪口，东至宜昌南津关，是长江三峡中最长的峡谷。西陵峡以险闻名，河道曲折，怪石林立，峡中有峡，滩中有滩，自西向东依次是兵书宝剑峡、牛肝马肺峡、黄牛峡、灯影峡等四个峡区，以及青滩、泄滩、崆岭滩等三大险滩。最险处为崆岭滩，无数船只曾在此触礁沉没。直至葛洲坝建成，水位上升，很多暗礁险滩被淹没于水底，这种情况方有好转。

长江三峡，不仅仅是自然地理的秀丽画廊，更是人文历史的珍稀宝库。这里是伟大诗人屈原的故乡，这里是三国时期刘备临终托孤之地，李白写于此地的“朝辞白帝彩云间”诗句，传唱了千年；这里令无数文人骚客流连忘返、叹为观止，历代歌咏三峡的诗作逾4000首……

三峡巍然屹立于长江岸边，见证着历史，也成为历史的一部分。

“华中屋脊”，仙风道骨

作为湖北境内长江与汉水的第一级分水岭，神农架是一个古老而神秘的存在。神农架早期被称为“熊山”。相传远古时期，中华民族的始祖之一神农氏，寻访草药至此。为纪念神农氏，此山因而更名“神农架”。

美丽的传说背后，寄寓着人类对大自然的敬畏、对未解之谜的好奇。回到地理学上，这样的神秘或许并非无法解释：亿万年前的多次造山运动，让秦岭拱出了地壳，让神农架跃出了水面，后者更以惊人的速度，一举成为“华中屋脊”。神农架面积达 3250 平方千米，属大巴山山脉褶皱带，平均海拔 1700 米，山峰多在 1500 米以上，其中神农顶、大神农架等 6 座山峰海拔 3000 多米。最高峰神农顶海拔 3106.2 米，为华中第一峰。

神农架拥有当今世界中纬度地区唯一保存完好的亚热带森林生态系统，共有野生植物 2000 多种、动物 500 多种，被誉为“华中之肾”“华中之肺”“华中水塔”“物种基因库”“动植物乐园”“中草药王国”，且被联合国教科文组织等评为“国际人与生物圈自然保护区”“世界地质公园”“世界自然遗产”“国际重要湿地”，被誉为北纬 31° 的绿色明珠。

同样充满神秘色彩的，还有与神农架邻近的道教圣地武当山。武当山古称“太和山”，“亘古无双胜境，天下第一仙山”，是古人对它的生动赞美。

说到武当山，当然不能不提到武当派。这个纵横于武侠小说家笔下江湖的武术流派，据说创于元末明初道士张三丰之手。据《武当山志》载，隋唐时期，武当山就有道士在此隐修，唐末道士杜光庭将之列为道教七十二福地之一。明成祖朱棣推崇道教，大兴土木，派遣 20 余万军民修建武当山宫观、桥梁、磴道，使之成为皇室祭祀真武大帝的“家庙”。永乐十五年（1417 年）二月，武当山又获敕封“大岳太和山”，名出五岳之上，遂成道教第一名山。

武当雪霁图　明·谢时臣

武当山道教建筑群以规模宏大、布局严谨、设计精妙而著称，现存古建筑50多处,包括太和宫、紫霄宫、南岩宫、金殿等，多挂于悬崖峭壁之上，蕴含着天人合一、抱朴归真的独特美学。

武当山亦有奇绝的自然风光，古有七十二峰、三十六岩、二十四涧之说，最高处天柱峰，俗称“金顶”，海拔 1612 米，绝壁凌空，高耸霄汉，犹如擎天一柱。悬崖绝壁之上，北宋大书法家米芾“第一山”的摩崖石刻至今清晰可见，仿佛在向每一位游人讲述着武当山的仙风道骨、不老神话。

庐山烟雨，千古况味

庐山，耸立于鄱阳湖与长江之间，位于淮阳弧形山系的顶点。这是长江干流出三峡后在两湖平原遇到的第一座大山，滔滔江水，从庐山西北而来，突然转了一个 90° 的弯，向东北而去，并渐趋舒展。

庐山自然是美的。美在高耸入

云、气势磅礴的山峰，美在气象万千、变幻莫测的云雾，美在瑰丽多姿、倾如天河的瀑布。庐山瀑布，当为天下一大奇观，无数文人墨客为之倾倒，唐代诗人张九龄在《湖口望庐山瀑布泉》中发出赞叹：“万丈洪泉落，迢迢半紫氛。奔飞流杂树，洒落出重云。”明代徐霞客写有《游庐山日记》，记述他所看到的庐山瀑布：“对崖削立万仞，瀑布轰轰下坠，与台仅隔一涧，自巅至底，一目殆无不尽。”

智者乐水，仁者乐山。古往今来，无数文人墨客流连忘返于庐山山野之间，领略着天地的大美，更品味着人生的进退。

庐山，向来是隐者的天堂。这或许与其别名“匡庐”“匡山”“匡阜”的来历有关。南朝释慧远《庐山略记》载：“有匡俗先生者，出殷周之际，隐遁潜居其下，受道于仙人而共岭，时谓所止为仙人之庐而命焉。”足见隐遁庐山风习之久远。

匡俗毕竟是传说中的人物，而为世人所熟稔的庐山隐者，当属东晋时期的“五柳先生”陶渊明。陶渊明，家在浔阳，少而贫苦，好不容易谋得彭泽县令一职，却因不愿“为五斗米折腰”而隐居于庐山脚下。

李白一生五入庐山，或游历，或隐居，写下许多不朽的诗篇。少年时，他意气风发，初过庐山，作《望庐山瀑布》二首，有“飞流直下三千尺，疑是银河落九天”句，堪称神来之笔；中年一度打算卜居庐山，却又放不下满腔抱负。晚年离山投奔永王幕府，终以“附逆作乱”之罪被投入庐山脚下的浔阳狱；后被判流放夜郎，幸而途中遇赦，再登庐山，心如死灰，不禁发出“登高壮观天地间，大江茫茫去不还”的深深悲鸣。或许，李白终算不上庐山真正的知音。他的一生，始终徘徊在“仕”与“隐”的纠结之中，与庐

匡庐图　明·唐寅

山兜兜转转，终究还是擦肩而过。

真正读懂庐山的，当属苏轼。宋神宗元丰七年（1084 年），经历过乌台诗案的苏轼，由黄州调任汝州团练副使，途经庐山，写下那首千古传诵的《题西林壁》：“横看成岭侧成峰，远近高低各不同。不识庐山真面目，只缘身在此山中。”人生的兴味，世事的变幻，不正是如此吗？他一生颠沛流离，屡遭贬谪，却始终能够从容自若，“一蓑烟雨任平生”，似乎从庐山这里也悟得不少生活的真义：“庐山烟雨浙江潮，未到千般恨不消。到得还来别无事，庐山烟雨浙江潮。”

“天下之物，莫不有理。”南宋理学大儒朱熹，寄情于庐山，更在五老峰东南麓重建白鹿洞书院，亲任洞主并登堂讲学，开启书院讲学的先河。“鹅湖之会”后，陆九渊受邀到此讲学，开讲“君子喻于义，小人喻于利”，留下“千古一辩”的学林佳话。

庐山，蕴含着万物的哲理、生活的况味，记录着历史风云变幻，也记录着寻常人家故事。一部电影《庐山恋》，冲破时代的藩篱，回归斑斓的青春，至今仍在庐山之巅循环放映。

山开芙蓉望天都

长江下游，名山无数，诸如小孤山、天柱山、九华山、黄山、琅琊山、齐云山、栖霞山、北固山等，多在安徽境内。最负盛名者，应属九华山、黄山。

九华山是一座佛教名山，与普陀、峨眉、五台山齐名，梵音缭绕，禅意悠然。有清朝文献记载，九华山“寺始于晋隆安五年，初名九华……天竺杯渡禅师所筑也”，但九华山之名，多以为乃李白所改。

黄山洁空金碧图　清·石涛

九华山，古称“陵阳山”“九子山”，北俯长江，南望黄山，东临太平湖，西接池州，方圆120平方千米。唐天宝十三载（754年），李白与友人相聚于九子山，“青阳县南有九子山，山高数千丈，上有九峰如莲华，按图征名，无所依据”，遂易名“九华山”。

与九华山浓郁的佛教文化相比，黄山则以天下奇绝的自然风光闻名遐迩。黄山，古称“黟山”，因其峰岩色泽青黑而得名。相传轩辕黄帝曾在此采药炼丹、修炼得道，唐天宝六载（747年）六月，玄宗李隆基下诏，改黟山为黄山，沿用至今。

黄山以奇松、怪石、云海、温泉、冬雪“五绝”闻名天下。奇松挺立于绝壁，或蜿蜒盘旋于石隙，或裂石而出、抱崖而立，咬定青山，风姿绰约；怪石形态万千，奇特嶙峋，似人似物，似鸟似兽，鬼斧神工，栩栩如生；云海如梦似幻，时聚时散，犹如惊涛拍岸，又如蓬莱仙境，蔚为壮观；温泉出于天然泉口，富含矿物质，自唐代开发以来，至今仍吸引着八方旅人；黄山的冬雪景观更是美不胜收，每到严冬雪后，银装素裹的山峰和森林宛如一幅水墨画。

李白晚年浪迹于长江之滨，曾多次登临黄山，并不吝笔墨歌赞其奇绝风光，如在《送温处士归黄山白鹅峰旧居》中写道："黄山四千仞，三十二莲峰。丹崖夹石柱，菡萏金芙蓉。"黄山千峰竞秀，有三十六大峰、三十六小峰之说，尤以莲花峰、光明顶、天都峰三大主峰最为著名，其海拔均超1800米，奇、险、幽、秀，应有尽有。走遍大半个中国的徐霞客两登黄山后，发出"薄海内外，无如徽之黄山，登黄山，天下无山，观止矣"的赞誉。

"要有点雄心壮志，把黄山的牌子打出去！"改革开放后，邓小平的一句石破天惊之语，开启了黄山发展旅游、走向世界的新征程。

1990年12月，联合国教科文组织世界遗产委员会一致通过决议，将黄山列入世界文化和自然双遗产名录。

水网交织，蜿蜒长江

长江流域水系纵横，水网交织，汇聚 3600 多条大小支流，横跨中国东部、中部和西部，流域面积 180 多万平方千米，约占我国陆地面积的 20%。最著名者，莫过于雅砻江、岷江、嘉陵江、乌江、汉江、沅江、湘江、赣江，并称“长江八大支流”。

庞大的水网系统，成就了长江的千姿百态，在广袤无垠的中国大地上演奏出一曲曲荡气回肠的交响乐。

长江万里图（局部） 张大千

通天河与金沙江：穿山劈岭，惊涛拍岸

通天河，这个因小说《西游记》而被世人熟稔的名字，在现实世界中其实是沱沱河与当曲河汇合后的长江河源段。

通天河起于青海玉树治多县西部的囊极巴陇，流经青海省治多县、曲麻莱县、称多县、玉树州等州县，至玉树州结古镇东巴塘河口止，全长 828 千米，隐约呈弓形，在高寒荒漠、高山峡谷中流过，上游水势散漫，下游水势汹涌，展现出截然不同的力量之美。

“径过八百里，亘古少人行。”通天河，顾名思义，河源直达天庭，杳渺而充满神秘感。这里自古就是青海通往西藏的必经之路，却因通天河这一天堑，难倒无数旅人，直到中华人民共和国成立以后，才陆续建起大桥，天堑终变通途。

长江通天河段以下，始称“金沙江”。金沙江，因盛产金沙而得名，古称“绳水”“丽水”，藏语中称之“布垒河”或“布列楚河”。

金沙江流经云南省丽江市玉龙县石鼓镇时，受石鼓山崖的阻拦，突然转向东北，以 100 多度的大转弯，形成罕见的 V 形大弯，“江流到此成逆转，奔入中原壮大观”，是为“万里长江第一湾”。

继而，金沙江继续奔腾向前，穿越玉龙雪山与哈巴雪山之间的缝隙，又雕琢出深邃而险峻的虎跳峡。峡谷全长 20 余千米，最

虎跳峡的上虎跳和中虎跳

窄处仅30余米，两岸山势陡峭，云雾缭绕，海拔高差达到3900米，是世界最深的峡谷之一。传说有猛虎行至此处，无路可去，遂凭江心一石，一跃而过。江水在此一分为二，惊涛拍岸，浊浪滔天，虎啸之声，犹在耳畔。

绕过玉龙雪山，金沙江继续前行，至无量河口再次180°大转弯，由北向南流淌，穿越丘陵，直到攀枝花倮果河口，迎来雅砻江的汇入。

雅砻江：“多鱼之水”纵贯川西高原

雅砻江是金沙江最大的支流，也是长江第二大支流，全长约1571千米，仅次于汉江。

在青海巴颜喀拉山南麓，雅砻江悄然诞生，汇聚成流，在川西高原上奔流呼啸。它曾被古人唤作“若水”，也曾被称为“泸水”，藏语中称之为“多鱼之水”。

雅砻江与金沙江并行南下，流域内地理特征多与金沙江相似，故而又有“小金沙江”之誉。上游，江水在草原宽谷间静静流淌，清澈见底，宛如一面镜子映照着蓝天白云；中游，江水忽变湍急，穿越崇山峻岭间的峡谷，两岸的悬崖峭峰如同天然的屏障；下游，江水流势渐缓，丘陵与平原在江水的抚慰下变得温柔可亲，万物在江水的滋润下生长。

雅砻江江水奔腾，水量丰沛，落差大，水流急，多峡谷险滩，虽无航运之便，但水力资源丰富，占四川全省水力资源的1/5。其下游的二滩水电站是中国在20世纪建成投产的最大电站。2024年10月25日，我国第一高土石坝，四川省内库容最大、调节能力最强的水库电站——雅砻江两河口水电站首次蓄满。

“金沙水拍云崖暖，大渡桥横铁索寒。”大雪山是雅砻江与大渡河的分水岭。1935年，红军强渡大渡河，飞夺泸定桥，取得了长征史上具有战略意义的重大胜利。

雅砻江两岸，藏族、彝族等少数民族同胞世世代代依水而居。生活于鲜水河下游狭长河谷地带的扎坝藏族，至今仍保存着浓郁

雅砻江两河口水电站

的母系社会的遗风，拥有独特的民俗、语言与文化，仿佛在向世人诉说着一段悠久而神秘的历史。

岷江：一步一美景

发源于古岷山南麓的岷江，是长江水量最大的支流。若说长江是中华民族的摇篮，那么岷江便是蜀地的母亲河。岷江源于阿坝，也成就了阿坝。穿行于阿坝的大地，一步一美景，处处皆天堂，如“童话世界”九寨沟、“人间瑶池”黄龙、“最近的遥远”达古冰川、“蜀山之母”四姑娘山、“川西版瑞士”俄么塘花海、中国第二大草原——若尔盖草原、大熊猫国家公园，还有世界上保存最完整的碉楼建筑群，毫不吝啬地向世人展现着如梦如幻的人间之美。

全长735千米的岷江，从巍峨的岷山奔涌而出，一路向东，经松潘、茂县、汶川、都江堰，然后进入成都平原。历史上曾经有一段时期，岷江在此并非总是赐福于民，反而经常肆虐为害，旱涝夹击，百姓苦不堪言。战国时秦国蜀郡郡守李冰建成都江堰，造福两岸。成都平原遂成千里沃野，享有“天府之国”的美誉。

过了成都平原，岷江继续一路向南，流过“三苏故里”眉山，又与大渡河、青衣江一起造就山佛一体的乐山奇观。清顺治三年（1646年），农民起义领袖张献忠顺岷江南下，在今天的眉山市彭山区江口镇的岷江河道遭遇伏击，传说有上千艘满载金银财宝的船沉于江底。300多年来，岷江小心翼翼地隐藏着这一秘密，直到近年考古发现更多实物，人们才终于意识到，传说原来不只是传说。

2015年底，文物考古单位在岷江河道内围堰抽水开展考古工作，文物堆积层约有2米厚。出水文物包括明王朝分封藩王及张献忠分封嫔妃的金册、银册，以及西王赏功金币、银币、大顺通宝铜币、银锭，戒指、耳环、发簪等各类金银首饰。仅带铭文银锭上的地名就涉及长江沿线湖北、湖南、江西、四川等省份的20余府、州、县，出水文物数量多、等级高、种类丰富，展开了一幅明朝晚期的社会历史画卷。

张献忠沉银遗址

嘉陵江：奔向更为广阔的天地

嘉陵江是长江水系中流域面积最大的支流。这条从秦岭山脉蜿蜒而下的长江北岸支流，干流全长1345千米（一说1120千米），流域面积达16万平方千米，穿越陕西、甘肃、四川、重庆，注入长江。

嘉陵江古称“阆水”“潜水”“渝水”“故道水”“西汉水”等，地处长江流域与黄河流域的交汇处，颇受中原文化的影响。刘邦为汉王时，采纳韩信的建议，“明修栈道，暗度陈仓”，即在此地。宋代以川陕交通咽喉之地大散关而闻名，陆游有诗云：“楼船夜雪瓜洲渡，铁马秋风大散关。”

从广元开始，嘉陵江与川东丘陵狭路相逢，面对一道道褶皱山的阻拦，毫无畏惧，一路向前，繁荣了阆中，养育了南充，滋润了广安，直到合川与渠江、涪江汇合。在合川、北碚境内，嘉陵江横切华蓥山南延的三条分支——云雾山、缙云山、中梁山脉，形成沥鼻峡、温塘峡、观音峡之“小三峡”。抗战时期，不少文化名人流寓北碚，在流亡的苦难中时刻惦念着家国的危亡。作家端木蕻良在此写下歌词《嘉陵江上》，交由贺绿汀谱曲，此歌迅即传遍中国大地。

出观音峡不久就到了重庆朝天门，嘉陵江在此汇入长江，奔向更为广阔的天地。

荆江：万里长江险在此

过了三峡南津关，长江进入辽阔的江汉平原。这里是长江中下游的起点。告别了上游的险峻与激流，长江的姿态在这里逐渐舒展，环绕着低洼的平原、无垠的湖泊，静静地诉说着岁月的沧桑。

宜昌至枝城的河段，水势平缓，唐开元十三年（725 年），李白由三峡出川，途经此地，写下名句“山随平野尽，江入大荒流”，恰如其分地描绘出长江奔流入广袤平原的壮丽景象。水光与山影相互映衬，清江在宜都右岸汇入，带来了山中的灵秀与生机。

然而，长江并不总是这般温柔，到了自湖北枝城至湖南城陵矶的荆江河段，长江忽又变得暴躁起来。平静的江汉平原上，荆江竟成为长江最险要的河段。尤其是从藕池口到城陵矶的下荆江河段，80 千米的直线距离，却绕了 16 个大弯，宛若大自然一次无心的笔触，留下了“九曲回肠”的惊心动魄。每到汛期，江水如同一头困兽，困在弯曲的河道里，宣泄不畅，极易溃堤决口，因而有“万里长江长，最险在荆江”之说。即便到了中华人民共和国成立后，采取人工裁弯、分洪泄洪等手段，这里依然发生多次大洪水，幸而军民众志成城，在蜿蜒的江岸上书写出一曲曲与水共存的生命之歌。

荆江得名于北岸的古荆州地区，即今湖北江陵，这里是楚文化的发源地之一。自楚文王在此定都，前后有 20 代，历时 400 余年，曾经的繁华，可见于东汉桓谭《新论》："楚之郢都，车毂击，民肩摩，市路相排突，号为朝衣鲜而暮衣敝。"《三国演义》三分之二的篇幅均涉及此地，关羽"大意失荆州"的故事更是家喻户晓。

千百年来，长江在这里见证着历史风云的变幻。一江清水蜿蜒远去，在城陵矶与洞庭湖相遇，长江水清，洞庭湖水浊，清浊交汇，层层叠叠地一起奔涌向东。

洞庭湖：湖湘大地上的"宝葫芦"

八百里洞庭湖是中国第二大淡水湖。湖区气候温和，雨量充沛，四季分明，明清以来，逐渐成为中国最大的粮食输出地，是长江

荆江大堤沙市段

中游闻名遐迩的鱼米之乡。

洞庭湖宛若长江腰间的一个“宝葫芦”，在无数次洪患中发挥着重要的调蓄作用。一旦洪水来袭，洞庭湖便通过松滋、太平、藕池、调弦（1958 年堵塞）等口接纳来水，化险峻为平夷。

洞庭湖支流如同湖湘大地上的血脉，四水汇聚，河网密布，形成以湖泊为中心的向心状水系。直接入湖的主要河流，按顺时针方向，东有新墙河、汨罗江，南有湘江、资水，西有沅江、澧水，北有松滋河、虎渡河、藕池河、华容河。它们汇入湖中，又通过城陵矶注入长江，完成与长江之间的水循环。

湘江、沅江位列长江八大支流之列。湘江是湖南的母亲河，湖南简称“湘”即来源于此。其正源为广西兴安县南部白石乡境内白石河，往东流至西波江口，流经湖南永州、衡阳、株洲、湘潭、长沙，至湘阴注入洞庭湖，干流全长 844 千米。公元前 214 年，秦始皇派人在兴安开凿灵渠，连通长江水系与

洞庭渔隐图　元・吴镇

珠江水系，自此湘江成为中原通往岭南的主要航道。

沅江，又称“沅水”，干流流经贵州、湖南两省，全长1033千米，流域横跨贵州、湖南、重庆、湖北四省市。沅江穿越崇山峻岭，多条支流将四省交界边地“缝合”在一起，串联起湘西地区黔阳古城、凤凰古城、芙蓉镇、里耶古镇等边城，再东下洞庭湖。历史上，沅江既是一条繁荣的大商道，也是人口迁徙、文化交流的通道。

汉水：谱写“湖广熟，天下足”的繁盛

长江继续向东，在武汉的龙王庙处迎来了汉水。历史上的汉水，是沟通南北、连接长江与黄河流域的重要水运通道。明成化年间（1465—1487年），汉水改道后，汉口一跃为商贸要地。清叶调元《汉口竹枝词》中对此有所描述：“汉口东带大江，南襟汉水，面临两郡，旁达五省，商贾麇至，百货山积，贸易之巨区也。”

汉水，从秦岭的深处起源，穿越千山万壑，蜿蜒千里，最终汇入长江，奔向远方的大海。它是长江最长的支流，长1577千米，流域面积17万多平方千米，自古便是中华腹地的命脉之一，见证着文明的起伏与兴衰，与长江、淮河、黄河并称“江淮河汉”。

从《诗经》到《水经注》，汉水这个名字在文献中反复出现，时而被称作“沔水”“襄江”“襄水”，时而被赞誉为“天河”。汉水如同夜空中的银河，从天而降，融入大地的怀抱。

从上游到中游，汉水穿越了无数险滩与峡谷，如黄金峡、龟滩、车滩等。到了下游，汉水流经襄阳，进入江汉平原，河道开始变得蜿蜒曲折。正是在江汉平原这片土地上，诞生了屈家岭文化的稻作文明，演绎出“湖广熟，天下足”的繁盛景象。

清末汉水上的帆船

从武汉至江西湖口，长江进入中游旅程的最后一段。这段江水窄而深，江心的沙洲点缀其间，像大江上的一颗颗珍珠。至湖口，便遇见鄱阳湖了。

鄱阳湖：赣鄱大地上的诗意与传奇

鄱阳湖，中国第一大淡水湖，宛若一颗镶嵌在赣鄱大地上的蓝宝石，静静守望着大江大河。鄱阳湖是江西的母亲湖，承纳着赣江、抚河、信江、饶河、修河五大河流的来水，既是江西省的集水盆，也是五河入江的中转站，胸怀宽广，包容万千。

平日里，湖水如镜，波光粼粼，点点白帆，穿行其间。这里的水域孕育了丰富的物种，候鸟在湿地中觅食，江豚在湖水中欢跃，鱼儿在水底畅游，莲花绽放，果实丰硕。湖区人民世代与湖共生，渔歌悠扬，渔舞翩翩，古老的渔耕文化在水波间回荡，成为一种独特的文化记忆。

鄱阳湖的广阔，不仅在于其绵延数千平方千米的水域，更在于其古老而蓬勃的生命力。鄱阳湖古称“彭蠡泽”，曾是一片泱泱大湖，随着地壳的下陷与河流的奔涌，渐渐形成如今的形态。岁月的流转赋予其独特的地貌与荣光。元末，朱元璋与陈友谅曾在这里展开决战，最终朱元璋大获全胜，拉开了他改天换地、革故鼎新的序幕。

千百年来，这里的江湖与人类，彼此依偎，和谐共生，融会成赣鄱大地上的诗意与传奇。

长江与鄱阳湖交汇后，水量再次大增，根据水量的变化，江西湖口县便被定为长江中游和下游的分界点。

皖江：如画的风景，快意的人生

在江西湖口接纳鄱阳湖水系后，长江便进入下游河段。其中流经安徽省境内的江段，上起安庆下至马鞍山，全长416千米，因安徽简称“皖”，故有“八百里皖江”之说。

安徽境内的长江河道平面形态宽窄相间，河流迂回曲折，两岸下游险峻的矶头和江心葱茏的洲滩，让浩荡江水时而激越奔涌，时而舒缓流淌。沿江而行，首先映入眼帘的是一座孤峰耸立江中，形似翠螺，这就是闻名遐迩的小孤山。小孤山以奇、险、独、孤而著称，被誉为“长江绝岛”。“东看太师椅，南望一支笔，西观似悬钟，北眺啸天龙”是对其最形象的描写，山上有启秀寺、梳妆亭等古迹。因地势险要，小孤山历来为兵家必争之地。南宋后，朝廷曾在此设立烽火台和炮台。红巾军与余阙，朱元璋与陈友谅，湘军与太平军均在此对垒交锋，一争高下，故又有“安庆门户”“楚塞吴关”之说。

沿江东行，至天门山，只见两山对峙，形如门户，江水穿其间而过，气势磅礴。天门山自然景观壮丽，文化底蕴深厚，诗意与自

芜湖天门山

然完美融合，成为长江文化的一个重要符号，吸引着无数游客前来探寻。

长江之中，江心洲星罗棋布，如同散落的翡翠，点缀在浩渺的水面上。这些洲滩既是生态宝库，也是渔歌唱晚的温馨家园，承载着世代渔民的生活记忆。春夏之交，洲上芦苇摇曳，鸟语花香，绘就了一幅幅生动的生态画卷，展现了安徽长江流域人们与自然和谐共生的美好图景。

长江流经安徽境内，两岸串联的湖泊支流没有中上游那般磅礴，只有巢湖、青弋江和水阳江水系较大。巢湖有“八百里湖天”

之称，面积 760 多平方千米，是我国五大淡水湖之一。青弋江发源于风景如画的黄山、九华山地区，水阳江发源于皖浙两省交界处的天目山北麓，这两条山溪性河流向北进入芜湖平原后，合而复分，最后分别在芜湖市和当涂县一带汇入长江。

扬子江：唱出大江东去的壮美乐章

长江最后一段，从扬州以下至入海口，有一个充满诗意的名字——扬子江，因此水域古有扬子津渡口而得名。

两江名胜图（局部） 明·沈周

从扬子津的烟波浩渺，到东海的浪涌潮汐，江水犹如一位吟游诗人，唱出了大江东去的壮美乐章。

中国经济重心南移以来，这里一直是我国的经济中心。仪征、镇江、扬州、常州、无锡、苏州，都为重要的交通枢纽、航运要道，明清时期商业发达，消费文化一时引领全国风尚。

镇江往东，长江水面逐渐开阔，途经扬中、江阴、南通等地，江水与海水的混合上演了一场场壮丽的舞蹈，每一次潮涨潮落都是大自然最真挚的情感表达。江阴以下，江面宛如巨大的喇叭口逐渐向东扩张，江水夹杂着来自千里之外的泥沙，缓缓汇入河口区，形成了崇明岛、长兴岛、横沙岛。岛屿如同大地的脊骨，撑起了这片辽阔的天地，也让江水的流向变得分明而有序。

崇明岛成陆的时间只有 1300 多年，但像一位忠实的守护者，静静矗立在入海口，见证着每一天的日出日落、每一次的潮起潮落。最终，长江在此汇入浩瀚的东海。

历史名胜，厚重长江

“江山留胜迹，我辈复登临。”先辈们逐水而居，在长江边演绎着爱恨情仇、悲欢离合，留下武侯祠、杜甫草堂、白帝城、岳阳楼、黄鹤楼、滕王阁、振风塔、凤凰台等名胜古迹，也留下无数动人的故事和传说，它们见证着历史，诉说着沧桑。

武侯祠：诸葛大名垂宇宙

“臣本布衣，躬耕于南阳，苟全性命于乱世，不求闻达于诸侯……受任于败军之际，奉命于危难之间，尔来二十有一年矣。”一篇《出师表》，既是诸葛亮的人生自传，也是诸葛亮的良苦诤言。世人从中看到的，则是一位赤忠之臣“鞠躬尽瘁，死而后已”的热血澎湃与坚毅执着。

诸葛亮青年时隐居于襄阳隆中，时人尊称“卧龙”，后经刘备三顾茅庐，出山辅之，奠定三国鼎立格局。建安十九年（214年），诸葛亮率军西援，与刘备会师成都，从此定居于此。刘备病逝后，他又辅佐后主刘禅，尽心治理蜀汉，直至建兴十二年（234年）陨落于五丈原帐营之中。后主葬之于汉中定军山，谥曰“忠武侯”。

诸葛亮像　明·张飒

武侯祠，即为祭祀诸葛亮所立。我们今天见到的武侯祠，由汉昭烈庙、武侯祠、惠陵（刘备陵寝所在地）、三义庙等组成，是全国现存唯一的君臣合祀祠庙。

成都人对诸葛亮有着深沉的情感。南宋祝穆《方舆胜览》记载：“孔明初亡，百姓遇节朔，各私祭于道上。”景耀六年（263年）春，后主下诏在沔阳诸葛亮墓旁建起第一座武侯祠。成都武侯祠最早建于西晋。永安元年（304年），李雄称王成都，“始为庙于少城内”，具体位置已不可考。南北朝时，复立祭祀刘备的汉昭烈庙，并迁武侯祠于其西侧，与惠陵邻近。杜甫笔下“丞相祠堂何处寻，锦官城外柏森森”，所写应是此种情境。明末，武侯祠毁于战火，直至清康熙十一年（1672年），才得以于旧址重建，形成今日君臣合祀的格局。

武侯祠，其实并非仅此一座。有文字记载，全国不同时期兴建的武侯祠逾百座，至今尚存一定规模的就有近20座，其中勉县武侯祠、古隆中武侯祠、祁山堡武侯祠、白帝城武侯祠、五丈原武侯祠、南阳武侯祠、宝山武侯祠、兰溪武侯祠等，较有代表性。

武侯祠

“诸葛大名垂宇宙，宗臣遗像肃清高。”人们争相祭祀的诸葛亮，已经颇有神化意味，但这并不重要了，人们需要的是一座精神的丰碑。

武侯祠，就是这样一座丰碑。

杜甫草堂：黯淡岁月里的一缕阳光

锦官城西，浣花溪畔，有一座草堂，曾经是唐代大诗人杜甫避难流寓之所。他在此度过了一生中难得的惬意而温暖的时光。

杜甫出身名门，少年时意气风发，亦曾“放荡齐赵间，裘马颇清狂”，更以“会当凌绝顶，一览众山小”倾吐内心喷薄而出的抱负。只可惜，他空有一身才情，屡试不第，在长安居住了十年，依然是底层小吏。

更不幸的是，大唐盛世此时迎来了历史的转折点。天宝十四载（755 年）十一月，安史之乱爆发。杜甫流离转徙，报国无门，目睹军兴之苦，写下史诗般的名篇“三吏”“三别”，并萌生入蜀借栖之念，“何时一茅屋，送老白云边”。乾元二年（759 年）十二月，杜甫自陇右出发，在农历岁末的一个黄昏到达成都。虽然行路艰辛，但抵达成都的喜悦让杜甫难以自抑，仿佛人生也翻开了新的一页。

事实也确是如此。初至时，杜甫暂栖于浣花溪寺。很快，他就在城西七里浣花溪畔寻得一块荒地，营建草堂，经过两三个月的辛苦，草堂始成。虽然草堂并不大，但有果木满庭，有花径悠悠，有燕子新巢，杜甫煞是欢喜，“旁人错比扬雄宅，懒惰无心作解嘲”。这就是杜甫草堂最初的模样。

草堂，是杜甫为自己营造的让心灵憩息的港湾。在这里，他享受着生命中不曾体会过的田园闲居时光，迎来送往，把盏言欢；在这里，慢慢静下心来，看身边的人，看身在的城；在这里，独坐斜阳，遥望远方，怀念音信杳无的故人李白；在这里，送别身居高位但给予他诸多慰藉的友人严武。当然，那扇忧国忧

杜甫诗意图　明・孙枝

杜甫草堂

民推己及人的心门也从未关闭，茅屋为秋风所破，而他想到的却是“安得广厦千万间，大庇天下寒士俱欢颜，风雨不动安如山”。杜甫在草堂居住了3年多，共写下诗歌240余首，字字皆是生活，句句皆是人生。

后来，杜甫离开了草堂，沿江东下，到夔州，过三峡，入荆州，最终在湘江的小舟上孤独地死去。

杜甫离开后的草堂，一度荒芜，破败不堪，但总有人记得。晚唐天复元年（901年），诗人韦庄任职四川，寻得草堂旧址，复建茅屋一间。草堂后经历代多次扩建，保留至今。

今日的杜甫草堂完整保留了清嘉庆十六年（1811年）重建时的格局，占地面积近300亩，曲廊亭榭，竹石掩映。回望杜甫在草堂里度过的点点滴滴，依稀清晰，那仿佛是黯淡岁月的罅隙里透过的一缕阳光，浅浅，淡淡，却温暖。

白帝城：三峡边的“巴蜀咽喉”

很多人知道白帝城，应该都源于李白那首《早发白帝城》：“朝辞白帝彩云间，千里江陵一日还。两岸猿声啼不住，轻舟已过万重山。”

人生进入下半场，明珠暗投，流放途中遭遇大赦，喜悦、悲怆、失落、解脱……百般情愫，五味杂陈，都揉进这短短七言绝句之中。这也成为近年一部火爆国产动画电影的经典桥段，遥望“长安三万里”，轻舟已过万重山，感动了无数人。

舟过瞿塘峡，便可以看到位于峡口北岸的白帝城。白帝城位于奉节城东 5 千米的白帝山巅，西汉以前属鱼腹县。新莽时期，一位叫公孙述的人据蜀自立，在此地筑城设防。据传，城里有一口井，常有白气升腾，公孙述见之，以为是“白龙献瑞”之兆，遂于东汉建武元年（25 年）自封“白帝”，改此地名为“白帝城”，同时将城所在的山易名为“白帝山”。公孙述殁后，当地人在山顶立庙奉祀，是为白帝庙。

三峡水库建成前，白帝城三面环水，一面靠山，背依高峡，前临长江，壮观景象，举目可见。沿白帝山山脚拾近千级而上，抵达山顶白帝庙，瞿塘峡口夔门尽收眼底。夔门地势险要，素有“巴蜀咽喉”之誉，而白帝城自然也成了屯兵重镇，“白帝高为三峡镇，瞿塘险过百牢关”。

白帝城的军事地位如此重要，也为众所周知的“白帝托孤”的故事埋下了伏笔。蜀汉章武元年（221 年）八月，刘备为报东吴杀关羽之仇，屯兵白帝城，企图收复荆州。翌年六月，东吴大将陆逊利用三峡天险，大败蜀军。刘备仓皇退回白帝城，改馆驿为永安宫，郁结成疾，一病不起。在生命的

《白帝托孤》邮票

最后时刻，他将幼子刘禅托付给诸葛亮，成就了一段君臣之间肝胆相照的千古佳话。

白帝城所属县份奉节县的名称，就与这一历史典故有关。民国学者吕式斌《今县释名》记载，唐贞观年间（627—649 年），“县名盖旌武侯，托孤寄命，临大节而不可夺，故云奉节也”。明嘉靖十二年（1533 年），四川巡抚朱廷立在白帝庙内改祀刘备、诸葛亮，并将其更名为“义正祠”。嘉靖三十六年（1557 年），巡抚段锦增塑关羽、张飞像，并取“明君良臣”之意，更名为“明良殿”。至此，基本奠立后世“白帝城内无白帝，白帝庙祭刘先帝”的祭祀格局。清同治十年（1871 年），奉节知县吕辉重修庙宇，将庙名改回“白帝庙”。

如今，三峡水库蓄水功成，水位抬升至 175 米，奉节古城早已淹没于水底，新城已经建成，面积比老城大了一倍。白帝城亦成为“夔门天下雄”的最佳观赏点，吸引众多游客前来品三国文化。

振风塔：“万里长江第一塔”

乘船行至安徽省安庆市境内，远远便能望见江边一塔，那便是素有“万里长江第一塔”之称的振风塔。

振风塔，矗立于安庆枞阳门外迎江寺内，濒临长江，巍峨壮观。按照清同治九年（1870 年）徐子岑《重振振风塔记》所载，安庆西北多山，而东南平衍开阔，有人便建议：“宜起塔以障江流，有青龙昂首之象焉，人文所由肇兴也。”明隆庆四年（1570 年），安庆知府王宗徐主持修塔功成，旧名“万佛塔”，后定名“振风”，取“以振文风”之意，暗合“人文肇兴”之期待。

塔高七层，为楼阁式砖石结构，海拔 82.74 米，净高 60.86 米，

振风塔

在全国108座砖石古塔中仅次于河北的开元寺塔。塔内共有168级台阶，盘旋向上，可达塔顶。每层塔门富于变化，门门相似，门门不同，有塞有通，常常令游人“碰壁”而返。塔内有600余尊小型砖雕佛像，雕琢精巧，神态各异，大多数嵌在三、四、五层的塔壁腹墙中，其中第四层就有417尊。各层嵌有明清碑刻50余件，留存了丰富而珍贵的历史信息。2014年，振风塔第10次大修过程中，又意外于塔内第三层8个塔门两侧的壁龛中发现16幅壁画，颜色鲜艳，线条流畅，据当地文史学者推断，应为明代绘制的护法神像。

振风塔外形呈八角状，每一层的飞檐上都覆盖有筒瓦，8个角上装饰着造型奇特的异兽，口衔风铎，风吹过时叮当作响，清脆悦耳。塔顶是由八方体须弥座、半圆形覆钵、铁球相轮及葫芦宝瓶等多种物件组合而成的塔刹，看起来像一把利剑直刺天空，成为全塔最显著的标识。古塔雄姿倒映于江水之中，塔影随波时隐时现，构筑成一道精美绝伦的“塔影横江”奇景。

振风塔造型别致，独具东方建筑美学神韵，成为安庆的标志性建筑。近代安庆开埠后，中外往来者无不惊叹于此塔之美，多有文字或影像记录。得益于此，我们今天尚能看到一百多年前振风塔的“真身”和游人留下的赞誉之词。

历经数百年风雨的振风塔，依然格外引人注目。它像一位忠诚的守护者，塔影横江，看斗转星移，看沧桑巨变。

金陵凤凰台：凤去台空江自流

“凤凰台上凤凰游，凤去台空江自流。吴宫花草埋幽径，晋代衣冠成古丘。三山半落青天外，二水中分白鹭洲。总为浮云能蔽日，长安不见使人愁。”李白的《登金陵凤凰台》被公认为其七言律诗的“封神之作”，与崔颢的《黄鹤楼》并称“登临怀古的双璧”。

关于金陵凤凰台的记载，倒是见诸不少文献，但多充满玄幻或诗化色彩。最早为南朝沈约的《宋书》所载：“文帝元嘉十四年三月丙申，大鸟二集秣陵民王顗园中李树上，大如孔雀，头足小高，毛羽鲜明，文采五色，声音谐从，众鸟如山鸡者随之，如行三十步顷，东南飞去。扬州刺史、彭城王刘义康以闻，改鸟所集永昌里曰凤凰里。”有凤来仪，自是吉祥之兆，但这里只提到了“凤凰里”，并未提到“凤凰台”。到了北宋，乐史《太平寰宇记》首次将凤凰里与凤凰台联系到一起：“凤台山，在县北一里，周回连三井冈，迤逦至死马涧。宋元嘉十六年，有三鸟翔集此山，状如孔雀，文彩五色，音声谐和，众鸟群集。乃置凤凰里，起台于山，号为凤台山。”故事与沈约的《宋书》所载差不多，但已明确有了“台”。而在现存最早的南京府志——南宋《景定建康志》中，则有了新的演进，已明确标明凤凰台的具体位置：“凤凰台在保宁寺后，宝祐元年倪总领垕重建。宋元嘉十六年，秣陵王顗见三异鸟数集于山，状如孔雀，音声谐和，众鸟附翼而群集，时谓之凤，乃置凤凰里，起台于山，因以为名。”

然而，由于凤凰台今已不存，凤凰台究竟在哪？是先有台，还是先有凤？李白笔下的凤凰台是浪漫的文学想象，还是具象的地理描写？学术界并未形成共识，南京地方文献学者认为，唐时凤凰台、凤凰楼之类建筑很可能并无实景存在，并举晚唐李群玉《秣陵怀古》所咏“龙虎势衰佳气歇，凤凰名在故台空”为证，足见

《凤麓小志》中的凤凰台图

此时台已不存。

其实，唐时凤凰台有无实景并不重要，重要的是，在李白登临咏怀之后，“凤凰台”作为一种城市文化意象，早已深入人心。有了这一文化意象，凤凰台便有重建、复现的可能。据南宋《景定建康志》载，淳熙年间（1174—1189 年），“留守范成大重建，更榜曰凤凰台”；开庆元年（1259 年），提领茶盐使倪垕又重建，马光祖撰《重建凤凰台记》述其事：“公乃凌氛埃，登亢爽，腐折斯革，破缺用完，碧栏螭飞，万瓦鳞次。然后幽想逸发，神游飘萧，烟云徐来，风雨在下，遥青远白，刻露清高。”据此，有学者推断，凤凰台的最初位置应在今凤游寺、古瓦官寺、花露北岗附近。

明代以后，凤凰台一度成为明朝开国功臣徐达的私人园林，普通文人雅士难再登临。清初，文士周亮工曾撰《赎凤凰台募疏》，推动重修进程，但效果甚微。其时，有学人经过此地，只见一派荒芜景象。事实上，即便凤凰台尚在，随着南京城市建设的变迁以及长江的淤积、改道，李白笔下“三山半落青天外，二水中分白鹭洲”的景观也难再现。

大埠名城，活力长江

水，是人类发展的基本要素之一。人们逐水而居，临水而栖，从古代大型聚落到近现代城市，大多诞生在江河湖海之滨。

长江流域自然地理条件优越，是人类理想的聚居地。从城头山到良渚，从宜宾到上海，长江流域城市的出现，或有时间上的先后，或有规模上的大小，但始终印刻着人类与河流交织、汇通、共生的历史。

有了城，有了人，长江也就有了生生不息的活力。

宜宾：万里长江第一城

长江自各拉丹东雪山发源，一路向东，浩浩荡荡，在不同段，名称不相同。从沱沱河到通天河再到金沙江，直至宜宾，金沙江与岷江相遇，合流而成通常意义上的长江，宜宾遂有“万里长江

宜宾三江口

第一城”的美誉。

宜宾，西汉时设“僰道县”。“僰”，一个可能让很多人都感到陌生的汉字。《礼记·王制》载：“屏之远方，西方曰僰。”《说文解字》则释之：“僰，犍为蛮夷。”今人多以为，“僰”乃生活在今川南以及滇东一带的少数民族。

至今在长江两岸的悬崖峭壁之上，还有僰人神秘而独特的历史印记——僰人悬棺，以宜宾境内珙县洛表镇麻塘坝和曹营镇苏麻湾为最多。据《四川通志》所载，珙县“昔为僰蛮所居，尝于崖端凿石椓钉，悬棺其上，以为吉”。悬棺安放，一般有三种方式：第一种为木桩式，于悬崖的岩壁之上钻孔，楔入木桩，然后将棺材的一部分置放于木桩之上；第二种为岩墩式，利用悬崖峭壁上自然平整的岩石放置棺木；第三种为洞穴式，利用峭壁上的自然洞穴或凿出长龛，将棺材放置其内。棺木高悬绝壁，距离地面少则十米、多则百米，层层叠叠，宛如一座天然博物馆。

有好水的地方，多有佳酿。宜宾的酿酒史，据说也与僰人有关。唐时往来舟楫在此停靠，“茶酒马互市”热闹喧嚣，引得途经此地的杜甫写下千古绝唱《宴戎州杨使君东楼》：“胜绝惊身老，情忘发兴奇。座从歌妓密，乐任主人为。重碧拈春酒，轻红擘荔枝。楼高欲愁思，横笛未休吹。”北宋时，黄庭坚谪居宜宾，盛赞当地人所酿美酒“清而不薄，厚而不浊，甘而不哕，辛而不螫”。明时宜宾酿酒工艺已臻成熟，并有“前店后坊”的槽坊出现，五粮液的源头“温德丰”即诞生于此时。

如今，600多年前的古窖池仍在使用，酒香满城，续写着“中国酒都”的动人传奇。

成都：天府之国，活色生香

长江并不直接流经成都，成都却是长江流域不可忽略的存在。毕竟成都所在的川西平原，素有“天府之国”的美誉，是中国西南地区面积最大、最为富裕的一片平川。

成都得名，即与江有关。司马迁《史记·河渠志》载：“蜀守冰凿离碓，辟沫水之害，穿二江成都之中。此渠皆可行舟，有余则用溉浸，百姓飨其利。”李冰疏导郫、检二江，又建都江堰，至今仍是成都人挂在嘴边的骄傲。

其实，成都为城的历史还要更早一些。据传这里曾是古蜀国的国都。在李白的笔下，古蜀文明独立而神秘：“蚕丛及鱼凫，开国何茫然！尔来四万八千岁，不与秦塞通人烟。”但可惜，由于文字记载阙如，后人更多只能在三星堆遗址、金沙遗址出土的一件件迥异于中原文化的文物里，苦苦寻觅古蜀国的蛛丝马迹。

有信史可证的是，公元前316年，蜀地纳入秦国版图，置蜀郡。汉改益州。晋改成都国。唐改成都府，唐宋沿用之。元朝置四川行省，以成都为省治。

秦汉时期的成都，已是全国五大商业都市之一，以织锦著称于世，故有“锦官城”之称，就连流经城南的府河也被称为“锦江”。这里的繁华景象，曾令西晋大文豪左思赞不绝口：“市廛所会，万商之渊。列隧百重，罗肆巨千。贿货山积，纤丽星繁。都人士女，袨服靓妆。贾贸墆鬻，舛错纵横。异物崛诡，奇于八方。”

天地的恩赐，商业的富足，孕育了浸透于成都人骨子里的闲适文化。成都人甚至为此创造了一个独有的方言词汇——巴适，一听起来，就是那么气定神闲、悠哉乐哉。

最突出的标识，莫过于遍布街巷的茶馆。据《成都通览》载，清末成都街巷计 516 条，而茶馆即有 454 家，几乎每条街巷都有茶馆，每天进出的茶客竟有 10 万人之多。“一个人无事大街上数石板，两个人进茶铺从早坐到晚”，成了成都人最普遍也是最巴适的生活日常。

茶馆里每天都有人闲聊家长里短，畅谈家国大事，呈现出成都人的生活态度与人生哲学。

这里的人，习惯于徜徉在时光的罅隙里，目之所及，是从从容容，是活色生香，是烟火人间。

重庆：山与水的魔幻邂逅

重庆因水而生，亦因水而兴。

重庆的简称“渝”，即源于嘉陵江的旧称“渝水”。嘉陵江与长江在朝天门水域汇合，天然切割出一个东西向的狭长半岛，这就是重庆的“母城”——渝中半岛。重庆由此孕育，渐次延展，终成中国西部第一个直辖市。

重庆洪崖洞夜景

重庆乃进出四川盆地的门户要津，自古就是商业重镇，为西南地区与长江中下游之间的水运交通枢纽。战国时期，秦相张仪筑江州城，作为统治巴郡的行政中心和镇守据点，这是重庆建城之始。自此之后，有大量舟楫来此停泊，这里逐渐发展成西南商贸集散中心，随着经济的发展，至唐代已发展成“万斛船”的集运港。南宋，赵惇封恭州王，后即帝位，自诩“双重喜庆”，遂于1189年升恭州为重庆府，重庆由此而得名。明清之际，朝天门码头舟楫穿梭、樯帆林立，重庆已经成为长江上游重要的商贸大港。

重庆不仅仅有水，事实上，重庆多丘陵、山地，而少平坝，其中丘陵、山地占市域总面积90%以上，这又构成了一道奇特的山城景观：你以为自己站在平地上，向下一望，可能就是几十层楼的楼顶。行走在城市里，仿佛永远是在上山或下山。依山而建的吊脚楼，更是将重庆高低起伏、错落有致的地理风貌勾勒得风姿绰约。

一面是水的灵动，一面是山的刚毅，这种看似对立实则相依的自然格局，又塑造了重庆人丰富而多维的精神面貌。

这一点，生动沉淀在重庆人的饮食文化之中。重庆是一座火锅之城。重庆的火锅，麻辣鲜香，多味并存，最别致的是重庆人吃火锅时的豪爽与投入，哪怕是妙龄女子，一遇到火锅，那也能以纤长的手指熟练挥舞着长筷，在沸腾的红汤中拨、夹、挑、选，大快朵颐，酣畅淋漓，难怪有人写文章感叹："每一个沸腾的火锅汤底、每一片涮烫的肉片、每一碗香辣的调料，都蕴含着这座城市的历史记忆和文化底蕴。火锅的麻辣与热烈，正如重庆这座城市一样，充满了激情与活力，展现了重庆人坚忍不拔、敢于创新的精神。"

这就是重庆，很魔幻，很真切，又很动人。

武汉：九省通衢，南北一线

长江与汉水的交汇处，是武汉。

考古证实，早在3500年前，这里就已经有了人类建设城邑的痕迹。位于武汉市黄陂区的盘龙城遗址，被认为是迄今为止长江流域发现的夏商时期规模最大、出土遗存最为丰富的城邑遗址，为“长江流域也是中华文明摇篮”的论断增添了新的例证。

长江与汉江，将武汉天然划分为武昌、汉口、汉阳三镇，形成隔江鼎立的格局。武昌和汉阳建城的历史，可以追溯到东汉末年至三国时期。东汉建安年间（196—220年），刘表部将黄祖建的却月城，即在今汉阳区域内。后来，刘表之子刘琦又在今汉阳凤凰山南麓建江夏城，三国时更名“鲁山城”，唐初更名“汉阳城”，延续至今。武昌建城的时间线更为清晰，据史料记载，公元223年，东吴孙权在武昌黄鹄山修筑夏口城，“城西临大江，西南角因矶为楼，名黄鹤楼”。“武汉”一词，最初即武昌府与汉阳府的合称。

明成化年间（1465—1487年），汉水再次改道，汉口从汉阳析出。这样，长江、汉水横贯市境，将城区一分为三，右岸武昌，左岸汉口，中间夹着一个汉阳，形成“二水分三镇”的天然格局。

三镇之中，汉口一鸣惊人，由水曲荒洲一跃变为天然良港，很快就成为湖广漕粮储存、转运的中心，一时间，“十里帆樯依市立，万家灯火彻宵明”，与景德镇、佛山镇、朱仙镇并称“全国四大名镇”。

江城武汉

清朝，又因水运便捷，成为“中俄茶叶之路”的起点，四方茶船，麇集于汉口。由此，近代之后的汉口也成为西方列强角逐之地，被迫开埠通商，并辟设租界。

这时候，一个重要的历史变革者走进了武汉。他就是张之洞。

1889 年，两广总督张之洞调任湖广总督。一到武汉，他就积极谋划“新政”，兴实业，办教育，练新军，“汉阳造”横空出世，自强学堂书声琅琅，“东方芝加哥”名扬四海，一举揭开了武汉近代文明的大幕。

或许张之洞做梦都没有想到，他一手缔造的武汉新政，培育出许多具有新思想的人才，最终打响了武昌起义的第一枪，宣告了他心心念念维系的封建帝制的终结。

此后的武汉，三镇合一，凝心聚力，开始在中国的舞台上扮演着更为重要的角色，更因一座座跨江大桥的落成、一条条铁路干线的开通，愈发凸显出“九省通衢”的战略地位，渐次描绘出“茫茫九派流中国，沉沉一线穿南北”的时代胜景。

合肥：“通江达海”的追梦者

在安徽，相对于沿江城市安庆、芜湖、铜陵、池州、马鞍山而言，通江达海，则是合肥酝酿了千年的梦。

合肥并不缺水。合肥之名的由来，就与水有关，最早见于司马迁的《史记·货殖列传》：“郢之后徙寿春，亦一都会也。而合肥受南北潮，皮革、鲍、木输会也。”北魏郦道元《水经注》则进一步解释道：“夏水暴涨，施合于肥，故曰合肥。”施即南淝河，肥即东淝河，二水同出一源，东南流经巢湖，西北流经寿春归淮河。

合肥并不沿江，但有了巢湖，就意味着离长江更近了一些。巢湖是长江流域五大淡水湖之一，湖水经裕溪河，可达长江下游。

东汉末年，合肥成为曹魏的军事重镇。出于战事的需要，曹操当时就下令开凿一条运河，近则连接淮河、淝水，远则贯通淮河、长江，以便运兵、运粮。只可惜，这条“曹操运河”终未如愿修成，只留下古老的传说。

1000多年后，曹操的这一梦想终于成真。总投资900多亿元的江淮运河横空出世，从巢湖引水，取道派河，连通东淝河，注入淮河，形成一条连接南北的黄金水道。合肥的通江达海之梦，终成现实。

古往今来，合肥的故事，似乎多与水有关。北宋包拯，生于合肥，长于合肥，后仕宦各地，以廉洁无私闻名天下，而家乡人则以护城河中无丝之藕相喻，并在宋仁宗所赐包河之畔为其营建墓、祠，

合肥城景

颂其美德。南宋姜夔，工于诗词，精通音律，于战乱之际避居合肥城南赤阑桥畔，与当地女子相恋，可惜战事频仍、人事变迁，空留下“肥水东流无尽期，当初不合种相思”的人生嗟叹。清末，合肥人李鸿章以“淮”为号，招募起一支新军，练洋操，操枪炮，开中国军队近代化之先河，于长江之畔屡获胜绩，成长为影响晚清中国政坛的重要力量。

水，是这座城市的灵魂，赋予这座城市无尽的活力、激情与动力。现如今的合肥，科学岛上、淝河之畔、巢湖之滨，从量子卫星“墨子号”到“人造太阳”大科学装置，从国家首个科技创新型试点城市到全国第二个综合性国家科学中心，书写着科技创新史上前所未有的新篇章。

合肥，奔赴江海，一帆正劲。

南京：多少繁华烟雨中

以山水为屏障，是南京建城的起点。

许多典籍记载，古南京城东有清溪、西有运渎、北有城北堑和潮沟、南有长江重要支流秦淮河，即便后来清溪和运渎均改道，踪迹难觅，但天然的水系成为南京城延展的脉络，延续至今。

秦淮河畔很早就有人类聚居的痕迹，但南京的建城史，有据可考的，要从三国时期东吴政权算起。具体地说，是在东吴定都十年以后才开始的。西晋陈寿《三国志》载，东吴黄龙元年（229年），“秋九月，权迁都建业，因故府不改”。孙权善治水军，他决定迁都，就是看中这里“有小江百余里，可以安大船”。从此，南京开启了六朝的历史。

六朝古都，十朝都会。今天的人们或许已经无法想象，曾经的南京城内，多少繁华烟雨中。经过东吴数十年的建设，建业城很快成为当时江南最大的城市，到南朝梁，人口有28万余户。南朝齐诗人谢朓写有《入朝曲》，颂赞当时都城之盛："江南佳丽地，金陵帝王州。逶迤带绿水，迢递起朱楼。"

南京也是明初朱元璋定都的首选之城。《明太祖实录》载："初，建康旧城，西北控大江，东进白下门外，距钟山既阔远，而旧内在城中，因元南台为宫，稍庳隘。上乃命刘基等卜地定，作新宫于钟山之阳，在旧城东白下门外二里许，故增筑新城，东北尽钟山之趾，延亘周回凡五十余里，规制雄壮，尽据山川之胜焉。"吴元年（1367年）九月，"癸卯，新宫成"，这里成为中国统一王朝唯一建在长江流域的都城。南京再次成为中国的政治、经济、文化中心，也基本奠定今天的城市格局。

南京阅江楼

这座依水之城，记录着中华民族数千年的荣耀与辉煌，也见证着中华儿女近百年的苦难与沧桑。鸦片战争，一声炮响，西方列强打开中国的大门，逼迫清政府在南京下关江面的英舰“皋华丽”号上签下中国近代史上第一个不平等条约——《南京条约》。抗日战争全面爆发后，侵华日军野蛮侵入南京，制造了惨绝人寰的南京大屠杀，30多万同胞惨遭杀戮，成为人类历史上最黑暗的一页，斑斑血泪，青史可鉴。

“钟山风雨起苍黄，百万雄师过大江。”渡江战役宣告了一个旧时代的彻底结束，中华民族开启了新的征程。

就在不远处，南京城北下关附近，万里长江在这里完成最后一个90° 的大转弯，天地辽阔，一路欢歌，朝着大海的方向，奔腾而去。

上海：黄浦江畔，梦想起航

上海黄浦江是长江入海前的最后一条支流。

黄浦江，据传为楚国春申君黄歇带头疏浚，故又名“黄歇浦江”“春申浦江”。黄浦江源出太湖（一说淀山湖），汇集浙江北部诸水，在上海与苏州河汇合后，至吴淞口，注入长江，然后缓缓汇入东海。

历史上的上海一带，曾经是一片汪洋。后来，随着海岸线逐渐东移，新的陆地不断冲积而出，到宋初，如今的上海全境才初步形成。曾经很长一段时间，古吴淞江下游的居民们依水而居，捕鱼为业，并采取布置竹阵网的捕鱼法，称作“扈业”，如南朝梁陈年间地理学家顾野王撰《舆地志》所载：“扈业者，滨海渔捕之名。插竹列于海中，以绳编之，向岸张两翼。潮上即没，潮落即出。鱼随潮，碍竹不得去，名之云扈。”扈亦作“沪”，因而上海又别称为“沪”。

上海通江达海、水陆要津的港口优势，在明代渐有显现。当时，松江布名动天下，有“衣被天下”之美誉，其产地即在今吴淞江以南地区。至清代，上海港已跃升为长江三角洲地区最重要的港口之一，“凡远近贸迁，皆由吴淞口进泊黄浦”，尽显“江海通津，东南都会”的耀眼光芒。

上海于1843年被辟为通商口岸之后，开启了近代化进程。此前，中外贸易多依赖于广州“一口通商”，而今上海开埠，因位于出海口，水网纵横，往来便利，上海迅速成为中外商人进行贸易的首选之地，并逐渐取代广州成为全国对外贸易的中心。

文明的冲突与交融，在这里显得格外典型。洋人进出，租界喧嚣，高楼拔地而起，外滩灯红酒绿，百乐门歌舞升平，曾经不

黄浦江畔

起眼的小渔村摇身一变，成为国际味十足的“十里洋场”。这里更孕育出独成一脉的海派文化，杂糅着传统与现代，纷纷扬扬，扑面而来。

在这不同文明的碰撞交汇中，无数的梦想、无数的豪情喷薄而出。1921 年，正是在上海法租界的一个居民寓所里，13 名各地共产主义小组推举的代表，宣告中国共产党的成立。梦想起航，从此，中国这艘巨轮有了更为笃定、更为明晰的航向。

这是历史的际遇，更是使命的召唤。千百年来，长江流域江与城相融，城与江共生。那些久负盛名的国家历史文化名城，如丽江、遵义、荆州、襄阳、扬州、镇江、苏州等，以其众多的历史文化遗存，承载着民族的历史记忆和文化基因；那些点缀在山水之间的一座座城池，如泸州、乐山、岳阳、宜昌、随州、黄石、镇江等，并峙于江河汇合之处。长江两岸人口超过百万的城市就有近百座，在超大城市、特大城市中占据半数以上席位，这些中心城市宛如繁星点点，闪耀夺目。诗意杭州，因运河而兴，承载着千年文脉的江南雅韵，城市的气韵掩映在一片烟花水色之中，西湖的水婉转波折，奔赴远方的长江。红色南昌，是一座英雄的城市，依靠着鄱阳湖的黄金水道，成为历史上开拓南疆的重镇，在长江流域具有举足轻重的地位。活力长沙，历经 3000 多年的历史沉淀，见证了秦朝的烽火、汉朝的繁荣、唐朝的辉煌、宋朝的文艺、明清的变迁，直到现代的崛起，是长江中游地区重要的城市。昆明、贵阳、拉萨、西宁等，同样异彩纷呈，始于涓涓，终于浩浩。这些串珠成线的长江名城，从历史走向未来，见证了城市的繁华、工业的变迁、时代的巨变，共同写就了长江流域的盛世华章，激越着万里长江春潮浩荡。

古镇雅韵，自在长江

与大埠名城相比，古镇更像是万里长江沿线上一颗颗璀璨的星星。古镇里的街道、灯光与吆喝声，都鲜活呈现着烟火人间的温暖、恬淡，如同每一缕晨曦、每一次日落，寻常中透着坚韧、勇敢与豁达。

很多古镇曾经繁盛喧阗，渐又无声消逝于历史的尘烟之中。但无论如何，来过，热闹过，就是最美的存在。

结古：通天河畔的千古咏叹

通天河畔有一个古老的小镇，名叫“结古镇”（现为结古街道），古称“羌地”“东女国”。

传说在唐僧师徒取得真经返程后，如来佛祖忽然想起他们经历的磨难才80个，与佛家讲求的“九九归一”尚差一难，于是施法让唐僧师徒在此坠入通天河。结古镇附近的直门达渡口便有一

唐蕃古道

块刻着梵文的大石板，那就是“晒经台”。

这当然只是神话故事，而有史可证的是这里很早就成为青海、四川、西藏三地的贸易中心和交通枢纽，负有盛名的唐蕃古道也经过这里。结古，藏语意为“货物集散地”。

唐贞观十五年（641 年），文成公主远嫁吐蕃，途经结古镇。结古镇西 20 多千米处的贝纳沟，是文成公主入藏途中停留最久的地方，和亲队伍停留此地有一年余。此地如今仍遗有文成公主庙，多年来香火不断。庙内绘有壁画，记录了当年文成公主进藏时万民欢腾的景象，这是汉藏团结的历史见证。

结古镇的名字源自结古寺，结古寺始建于元代，以建筑宏伟、文物丰富、学者众多而出名。整个寺院依山势而建，殿堂僧舍错落有致，远望似多层楼阁耸立。

结古，凝结着古老的信仰，也凝结着千古的咏叹，在唐古拉山下傲然屹立。

李庄：抗战风云中的“宁静书桌”

1940 年 10 月，深秋时节，沉寂多时的宜宾李庄古镇突然热闹起来。一艘艘轮船、一辆辆汽车不时送来一帮老师、学生模样的人，这个原本只有 3000 多人的江边小镇，最高峰时容纳了 12000 多人。

他们都是战时的避难者，其中不乏当时中国学术界耀眼的“明星”，如傅斯年、梁思成、林徽因、童第周、夏鼐、曹禺……迁来的高校或科研机构有十余家，包括同济大学、中央研究院历史语言研究所、中央博物院筹备处、中国营造学社等。乱世烽火中，李庄给了他们一张安静的书桌，给了那个时代一份难得的慰藉。

迁川的动议，缘于抗战局势的趋紧。卢沟桥事变之后，为保存民族的文化薪火，各大高校、科研院所纷纷南迁，云南成为首选之地，于是昆明迅速成为抗战大后方的文化重镇。然而，自 1938 年起，日军敌机不时侵袭昆明，最为严重的一次发生在 1940 年 10 月 7 日，伤亡 160 人，多所高校、科研院所的师生亦有死伤。在此状况下，同济大学、中央研究院历史语言研究所、中国营造学社等开始谋划迁入更为安全的四川地区。按照中央研究院历史语言研究所所长傅斯年的说法，要找到一个“在地图上找不到的地方”。

同济迁校的想法，得到了校友、四川宜宾中元造纸厂厂长钱子宁的积极响应。他四方奔走，本想选址宜宾南溪县城，但当地士绅以“小庙供不起大菩萨”为由婉言拒绝。正在一筹莫展之际，他却意外接到李庄乡绅罗南陔的邀请，表示李庄愿意接纳同济大学。原来，李庄的几个乡绅到南溪茶馆喝茶，偶然间听茶客说起同济大学等搬迁选址的消息，当即觉得应该出一份力，便回去找李庄乡绅罗南陔商议，双方一拍即合。李庄人的态度斩钉截铁，汇聚为情真意切的十六字：“同大迁川，

中央研究院历史语言研究所在李庄举办展览

李庄欢迎，一切需要，地方供给。”

李庄，这个有着“万里长江第一镇”之誉的千年古镇，曾经是长江上游重要的水路驿站、粮盐集散地，保存了大量明清风格的民居、庙宇、街巷，李庄人却将之统统腾空，让给来自四面八方的师生居住。从此，“中国李庄”成为民族教育文化史上一个无法替代的名字。

里耶：古井里打捞出的尘封历史

里耶，隶属湖南省湘西土家族苗族自治州龙山县，一个位于湘西边陲的千年古镇，三面环水，山水相连，犹如世外桃源，却由于一次不期而至的考古发掘而闻名天下。

2002年，酉水河下游碗米坡上要建一座水电站，施工中有了新发现。湖南省文物考古研究所联合州县文物部门进驻附近的里耶古镇，开展抢救性发掘。在此过程中，考古工作者发现一个东西宽4米、南北长5.5米的椭圆形大坑，开始以为是深窖，后来发现是一口古井，而在厚厚的淤泥之中，竟然出土了带有文字的竹简。经过发掘，最终有37400余枚秦简从这里出土，数量超过此前全国出土秦简的总和。

更多的惊喜还在后头。研究人员仔细识读简牍上的文字，竟有20万字之多，而此前《史记》中有关秦国历史的记载也不过5000多字。无疑，这是一次堪与秦始皇陵兵马俑发掘相媲美的重大考古发现。2002年11月，国务院发文，破例增补里耶古城遗址为第五批全国重点文物保护单位。

3万余枚简牍，包罗万象，揭开了一段尘封的大秦帝国的历史。

10余枚有关“洞庭郡”的简牍，颠覆了《史记》《汉书》有关秦朝行政区划的记载，证实了秦三十六郡之外“洞庭郡”的存在；一枚“迁陵以邮行洞庭”的木牍，是世界上关于公文传递方式的最早记载，也是中国邮政史的开端；两枚木牍，密密麻麻写满“九九八十一”“二八十六”“二半而一”之类的口诀，是世界上最早、最完整的乘法口诀表实物，与今天的乘法口诀惊人地一致。简牍里的内容，几乎涉及秦朝政治、经济、文化乃至普通民众生活的方方面面，如人口登记表、官员履历表、奴隶买卖文书、追讨欠款公文等，从秦王嬴政二十五年（前 222 年）到秦二世二年（前 208 年），一年不落，俨然是一部大秦帝国编年史。

里耶秦简九九乘法口诀表

在土家语里，里耶意为“开拓这片土地”。今天，站在酉水河边，我们已经无法想象 2000 多年前古人开拓这片土地的初衷与艰辛，甚至无法知晓这批简牍为何被放置于古井之中，但通过简牍上点点滴滴的记载，仿佛让我们穿越了历史的时空，见证了大秦帝国短暂而辉煌的盛世景象。

瑶里：诗情画意里的“红色摇篮”

瑶里，古称“窑里”，顾名思义，这里曾是制窑之地。瑶里镇位于江西省景德镇市浮梁县东部，地处皖赣交界处，属黄山余脉，境内山高林密、古朴幽静。西汉末年，此地即有刘姓先民聚居，后陆续迁入詹、张、吴、程等姓氏百姓。这里人丁兴旺，村庄错落，居民分布于瑶河两岸，静谧中透着繁盛景象。

“高岭土，瑶里釉。”瑶里是景德镇瓷器的重要原料地。景德镇制瓷，原取土于浮梁新正都麻仓山，但明万历年间（1573—1620年）“麻仓土竭”，复又寻至浮梁县东边的高岭。清初《南窑笔记》载：“出浮梁县东乡之高岭山，挖取深坑之土，质如蚌粉，其色素白，有银星，入水带青色者佳，淘澄做方块晒干，即名高岭。”

瑶里距离高岭不远，得其便利，很早就成为制窑之地，尤其盛产釉果。唐代中叶起，瑶里即开始有人烧窑制瓷，到元明时期，因高岭土的广泛开采，瑶里的瓷土开采业和制瓷产业逐渐走向兴盛，并一直延续到清代。至今，瑶里仍有很多古矿坑、古窑址、古作坊，仿佛在诉说着当年“万杵之声殷地，火光烛天，夜令人不能寝”的盛况。

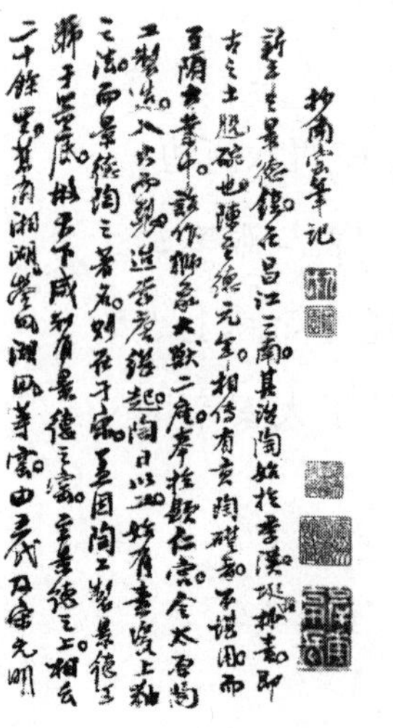

《南窑笔记》稿本书影

瑶里素有“瓷之源，茶之乡，林之海”的美誉。这里物产丰饶，水运便利，很早便成为连接皖赣两地商贸活动的重要枢纽。当地民谣有云：“上街头，下街头，街面宽又长；糖盐醋，布绸缎，店面八百八。”如今，走在古镇街头，仍能够看到不少旧时商铺的痕迹，昔日繁华依稀可见。

很多人熟悉瑶里是因为革命电影《闪闪的红星》。潘冬子乘竹筏顺水而下等多个场景，即拍摄于此地，“小小竹排江中游，巍巍青山两岸走”的歌声更是感染了无数人。历史上，瑶里是皖赣红军游击队活动的重要区域，至今仍保存着多处红色革命遗址。1938 年 2 月，正值春节期间，陈毅同志悄悄来到这里，在程家祠堂召开抗日动员大会，主持红军游击队改编事宜。经过瑶里改编，皖浙赣边游击队改编为新四军第一支队第二团第三营，开赴抗日战场。自此，皖赣边区抗日救亡运动进入蓬勃发展的新阶段。

大通：近代曙光照过“小上海”

长江流入安徽铜陵后，有一段名为“澜溪”，“因水成邑”，遂有澜溪镇。宋开宝八年（975 年），取“四通八达、通衢九州”之意，更名“大通镇”。

有史料记载，唐代在此即设有水驿。因大通镇连接九华山麓的青通河，唐中期九华山香火兴盛，这里便成为皖南诸县香客进山礼佛的重要中转地。宋代起，人口持续南迁，长江流域贸易渐兴，大通镇发展为往来客商中转、交易的闹市，“日出而市，及午而散”。南宋，诗人杨万里途经此地，写有《舟过大通镇》，记录下大通“芦荻偏留缆，渔罾最碍船。何曾怨川后，鱼蟹不论钱”的繁盛场景。

明嘉靖年间（1522—1566 年），与大通镇一衣带水的荷叶洲（后改名和悦洲）跃出水面。它四周环水，独立江中，像一朵绿色的荷叶漂浮在江面之上。两岸往来，愈加频繁。清同治元年（1862 年），清政府在和悦洲上设立盐务招商局，统辖江西、湖南、湖北、安徽沿江数省盐务。同治五年（1866 年），兵部侍郎彭玉麟组建大通水师营，“辖枞阳以下东至荻港水面”，隶属长江水师提督。晚清时期，大通镇作为中英《烟台条约》的“外轮暂泊港”，事

大通电报局旧影

实上成为长江下游的重要通商口岸，与安庆、芜湖、蚌埠齐名，并称“安徽四大商埠”，一时有“小上海”之誉。

近代科技的曙光很早就照耀到了这里。清光绪七年（1881 年），左宗棠奏设长江电报干线，大通电报局位于和悦二道街上，电报能发往全国大部分城市。光绪二十五年（1899 年），大通设立邮局，归芜湖邮政局管理。

便利的交通、先进的通信，让大通得到了革命力量的垂青。1900 年 8 月，力主变法的唐才常组建自立军，前军由秦力山、吴禄贞统领，驻扎安徽大通。秦、吴二人按计划举义，指挥部就设在和悦洲大关口。起义军一度攻克盐、厘两局，占领大通全镇，只可惜很快遭到清军反扑，历时七昼夜，终因兵力不敌而告失败。辛亥革命后，革命党人黎宗岳在大通宣布成立安徽军政府，后以国家利益为重，挂印而去。

历史云烟已远，唯余江水滔滔。如今走在大通老街，行人熙熙攘攘，商家叫卖声声，百年渡口仍在，依稀可见当年模样。

周庄：一幅画成就的“江南第一水乡”

周庄，原名“贞丰里”，位于苏州城东南、昆山西南部，处在昆山、吴江、上海三地交界之所，是典型的江南水乡。北宋元祐元年（1086 年），一位姓周的迪功郎（宋代官职名）舍宅捐田，建成泉福寺，当地百姓感其恩德，遂将贞丰里改称“周庄”。

宋元之后，周庄逐渐发展为集镇，商贸繁荣，人口稠密。元至顺元年（1330 年），浙江湖州籍人士沈祐率子沈万三迁居周庄东垞，后迁居银子浜，垦荒为业，富累金玉。沈万三继承父业，以周庄为基地，从事水上贸易，迅速成为江南第一富豪。民间传说，沈万三宅中有一只聚宝盆，财物用之不竭，取之不尽，至今到访沈厅的人，都要找找这只聚宝盆，一探究竟。

周庄声名远播，与一幅画有关。

1984 年，旅美画家陈逸飞来到当时交通还相当闭塞的周庄写生，刚见到位于周庄中心的世德桥和永安桥，就被吸引住了。这两座桥，桥面一横一竖，桥洞一圆一方，很像古代人使用的钥匙，因而又名“钥匙桥”。绿树掩映之下，碧水盈盈，吊脚楼沿河而筑，

周庄

木船穿桥而过，这令他不禁想起了童年的故乡，于是以双桥为背景，创作了一幅题为《故乡的回忆》的油画。

当年10月，陈逸飞带着这幅《故乡的回忆》回到美国，并连同其他30余幅作品一起在石油大亨阿曼德·哈默的画廊展出，引发轰动。后来，阿曼德·哈默以高价购买了这幅油画，并于当年11月访问中国时将之作为礼物送给了邓小平，一时传为佳话。周庄，从此声名大噪。

因画闻名之后，周庄先后修复沈厅、富安桥、张厅、叶楚伧故居、三毛茶楼等一大批古建筑、老店铺，最大程度还原江南水乡的生活场景。古镇周庄逐渐成为江南水乡的标志性符号。周庄享有“中国第一水乡”的美誉，被联合国教科文组织列入世界文化遗产预备清单。2003年，获评中国首批历史文化名镇。

周庄古镇，小桥流水，花红柳绿，如诗如画，一直是很多人梦里水乡的模样。

朱家角：淀山湖畔的一颗明珠

关于朱家角的介绍，大多是这样开头的：“九峰北麓，淀山湖之滨，有块47平方千米呈折扇形的小镇，镶嵌在湖光山色之中。这便是距今已有1700多年历史的朱家角古镇。”

1958年，朱家角人把镇北大淀湖抽干，意外发现了大量新石器时期至春秋战国时期的遗物，后被证实属马家浜文化。这意味着，至少在六七千年前，这里就已经有人类活动的踪迹了。

朱家角最早形成集镇，始于宋元时期，初名“朱家村”。明代中叶起，松江府纺织业走向兴盛，朱家角镇受其影响，“商贾凑集，贸易花布，京省标客往来不绝”。此时，朱家角镇还叫“珠里”，俗称“角里”。成书于清嘉庆年间（1796—1820 年）的《珠里小志》，这样描述朱家角当时的繁盛景象：“烟火千家，北接昆山，南连谷水，其街衢绵亘，商贩交通，水木清华，文儒辈出……”

朱家角亦是水乡古镇，但与周庄、乌镇、同里又有不同。古桥是其一大特色，其中“井带长虹”为朱家角十景之一。有桥梁专家称叹：“论上海古桥之大，唯朱家角放生桥。”放生桥横跨于镇东首漕港河之上，五孔石拱，全长 70 多米，桥长如带，拱券如虹。据说，此桥乃慈门寺僧性潮四方募捐而建，既为纪念母亲，也为方便百姓。现如今，朱家角仍有 30 多座古桥，泰安桥（何家桥）、永丰桥（咏风桥）、永安桥（南桥）、平安桥（戚家桥）……这些古桥形态各异，临水而立，为古镇平添了几分韵味。

街巷多是朱家角的另一大特色。历史上，朱家角镇有九街之说，

朱家角古镇

街巷密布，如福星里、教化弄、潘家弄、横街、十妹街等。时人有诗咏之：“春风鼓棹过珠溪，十美街西落照低。芳草即今无觅处，深林唯有暮鸦啼。”既是感伤，也是追念。

古镇上，风景名胜数不胜数，如圆津禅院、席氏厅堂、仲家厅堂、课植园、三泖渔庄、饮香楼等。不少建筑中西合璧、构思精巧，传统中透着现代气息，仿佛融通了过去、现在与未来的时光。

或许，这就是朱家角的魅力所在吧，历史的印记沉淀其间，充满了蓬勃的生机与活力，余味悠长。

第四章

造物之美

长江先民在长期的生产生活实践中，以灵巧的双手和高超的技艺，制作出多姿多彩的生产工具、生活用品和艺术装饰品。目前已知世界上生产丝织品的一个源点诞生于长江流域，我国最早的陶器发现于此，原始瓷器也在先秦时期出现于这一区域。长江流域还是茶树原产地与最早出现人工栽培茶树的地区，唐代以后饮茶之风推广至全国，茶叶逐渐行销海外。自新石器时代起，人们就已制作和使用漆器，髹漆工艺影响了整个东亚地区。长江文化的造物成就，蕴含了创造与革新的文化基因，很多技艺至今仍和大众的生活息息相关。

丝绸：锦绣冠中华

丝绸，具有典型的东方情调。春蚕吐丝，演化出万千锦绣华服，蕴含了中国人非凡的想象力与创造力。中国丝绸，经纬纵横，织造的锦绣华章贯穿亚欧大陆。作为顶级奢华的面料，丝绸见证了无数王朝的兴衰更替和人们的悲欢离合，也经历了自身的花样翻新与工艺变迁。

从蚕神嫘祖的传说到考古发现的楚帛画、采桑图，从汉代蜀地“女工之业，覆衣天下”到明代湖州的“吴丝衣天下”，从清朝的“江南三织造”到历代缤纷的织绣名品，在“丝的国度”里，长江流域锦绣黼黻，光彩夺目。

蚕神嫘祖：看到第一根蚕丝的人

据说哥伦布开始环球航行之前，西方人偶尔通过波斯商人得到一些蚕丝织成的丝绸，自作聪明地认为丝是从树上长出来的。直到查士丁尼（东罗马帝国皇帝，527 年—565 年在位）时代，西方人才通过两名印度僧人了解到，世界上有种神虫叫作蚕，吃桑叶长大，在变成蛾子之前会吐丝成茧。这些像小白果子的茧经过蒸煮、染色、抽丝、纺织，就变成各种美丽的丝绸。

在民间传说中，教人们栽桑养蚕的是嫘祖。传说嫘祖进山采果奉亲，发现了“天虫”（野蚕）吐丝结茧的秘密。经过长期观察，她逐渐熟悉了野蚕的生长规律，又从野蚕吐丝中受到启发，产生了以蚕丝织衣的奇想。经过多次试验，嫘祖选育出家蚕，又治丝制衣，使西陵氏人第一次穿上了丝绸衣裳。因为对西陵部落贡献巨大，嫘祖被全族人举为酋长，英名远播。

“西陵”究竟在何处，说法众多。根据文献记载和考古材料，目前较多学者认同湖北宜昌远安为“西陵之女”嫘祖的故乡。嫘祖与雄霸中原的轩辕氏的婚姻，被誉为中国历史上一次伟大的联姻。《史记·五帝本纪》记载：“黄帝居轩辕之丘，而娶于西陵之女，是为嫘祖。嫘祖为黄帝正妃。”嫘祖发明蚕桑丝织，使“黄帝、尧、舜垂衣裳而天下治”。蚕丝文明实现了“中华一统富耕桑”，促进了各部落各民族的大融合。

自周朝起，嫘祖即被尊为“先蚕”“蚕神”“行神”，民间又有“嫘姑”“丝姑”“蚕姑娘”等爱称，历朝皇室都会组织隆重神圣的仪式祭祀嫘祖。汉代至隋唐，皇室的“祀先蚕”仪式规模宏大，由皇后亲自主持，祈求蚕桑之事顺利、百姓衣食丰足。唐朝武则天当皇后时期，也曾主持过这项仪式。

民间几千年来一直把嫘祖作为神灵来敬奉。现今每年农历三月十五日，来自全国各地的数万游客仍齐聚湖北宜昌远安县嫘祖镇，隆重举行嫘祖庙会。

苏州先蚕祠

沉睡数千年的丝绸往事

1958年，考古学家发掘浙江省湖州市钱山漾遗址时，发现了一批丝织品，包括绢片、丝带和丝线等。经科学鉴定，钱山漾遗址出土丝织品的纤维原料为家蚕丝，距今4700多年，是我国迄今为止发现的早期的家蚕丝织物实例，证明该地区为丝织品起源地之一。出土的丝织物细致平整、光洁丝滑，经纬密度与现代生产的电力真丝纺的指数非常接近。这些丝织物，代表了长江流域新石器时期的纺织工艺水平。

之后，长江流域广袤的区域内，陆续出现植桑、养蚕的各种考古新证据。

上海青浦区崧泽遗址中距今6000年左右的文化层里，桑树花粉的比例非常高；在距今7000—6000年的浙江河姆渡遗址和距今5000年左右的良渚文化吴江梅堰遗址，出土的牙雕小盅和陶壶

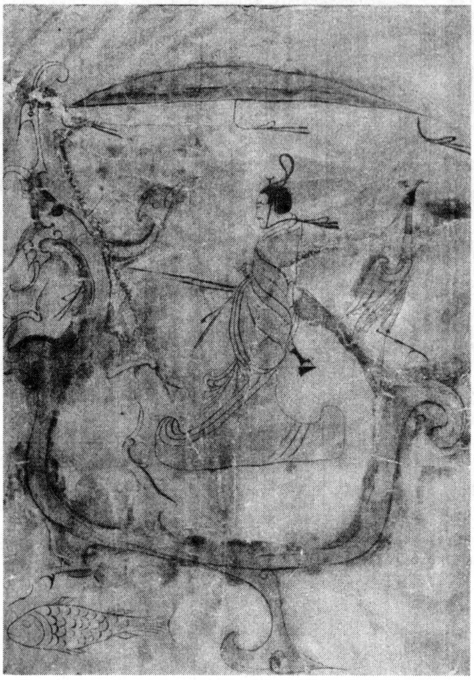

人物御龙帛画　战国·佚名

刻有蚕纹，与现代家蚕形象基本一致。

四川三星堆遗址出土的铜器纹饰中，蚕的形象清晰可辨；出土的钻孔陶纺轮，说明三星堆先民的纺织设备已相当先进；出土的青铜神树，根据《山海经》等古代文献记载推测，可能是神话传说中的扶桑树。一般认为，扶桑树是由两棵相互扶持的大桑树组成，青铜神树也可以视为古代蜀国的桑树。

楚墓与汉墓里，战国时期和汉代的丝织品也一一惊艳亮相，数千年前的丝织工艺令人叹为观止。

湖北荆州江陵著名的马山一号楚墓出土了一大批丝织品，其织造之精、品种之多、花色之美充分展示了楚国丝织刺绣的高超技艺与审美趣味。这座楚墓被誉为先秦“地下丝绸宝库”。

湖南长沙战国中晚期楚墓出土的《人物御龙帛画》和《人物龙凤帛画》，并称中国先秦绘画艺术的“双璧”。《人物御龙帛画》长 37.5 厘米，宽 28 厘米；《人物龙凤帛画》长 31.2 厘米，宽 23.2 厘米，质地为深褐色平纹绢。可见，战国时期，丝帛已被作为绘画材质使用。

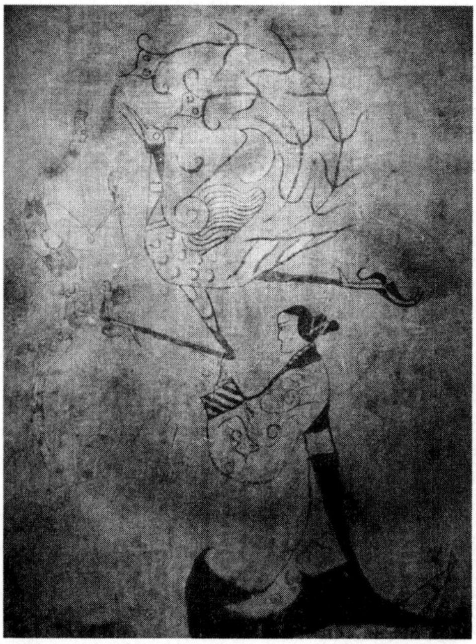

人物龙凤帛画　战国·佚名

汉初，衣冠之制未备，长江流域的政治、文化生态基本上可用“既承秦制，又袭楚风”这8个字来概括。湖南长沙马王堆汉墓及湖北江陵凤凰山汉墓出土的一些服饰文物，证明这个时期服饰文化承袭荆风楚韵的同时，丝织刺绣业也在突飞猛进，进入中国古代丝织刺绣史上的一个黄金时期。

马王堆汉墓是西汉初期长沙国丞相利苍及其家属的墓葬。利苍只是一个爵封700户的中低级官员，可在他夫人辛追的墓中却出土了数量惊人、极尽铺张的丝织服饰。丝织品有丝绵袍、夹袍、单衣、裙等，此外还有手套、鞋、袜、袍缘、绣枕、几巾、香囊、镜衣、针衣、乐器袋套等，且大多保存完好，让我们见识了那个时代“丝”的奢华。

汉代，蜀地“女工之业，覆衣天下”，蜀锦、蜀绣、蜀布等

马王堆墓出土的“薄如蝉翼，轻若烟雾”的素纱禅衣

著名纺织品名满全国。

丝绸往事沉埋入土，数千年后，那些凝聚在丝绸里的时代之美，还是惊艳了时光。

丝绸华章：三分天下有其二在长江

经过贞观之治和开元盛世，唐朝政治清明，思想解放，人才济济，其朝气蓬勃、兼容并蓄的社会风貌也体现在丝织刺绣业的发展上。

唐代的丝绸华章中，江南、中原和川蜀形成了三足鼎立的格局，长江流域在丝织刺绣领域的地位显而易见。

这一时期，丝织品生产不仅在技艺上得到了显著提升，而且形成了各种代表性品类。如剑南地区以绫罗闻名，江南地区以纱类丝织品著称，彭州和越州的缎类丝织品受到推崇，宋州以绢类丝织品扬名……润州的绫、益州的锦、扬州的锦袍、越州的花纱等，

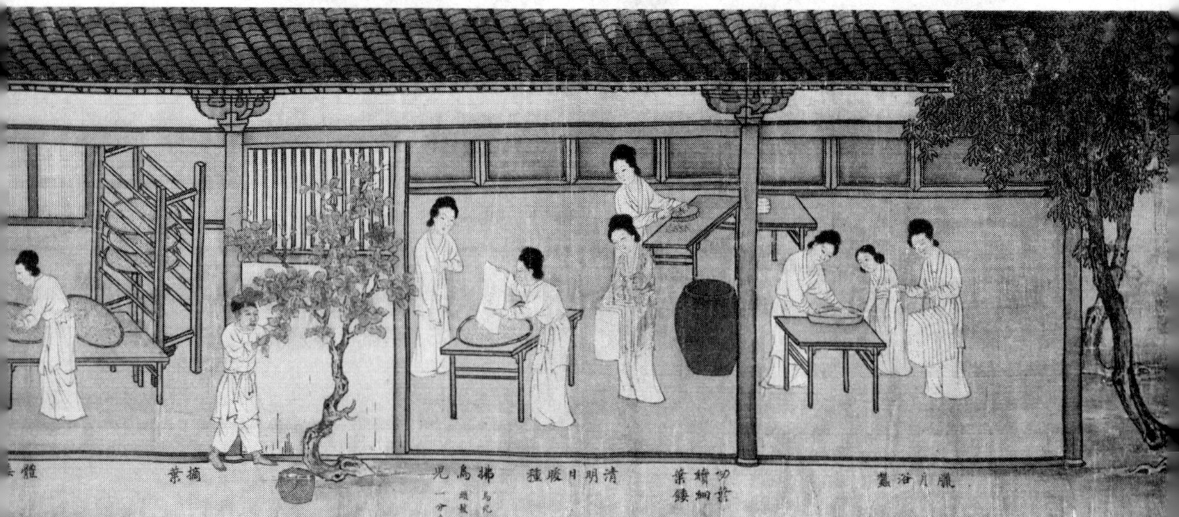

蚕织图卷（局部）　宋·梁楷

都是当时市场上的抢手货。宣州的丝织地毯，由于工艺复杂，耗资巨大，还被白居易抨击："宣州太守知不知？一丈毯，千两丝！"

长江下游地区向朝廷进贡的绫织物中，有水纹绫、方纹绫、鱼口绫、乌眼绫、白编绫、绯绫、花纹绫、十样花纹绫等多个品种。长江中游随州（今湖北随州）出产的文绫、澧州（今湖南澧县）出产的龟子绫，长江上游遂州（今四川遂宁）出产的樗蒲绫、绵州（今四川绵阳）出产的绫等，令人眼花缭乱。

由于中外交流频繁，唐代丝织刺绣的图案也开始融入一些具有异域风情的元素。狮子、孔雀、骆驼、大象等珍禽异兽的图案开始出现在丝织品上，为传统的丝织艺术增添了新的魅力。

丝织业蓬勃发展，很多工艺名场面都被诗人的文字"神还原"。白居易的《缭绫》、郑谷的《锦诗》、王建的《织锦曲》、张籍的《凉州词》、温庭筠的《舞衣曲》……名篇佳作，不胜枚举。

唐代以后，长江流域受北方战乱的影响不大，较为安稳的社会环境使得南方丝织业维持在稳定且不断发展的状态。南方接纳了北方大量的移民，中原移民带来的先进技术使南方丝织业如虎添翼，长江流域的纺织业逐渐形成规模产业。

宋代，江南广大地区的蚕桑业发展水平达到一个新的高度。宋太祖令"诸州长吏劝课农桑"；建隆二年（961 年），太祖要求全国广种桑枣。宋嘉定初年，整个太湖地区都采用捞水藻、挖塘泥培植桑树的方法，既疏通了河道，又发展了蚕桑业。

南宋时，理学家朱熹在浙东一带为官，印制多部《种桑法》，广为散发。湖州等地还广泛推广桑树嫁接技术，用荆桑和鲁桑嫁接而成的湖桑品种优良，湖桑异军突起，有"湖桑遍天下"的说法。

由于朝廷的重视和支持，宋代桑蚕业发展迅速，丝织刺绣业遍布全国各地。据《元丰九域志》载，宋代全国进行丝织生产的州已经发展到103个，丝织刺绣的生产中心已完全转移到黄河以南的长江流域广大地区，尤其是江南、川蜀地区。

江南织梦：棉纺与丝织比翼双飞

元代，出现一位被奉为纺织神的人物——黄道婆。

黄道婆，又称“黄婆”，生于南宋末年，是松江府乌泥泾镇（今上海市徐汇区华泾镇）人。她早年为生活所迫，流落到海南岛南端的崖州，在当地学到了先进的织造技术，元贞年间（1295—1297年），回到乌泥泾，创造了一整套的“擀、弹、纺、织”工艺，总结成一套先进的“错纱配色、综线挈花”技术，并教授给当地乡民，使松江成为当时全国棉纺织业的中心。至今，松江一带还流传一首民谣：“黄婆婆，黄婆婆，教我纱，教我布。”元朝，丝织一统天下的局面被棉纺打破，二者并驾齐驱。

棉布飞入寻常百姓家，丝绸工艺愈加争奇斗艳，继续占据中高端市场。

元中统二年（1261年），元朝设立劝农司，并组织编撰《农桑辑要》，指导农桑。江南、江北地区还分别设立了织染局，每个织染局由许多处理不同工序的作坊构成，如染房、络丝堂、机房、打线场等。在《马可·波罗游记》一书中，留下不少有关长江流域丝织生产的记载。

至明代，形成江南、四川、山西三大丝织业中心，长江流域逐渐成为全国最大和最为重要的蚕桑丝绸生产基地与棉纺织业基地。湖州不但湖桑远近闻名，生丝也是远销各地，有“吴丝衣天下”之称；四川、湖南也是蚕丝的主要供应地。

明代丝织刺绣品种繁多，其中色彩光艳的提花缎、薄如蝉翼的罗织物以及美轮美奂的刺绣，令长江流域的丝织品更加熠熠生辉。

江南三织造相映生辉

江南三织造——苏州织造府、江宁织造府和杭州织造府是清朝丝织工艺的三座艺术殿堂，拥有皇家设计团队，织造宫廷御用和官用的各类纺织品，承载着长江丝织文化的光辉岁月。

苏州织造府拥有 800 张织机和 800 多名织工。织造府内部组织严密，分工细致，每一个环节都精益求精，力求完美。织物品种繁多，纹样丰富多彩。其中，彻幅纹样尤为独特，整个丝织刺绣物的幅面只印一束花、一条龙或一只凤，工艺十分精美。苏州

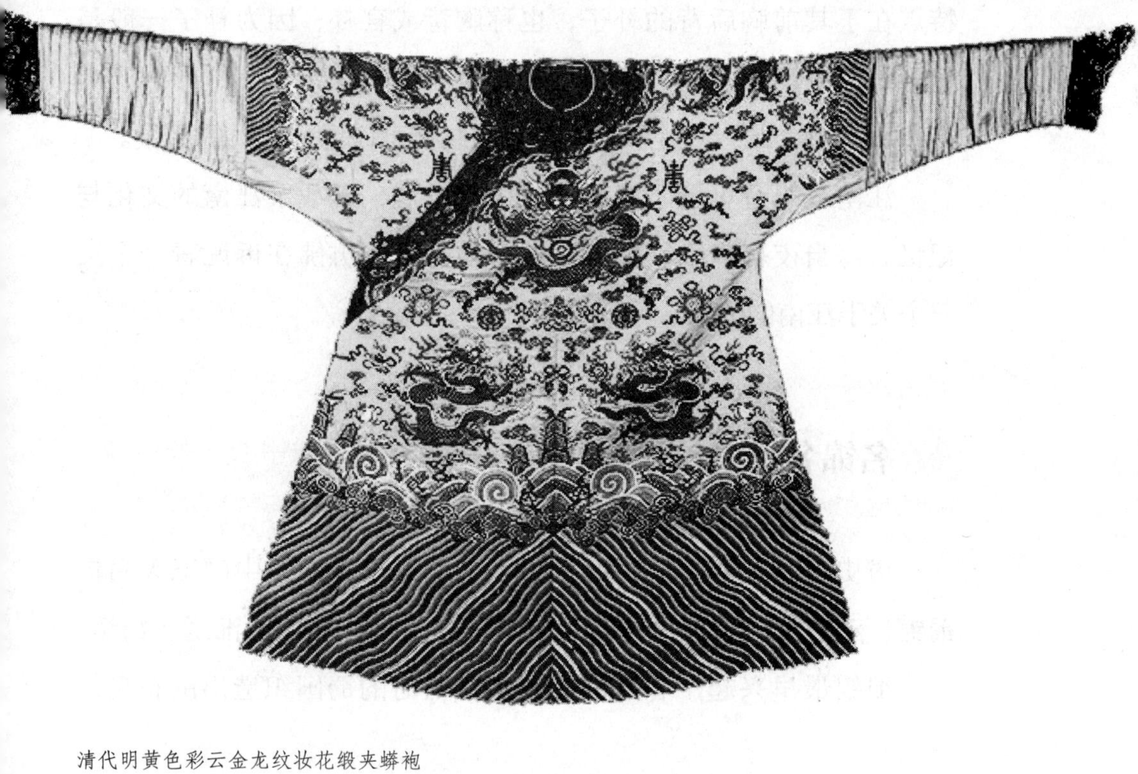

清代明黄色彩云金龙纹妆花缎夹蟒袍

织造府的丝织刺绣品以色泽绚烂闻名，从大红到石青，从明黄到真紫，每一种色彩都充满生命的张力。

江宁织造府位于南京（清代称江宁府）。康熙年间（1662—1722 年），仅南京城市就拥有织机 3 万多台，男女工人 5 万左右，依靠丝织业为生的居民有 20 多万人，年产值达白银 1200 万两。江宁织造府生产的妆花纱、妆花罗、妆花锦、妆花缎等工艺精湛，产品只供皇帝和亲王大臣使用。康熙、乾隆游江南均以江宁织造府为行宫，这一带后来被称为大行宫。

杭州织造府的丝织刺绣工艺以其独特的风格和卓越的品质闻名，尤其是杭绣，针法细腻、图案丰富，展现了江南水乡的柔美与灵动。杭州织造府的丝织刺绣品，不仅在色彩上有着丰富的变化，更在设计上充满了创意。

清代江南三织造出产的织物中，有很大一部分是补服。补服是中国古代一种饰有品级徽识的官服，或称补袍。该官服的主要特点在于其前胸后背的补子，也称胸背或官补；因为补子一般是用彩线绣制而成，也称绣补。补子是一种有固定位置、形式、内容和意义的纹饰，通过所绣禽和兽的纹样可以区分官员的品级。

江南三织造见证了江南的繁荣与发展，承载了江南的文化与记忆。每当夜幕降临，那些织造府的灯火，仿佛在诉说着一个又一个关于江南的故事。

名锦名绣出长江

历史上，长江流域锦绣璀璨，名品辈出。除了中国三大名锦蜀锦、云锦、宋锦之外，四大名绣又独占其三：苏绣、湘绣和蜀绣。

蜀锦最早兴起于春秋战国时期，当时的蜀国织造出的布帛，因制作精细而被誉为“蜀锦”，号称“中国织锦之母”。

秦汉至隋唐时期的锦织品几乎均为蜀锦。蜀锦是丝绸之路的主要交易品之一，亦是日本国宝级传统工艺品京都西阵织的前身。早期的蜀锦以多重经丝起花（经锦）为主，唐代以后品种日趋丰富，图案花样百出。唐代被封为陵阳公的益州行台窦师纶专为蜀锦创设了一套纹样，人称“陵阳公样”。唐代诗人卢纶有诗云：“花攒麒麟枥，锦绚凤凰窠。”描绘的就是以宝花为环的团窠麒麟、团窠凤凰图案。麒麟和凤凰正是史料中记载的“陵阳公样”中的“游麟”和“翔凤”。

据说唐玄宗李隆基入蜀避难，士兵皆有怨气，唐玄宗遂用蜀锦十万匹重赏士兵。那个时代，蜀锦“锦行天下”，辉映的是浓墨重彩的大唐风貌。

簪花仕女图（局部）（传）唐·周昉

云锦，又叫“天衣”，是中国顶级奢侈品的“鼻祖”。

东晋时，刘裕灭后秦，迁织工于建康，成立锦署，结束了江南不产锦的历史，锦署遂成为南朝历代官府丝织手工业的常设机构，这使得江南织锦技艺渐进，并形成显著的特点：用料考究，织制精细，花纹大多是用金银丝线装饰，瑰丽如云，故称“云锦”。元代，云锦成为皇家御用品、龙袍专用

云锦

锦缎。明清时期，皇室更是在南京（江宁府）设置织造机构，专门负责为王室贵族、达官贵人织造云锦。云锦工艺复杂，每天仅能织造5—6厘米，真是“寸锦寸金”。

《红楼梦》作者曹雪芹祖上三代任职江宁织造达65年之久。在《红楼梦》里，作者对云锦的描述随处可见。林黛玉初进贾府，凤姐出场穿的缕金百蝶穿花大红洋缎窄裉袄，宝玉出场穿的二色金百蝶穿花大红箭袖，都是云锦所制。云锦工艺以“妆孔雀羽”最为典型，“勇晴雯病补雀金裘”的故事正体现了“孔雀羽”技艺的复杂与罕见。南京人说“一部红楼，半部云锦”，其言不虚。

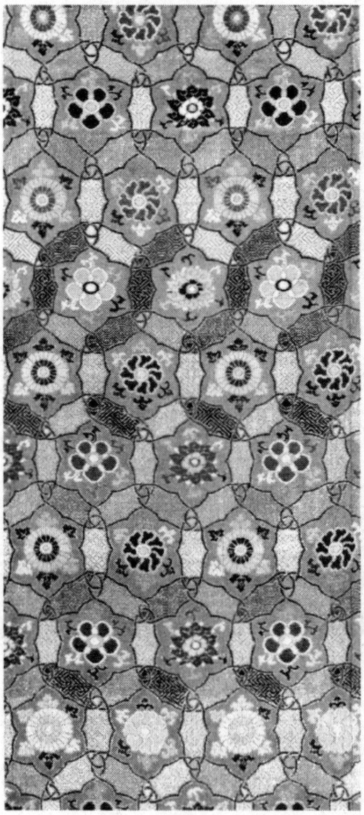

宋锦

宋锦产于苏州，是在唐代蜀锦的基础上发展而来的。唐宋时，苏州成为国内丝绸生产中心。苏州织锦中，出现了一种质地精美、技艺独特的新品种——宋锦，除用于袍服衣着等，还大量用于书画卷轴类技艺装裱，品种共有40多个。明清时期，苏州织造机构管理的宫廷织造和民间丝织产销两旺，素有“东北半城，万户机声”之称。康熙、乾隆年间，宋锦织造更是达到全盛。

这一时期，出现了宋锦中最贵重的品种——重锦。故宫博物院收藏的《彩织极乐世界图轴》是乾隆时期苏州生产的重锦。它运用长跑梭技术，将20余种色丝、圆金线如绘画着色般织造于画幅之上，工艺极为繁复，色彩层次丰富，气势恢宏。

除三大名锦之外，产于杭州的杭锦，产于湖北江陵的荆锦，产于西南少数民族地区的苗锦、傣锦、侗锦和土家锦等也都有着较长的历史。明清以来，我国出现了许多以产地命名的著名丝绸品种，如南京的“宁绸”、杭州的“杭罗”、镇江的“江绸”、四川的“川大绸”，等等，它们在中国丝绸史上都占有显著的地位。

长江流域的刺绣工艺亦是令人叹为观止。

“翡翠黄金缕，绣成歌舞衣。若无云间月，谁可比光辉。”这是诗仙李白笔下的苏绣。

苏绣《春回大地》（局部）

苏绣成名最早，起源于苏州吴县一带。早在三国时期就有了苏绣的记载，其风骨神韵在隋唐时期便已奠定基础；迨至宋元，其基本技法与特色渐趋形成。据《清秘藏》叙述：“宋人之绣，针线细密，用线一二丝，用针如发细者为之。设色精妙，光彩射目。”明清以降，随着江南成为丝织手工业中心，苏绣艺术以“精细雅洁”而闻名，所绣山水能分远近之趣，楼阁具现深邃之体，人物可生瞻眺生动之情，花鸟皆报绰约亲昵之态。苏州也被称为“绣市”。

成都三千年历史，蜀绣独占两千年，蜀绣与蜀锦并称“蜀中之宝”。蜀绣以选料讲究、针法严谨、片线光亮、针脚平齐、色

蜀绣

湘绣

彩明快等特点著称于世。蜀绣常用晕针来表现绣物的质感，体现绣物的光、色、形，把花鸟虫鱼绣得惟妙惟肖。相比苏绣，蜀绣色彩鲜艳，颇具喜庆色彩。

湘绣在历史上以民间工艺为主，特点是用线较粗，风格豪放，享有“绣花花生香，绣鸟可听声，绣虎会奔跑，绣人能传神”的美誉。其独创的“鬅毛针”技艺能让绣出来的狮、虎等猛兽毛发刚劲、生动自然。

长江流域刺绣业还有很多隐藏的民间高手，如唐代宣州的妙女和永州的马雷五。《太平广记》记载，妙女“绣作巧妙，疾倍常时”；《柳宗元集》卷十三《马室女雷五葬志》云，马雷五“凡事丝纩纹绣，不类人所为者”，同时令柳宗元“睹之甚骇”的还有湖北的汉绣，浙江杭州的杭绣、温州的瓯绣，等等。

拾针捻彩，绣三千繁华。从指尖到针尖，自古而今的丝绸之路上，无数织工绣娘不断锦上添花，共同创造出一幅绵延无尽的斑斓画卷。这幅画，名为中华。

茶叶：流淌的茗香

一片树叶，如何走进中国人的年年岁岁，成为经久不息的一缕茗香，令人们回味无穷？茶文化作为中国文化的符号之一，刻进中国人的基因，流淌于历史的发展变迁中，成为我们潜移默化的日常。

南方有嘉木，长江流域的青山绿水为茶树的生长提供了得天独厚的环境，长江名茶荟萃，茶俗纷呈。万里茶道上，随着茶叶贸易的繁荣，中国茶文化流播四方：以茶为饮，以茶为会，以茶为礼，以茶为俗，以茶为娱，以茶为艺……

长江流域作为中国茶文化的摇篮，以茶为媒，书写了半部中国茶史。

南方嘉木：长江茶史溯流

在民间传说中，茶的发现源于神农氏。据说神农氏尝百草，尝到一种名为“茶”的植物时，发现它具有提神、醒脑和止渴生津的功效，从而开始茶的饮用。

实证研究告诉我们，在长江上游的云南地区，集中分布着茶树始祖化石——第三纪景谷宽叶木兰（新种）化石、中华木兰化石，以及目前世界上发现的最古老的野生茶树——2700 年树龄的千家寨野生古茶树。可见，长江上游地区是世界上最早发现茶树、栽培茶树和饮茶的地区。长江下游的浙江余姚田螺山遗址出土了距今 6000 年左右的山茶属树根，同时出土了主要用于盛放水或酒的陶盉，可能这一时期的先民已使用陶制小茶壶煮茶和饮茶。

茶是山茶科山茶属植物，其生长需要一定的自然条件，如唐代陆羽《茶经》所言“阳崖阴林”，海拔要适中，宜多山、多云雾。在中国版图之上，这种自然条件最优越的地区，非长江流域莫属。

晋代诗人杜育《荈赋》描绘，茶叶成片生长于山岗和山谷之中，“灵山惟岳，奇产所钟”，“厥生荈草，弥谷被岗”。《太平御览》引《续搜神记》，称晋时宣城人秦精入武昌山采茗，王浮《神异记》也有“山中有大茗”的记载。可见，晋代长江中下游地区野生茶树比较常见，甚至不乏大茶树。唐代，陆羽还记载了巴山峡川之中有两人合抱的大茶树。

商周时期，茶被列为贡品之一，但《周礼》所列“六饮”和“四饮”当中并没有茶水之类，说明当时饮茶之风尚未在社会上广泛流行。茶作为饮料渐渐普及，始于汉，盛于隋唐。当时流传着一首《茶

第三纪景谷宽叶木兰化石

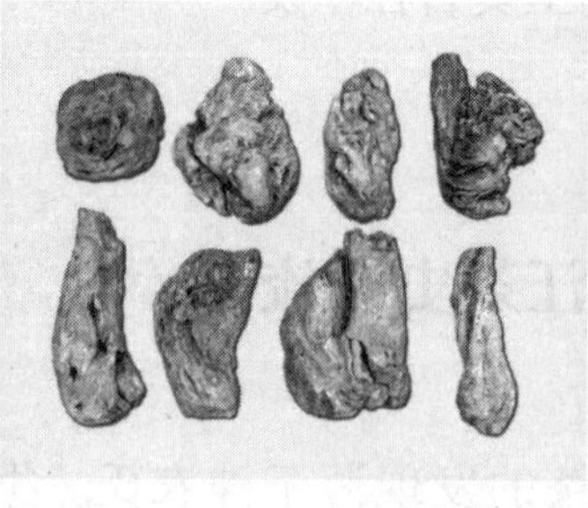

田螺山遗址出土的距今 6000 年左右的山茶属树根

田螺山遗址出土的陶盉

赞》：“穷《春秋》，演《河图》，不如载茗一车。”

中晚唐时期，长江流域出现众多茶园，类型包括官办茶园、寺庙茶园、私人茶园、小农茶园等，茶树也从数十尺的高大乔木被培育成一两尺的低矮灌木。《茶经·八之出》列出了唐代产茶的8个道、43个州郡、44个县的名称，主要集中在长江流域。据有关资料统计，唐代，长江上游地区共66个州，其中有25个州及南诏地区产茶；长江中游地区共43个州，其中有27个州产茶；长江下游地区共28个州，其中有20个州产茶。同时，随着禅宗的广泛传播，茶文化逐渐渗透到社会生活的各个方面，成为唐代文化的重要组成部分。

玉川煮茶图　明·丁云鹏

宋代，宋徽宗撰写《大观茶论》，详细论述茶叶的产地、制作工艺、烹煮方法以及品质评价等各个方面，进一步推动饮茶风尚。王安石在《议茶法》中说道：“夫茶之为民用，等于米盐，不可一日以无。”

元代王祯在《农书》中有云：“夫茶，灵草也。种之则利博，饮之则神清。上而王公贵人之所尚，下而小夫贱隶之所不可阙。诚民生日用之所资，国家课利之一助也。”

明代，朱元璋在洪武二十四年（1391年）九月十六日下诏：“诏建宁岁贡上供茶，听茶户采进，有司勿与。”史载：“先是建茶所进者，必碾而揉之，压以银板，为大小龙团。上以重劳民力，罢造龙团，惟采茶芽以进。其品有四：曰探春、先春、次春、紫笋。”

陆羽烹茶图　元·赵原

“盖人家每日不可阙者，柴米油盐酱醋茶。”饮茶，成为中国人的日常。

茶品百味：茶品与品茶

从一片树叶到一杯香茗，茶的诞生，依靠的是精细的加工技艺和工艺流程。由于制作技艺不同，陆续出现了六大茶型：绿茶、黄茶、黑茶、红茶、白茶、青茶（乌龙茶）。

最初，人们把茶叶拿来生吃或煮汤、粥喝，把剩余的茶叶晒干，储藏起来。后来，人们把茶叶做成茶饼烘干。比如魏晋南北朝时期，人们主要通过压制成饼或煮作羹饮的方式处理茶叶，缺乏成熟的制茶技术，导致茶叶带有较强的生草味。

唐代，长江流域的茶农们在制茶技术上取得突破，发明了利用锅釜进行蒸汽杀青、随后拍压成饼的方法。陆羽在《茶经》中将这一制茶过程规范为七个步骤：采摘、蒸制、捣碎、拍压、烘焙、穿串、储藏，统称为“七经目”。这一创新不仅提升了茶叶的品

质，也为后世的制茶工艺奠定了基础。团茶、饼茶、砖茶曾在中国茶叶历史上风光过一段时期，尤其在宋代，龙团凤饼成为贡茶。宋代之后，团茶和饼茶不再流行，因为人们认为制成团茶和饼茶必须把茶叶碾碎，不容易保持茶叶原有的风味，于是，整叶冲泡的散茶开始流行，而茶叶的制作方法也由晒茶、蒸茶发展到炒茶。

元代炒青技术的发展，不仅有效降低了茶叶的生草味，更激发了茶叶本身的香气，标志着人们对发酵过程控制技术的熟练掌握。

明代晚期，绿茶的制作技术得到进一步的发展。特别是在安徽霍山地区，茶农们在传统的杀青工艺之后，创新性地加入了闷黄工艺，这一变革使得茶叶呈现出独特的“黄叶黄汤”，从而诞生了黄茶这一新的茶类。这一创新不仅仅是技术上的突破，更是对茶叶风味多样性的一次大胆探索。

至 16 世纪末，茶叶加工领域又迎来一次革命性的创新——渥堆后发酵工艺的发明，这一工艺的运用促进了黑茶的诞生。

几乎在同一时期，人们发现，如果在加工过程中省去杀青环节，先让茶叶经历萎凋和发酵，再进行后续处理，可以制作出风格迥异的茶类。16 世纪末至 17 世纪初，红茶应运而生；18 世纪末至 19 世纪初，白茶和乌龙茶也相继问世。

这一系列的创新和发展，不仅体现了长江流域茶农们在茶叶加工技术上的不断探索和进步，而且极大地丰富了茶叶的品类，满足了人们对不同口感和风味的追求。从绿茶到黄茶，从黑茶到红茶，再到白茶和乌龙茶，每一种茶类的诞生都是对茶叶加工技艺的一次深刻理解和巧妙运用，展现了中华民族在茶文化发展上的智慧和创造力。

2022 年，入选联合国非遗代表作名录的“中国传统制茶技艺及其相关习俗”涉及 15 个省（区、市）的 44 个国家级非遗项目，涵盖绿茶、红茶等多项传统制作技艺。

其中，绿茶制作技艺基本集中在长江流域：浙江有西湖龙井、安吉白茶、婺州举岩、长兴紫笋；安徽有黄山毛峰、太平猴魁、六安瓜片；江苏有碧螺春、雨花茶；湖北有恩施玉露；江西有赣南客家擂茶、婺源绿茶；四川有蒙山茶。

红茶，长江流域有安徽的祁门红茶、云南的滇红茶、江西的宁红茶。

黑茶，长江流域有四川的南路边茶，云南的下关沱茶，湖南的千两茶、茯砖茶，湖北的长盛川青砖茶。

黄茶，长江流域有安徽的霍山黄芽和湖南的君山银针茶。

普洱茶，长江流域有云南的贡茶和大益茶。

长江流域名茶荟萃。一条大江，茶香四溢。

因为茶的品种丰富，长江流域也颇为讲究品茶之道。喝茶，一看水，二看茶，三看茶具，四看火。

好茶需要好水泡。古人云，茶要新，水要活。所谓活水，就是流水。陆羽说，山水为上、江水为中、井水为下。

看茶，讲究茶叶的色、香、味、形等。一是观色。不同的茶有不同的茶色。以春茶为例，早春的茶叶鲜嫩可人，青绿中透出茸茸的黄意，用透明的玻璃杯冲泡最佳。乌龙茶色泽凝重深幽，茶汤厚，用茶壶冲泡，倒出的茶水颜色金黄。二是闻香。好茶应有特殊的清香。三是品味。苦后甘来，有回甘者为佳。四是看形。如雨前的龙井茶，水一冲泡，朵朵直立，芽尖慢慢舒展之后，又徐徐下沉，摇曳生姿。

“工欲善其事，必先利其器。”要想泡好茶，也必须配备一套适合的器具。唐代盛行煎茶饮法，在取水、炙茶、碾茶、罗茶、取火、烹煮等环节，要用到陆羽记录的“二十四器”。宋代盛行

柳荫品茶图 清·佚名

点茶之法，审安老人在《茶具图赞》中用白描手法绘出十二件茶器图形，称之为“茶具十二先生”。

明代以后，壶泡法流行，白瓷茶瓯、紫砂壶使用广泛。其中，陶具往往成为饮茶人的至爱，太湖之畔宜兴的紫砂壶渐渐成为老茶客的必备茶器。

看火，是指掌握煎茶煮茶的火候，“活水需得活火煎”。炭火起火缓慢，有山林野逸之态而无烟火气，是理想的选择。茶水烧沸之后，一煮如蟹眼，水面生泡，称“嫩水”，不宜用来冲茶。二煮翻腾如松涛，再略歇片刻，方可泡茶。水煮数开之后，称“老水”，老水泡茶无味。

品茶的诸多讲究是人与自然的和谐之道。

茶俗缤纷：和而不同

“茶道”一词最早在中唐时期出现，标志着中国茶道文化开始成熟。唐代文献《封氏闻见录》中对“茶道”的描述，主要围绕陆羽提出的饮茶方法展开，涵盖鉴别茶叶、挑选水源、欣赏茶具、烘烤茶叶、将茶叶研磨成末、烧煮水、煎煮茶叶、品鉴饮用等一系列细致的步骤、礼节和规范。陆羽因此被誉为“中国茶道的奠基人”。

唐代佛教界对茶道也有着深刻的影响，形成了以“茶禅一味”为核心的佛家茶道。这种茶道强调茶与禅的结合，通过品茶的过程来体悟禅宗思想，达到心灵净化和自我修养的目的。浙江的“径山茶宴”就是唐代佛门茶道中一个非常有代表性的实例，从张茶榜、击茶鼓、恭请入堂、上香礼佛、煎汤点茶、行盏分茶、说偈吃茶到谢茶退堂，有十多道仪式程序。随着径山寺的兴盛，“径山茶宴”

的仪式程序作为禅院法事、僧堂仪轨，以清规戒律的方式被严格地传承下来。

由于长江流域历史、地理、民族、文化、信仰、经济等条件的不同，除了径山茶宴，各地的茶俗百花齐放、异彩纷呈。

云南地形多样，气候温暖，许多少数民族保留了传统的饮茶习俗，如滇南腌茶、凉拌茶、水茶、竹筒茶、彝族烤茶等。其中云南大理的白族三道茶是白族人民特有的茶道文化：一道茶，烘烤茶叶后注沸水，浓香苦涩；二道茶，在苦茶中加乳扇片、核桃、芝麻、红糖，苦中带甜；三道茶，在茶水中加肉桂、花椒、生姜、蜂蜜等，甜中带辣。此茶一苦二甜三辣，道尽人生酸甜苦辣，寓意深远。

湖北、湖南的西部山区有一些少数民族聚居，他们也保留着传统的饮茶习俗。其中，在湖北西部的土家族有饮用油茶汤的传统。制作油茶汤的原料丰富多样，包括茶叶、玉米、黄豆、花生米、核桃、米花、干豆腐丁、粉条等。这些原料经过油炸或煎制处理后，注以清水煮沸，再加入食盐、大蒜和胡椒等调料。

长江下游历史上一直是经济和文

斗茶图　清·严泓曾

化非常发达的地区，这里的居民绝大多数是汉族，其茶俗自然而然地体现了汉族文化的特点。其中有一些具有特色的饮茶方式，如江南元宝茶、杭州七家茶和皖南琴鱼茶。

江南元宝茶。春节期间，好客的江南人会端上一杯元宝茶。其制法很简单：在精美的茶碗内放上两颗青橄榄和几片茶叶，沏上开水就成。客人在喝完茶汤后，再吃掉两颗青橄榄。两颗青橄榄代表一对金银元宝，寓意恭喜发财。

杭州七家茶。每年立夏之日，杭州茶区的茶农家家户户都要用当年采摘制成的新茶烹成茶水，并配以诸色细果为茶点，馈送亲友和邻居。赠送的范围一般是左三家、右三家，加上自己一家，共计七家，故称“七家茶”。

皖南琴鱼茶。皖南地区的泾县琴溪镇，毗邻一条名为琴溪河的小河，河中生长着一种体长不足一寸的小鱼，被当地人命名为琴鱼，此鱼以其鲜美的味道而著称。琴溪人捕捞琴鱼后，利用其新鲜之质，加入盐、茶叶、茴香和糖等调料，用温火慢慢焙熟，随后用炭火烘干，制成琴鱼干以备饮用。当家中来客或家人欲享茶趣时，便在杯中放入几条琴鱼干，然后冲入沸水。琴鱼茶汤色黄亮，清香醇厚，味道独特。

茶俗缤纷，充分体现了长江流域茶文化的和而不同、兼容并蓄。

茶马古道：茶香四溢的旅途

从巴蜀之地的古老茶园，到江南水乡的秀丽茶山，一片片嫩绿的茶叶在云雾缭绕中悄然生长，汇聚成一股股浓郁的茶香，飘散在每一个角落。

长江流域气候温和、雨量充沛、土壤肥沃，为茶树的生长提供了得天独厚的自然条件，自古以来便是中国茶叶的重要产区。正是这得天独厚的自然条件，使得长江流域的茶叶产量丰富、品质卓越，成为中国古代茶叶贸易的重要源头。

随着茶叶的广泛种植和贸易的不断发展，长江流域逐渐形成了以茶叶为中心的贸易网络。而茶马古道，便是这一贸易网络中的重要组成部分。茶马古道，顾名思义，就是用茶叶换取马匹的一条贸易通道。

茶马古道的兴起，与长江流域茶文化的繁荣密不可分。藏族人民有着饮茶的习俗，而他们所居的青藏高原地区素不产茶。为了满足对茶叶的需求，藏族人民不得不通过各种途径从外地获取茶叶。而长江流域凭借其丰富的茶叶资源和便利的水路交通，自然而然地成了茶叶输往青藏高原的主要源头。在茶马古道上，茶叶从四川、云南等产地被源源不断地运往西藏，满足了藏族人民对茶叶的渴求。而藏族人民则以马匹、藏药等商品作为交换，与汉族商人进行贸易往来。这种互利的贸易模式，促进了双方经济的繁荣，推动了文化的交流与融合。

茶马古道的形成，并非一蹴而就。它始于唐宋，盛于明清，历经千年的风霜雨雪，逐渐发展成为一条连接中原与青藏高原的重要商贸通道。这条通道以川藏道、滇藏道与青藏道（甘青道）三条大道为主线，辅以众多的支线、辅线，构成了一个庞大的交通网络。它地跨陕、甘、贵、川、滇、青、藏，外延达南亚、西亚、中亚和东南亚各国，成为一条跨越时空的贸易纽带。

在茶马古道上，马帮成为茶叶运输的主力军。他们身着粗布衣裳，脚蹬草鞋，肩扛背驮，沿着崎岖不平的山路，翻山越岭、

茶马古道上的背茶人

跋山涉水，将茶叶从长江流域的茶园运往青藏高原的雪山草原。这一路上，他们不仅要面对崇山峻岭、急流险滩等艰难险阻，还要时刻警惕盗匪的侵扰和野兽的袭击。然而，正是英勇无畏的马帮，用他们的汗水和生命，铺就了这条通往雪域高原的茶马古道。

茶马古道的贸易，不仅仅局限于茶叶和马匹的交换。随着贸易的不断发展，古道上的商品种类也日益丰富。纺织品、用具（如邛竹杖、铁器、琉璃）、货币（如海贝、铜钱）等物资在古道上流通，为沿线各族人民提供了丰富的物资和生活用品。同时，贸易活动也带来了各地生产技术的传播与交流，促进了沿线地区的经济发展和社会进步。

在长期的贸易活动中，汉、藏、羌、彝、蒙等各族人民在茶马古道上相遇相知，共同创造了丰富多彩的文化遗产。他们通过贸易活动，共享了物质、技术、语言和文化，彼此之间的认同感和凝聚力日益增强。茶马古道不仅是一条商贸之路，更是一条文化交流与文明交融之路。

随着时间的推移，茶马古道的功能逐渐发生了变化。如今，它已经不再是一条繁忙的商贸通道，而是一条充满历史韵味和文化底蕴的旅游路线。人们沿着这条古老的通道，感受着茶文化的博大精深和茶马古道的传奇魅力。

陶瓷：中国文化名片

陶瓷是“五行具备”的器物：抟土而成，施以釉水，以金属氧化物着色，再入窑炉，以木生火烧制。

五种自然元素相遇，涅槃成瓷。

长江陶瓷文化可追溯到新石器时代。此后，经过数千年的发展，长江流域形成多个著名的陶瓷体系，如越窑、繁昌窑、龙泉窑、长沙窑等。而瓷都景德镇从青白流韵到彩瓷缤纷，生产的品种几乎贯穿了中国陶瓷史。

在国外，瓷器就是中国的代名词。长江流域的陶瓷以其独特的艺术风格和精湛的工艺，成为中国文化的一张亮丽名片。

原始瓷：人类早期的艺术创造

长江流域是世界上最早烧造陶器和瓷器的地方之一。2万年前，长江中游的湖南、江西境内诞生了原始的陶器。夏商时期，原始瓷在印纹硬陶工艺基础上正式诞生。以德清为中心的东苕溪中游地区是先秦时期原始瓷窑址的重要分布区，迄今已发现窑址 100 多处，年代从夏商时期一直持续到战国。此地出土的原始瓷数量庞大，制作和装烧工艺逐渐成熟，为后来汉代青瓷的诞生奠定了坚实的基础。3000 多年前的夏代晚期到商代早期，在长江下游地区诞生了原始的瓷器。

无锡鸿山邱承墩出土的原始瓷乐器

商代原始瓷的常见器形有瓮、罐、罍、尊、碗、簋、豆等。拍印与刻画的纹饰有方格纹、叶脉纹、锯齿纹、云雷纹、网纹、S 形纹、圆圈纹、弦纹、绳纹等。江西樟树吴城遗址出土的一件高圈足假腹原始瓷豆、一件敛口原始瓷罐，灰白胎质，表面施米黄色釉，口、肩部饰三道绳索状堆纹，口沿周边有四个对称的桥形纽。这些器物和原始陶相比，胎质较为细密，打磨也较精细，有施釉工艺，并且有一些复合型图案与装饰。

吴城遗址出土的高圈足假腹原始瓷豆

西周时期，长江流域的江西、江苏、浙江乃至湖南、湖北各省，都有大量原始瓷出现。原始瓷胎质灰白坚密，釉面青亮，有的光泽度好，质量高，几乎可以和六朝时期越窑的青瓷媲美。器类有豆、尊、折腹罐、圆腹罐、碗等，以豆最为常见。纹饰则有曲折纹、云雷纹、方格纹、席纹、叶脉纹、弦纹、水波纹等，且常常在同一器物上同时使用多种纹饰，组成复合图案，还具有西周铜器纹饰的某些艺术特色。

东周时期，由于绝大多数器皿从泥条盘筑的手制成型改为轮制成型，因而器形规整、胎壁变薄、厚薄均匀。胎壁变薄，促使瓷土加工精细化，胎质变得更加细腻。此时江浙一带的硬陶和原始瓷在陶器中所占比例达 90%，器物的形制具有浓厚的吴越文化色彩。

秦汉时期，南方的原始瓷制作技术更趋成熟，质量大多接近青瓷。东汉晚期，青瓷器大量出现，所谓的“原始瓷”彻底退出，中国陶瓷进入新的发展阶段。

越窑、繁昌窑：千年窑火，青白流韵

越窑是中国古代最著名的青瓷窑系，被称为“母亲瓷”。它的起源可以追溯至东汉时期。

越窑初创于东汉时期，经过三国、西晋、东晋、南北朝，至晚唐因“秘色瓷”达到巅峰，直至宋代因被龙泉窑超越而衰落，越窑的发展历程跨越千余年。其窑址主要集中于浙江省的余姚上林湖，并在上虞、绍兴、宁波、永嘉等地广泛分布。

三国时期，东吴孙氏政权控制江东，社会相对稳定，为越窑青瓷的发展提供了良好的社会环境。西晋永嘉年间（307—313 年），北方战乱导致大量人口南迁，进一步促进了长江中下游地区的农业发展，为手工业的发展创造了条件。

唐代，随着国家的繁荣昌盛和民众的日益富裕，越窑的瓷业声名远播，享誉各地。饮茶风尚的兴起进一步推动了越窑的发展，其生产规模迅速扩大。在这一背景下，越窑青瓷与北方的邢窑、定窑白瓷形成鲜明的对比，并称“南青北白”，成为中国陶瓷史上的两大流派。

晚唐、五代时期，越窑达到发展的顶峰，成为官窑，专门为宫廷烧制瓷器。这些瓷器以其独特的“秘色”著称，标志着越窑青瓷的黄金时代到来。这些贡品不仅深受皇家、贵族的喜爱，也得到了文人雅士的高度评价。唐代茶圣陆羽将越窑列为全国名窑之首，而晚唐诗人陆龟蒙的一首《秘色越器》成为越窑的广告词：“九秋风露越窑开，夺得千峰翠色来。好向中宵盛沆瀣，共嵇中散斗遗杯。”

五代时期，中原地区饱受战乱之苦，而江南地区在钱氏的治理下，采取“保境安民”的政策，使两浙及苏南地区的经济得以迅速发展。在这一背景下，秘色瓷被大规模制造。越窑的匠师们利用当地优质的瓷土资源，不断创新工艺，五代末期到北宋早期，越窑青瓷的装饰艺术水平达到一个新的高峰。产品普遍采用刻画花纹装饰，这些精美的纹饰或是与瓷器明净光亮的青绿釉色相结合，或是与金银包镶边扣饰相搭配，显得光润夺目。

越窑青瓷声名远播，产品远销至朝鲜半岛、日本乃至埃及等地，成为古代中国外交的“艺术大使”之一。

在越窑的辉煌时期，皖南也出现了一个著名的瓷窑——繁昌窑。

繁昌窑位于长江下游，在古代属于宣州，是该地区唯一专烧青白瓷的大型瓷窑。其出品的青白瓷种类丰富，包括碗、盏、碟、盘、壶、罐、炉、盒等多种器型，造型工整，胎质洁白细腻，釉色呈现白中泛青、青中显白的独特色调，釉面莹润，制作工艺精细。

有学者对繁昌窑青白瓷瓷胎成分和窑址附近制瓷原料矿物成分进行对比分析，认为繁昌窑在制瓷技术上进行了重要的革新。当时的人们利用当地优质细腻的瓷土原料，并创造性地添加了高岭土。这种“二元配方”，改变了胎泥的性能，成功烧制出了独具特色的青白瓷。这一突破性的制瓷工艺使繁昌窑进入中国青白瓷系的第一方阵。更有学者研究认为，南唐名画《韩熙载夜宴图》中所使用的瓷器极有可能出自繁昌窑。

繁昌窑青白釉托盏

繁昌窑青白釉莲瓣纹炉

和越窑一样，繁昌窑瓷器也曾大规模参与过海上对外贸易。江苏张家港码头遗址及印坦沉船、井里汶沉船，东非肯尼亚的出土瓷器中均有繁昌窑出产的瓷器。可以推知，公元10世纪，当北方白瓷出口受阻时，位于长江边上的繁昌窑出产的瓷器则成为最重要的外销瓷之一。

北宋晚期至南宋，越窑因转型失败衰落，而在吴越官窑影响下崛起的新秀——龙泉窑盛行一时。它吸收南宋官窑“薄胎厚釉”的特点，提升了青瓷烧制技术，以其卓越的成就取代了越窑，成为中国青瓷窑系的又一个传奇。

长沙窑：彩瓷上的“市民文学”

长沙窑又称铜官窑，位于长沙市西北约 30 千米的湘江东岸望城区铜官镇一带。铜官镇的陶城，房顶覆盖琉璃瓦，烟囱高低错落，生产机器日夜轰鸣，陶瓷产品色彩斑斓，形成独特的陶都风情。

长沙窑兴起于“安史之乱”，盛于晚唐，衰于五代。其融合南北陶瓷烧造技术，并广泛地将绘画、书法等艺术形式用于瓷器装饰，开创了中国古代瓷器装饰新风尚。

长沙窑青釉“君生我未生”瓷壶

长沙窑打破了当时以青、白单色釉为主的瓷器生产格局，成功烧造出酱釉、绿釉、黑釉、红釉以及窑变釉等种类丰富的色釉瓷器，并在单色釉的基础上有所创新，开创模印贴花，即用陶泥模印出花纹后，粘贴在瓷壶的系纽等部位，再施以彩釉，创造并发展了釉下彩绘。长沙窑采用人物、动物、植物、山水、云彩等彩色绘画纹饰，使陶瓷装饰变得丰富多彩，这是中国瓷器从注重釉色转变为注重彩绘装饰的转折点。唐代长沙窑的兴起，使长江流域形成青、白、彩瓷三足鼎立的局面。

长沙窑以其艺术创造性著称，器物种类繁多，包括壶、瓶、杯、盘、碗、碟、砚、盂、坛、熏炉、脉枕等，形态各异，有菱形壶、莲花形碗、葵花形高足盂、羊形灯、锭形枕等。此外，还有许多以人物、禽兽、鱼类等为造型的儿童玩具，部分玩具设有吹孔，可以作口哨，能吹出简单的音节。这些动物造型的器物表情传神，栩栩如生，展现了长沙窑陶瓷制作的高超技艺。

“以诗饰瓷”是长沙窑窑工的创造。目前已发现的长沙窑瓷器上的诗作有100余首，多创作于唐代，但绝大多数不见于《全唐诗》。诗的内容非常丰富，涵盖面很广，有酒诗、情诗、离别诗等，口语化明显，是典型的通俗文学。那首流传甚广的“君生我未生，我生君已老”第一次面世，就是在长沙窑的瓷器上。

大唐盛世诗酒狂欢，那些无法进入典籍的“市民文学”，则被工匠们刻在长沙窑的瓷器上，流传后世。

龙泉窑与哥窑：一段江湖演绎

宋代，浙江最出名的瓷窑是后来居上取代越窑的龙泉窑，因其主要产区在浙江省龙泉市而得名。龙泉窑创烧于北宋早期，南宋中晚期进入鼎盛时期，至明代中叶以后渐趋衰落，烧造历史有七八百年之久。古陶瓷专家陈万里说：“一部中国陶瓷史，半部在浙江。一部浙江陶瓷史，半部在龙泉。”

龙泉窑瓷器呈现的是青瓷的极致之美：胎体薄如纸，温润如玉，简约素雅，以粉青、梅子青为世人所珍，是龙泉窑系的主流。有“雨过天青云破处，梅子流酸泛绿时”之说，南宋时期，龙泉青瓷几乎成为“宋式审美”的代名词之一。

宋代五大名窑之一的哥窑，据说也是龙泉窑的一支，但迄今未发现确切的窑址，起源年代尚有争议，文献记载和考古实证亦有互相冲突之处。

而在民间传说中，哥窑与龙泉窑本是同源同根。相传宋徽宗政和年间（1111—1118年），浙江龙泉县有章氏两兄弟，祖上是烧窑出身，这两个兄弟成家立业后，因矛盾激化，自立门户分开烧窑。哥哥烧造的瓷窑叫“琉田窑”，也叫“哥窑”。弟弟烧造

哥窑青釉贯耳瓶

龙泉窑玉壶春瓶

的窑叫“龙泉窑”，又称“弟窑”，弟弟延续家姓，故此窑也叫“章窑”。两窑在工艺上争奇斗艳，烧造水平可以和当时的官窑相媲美。

前人论宋代五大名窑：“雨过天青话汝窑，如冰似玉品官窑，金丝铁线论哥窑，夕阳紫翠赏钧窑，洁白无瑕鉴定窑。”“金丝铁线”是哥窑器物独一无二的特征，亦称“百圾破”或“百圾碎”。

哥窑瓷器上黄黑相间的裂纹，就是“金丝铁线”。“金丝铁线”的形成是因为瓷器在烧造过程中，由于胎质和釉的膨胀系数不同，出窑后开裂，开片纹路种类繁多，行家将其分为鳝血纹、黑纹、浅黄纹、梅花纹、鱼子纹、细碎纹、冰裂纹等。

这种开片纹，本属于烧造工艺上的一种失误。有记载称，当时窑工发现瓷器上有开片纹后认为是废品，上报督陶官，请求报废处理。但督陶官发现破碎的釉面有一种天然的美，于是将本欲丢弃的器物保留下来，由此开始刻意追求这样一种独特之美。

窑工反复试验，终于掌握了瓷器釉面开裂的规律，哥窑瓷器就此诞生。古人盛赞这种开片之美：“观之无向，折之无痕，自然延伸，如惊鸿暗渡，去留无痕。”

兄弟相争，造就的是双峰并峙的工艺之美。不论这段演绎是真是假，我们都看到了圆满的结局。

景德镇：姹紫嫣红开遍

江西是闻名遐迩的瓷省，景德镇则是享誉世界的瓷都。从汉代的青瓷到宋代的青白瓷，再到元明清时期的彩瓷，景德镇的陶瓷承载并见证了千年的历史变迁。

景德镇地区的制瓷业“始于汉室”，但此时的瓷器“质甚粗，体甚厚，釉色淡而糙”，“只供同俗粗用”，并不远销。《景德镇陶录》记述唐初武德年间（618—626 年）景德镇创烧了青白瓷。据说当时有陶、霍两家烧造青白瓷，其质薄色润，佳者莹缜如玉，人称“假玉器”。因其被作为贡品进献给朝廷，受到重视而声名鹊起。但在景德镇一带至今尚未发现属于唐代的青白瓷窑址，也没有在陕西关中唐墓中见到青白瓷实物，所以目前陶瓷史界对这种记述存疑。

宋代是景德镇陶瓷发展的重要时期。宋真宗景德年间（1004—1007 年），皇帝赵恒派人到景德镇为皇家制造御用瓷器，底书落款“景德年制”四字，因御瓷“光致茂美，四方则效”，于是“天下咸称景德镇瓷器”，景德镇因此得名，并沿用至今。

宋代的景德镇不仅烧造出了温润如玉、品种繁多的影青釉刻花瓷，而且成功烧造出大批造型各异、风格独特的影青釉瓷雕，仿造出了多种颜色的釉瓷器。景德镇陶瓷真正成为中国陶瓷的地标产品是在元代。蒙古族人民喜爱白色，以白为贵，而景德镇恰好以青白瓷闻名。因此，在至元十五年（1278 年），元朝政府在景德镇设立了专为宫廷和官府服务的“浮梁瓷局”，这便是景德镇御窑厂的萌芽。浮梁磁局的制瓷匠人可以免除徭役，世代传承，

青花瓷碟

釉里红牡丹纹瓷碗

中原的制瓷业渐渐向景德镇集中。景德镇也成为元代最大的官窑所在地。

明清时期，景德镇皇家窑厂得到进一步发展。洪武二年（1369年），明朝开国皇帝朱元璋在元代浮梁瓷局的基础上设立了御器厂，专门烧造皇家用瓷。据清乾隆二年（1737年）《浮梁县志·建置·景德镇厂署》记载，御器厂建于里仁都珠山之南，规模宏大，后来更是不断扩建，围墙绵延五里多。明朝灭亡后，清朝沿袭明制，清康熙年间（1662—1722年）改称为御窑厂。御窑厂作为专门管理和组织烧造御用瓷器的官府行政机构，前后延续了500多年。在这漫长的岁月里，御窑厂的规模不断扩大，建有衙署、作坊、窑房以及附属的祠、庙、亭等建筑，成为当时景德镇最为壮观的建筑群之一。

这个时期，景德镇除了继续大量烧造青白瓷，最具有划时代意义的是成功烧造出了青花瓷和釉里红瓷。

我们日常说的青花瓷，就是指元代景德镇创烧的白地蓝花瓷。釉里红瓷则是以氧化铜为呈色剂，在胎上彩绘施釉后，经过1300多度高温煅烧而成的瓷器。釉里红瓷白地红花，颜色鲜艳如彩霞。

青花瓷和釉里红瓷的成功烧制，使釉下彩瓷发展到一个新的阶段，标志着中国陶瓷从素瓷到彩瓷的转变。

明代，景德镇真正成为“天下窑器之所聚”之地，广采博收，大胆创新，“开创了一代未有之奇”。清代，景德镇陶瓷无论是官窑还是民窑出产，都达到了“参古之世，运以新意，用诸巧妙，于彩绘人物、山水、花鸟，尤各极其胜”的地步。

元明清时期，青花瓷以清新脱俗的蓝白色调，成为彩瓷中的佼佼者。青花釉里红瓷则在青花的基础上，加入红色的釉下彩绘，形成独特的艺术效果。五彩瓷以丰富的色彩组合，展现出绚丽多彩的视觉效果。斗彩瓷和粉彩瓷则是在釉上彩绘的基础上，通过精细的工艺，使瓷器的色彩更加丰富和立体。珐琅彩瓷以独特的光泽和色彩，为彩瓷增添了一份奢华之感。素三彩瓷和墨彩瓷则以简洁的色彩和深邃的内涵，展现出瓷器的另一种美学风格。

清代粉彩御窑厂图大瓶

景德镇以其卓越的工艺和创新精神，走在彩瓷发展的最前沿，成为中国乃至世界陶瓷艺术史上绚丽的一章。

宜兴紫砂陶：壶中日月长

长江沿线江苏南端，太湖西岸，“陶都”宜兴因一种泥土而闻名。这种泥土，名为“紫砂泥”。

宜兴以紫砂泥制陶，从宋代就开始了。考古工作者在羊角山古窑就发掘出土了很多宋代中期的紫砂残片，而在宋代诗人欧阳修、梅尧臣等人的诗作中，也都有关于紫砂茶具的诗句，如梅尧臣有“小石冷泉留早味，紫泥新品泛春华”与“雪贮双砂罂，诗琢无玉瑕”等茶诗佳句。所谓“紫泥”“砂罂”，指的就是宜兴紫砂壶。紫砂壶属无釉陶器，其质地细腻，含铁量高，烧成温度比一般陶器高，胎体物理性能与其他陶器也有所不同，具有适当的透气性，且冷热骤变不易炸裂。用其泡茶，可以使茶的醇香得到最佳发挥。

见于文字记载的第一位壶艺家，当属明朝宜兴金沙寺的一位“金沙寺僧”。明代周高起的《阳羡茗壶系》，作为已知最早的紫砂研究著作，在《创始》篇中明确记述：“金沙寺僧，久而逸其名矣。闻之陶家云，僧闲静有致，习与陶缸瓮者处，抟其细土，加以澄炼，捏筑为胎，规而圆之，刳使中空，踵傅口、柄、盖、的，附陶穴烧成，人遂传用。”因此，将紫砂壶从日用陶器中区别出来，自金沙寺僧始。

宜兴紫砂陶制作技艺成品以茗壶为代表，有光器（又分圆器和方器）、筋纹器和花器等不同的造型流派。紫砂器内外一般均不施釉，以纯天然质地和肌理为美。紫砂茗壶的造型千姿百态，有几何形、自然形（花素器）、筋纹器及水平壶和茶器等，在紫砂茗壶的不同发展时期，几类造型的壶都有制造，但每个时期的主流各有所偏重。

明嘉靖至万历年间（1522—1620年），先有董翰、赵梁、元畅、时鹏“四大家”，继有时大彬、李仲芳、徐友泉“三大家”。其中以时大彬最负盛名。其制壶技法一改早期的制法，完全改用槌片、围圈、打身筒的成型法和泥片镶接成型法，是紫砂技艺上的一个飞跃。

宜兴时大彬制紫砂壶

宜兴杨彭年款紫砂壶

明末至清雍乾年间（17 世纪中晚期至 18 世纪中晚期），紫砂工艺向装饰纹样、花样图案造型发展。明末清初项圣思所作“桃杯”，制作精细，形象完善。清朝最突出的代表为康熙晚期的陈鸣远，他的作品以技巧和创意见称。

19 世纪早期，紫砂陶风格有很大转变，关键人物是学者陈鸿寿（号曼生），他首次把篆刻作为一种装饰手段施于壶上。制壶大家邵大亨，活跃于嘉庆、道光年间（1796—1850 年），开一代纤巧之风。制壶名手杨彭年，以高超的技艺和独特的风格赢得了“彭年壶”的美誉。20 世纪中期，一代宗师顾景舟开创当代文人茶器，形成风靡至今的“顾派”。

紫砂陶从明代晚期开始进入海外市场。它以素朴的美质、别具一格的风雅，和瓷器比肩而立，一争风流。在国外，它被称为“朱泥器”或“红色瓷器”。

美食：烹江河入味

四季流转，山水相依，因时制宜，就地取材，促成各种食材的美妙相逢。

长江流域自然条件优越，生物资源多样，各地因地理环境不同而形成风味各异的饮食文化。著名的“长江三鲜”是江南至味，沿江而下的川、湘、徽、苏、浙五大菜系则组成了巴蜀文化、荆楚文化、徽文化和吴越文化的美食版图。

一日三餐，烟火百味。舌尖上的长江，由浓香辛辣到清淡甘甜，品味的，是大自然不同的恩赐，更是长江流域人民对于美食不同的解读与体悟。

长江三鲜：有口皆碑的“江南至味”

长江流域的饮食，最被人津津乐道的，当数“长江三鲜”。

鱼藻图　清·郎世宁

长江流域，尤其是长江中下游地区，拥天时地利之便，是咸淡跨界的洄游鱼类的理想栖息地。长江三鲜，是很多饕餮客的心头最爱，也是有口皆碑的江南至味。

长江三鲜，具体指哪三种呢？一曰刀鱼，又称江刀，学名长颌鲚，体形细长，因形状像刀而得名，是春季的佳肴。二曰鲥鱼，是一种洄游性鱼类，以鲜美的肉质和独特的风味而闻名。三曰河豚，学名河鲀，别名艇巴、腊头等，因其外形似"豚"，又常在河口一带活动，江浙一带俗称河豚。

"肩耸乍惊雷，腮红新出水。佐以姜桂椒，未熟香浮鼻。河豚愧有毒，江鲈惭寡味。"宋代刘宰曾举办刀鱼宴为朋友送行，并写下这首诗。可见，在他心里，刀鱼的美味胜过鲈鱼，又比河豚安全，是不容错过的佳肴。

刀鱼的优点很明显：易捕捞，上市时间最早，肉质细腻、爽滑，含有丰富的营养成分。明末清初文学家李渔在《闲情偶寄》中写道："若江南之鲚，则为春馔中妙物，食鲥鱼及鲟鳇有厌时，鲚则愈嚼愈甘，至果腹而犹不能释手者也。"可见，美食家李渔也是嗜食刀鱼的。

鲥鱼是鱼中的"贵族"，它个性独特，特别爱惜它的"羽毛（鳞片）"，宁肯雍容华贵地死，也绝不鳞片破损地活。据记载，明万历年间（1573—1620年），鲥鱼已被列为贡品；清康熙年间（1662—1722年），鲥鱼更成为满汉全席中的重要菜肴。严光、苏轼、袁枚等都是历史上有名的"鲥鱼爱好者"，何景明、郑板桥等曾赋诗称鲥鱼为"南国绝色之佳"。"红烧鲥鱼两头鲜，清蒸鲥鱼诱神仙"，这是民间对鲥鱼的描述。

有无数诗词歌赋称赞鲥鱼的鲜美，亦有不少表达了对鲥鱼刺多的遗憾。"最爱鲜鳞出素波，金盘玉箸荐银梭。人生事事元堪恨，岂独鲥鱼骨太多。"明代江南诗坛盟主胡应麟对鲥鱼的感叹，道出了很多人的心声。民国女作家张爱玲总结"人生三大恨事"，第一便是"鲥鱼多刺"。

"竹外桃花三两枝，春江水暖鸭先知。蒌蒿满地芦芽短，正是河豚欲上时。"苏轼的这首诗朗朗上口，把春天的一道美味——河豚推上餐桌。长江三鲜中，河豚以其独特的风味和口感脱颖而出，其带有肉刺的鱼皮富含胶质，黏口而肥嫩，鲜美至极，几乎入口即化。一句"食河豚而百无味"，道尽了河豚的鲜美，但其美味与剧毒并存，一般人未必敢轻易尝试。

长江流域流传着"苏东坡拼死吃河豚"的故事：一次，苏东坡的朋友得到一条河豚，仔细洗净，精心烹制后，请苏东坡前来品尝。因是初次制作，朋友家人不敢先食，都躲在屏风后，希望听到美食家苏东坡的评价。河豚端上桌，苏东坡二话不说拿起筷子大快朵颐，室内唯闻咀嚼之声。过了好久，大家正心存疑惑时，只听苏东坡长吟一声："也值一死了！"

为了保护长江渔业资源，2021 年 1 月 1 日，长江十年禁渔计划正式启动，在长江干流和重要支流、大型通江湖泊、长江河口规定区域等重点水域全面禁止天然渔业资源的生产性捕捞，品尝"长江三鲜"暂时成为历史。不过，在科学家的努力下，鲥鱼和刀鱼人工养殖技术成熟，河豚也实现了无害化繁育，时令江鲜已经走向更多地区，人们可随时尝到舌尖上的江南美味。

长江饮食："衣食不期而至"

《史记·货殖列传》中提到，楚越地区土地辽阔、资源丰富，人们无须依赖贸易即可自给自足，没有饥饿之忧。《汉书·地理志》也记载了成都平原的居民以稻米和鱼类为日常食物，不必担心灾荒年的粮食短缺。

这些记载，说明长江流域很早就拥有多样化的生物资源，如茂密的森林以及众多的野生动物和丰富的野生植物。除了黄河流域常见的农作物如粟、黍、菽等，长江流域还种植水稻，这使得长江流域在饮食文化的物质资源方面，比黄河流域更为丰富和多样。

"衣食不期而至"，人类的基本生存有了保障，饮食文化就提上了日程。

《楚辞·招魂》中记载"室家遂宗，食多方些"，这是对楚地饮食文化的高度概括。楚地居民在饮食文化方面表现出极强的创造力和多样性：楚人喜欢将多种谷物混合制成饭，不仅丰富了口感，也体现出对食物营养的重视。在肉食方面，楚人的烹饪方

《诗经名物图解》中的笋

法也多种多样，包括煮、烧、烤、煎、卤、蒸等，使得肉食的口味千变万化。楚人选用的食材种类繁多，如鳖、羊、鹌鹑、猪、天鹅、鸡、雁等，显示了楚地生物资源的丰富性。楚人对羹汤有着特别的喜好，特别是鱼汤和龟汤。这些汤品不仅美味，也体现了楚地水域资源丰富的特点。在调味上，楚人注重使用桂、姜、椒、葱等香料，讲求五味的平衡，反映了楚人对食物味道层次的精细把控。楚人还喜欢用植物的叶、花等来熏衬食物，如用松针垫底、荷叶包裹粉蒸肉，不仅增加了食物的香气，也体现了人们对食物外观和气味的重视。楚地还有着食酱、蹲鸱（芋头）等习俗，并且形成宴聚的传统。

吴越地区因邻近海滨，常用鱼作为食材，形成丰富的鱼类饮食文化。

巴蜀地区则形成“尚滋味，好辛香”的传统，特别重视姜、茱萸、花椒等辛辣调料的使用，其中花椒尤为重要。这成为巴蜀饮食文化的一个显著标志。

自唐宋时期起，中国的政治、经济和文化重心逐渐向东南方向转移，长江流域社会经济地位显著提升，长江流域的饮食文化在深度和广度上也都超越了北方地区。以吴越地区为例，根据《清异录》的记载，该地区的食材十分丰富，包括南方的螃蟹（螃蟹）、北方的红羊（北山羊）、东方的虾鱼以及西方的枣子粟米，几乎囊括了所有种类的食材。南宋时期的临安城（今浙江杭州）饮食业非常繁荣，酒楼和食店林立，点心店遍布全城。《梦粱录》和《武林旧事》两部文献详细记载了杭州大量饮食店名，其特色小吃种类繁多，竟有100多种。杭州人对蟹尤其钟爱，食用方法多样，体现了当地饮食文化的多样性和创新性。

自汉晋以来，游宴的传统风俗在长江上游地区一直盛行不衰。这不仅是一种社交活动，也是展示烹饪技艺和享受美食的重要场合。在这一时期，出现许多较有名气的菜品，体现了长江上游饮食文化的多样性。

值得一提的是，许多菜品都与历史上的文化名人有关联，如诸葛菜与诸葛亮、元修菜与苏轼、棕笋与陆游、苦笋与黄庭坚等。这些菜品不仅美味，也承载了丰富的文化内涵。

明清时期，随着徽商崛起，徽菜流布甚广。同时由于长江流域的移民运动，来自不同地区的人们汇聚于此，带来了他们各自的饮食文化。不同饮食文化进行交流与融合，形成一种新的饮食文化特色，从而推动了长江流域饮食文化的多样化。

明清时期也是中国与外界交流日益频繁的时期，许多外来的食材和调料被引入中国，尤其是长江流域。这些外来食材包括胡萝

春宴图　南宋·佚名

卜、丝瓜、马铃薯、甘薯、玉米、辣椒等，它们丰富了当地的食材，为烹饪提供了更多可能性。特别是辣椒，很快受到当地居民的喜爱，并逐渐成为长江中上游地区不可或缺的调味品，为该地区近现代饮食文化的发展奠定了新的基础。

五大菜系云集长江

长江流域饮食文化是一个多元交汇的文化体系。这一文化体系由不同历史时期、不同民族、不同地域的饮食文化相互交流、相互融合而成。

历史上长江流域与其他地区的饮食文化交流大致可分为三个阶段：从魏晋到宋元，三次大规模的北人南迁，以粟麦为代表的北方元素丰富了长江流域的饮食内容；明清时期，以玉米、番薯、辣椒为代表的近 30 种原产自美洲的作物先后传入，改变了长江流域的饮食结构；近代以来，中西饮食文化的交流为长江流域饮食文化注入了新的文化因素。

因地理环境的不同，长江流域的饮食文化呈现出丰富多元的状态。通过文化交流，长江流域风格各异的饮食文化相互交融、互相渗透，形成既具有地域特色又不乏时代气息的各种菜系。

中国八大菜系中，川、湘、徽、苏、浙五大菜系都出现在长江流域，充分彰显了长江饮食文化的魅力。

川菜源于古代蜀国，秦汉时期初现雏形，汉晋时期古典川菜成型。唐宋时期川菜出川，川食店遍及宋朝都城开封和临安，以其“物无定味，适口者珍”的风味赢得众多食客青睐。川菜作为一个独立的菜系在两宋时期形成。明清时期，川菜进一步发展，直至民国时期，川菜最终形成“一菜一格，百菜百味”“清鲜醇浓，麻辣辛香”的特点。

过去人们常以为川菜只是“麻、辣、烫”，其实川菜虽以麻辣见长，但并不以麻辣掩盖其他味，而是麻、辣、咸、鲜诸味皆备。川菜厨师用辣椒这个调味品做出了香辣、麻辣、咸辣、酸辣等不同风格的菜肴，口感十分微妙。川菜口味多种多样，变化无穷，一般有鱼香味、荔枝味、咸鲜味、酸辣味、麻辣味、糖醋味、姜汁味、酱香味、蒜泥味等 30 多种口味。川菜讲究综合用味，并突出主味，有主有次，将酸、甜、咸、麻、辣五味的调味品掌握好，即可“五味调和百味出”，故人称“味在四川”。

湖南地处我国中南地区，气候温暖，雨量充沛，自然条件优越。湘西多山，盛产笋、蕈等山珍野味；湘东南为丘陵和盆地，畜牧业和渔业发达；湘北是著名的洞庭湖平原，素称“鱼米之乡”，丰富的物产为饮食提供了精美的原料。

川菜麻婆豆腐

湘菜，以湘江流域、洞庭湖区和湘西山区三种地方风味的菜品为基调。湘江流域菜以长沙、衡阳、湘潭的菜品为中心，其中以长沙、衡阳两地的菜品为主，讲究菜肴内涵的精当和外形的美观，色、香、味、器、质和谐统一，因而成为湘菜的主流。洞庭湖区菜以常德、岳阳两地的菜品为主，擅长制作河鲜水禽；湘西地区菜则由湘西、湘北的民族风味菜组成，以烹制山珍见长。

湘菜剁椒鱼头

湘菜历来重视原料互相搭配，滋味互相渗透，调味尤重酸辣。因地理位置的关系，菜肴多用酸泡菜作调料，佐以辣椒烹制而成，开胃爽口，成为独具特色的地方饮食。

徽菜起源于南宋时期的徽州府（包括现安徽省黄山市主体部分、江西省婺源县以及安徽省宣城市绩溪县），得天独厚的自然条件成为徽菜发展的有力物质保障。同时，徽州名目繁多的风俗礼仪、时节活动，也有力地促进了徽菜的形成和发展。在绩溪，民间宴席中，县城有六大盘、十碗细点四，岭北有吃四盘、一品锅，岭南有九碗六、十碗八等。

徽菜的特点，一是就地取材，以鲜制胜。徽地物产丰富，就地取材使菜肴地方特色突出，口感鲜嫩。二是善用火候，火功独到。根据不同原料的质地特点、成品菜的风味要求，分别采用大火、中火、小火烹调。三是娴于烧炖，浓淡相宜。除爆、炒、熘、炸、烩、煮、烤、焐等技法各有千秋外，尤以烧、炖及熏、蒸菜品闻名。四是注重天然，以食养身。徽菜继承了医食同源的传统，讲究食补，代表菜肴有“腌鲜鳜鱼（臭鳜鱼）”“徽州一品锅”“问政山笋”“徽州火腿”“中和汤”等。

由于徽商的崛起，这种地方风味逐渐进入市场，流传于苏、浙、赣、闽、沪、鄂等区域，具有广泛的影响。明清时期，徽菜一度居于八大菜系之首。

除了徽州菜，安徽还有沿江菜和沿淮菜。根据 2009 年出版的《中国徽菜标准》，正式确定徽菜包含皖南菜、合肥菜、淮南菜、皖北菜等诸多菜系，成为沿江菜、沿淮菜、皖南菜的总称。其中，沿江菜的兴起区域依傍长江，拥有丰富的水产资源，当地人擅长运用烧、煮、蒸等技法烹制各类江鲜河鲜，讲究食材的原汁原味。

苏菜，即江苏菜，以其独特的风味和精湛的烹饪技艺闻名。

徽州味道

苏菜的历史可以追溯到春秋战国时期。《史记》中早有记载，江苏地区“饭稻羹鱼”，表明这里的饮食以稻米和鱼类为主。随着历史的发展，苏菜逐渐形成自己独特的风格。

江苏菜可分成淮扬、金陵、苏锡、徐海四大流派。其中，淮扬菜是苏菜的代表，以扬州与淮安一线为盛行区域，菜品多用江鱼，口味清淡，做工精细，刀工尤精。最著名的刀工菜莫过于文思豆腐，一块细软的豆腐被切得细如发丝。淮扬菜讲究“赶季”，民谚有云：“醉蟹不看灯，风鸡不过灯，刀鱼不过清明，鲟鱼不过端午。”意思是做醉蟹、风鸡的原料都以正月十五前的为佳，刀鱼过了清明节就不再美味，鲟鱼最好在端午节以前品尝。这种因时而异的

淮扬菜文思豆腐

准则将时令美味发挥到了极致。

金陵菜融江南八方风味，又自成一体，发明了许多影响较大的菜品，如松鼠鱼、蛋烧卖、美人肝、凤尾虾四大名菜，还有盐水鸭、鸭血汤等。金陵菜善用蔬菜，以“金陵三草”和“早春四野”驰名，隋唐已负盛名，至明清成流派，民国时期发展至顶峰，达官贵人请客多以金陵菜为主。

苏锡菜原以咸甜兼具为特点，讲究浓油赤酱。近代，苏锡菜受淮扬菜的影响向清淡口味发展。徐海菜受北方菜特别是鲁菜的影响明显，以鲜咸口味为特色。

浙江菜，又称浙菜，以其清鲜、嫩滑、口味清淡而著称。浙江濒临东海，气候温和，土地肥沃，盛产各种果蔬作物；河网密布，水资源丰富，四季时鲜源源不断；西南部丘陵起伏，盛产山珍野味，这些都为烹饪提供了富足的原料。丰富的烹饪食材与卓越的烹饪技艺相结合，使浙江菜出类拔萃、独成体系。

浙江菜历史上形成杭州、宁波、绍兴三大流派，以杭州菜影响较大。杭州菜做工精细，用料考究，以爆、炒、烩、炸为主；宁波菜以蒸、烤、炖为主，要求原汁原味而口感鲜嫩软滑；绍兴菜则以炒、炖、汆为主，以鲜浓香酥为特色。

总体而言，浙江菜选料讲究，因料施技，注重本味，制作精致，不少名菜有浓郁的文化色彩。如传统名菜“薄片火腿”，片片火

苏锡菜松鼠鱼

腿厚薄均等、长短一致，每片红白相间，造型像江南水乡的拱桥。当代的浙江菜精品迭出，日臻完善，自成一统，有“佳肴美点三千种”之盛誉。

清代著名文学家和美食家袁枚有一本饮食专著《随园食单》，这是他作为“资深吃货”集40年美食实践写成的“探店笔记”，细腻地描摹了乾隆年间（1736—1795年）以江浙地区为代表的饮食与烹饪情况，记录了我国14世纪至18世纪流行的326种佳肴，可以算作长江流域的私人版美食地图。

采四季之鲜，烹江河入味，这是长江流域各大菜系的共性。而舌尖上的酸甜苦辣咸，则是独属于一方乡土的悠长岁月。

美酒：醉了一条大江

中国美酒分为六大产区，即长江流域的四川、贵州产区，黄河流域的山东、河南产区，以及长江流域的江苏、安徽产区。放眼中国白酒版图，每一种风格的美酒都与一条河流相伴相生，彼此滋养，延续千年。

长江流域有着得天独厚的自然条件和深厚的文化底蕴，酿酒历史悠久，从《楚辞》里提到的各种美酒，到汉代蜀地卓文君当垆卖酒，到明代杨慎面对长江写下"滚滚长江东逝水，浪花淘尽英雄……一壶浊酒喜相逢，古今多少事，都付笑谈中"。一条大江，化为舌尖上的馥郁浓香，一壶佳酿，浸润了无数人的故乡。

从传说到考古：长江酿酒溯源

长江酒文化的源头在哪里？考古资料显示，至少可追溯到河姆渡文化时期。再往前推，由于缺乏可靠的考古发现，更谈不上确切的文字资料，就只能“猜想”了。

自古以来，民间就有酒是天上“酒星”所造的说法。《晋书》中有关于酒旗星座的记载。秦汉间辑录古代帝王公卿谱系的《世本》指出：“仪狄始作酒醪，变五味……少康作秫酒。”仪狄被认为是酒的创造者。民间则更倾向于杜康是最早的酿酒者，是因为曹操的那句诗：“何以解忧？唯有杜康。”

那么，到底是谁发明了酒呢？西晋文学家江统在《酒诰》中说：“酒之所兴，肇自上皇；或云仪狄，一曰杜康。有饭不尽，委余空桑，郁积成味，久蓄气芳。本出于此，不由奇方。”他认为，酒的发明不可能是某一个人的功劳，煮熟了的谷物被丢在野外，经自然发酵，就会变成酒。这种见解无疑是符合客观事实的。

由此可知，酒的产生与农业是息息相关的。古人早就明白这个道理，《淮南子·说林训》中说：“清醠之美，始于耒耜。”我们可以从农业的产生入手，探索酒的起源。

1973 年，在浙江省余姚县河姆渡文化遗址，考古工作者发现了人工栽培水稻以及大量的标志原始农业从刀耕火种进入锄耕农业阶段的耒耜。之后，湖南的考古工作者在道县玉蟾岩发现了 1 万年前的稻谷。粮食产量有保障是酿酒的基础。

虽然我们暂时还未发现新石器时代长江流域关于酒的实物，但考古出土的众多酒器，让我们仿佛嗅到了酒的醇香。

由夏至秦，尤其是在商周两代，长江流域的酒文化已有了相当的基础。丰富的考古资料显示，这一时期，酿酒已在整个长江流域普遍发展起来。从上游的古蜀国，到中游的荆楚之地，再到下游的吴越之乡，三地的酒文化形成了长江酒文化发展的基本格局。

蜀国的酿酒史起源早，起点高。1986 年，考古学家在广汉三星堆遗址中发现了400多件青铜制品，其中大量的青铜酒器和陶酒器引人注目。三星堆的青铜酒器包括罍、壶、尊、方彝等类型，特别是尊和觚等酒器。还有一种高领罐，其设计独具特色：罐高约40厘米，腹部鼓圆，领高口直，非常适合密封，既能防止杂菌侵入，又能创造有利于发酵的厌氧环境。罐的下腹部呈反弧形内收，便于加热；底部平坦，虽然不稳，但适合埋在灶坑边的热灰中以保持温度。有学者认为，这种酿酒器具的设计非常科学，体现了三星堆先民的创新精神和独特的审美观。这些精美酒器的出土，无声地展示了蜀国三星堆酿酒业的繁荣和酒文化的丰富。

在三星堆之后，四川其他地方也出土了许多酒器。例如，在彭州竹瓦街出土了一个西周时期的大陶缸，里面存放着尊、觯等酒器。觯是商代晚期和西周初期流行的青铜酒器。

长江中游的楚文化更是与酒结下了不解之缘。

1954年，武汉黄陂盘龙城商代遗址被发现。遗址出土了众多酒器，包括青铜酒器，如觚、爵等，反映了3500

三星堆遗址出土的铜罍

年前武汉地区酒器制作的水平。除了青铜酒器，遗址还出土了陶酒器，如大口尊、小口尊、印纹硬陶罐形尊等，以及原始瓷酒器如钵形尊、罐形尊等。特别重要的是，在此地的手工作坊遗址中发现了一处酿酒的手工作坊。据考古学家推测，这可能是目前所知长江流域最早的酿酒作坊。

盘龙城遗址出土的青铜爵

湖北境内出土的青铜酒器、陶酒器等不仅分布广、种类多，而且工艺精美。出土的青铜酒器，壶是大壶，尊是大尊，盘是大盘，充分显示出昔日楚地酒文化的豪奢气派。1965 年，湖北江陵望山 2 号楚墓出土一件战国铜质酒器——错银龙凤纹樽，樽高 17 厘米，全器有 36 条龙、24 只凤。1966 年，湖北京山苏家垄出土了一件西周晚期青铜酒器——曾仲斿父方壶。这是一把通体都透出王者之气的酒壶，壶高 66.7 厘米，重 30.1 千克。

苏家垄遗址出土的曾仲斿父方壶

1978 年，在湖北随县擂鼓墩的考古发掘中，发现了战国初期曾侯乙的墓葬。这座墓葬中不仅出土了闻名遐迩的编钟，还出土了多件精美的酒器，其中一对青铜酒器——冰鉴引人瞩目。这对

曾侯乙墓出土的冰鉴

冰鉴体量巨大，长 76 厘米，宽 76 厘米，通高 63.2 厘米。它们由两件器物组成：外部是方形的鉴，内部则放置着方形的尊缶。冰鉴上刻有七个字的铭文“曾侯乙作持用终”，表明它是曾国君主的专用器物。其使用方式是将酒置于尊缶内，将冰置于方鉴内。目前发现的同类器皿中，曾侯乙墓出土的冰鉴是最大且最精美的。这也反映了战国初期曾国酒文化的发达。

在《楚辞·招魂》中，屈原描述了楚国贵族们的奢靡生活，他们饮酒奏乐，不分昼夜，醉生梦死。而与这种生活相伴的，是当时楚国兴盛的酿酒业。

根据宋公文和张君在《楚国风俗志》中的叙述，楚国当时研发了各种类型的酒。《左传》记载了鲁僖公四年（前656年），管仲代表齐桓公指责楚国的罪行之一就是“尔供苞茅不入，王祭不共，无以缩酒”。据此推断，楚国当时可能生产了一种以苞茅过滤得到的低度茅香酒。《楚辞·招魂》中还描述了酒的丰富多样：“瑶浆蜜勺，实羽觞些。”“华酌既陈，有琼浆些。”“瑶浆”和“琼浆”很可能就是低度的甜酒。《楚辞·九歌》中也提到了“奠桂酒兮椒浆”，这里的“桂酒”和“椒浆”则是分别加入了桂花和花椒的清酒。另外，《楚辞·大招》中还提到了一种楚国的名酒：“吴醴白蘖，和楚沥只。”这里的“沥”指的是一种度数很高的清酒，它在冬季酿造，夏季熟成，色泽清澈，味道浓郁。将吴国的“醴”与楚国的白米和酒曲混合，酿制出的“楚沥”风行一时。

荆州天星观2号楚墓出土的漆木彩绘猪形酒具盒

至于吴越之地的酒文化，《吕氏春秋》和《水经注》均记载了“箪醪劳师”的故事：越王勾践在卧薪尝胆、练兵备战后，出兵攻打吴国。越国人民用美酒犒劳军队，但酒水有限，勾践便命人将美酒倒入河中，士兵和百姓便俯向河边，迎着水流饮用，从而激发了他们的士气。最终，越军攻克姑苏，击败吴国，勾践得以报仇雪恨。这条河因此闻名，被称为“投醪河”。如今，在浙江省绍兴城内还可以看到投醪河的遗址。这个故事也成为关于越酒的早期文字记载之一。

长江名酒：醉乡美酒尽领风骚

据史料记载，从秦汉至唐宋时期，长江流域涌现出许多名酒。秦汉时期，名酒产地遍布整个长江流域，形成上、中、下游相互辉映的格局。长江中游的荆楚名酒借先秦余绪，曾领风骚；下游的越酒、上游的川酒更是厚积薄发，脱颖而出。

湖北宜城在秦汉时是著名的酒乡，生产的“宜城醪”在当时就是闻名遐迩的美酒；湖南衡阳在汉代也生产一种被称为“酃酒”的名酒，晋代许多诗文对此酒都有记载。跨越历史的长河，上下千余年，直到唐宋时期，这两种名酒仍然誉满九州，长盛不衰。另外，《湖北通志》引用《大清一统志》的记载，指出汉代湖北光化地区（今老河口市）出产的“筅白”也是一种享有盛誉的名酒。

秦汉以后，长江中游一带出产的酒统称为“楚醪”，在全国享有很高的知名度。唐代李商隐《自桂林奉使江陵途中感怀寄献尚书》诗云：“尚怜秦痔苦，不遣楚醪沉。”同时代的诗人罗隐在《经

漉酒图　明·丁云鹏

耒阳杜工部墓》一诗中云："紫菊馨香覆楚醪，奠君江畔雨萧骚。"

唐宋时期是中国的诗酒鼎盛时期。名酒迭出，嗜酒的文人墨客更是以酒助兴，纵情挥洒笔墨。《全唐诗》中，咏酒及与酒相关的诗作多达万首，诗与酒，共同进入中国文学流光溢彩的高峰时代。唐代王绩甚至写了一篇《醉乡记》，把"醉乡"想象成一个无数人向往的理想国。

《新唐书·地理志》中的《贡品》条目记录了郢州（今湖北钟祥地区）的春酒曲，表明唐时朝廷曾特意从郢州征召酿酒师，为皇宫酿造这种名酒。江西也是著名的产酒地区，例如"浔阳之湓水"和宜春的"臬酝"。唐代的宜春，当时称为"袁州"，是江西的一个重要文化中心。唐代诗人韦庄在途经袁州时，留下赞美当地美酒的诗句："正是江村春酒熟，更闻春鸟劝提壶。"湖南郴州的"程乡酒"同样享有盛名。这些史料表明，长江流域在唐代不仅酿酒业繁荣，而且出产的酒品均受到人们的高度评价和喜爱。

四川酿酒的最早记载可以追溯到《华阳国志·蜀志》，春秋时期蜀国的酒文化已经相当发达，酒主要用于祭祀活动。到了唐代，酿酒技术有了显著进步，射洪和绵竹地区的酿酒作坊普遍采用稻、粱、黍等原料，通过药曲发酵的方式酿酒，因冬季酿造春季熟成，故得名"春酒"。李肇在《唐国史补》中提到的"剑南烧春"便是这种酒的代表。随着中国古代经济中心的南移，中原文明与巴蜀文明的交流促进了长江中上游地区酿酒业的发展。唐宋时期，四川成为全国的酿酒中心，浓香型川酒的酿造技术也日趋成熟。

唐永泰元年（765 年），杜甫沿岷江东下，途经长江首城戎州（今四川宜宾）。戎州刺史在东楼设宴，以当地名酒"重碧春"款待杜甫，"诗圣"诗兴大发，一句"重碧拈春酒，轻红擘荔枝"，"重碧春”遂名声大噪。建中三年（782年），唐德宗下诏，“重碧春”正式成为郡酿，即官方定制酒。

“重碧春”之“春”，一指春酿秋熟或秋酿春熟的酒，或指经过早期简单方法蒸馏后得到度数较高的酒。春酒在汉代已有声名，发酵周期较长，大大超过了普通醪糟米酒十余天的发酵周期。“重碧春”之“碧”，为青绿色，即度数高于自然发酵酒的蒸馏酒存放一定时间后所具备的酒色特征。至于“重”，则指酿造工艺上的重复酿造法，古称“重酿”，与当代名酒五粮液一轮发酵需70天、双轮发酵需140天的酿造方法有极大的相似之处。这说明唐代之前已有“重酿”之法。

此外，地处成都以西20千米的郫都区，当时也出产一种名酒——郫筒酒。

梅溪仙酿图 明·张翀

杜甫有诗曰“酒忆郫筒不用沽”，并称“蜀酒浓无敌”。陆游在惆怅时也描写过此酒：“安得连车载郫酿，金鞭重作浣花游。”

宋代，长江流域酒业发展中，四川等地的烧酒制法是一项不可忽视的重要成就，它在中国酿酒史上占据了显著的位置。《宋史·食货志》中提到，在太平兴国七年（982年），官方取消了榷酤制度，改由官府售卖酒曲。从那时起，只有在夔州、达州、开州、施州、泸州、黔州、涪州、黎州、威州、梁山、云安军等地允许民间酿酒。这些地区在春季至秋季酿制的酒被称为“小酒”，价格从5钱至30钱不等，分为26个等级；而在腊月酿制、经过蒸煮并在夏季出售的则被称为“大酒”，价格从8钱至43钱不等，分为23个等级。“小酒”通常指的是米酒，而“大酒”的制作包括了酿造、蒸馏和至少半年的陈放过程，最终在夏季推出。因此，可以推断“大酒”是一种酒精度较高的蒸馏酒。这段历史记载不仅展示了宋代酿酒技术的先进，也反映了当时社会对酒种类和质量的细致划分。黄庭坚所作的《安乐泉颂》印证了当时戎州绅士姚君玉私家糟坊在“重碧春”酒的基础上，经过反复尝试，用大米、高粱、糯米、荞麦和蜀黍五种粮食加上戎州古城旧塔下的地下泉——安乐泉水，酿成“姚子雪曲”。“姚子雪曲”就是今天五粮液酒的前身。

南宋时期，绍兴地区的酒业发展迅速，生产出许多著名的酒，包括竹叶青、瑞露酒、堂中春、蓬莱春等。张端义所著的《贵耳集》，记录了南宋孝宗皇帝与他的大臣们的对话。

孝宗询问王丞相及其他执政官员是否收到了李彦颖的消息，大臣们回答说，他们刚刚收到了李彦颖的来信，信中提到绍兴新近酿造的蓬莱春酒品质上乘，并表示要给各位送去。这段对话表明，蓬莱春在南宋已经非常有名。

元代，蒸馏技术的引入，不仅提升了酒的品质，丰富了酒的风味，更使得长江流域的白酒崭露头角，各地也形成独特的酿造风格。四川、贵州、湖北、湖南、江西、安徽、江苏等地，均孕育出众多知名的白酒品牌，这些品牌不仅在中国，在世界范围内也享有盛誉。

扶醉图卷　元・钱选

明清两代是长江流域酒业发展史上十分重要的时期。当今许多名酒，或直接产生于这一时期，或脱胎于这一时期。今天四川泸州曲酒厂一车间所在地——泸州南城营沟头，有一排外形像大圆馒头、整齐排列的陈年酒窖，这就是驰名中外的泸州450年老窖。香飘四海的五粮液酒，也产生于明代，只不过当时是以“杂粮酒”名世。像泸州曲酒厂这样的明代老窖、作坊，在四川的宜宾、邛崃等地至今还有遗存。清代，绍兴酒的品种基本定型为状元红、加饭、善酿三种，花色酒有福橘酒、桂花酒、花红酒、鲫鱼酒等。

清代，贵州赤水河作为川盐运输的重要通道，促进了赤水河沿岸地区的经济发展，也带动了当地酿酒业的繁荣。清代诗人郑珍的诗句“酒冠黔人国，盐登赤虺河”便是对这一现象的生动描述。《史记》记载，西汉时，赤水河流域就已酿造出令汉武帝称赞“甘美”

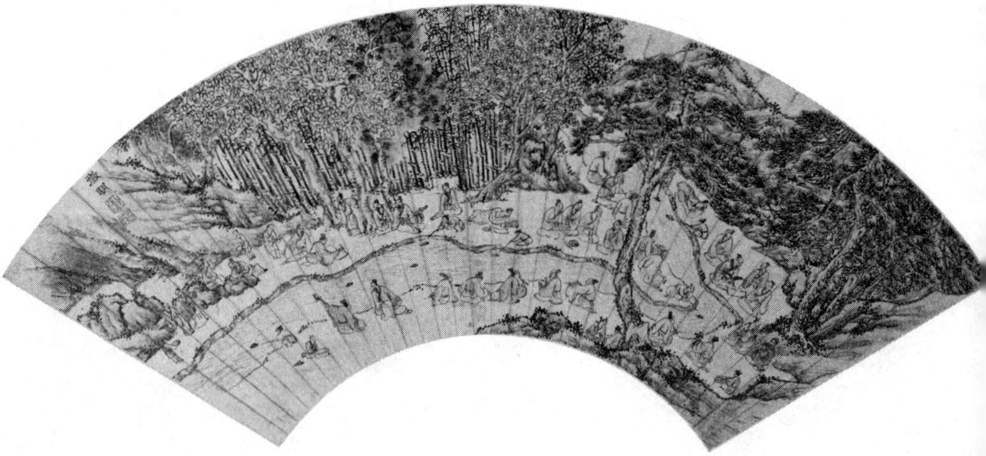

曲水流觞　明·文徵明

的构酱酒。赤水河流域独特的地理环境和水文气候条件为酱香酒酿造创造了一个得天独厚、不可复制的地域环境，加上传统酿造工艺，此地所酿酱香酒具备了众多名优酒没有的独特风味和品质。康熙年间（1662—1722 年），茅台酒正式得名，并传承至今。有一首在赤水河流域流传甚广的民谚："上游是茅台，下游望泸州。船到二郎滩，又该喝习酒。"从民间认知的层面展示出这一方水土中深厚的酒文化底蕴。因此，有人称赞赤水河"不出百里必有好酒"。

1998 年，四川全兴股份有限公司改造曲酒生产车间时发现水井坊遗址，随后进行考古发掘，清理出蒸馏器基座、不同时代酒窖 8 口、炉灶 4 座、灰坑 4 个以及陶瓷器若干，器物以酒具最为丰富，种类有青花、白釉、青釉、酱釉、黑釉、粉彩瓷等。水井坊是一处前店后坊的综合性生产经营场所，遗址中起源于元末明初、延续使用至今的古窖窖泥和古糟菌群，在保护性开发利用中成为水井坊系列产品的重要生产资源和品牌基础。

江西进贤县李渡烧酒作坊遗址，已发现元、明、清延续至近代、现代的酿酒遗迹，有水井、炉灶、晾堂、酒窖、蒸馏设施、墙基、水沟、路面、灰坑和砖柱等，证实了《本草纲目》中"烧酒，非古法也，自元时始创其法"的记载，也证明至迟在元代，中国已出现固态发酵制作的蒸馏酒。

至此，长江流域的美酒版图，川黔并美。

民国初年，长江流域的美酒第一次走向世界，誉满天下。在 1915 年美国旧金山举办的巴拿马太平洋万国博览会上，参展的中国酒类中有 50 个品种获奖，其中长江流域四川泸州酒厂的泸州老窖特曲、宜宾五粮液酒厂的五粮液（当时名为"杂粮酒"）、贵州仁怀茅台酒厂飞天牌茅台酒、江苏泗阳县洋河镇的洋河大曲以

水井坊酒坊遗址

及浙江省绍兴东浦云集信记酒坊和方柏鹿酒坊送展的绍兴酒，均获得金奖。这也是我国酒类走向世界的第一个高峰时期。

中华人民共和国成立后，在喜获新生、春潮涌动的神州大地上，从源头到入海口，万里长江的酒文化谱写了数千年历史中无可比拟的辉煌篇章，茅台酒、五粮液、泸州老窖、古井贡、口子窖、洋河大曲等名扬海内外，更有“西不入川，东不入皖”之说。白酒的江湖，每一口酒都是一方水土的风韵。

工艺：因材施艺的生活美学

长江流域丰富多元的自然环境孕育了众多特色工艺，以漆器、竹编、文房四宝、东阳木雕、徽州三雕、芜湖铁画等工艺最具代表性。

基于精湛的技艺和独特的美学理念，长江流域的漆器绚丽华美，充满浪漫主义色彩。

茂林修竹之地掩映于崇山峻岭之中，顺江而下，四川、江西、安徽、浙江……竹编工艺匠心独运，异彩纷呈。

文房四宝是书写工具，也是书房文玩，营造出独属于中国人的文化样式和生活情调。

雕梁画栋，美轮美奂，东阳木雕和徽州三雕是建筑艺术的点睛之笔，更是别具一格的艺术精品。

“铁为肌骨画为魂”，芜湖铁画以其独特的艺术形式和表现力，将百尺铁化为绕指柔，锻制出变幻万千的画面……

工艺匠心，赋予了大自然的草木土石金灵魂，也塑造出一个个充盈着东方美学的生活空间。

漆器工艺：一抹华彩耀古今

长江流域是世界漆器及其手工业的原创地。2002 年，位于浙江省杭州市萧山城区的跨湖桥遗址出土了一把涂有生漆的木弓，这是世界上迄今为止发现的最早的漆器实物，其年代距今约 8000 年。

而河姆渡时期朱漆木胎碗的出现，说明此时人们不仅仅满足于使用天然漆，已出现审美的需求，开始使用色漆。

更令人惊叹的是，早在新石器时代，长江流域的祖先就已经将漆与其他材质结合起来进行综合应

河姆渡遗址出土的朱漆木胎碗

用。如良渚古城反山王陵出土的嵌玉漆杯，全器表面髹朱红色漆，共镶嵌玉粒 141 颗，呈重圈、螺旋、直线、卷曲等纹样，可见良渚先民已初步掌握漆器玉石镶嵌技术。

反山王陵出土的嵌玉漆杯

东周时期，以楚国为代表，形成绚丽多彩的漆器生产工艺。历史上的楚国，“江汉以为池，阻之以邓林，缘之以方城”，为漆器工艺提供了充足的物质资源条件。此时统一的奴隶制社会基本建立，农业生产逐渐成熟，稳定的生活方式也促使手工业获得相应的发展。

春秋战国时期的漆器墨朱流韵、珍贵卓绝，分布于各诸侯国，其中以楚国漆器最为精美。楚国漆器按其用途大体可以划分为日用品、车马器、乐器、丧葬用品四大类。楚人受巫文化影响，漆器造型奇诡，特别强调以浪漫主义风格的装饰作为视觉亮点。

湖北省博物馆收藏的《彩绘人物车马出行图》漆奁，1987 年出土于湖北荆门包山楚墓。漆奁外壁一周的漆画，展开全长 87.4 厘米、宽 5.2 厘米，描绘了战国时期人物车马出行的场景。最引人注目的是画师别具匠心地用五棵随风摇曳的柳树，将画面巧妙地分隔成五个部分，被视为目前中国现存最早的连环画，体现了楚国漆器高超的制作工艺。

《彩绘人物车马出行图》漆奁

两汉时期，漆器产业分布于整个长江流域，特别是长江上游的成都成为优质漆器的生产中心，产品输往全国各地。三国东吴名将朱然墓出土的彩绘漆案、漆盘图案精美，制作精良。不少漆器都标明产自蜀郡，可见这些漆器是因吴、蜀之间的贸易或人情往来，从巴蜀传到吴地的。

朱然墓里还发现一对犀皮黄口羽觞，皮胎、髹黑漆，背面纹饰黑、红、黄三色相间，花纹自然流畅，如行云流水，可谓气韵生动。该羽觞采用了黑面红中黄底片云纹犀皮工艺，是迄今发现最早的犀皮漆器。

汉代，扬州漆器也崭露头角，以彩绘漆器居多，器型繁多，图纹丰富。发展到唐代，扬州漆器的夹纻脱胎、金银平脱、螺钿镶嵌等工艺技法已相当成熟，被列为 24 种贡品之一。唐天宝年间（742—756 年），鉴真东渡，随从手艺工匠达 185 人，所携物品中就有许多扬州的漆碗、漆画和漆屏风。夹纻造像技法也由此传至日本，日文称为“干漆造”。

宋代，徽州漆器崛起，螺钿漆器被誉为“宋嵌”。南宋，徽州菠萝漆器被列为贡品。

明清时期是中国漆器工艺发展的高峰期。明代将御用漆器的生产任务分配给不同的官署，分工明确的衙门确保了漆器制作的专业化和质量的高标准。这一时期，扬州漆艺水平臻于鼎盛，出现

宋嵌螺钿经箱

雕漆、平磨螺钿镶嵌、软螺钿镶嵌、百宝镶嵌等著名品种，形成特有的地方风格。清乾隆年间（1736—1795 年），扬州漆器产量和品种均达到历史最高峰。徽州漆器工艺在明清时期也空前发展，雕漆、漆画、金漆、雕填、戗金、螺钿、百宝镶嵌等品种精彩纷呈，蔚为大观。晚清，江西鄱阳脱胎漆器有了重大发展与突破，其凝固成形脱胎制模工艺为脱胎漆器制作工艺开辟了新的途径。

明代徽州漆工黄成总结漆器制作经验，著成《髹饰录》一书，这是中国古代唯一流传至今的漆工专著。

至现当代，长江流域的扬州漆器、徽州漆器、重庆漆器、鄱阳漆器等仍在争奇斗艳。同时，流传于四川喜德县和贵州大方县的彝族漆器工艺也传承有序。彝族漆器的图案以日月星辰、神话传说等为主，纹饰讲究对称性和抽象性，颜色使用浓烈明快的黑、红、黄三色。大方县素有“国漆之乡”的美称，喜德县依洛乡依洛村则是远近闻名的彝族漆器发源传承之地，居住在这里的吉伍家族是漆器世家，迄今为止，漆器髹饰技艺在这个家族中已传承了 19 代。

一抹华彩耀古今，在岁月的长河里，长江流域的漆器工艺绵延不绝，流光溢彩。

竹编技艺：经纬纵横岁月稠

“野水平溪桥，波翻蓼花乱。斫竹编青篮，门前开蟹簖。”这首诗中的“斫竹编青篮”，即咏中国传统工艺品竹编。

竹编工艺由来已久。新石器时期，人类为了储存物品，就地取材，使用各种植物的枝条编成篮、筐等器皿。在实践中，人们发现竹子富有弹性和韧性，能编易织，坚固耐用，于是竹子便成了器皿编制的主要材料。

长江流域拥有丰富的竹林资源，历代匠人指尖腾挪间，各地竹编由简入繁，花样翻新，这不仅是日益考究的日用品，也是赏心悦目的工艺品。

四川地区作为长江上游的生态屏障，拥有丰富的竹林资源，为竹编艺术提供了天然的材料基础。四川的竹编艺术，以其精湛的编织技巧和多元化的设计而闻名。从农具到日常生活用品，再

清代嵌玉竹编压尺

到工艺品，四川人民创造了灿烂的竹编文化。其中，梁平竹帘、青神竹编、邛崃瓷胎竹编和道明竹编成为代表性品种。

梁平竹帘起源于宋代，编织工艺由平式织布机生产技术改进而来。按制作工艺，可分为素心、堂心两个主要类别；按产品类型，可分为绘帘、绣帘、织绒三大类，装饰性极强。

青神竹编源远流长。青神先民用竹篾编箕养蚕，初步形成一套竹编技艺。清以后，青神精美的竹编宫扇声名鹊起，被清廷列

为贡品。中华人民共和国成立后，青神竹编进一步发展创新，编织出名人书法、人物山水、花鸟虫鱼等多种精美的图案，用薄如蝉翼、细如发丝的竹丝编成的《中国百帝图》《清明上河图》等，多次荣获国内外奖项。

邛崃瓷胎竹编又称“竹丝扣瓷”，以当地盛产的慈竹为原料，为瓷胎器皿编织“竹衣”。瓷胎竹编工艺繁复，编织过程中要求不露丝头，不起纹丝、叠丝，以保持竹丝经纬比例匀称地覆盖在白瓷外表。

益阳小郁竹艺是采用拼、嵌、榫合等传统工艺技法制作的小件竹制器具。“郁”为益阳方言，意指将竹材构件加热弯曲，使之符合造型需要的一种工艺。清代，益阳已是驰名江南的“竹器之城”，茅竹湖的水竹凉席、贺家桥的小郁竹器、三里桥的竹骨纸伞被誉为“竹城三绝”。

道明竹编源于四川崇州道明镇，目前已形成平面竹编、立体竹编和瓷胎竹编三大竹编体系，包括15个大类、800多个花色品种。其竹编书画堪称一绝。

江西最出名的是瑞昌竹编。瑞昌位于江西省北部偏西，长江中游南岸，这里有山竹6万多亩，包括毛竹、筋竹、水竹等近10个品种。经过千百年的传承发展，瑞昌竹编已形成自己独特的风格：丝箩、斗笠、簸箕、米筛式样规范，做工精细，锁口密实；提篮、竹椅小巧玲珑，精致耐用。其中斗笠、丝箩、米筛名气最大，被誉为“瑞昌篾器三宝”。

安徽省舒城县地处江淮之间，属北亚热带湿润气候，境内多沙质土壤，适宜竹类生长。自古舒城民间就有编织竹席的传统技艺，久负盛名的舒席即产生于此。舒席历史悠久，舒城境内的战国墓葬中就有竹席的痕迹，西汉墓葬中曾出土过完整的竹席。明天顺

舒席

年间(1457—1464年)，舒席被作为贡品送至京城，由此赢得“龙舒贡席”的美名。舒席以水竹为原料，使用小叶水竹编制尤佳。舒席色泽鲜艳，柔软光滑，篾纹细致，折卷不断，携带方便。它不仅是一种实用的夏令佳品，还是一种典雅的手工艺品，古今字画均能编织入席，令人叹为观止。

浙江的嵊州竹编始于2000多年前的战国时期，至汉晋时工艺已臻精细，明清时期竹编制品已成为民间必不可少的生活用品。清光绪年间（1875—1908年），嵊州出现竹编作坊。1959年成立的嵊州工艺竹编厂，被誉为“中华竹编第一家”。嵊州竹编有12大类、7000余个花色品种，有100多种编织技法，以编织精巧、工艺繁杂、花色丰富著称。其编织方法粗细并存：细者能在一寸长度内编进150根竹丝，精巧细腻，薄如蝉翼；粗者能充分利用竹材的弹性，巧插灵编，粗犷豪放，工整质朴。

浙江的东阳竹编则以立体编织为主，手工剖篾的工艺达到细如发丝、柔如蚕丝的水平。竹编产品往往与烫金、印花、刻镂等装饰技术相结合，做工精细，造型生动，色彩典雅。

竹艺之美，可以传风雅；竹艺之美，可以观风俗。经纬纵横间，竹子的另一种美，经由人的创造，以各种形式呈现出来。

文房四宝：书写千年文脉

文房四宝即笔、墨、纸、砚，是中国独有的书法绘画工具。

文房四宝之名，起源于南北朝时期。历史上，文房四宝所指之物屡有变化。南唐时期，“笔墨纸砚”特指宣城诸葛笔、徽州李廷珪墨、澄心堂纸、徽州婺源龙尾砚。宋代以来，“笔墨纸砚”则特指宣（安徽宣城）笔、徽（安徽歙县）墨、宣（安徽泾县）纸、歙（安徽歙县）砚等。元代以后，湖（浙江湖州）笔渐兴，宣笔渐衰。改革开放后，宣笔渐渐恢复生机。但不管如何变迁，文房四宝主要集中在长江流域。

“宣纸”这个词最早出现于唐朝张彦远的《历代名画记》：“好事家宜置宣纸百幅，用法蜡之，以备摹写。”宣纸的诞生地是安徽省南部的泾县，因古时隶属宣州府而得名。

泾县得天独厚的自然环境让其成为宣纸制作的天选之地。宣纸最初仅以青檀皮为原料。到了元末明初，人们创造出将稻草浆与青檀皮浆、草浆按一定量进行配比的制纸法，制出我们现在常见常用的宣纸。

宣纸与中国书画是绝配，中国书画的许多笔墨意趣是由宣纸呈现的。宣纸以质地柔韧、不蛀不腐、卷折无损等特性而闻名，被誉为“纸寿千年”。正是依赖它的这一特性，明清以来的许多书画作品才得以流传至今。

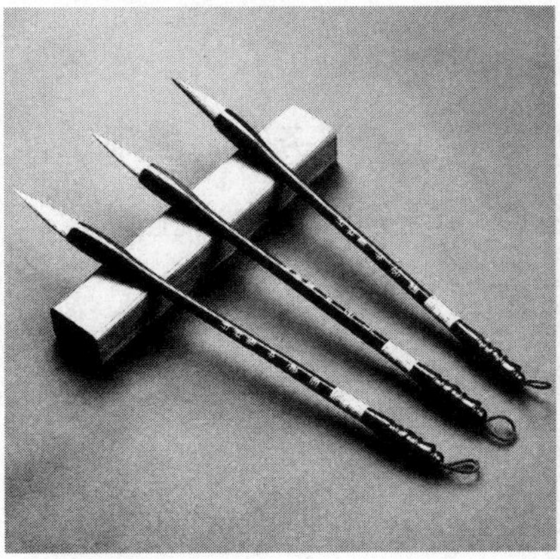

湖笔

徽墨

“老松烧尽结轻花，妙法来从北李家。翠色冷光何所似，墙东鬓发堕寒鸦。”苏东坡用简练的笔触写尽了徽墨的风华。据说当时北方墨工奚氏父子由于战乱和社会动荡，南迁至歙州，见此地黄山松多且质优，新安江水质又好，故留此重操旧业。其子廷珪与当地穆姓墨工切磋交流，改进了捣烟、和胶的方法，选用松烟一斤，珍珠、玉屑、龙脑各一两，和以生漆，杵十万杵，“落纸如漆，万载存真”的徽墨就此诞生。

明正德、嘉靖年间（1506—1566 年），徽墨逐渐形成歙、休、婺三大派。歙派的徽墨大家程大约，世称“墨妖”。程家制墨，既讲究墨的配方，又注重墨印的雕刻以及墨品的设计，《程氏墨苑》风行于世，成为墨业宝典。清代，曹素功、汪近圣、汪节庵、胡天注四大徽墨名家相继崛起。其中，胡天注创立的胡开文墨业，经营范围覆盖大江南北，苍佩室墨成为皇室贡品。1915 年，胡开文墨业制作的地球墨获巴拿马博览会金奖，影响波及海外。

歙砚最早出现在汉、晋时期，唐元和年间（806—820 年），书法家柳公权在《论砚》中把歙砚、端砚、洮砚、澄泥砚列为四大名砚。歙砚作为御赐品，始于唐末。南唐后主李煜视歙砚为“天下之冠”，第一次在歙州设置了“砚务”，擢砚工李少微为砚务官。由帝王设置砚务官督采歙石，算得上是破天荒的。歙砚按石材纹理分为罗纹、眉纹、金星、金晕、鱼子 5 大类、100 多个品种。砚

胡开文墨业制作的地球墨

材有涩不留笔、滑不拒墨的特点，因此有“石冠群山”之誉。歙砚雕刻更是绝妙，山水、楼台、人物、诗文均可镂刻于上，刻工精细，令人观之忘俗。

清代歙石太极砚

苏轼有诗云：“罗细无纹角浪平，半丸犀璧浦云泓。午窗睡起人初静，时听西风拉瑟声。”描述的就是他把玩歙砚的美好时光。清乾隆年间（1736—1795 年），江宁程绵庄有诗云：“一生多被端溪误，老去方知歙砚佳。”这样的偏爱，也是有趣。

因为韩愈的《毛颖传》，蒙恬造笔的故事广为流传，但宣笔的正式“出道”，是在唐代。唐代是宣笔发展的鼎盛时期，白居易曾作《紫毫笔》称赞：“江南石上有老兔，吃竹饮泉生紫毫。宣城之人采为笔，千万毛中拣一毫。”

宋代，宣城诸葛高制作了一种“无心散卓笔”，用此笔书写、绘画，行云流水，很适合当时悬腕书写的风气。大才子苏轼这样说：“散卓笔，唯诸葛高能之，他人学者皆得其形似而无其法，反不如常笔，如人学杜甫诗，得其粗俗而已。”当时，与诸葛氏齐名的还有吕大渊、汪伯立、张遇等，各有各的绝活。

元代以后，湖笔渐兴。宣笔以紫毫笔为主，湖笔则以羊毫笔为主。湖笔的最大特点是“颖”，就是指笔头尖端有一段整齐而透明的锋颖，业内人称之为“黑子”。据说湖州人赵孟頫不但书法绝佳，还会制笔。随着湖笔声名渐隆，冯应科、陆颖、陆文宝等湖州笔工也声名鹊起。元代，冯应科的笔、赵孟頫的字、钱选的画被称为“吴兴三绝”。

东阳木雕与徽州三雕：会讲故事的雕刻

东阳市位于浙江省的中心地带，由于山区较多而耕地较少，当地百姓不得不依靠手工艺来维持生计，东阳木雕便是其中突出的代表。

据《康熙新志》记载，在唐大和年间（827—835 年），东阳冯高楼村的冯宿和冯定两兄弟分别担任吏部尚书和工部尚书。他们的宅院建筑精美，“高楼画栏耀人目，其下步廊几半里”，显示出东阳木雕作为建筑构件的精美。

宋代，东阳木雕艺术继续发展，现存的建隆二年（961 年）雕刻的善财童子和观音菩萨像，其古雅端庄的造型，展现了当时东阳人像雕刻的艺术水平和独特风格。明清时期，东阳木雕的应用更为广泛，不仅在建筑装饰上形成一整套的技艺和风格，而且在家具装饰上也有所体现。现存的卢宅“肃雍堂”、白坦“务本堂”、马上桥“一经堂”等明清古建筑，以及“千工床”“十里红妆”等家具，都是东阳木雕艺术的杰出代表。

东阳木雕艺术以装饰性雕刻为主，主要包括平面浮雕、镂空雕、圆雕和透空双面雕等多种形式，其选材十分讲究，一般选用色彩较淡的木材进行雕刻，以突出原木的质感和色泽，因此也被称为“白木雕”。雕刻材料多选择樟木、椴木、白杨木等。其作品不仅用于建筑装饰和日用家具，还发展到工艺木雕等 7 大门类，拥有 3600 多个品种。东阳被誉为“世界木雕之都”，充分凸显了东阳木雕在世界工艺美术领域的重要地位。

东阳木雕

徽州三雕是具有徽派风格的砖雕、木雕、石雕这三种民间雕刻工艺的统称，主要用于民居、祠堂、庙宇、园林等建筑的装饰，以及家具、笔筒、果盘等的工艺雕刻。徽派风格的建筑大多位于长江流域的徽州地区。

徽州砖雕发展较早，相传为明窑匠鲍四首创。砖雕作为一种独特的壁饰，被广泛装饰于徽州建筑的门楼和门罩，以及官邸、宗祠的八字门墙上。徽州很多人家的门楼砖雕上，雕刻着岳母刺字、十八罗汉巡视天下、三国故事等图案，一般都有七八个层次，最多有九层甚至十一层，异常华美与繁复。绩溪湖村的门楼巷砖雕，是目前徽州保存最为完好的砖雕艺术群，巷内连绵七户，门楼、门罩造型各异，门楣上的镂空台阁小巧玲珑，窗门可随风开启。

徽州木雕被广泛地运用于建筑的额枋、梁柱、斗拱、华板、梁驼、雀替、花窗、隔扇、平盘斗以及家具之中。明代的徽州木雕古拙朴实，造型浑圆，刀法简练。到了清代，雕刻风格趋于缜密、繁复和精巧。受儒家文化的影响，徽州木雕题材多为情节化的人物和故事，有伦理教化的功能。

徽州石雕常应用于石坊、祠庙、民居等建筑，最有名的是耸立在歙县十字路口的许国牌坊，俗称“八脚牌楼”。梁枋、栏板、斗拱、雀替上都雕满了图案，内容各有寓意，充满了对许国的称颂。

徽州人将他们对和谐社会的渴望、对自然风景的赞美、对传统文化的尊重以及对幸福生活的追求，都巧妙地融入了日常生活和建筑装饰中，讲述着徽州人的故事，传递着徽州人的智慧。

许国牌坊

芜湖铁画：铁为肌骨画为魂

芜湖是一座位于长江边上的城市，交通便捷，曾被誉为中国四大米市之一。芜湖历代的铁冶行业也闻名天下，有“铁到芜湖自成钢”之说。

芜湖铁画诞生于清康熙二十六年（1687年），由芜湖铁匠汤鹏（字天池）和姑孰画派代表人物萧云从合作创制。

铁画一出，“名噪公卿间”，“远客多购之”。

芜湖铁画采用中国画章法，施以金银首饰、剪纸、雕塑等技法，用低碳钢做原料，以铁代墨，以锤代笔，经红炉冶炼后，再经锻、钻、抬、压、焊、锉、凿等技巧制成。山水分远近之趣，楼阁得透视之感，别开生面，意趣盎然。

1959 年，一幅高 2.5 米、长 4.5 米、重 200 千克的巨幅铁画《迎客松》被安置在人民大会堂迎宾厅。作品中的迎客松呈现出水墨浮雕的效果，将中国水墨画的韵味与中国铁艺完美结合。这幅作品是铁画老艺人储炎庆带领杨光辉等八大弟子，与画家王石岑精诚合作而成的。这是芜湖铁画的一次惊艳亮相，铁画也由此享誉国际，被称为“中华一绝”。

芜湖铁画《迎客松》

第五章

多样竞辉

长江文化是一个时空交织的多层次、多维度的文化复合体，具有深厚历史底蕴和鲜明地域特色，集多样性和丰富性于一体。长江两岸中华儿女勤劳、勇敢、智慧，创造了令世人瞩目的巴蜀文化、荆楚文化及吴越文化等。从巴山蜀水到江南水乡，长江流域的山山水水孕育了不同的文化形态、民族格局、学术思想、信仰崇拜、民俗风情与神话传说。它们在历史的长河中相互交流、碰撞、融合，形成一条既融会贯通又多样竞辉的文化聚集带，共同书写了中华文明的辉煌篇章。

独具特色的地域文化

长江自青藏高原出发，上游多高山峡谷，水流湍急，流经地区民族众多，羌藏文化、滇黔文化、巴蜀文化神秘多彩；中游多平原和丘陵，众多支流和湖泊孕育的荆楚文化、湖湘文化气象宏大；进入通江达海的下游地区，长江渐渐具有开放气息，皖赣文化、吴越文化交相辉映。这些文化片区在交融中持续发展，多元共生，和而不同，共同构成中华文化的长江版图。

羌藏文化：云朵上的古老民族

羌藏文化区，主要指横断山脉的金沙江、雅砻江、大渡河流域和岷江上游的高峡河谷走廊地带。

在中国历史上，羌人是一个非常独特的族群，一度成为华夏人之外其他汉藏语系族群的统称。随着时间的推移，羌族居住区

羌女送行画像砖

域逐渐缩小到一定范围。如今的羌族聚居区处于青藏高原的东部边缘，这里山脉重重，地势陡峭。

因居住地高寒，羌人一般把寨子建在高山半坡，从山下往上望去，那富有特色的羌族碉楼就如同明珠一般散落在群山的怀抱里，故而羌族被称为“云朵上的民族”。这种居住形式后来被蜀人带到成都平原，其影响远播至滇黔地区和东南亚。

羌族虽然没有自己的文字，却拥有自己的语言，民族文化依靠口头传承的方式延续。羌族部落中广泛流传的《羌戈大战》，是一部具有英雄史诗性质的颂歌，讲述了羌人的祖先由西北辗转迁徙并定居岷江上游的历程。在迁徙过程中，白石一直指引着羌人，羌人便把白石视为保护神，对其供奉祭祀。

藏族，同样行走在云端。藏文化源自雅鲁藏布江流域的吐蕃文化以及青藏高原西部的古象雄文化，而对其影响至深者，当属佛教文化。

在这里，布达拉宫、大昭寺、小昭寺等众多佛寺，如星辰般密布。回溯1300多年前的唐朝，美丽的文成公主携带释迦牟尼的等身像，自长安启程，穿越唐蕃古道，历经艰难险阻，抵达这片高原。当时，尼泊尔尺尊公主亦远道而来，抵达吐蕃。自此，汉传佛教与印度佛教开始在西藏落地生根，并逐渐演化为独具特色的藏传佛教。

藏族有自己的文字，很多关于藏族文化历史的资料都得以较大程度地保留，比如《贤者喜宴》《青史》《红史》等，尤其是属于藏族民间说唱体的长篇英雄史诗《格萨尔王传》，被誉为“东方的《荷马史诗》”。

清代迪庆金沙江地区藏族土司服虎皮镶边楚巴

作为长江上游的重要地理枢纽，羌藏文化区见证了赫赫有名的唐蕃古道、茶马古道和川藏官道的开通运行。千百年来，羌藏先民用辛勤的劳动和无穷的智慧，共同开发这片神秘的土地，形成自成一体的民族文化。羌族的羌笛、羌歌源远流长，藏族的藏戏、锅庄舞活泼古朴，雪域高原的羌年、藏历新年、火把节、雪顿节等充满浓郁的民族风情。这一方土地的传统仪礼，代代传承，生生不息。

滇黔文化：民族文化的“活化石”

在中国西南边疆，云南和贵州接壤。这里气候温和，降水充沛，广袤的森林覆盖其间，自古便是人类栖息繁衍的沃土。

上古时代，滇黔地区就散居着许多部落。大约 170 万年前，元谋人便以他们辛勤的原始劳作，在这片土地上开创了史前文明。此后，水城人、穿洞人接踵而至。

战国末期，楚威王为了对抗秦国，派将军庄蹻平定西南，回国之路却被截断。他只好选择在滇池附近留下，建立滇国，史称“庄蹻入滇”。古滇国的面积不大，方圆不过 10 平方千米，而比它还小的当属邻近的夜郎古国。

汉武帝时期，为打通对外通道，朝廷特派使者唐蒙前往印度方向探路。待唐蒙来到夜郎国时，夜郎国国王竟发出“夜郎和汉朝哪个大”的疑问。唐蒙在给汉武帝的报告中，忍不住写下“夜郎自大”一词，以嘲讽不知天高地厚的边远封闭小国。

事实上，滇黔地区并非与世隔绝。早在战国时期，秦国蜀郡太守李冰采用积薪烧岩的原始办法，开山凿岩，修筑了一条连接四川与云南的通道，因路宽五尺，所以被称为“五尺道”。“川盐走贵州，秦商聚茅台”，赤水河边的永边、仁边、綦边、涪陵渐渐形成贸易口岸。借由长江水道，以黔酒为代表，滇黔的茶青、杉木、漆器、丝绸等物产走出大山，驰名中国。也借由此道，中原地区的汉族人民将冶炼、织造、牛耕等技术，以及修塘筑堰、引水灌溉等先进做法带入滇黔地区。滇黔地区受汉文化影响至深，铸造铜器的种类和形制均效仿汉制。

同样在滇黔，永昌（今云南保山）是汉朝在西南的重郡，它与天竺（印度）、大秦（罗马）等国通商。外国的象牙、犀角、孔雀、翡翠、猩猩等奇珍异物都经永昌进入内地。

几千年来，云南地区的行政中心一直分布在滇池附近，汉王朝以滇池流域为中心设置了益州郡，并赐滇王印。到了唐代，蒙氏崛起，建立了南诏国。公元765年，南诏国筑拓东城，为昆明建城之始，城址留存至今。

明代以来，规模空前的汉族移民拥入滇黔，汉族人口占据了当地总人口的大多数。清王朝通过改土归流等手段，对西南边疆实行直接统治，对滇黔文化的发展繁荣意义重大。

长江作为滇黔文化与其他文化交融的纽带，发挥了至关重要的作用。在金沙江流经的滇西北，险恶的自然环境打消不了各族人民对外交流的决心，他们开创了一条极具特色的茶马古道；古代贵州最为关键的交通要道——滇黔大道，起自湖南常德，沿沅江进入贵州，最终进入云南。它既是水陆并举的综合交通运输体系，也是贵州的重要人文通道。

西汉战争场面铜贮贝器

虽然滇黔地区长期保持大杂居、小聚居的民族分布特征，但由于相对封闭的地理环境，当地最终得以将中华民族多元一体的原生文化比较完整地带进现代社会，其梯田文化、东巴巫师文化等典型文化形态造就了滇黔文化“活化石”的魅力。

巴蜀文化：“天府之国”的博采众长

离开高原，长江流入巴蜀地区，这里素以“天府之国”著称。巴蜀文化是由四川盆地东部的巴人和川西平原的蜀人共同创造的，巴蜀地区是长江上游最具代表性的文化走廊。

在人类诞生早期，巫山人和资阳人先后在这里出现。到了新石器时代，以成都平原六座古城遗址为代表的宝墩文化，昭示着

重庆小田溪巴王陵出土的青铜鸟形尊

部落的聚集，诞生了初期的城市文明。在这个基础上发展起来的广汉三星堆和成都金沙文化，展示了独放异彩的玉器文明和不同凡响的青铜文明。至春秋战国时期，巴蜀文化已发展至较高程度，青铜冶炼、蚕丝织造、造船及漆器制作等手工业发展均不逊色于同期中原地区。

汉代的巴蜀地区已经彻底摆脱了“西僻之国”的落后形象，一跃成为人文渊薮。蜀地太守文翁在成都设立官学，教化民众，一度引领全国各地举办官学风潮，更是催生了落下闳、司马相如、扬雄这样具有重要影响的代表人物。

隋唐以后，中原王朝在川东练兵造船，囤积粮草，借巴蜀之力，完成国家的统一。这一时期，巴蜀文坛异常活跃，杜甫、白居易、李商隐等著名诗人均在蜀地居留，时有“自古诗人例到蜀”之说。

两宋时期，巴蜀文化达到历史顶峰，与当时号称文化极盛的江南地区不相上下。苏氏父子在唐宋八大家中占据三席，推动古文运动；巴蜀文献有 2500 多种，居于全国第六位。及至明代之后，巴蜀地区的社会经济连续遭受重创，文化趋于停滞，至清末才得以复兴。

巴蜀地区四周为高山所环抱，古为“四塞之国”。虽然地理位置相对独立，但是历史文化并不与外界隔绝。早在先秦时期，蜀人以其睿智和胆识，在重峦叠嶂中开凿出千里栈道，形成独特的蜀地交通运输系统，将巴蜀文化与中原文化紧密地联系在一起。特别是经过秦灭巴蜀移民万户、元末明初的“湖广填四川”、抗日战争期间人口西迁以及中华人民共和国成立后的三线建设等数次移民，巴蜀已是各地文化汇聚之地，巴蜀文化在兼容并包中薪火相传。川剧的高腔、昆腔、胡琴、弹戏、灯戏“五腔共和”；川菜融会贯通，集众家之长，被列为中国八大菜系之一。

“少不入蜀，老不出川”，恰如其分地注解了巴蜀文化安逸舒适的气质，这一特点与歌舞娱乐、体育竞技、商贸活动相结合，呈现出巴蜀文化丰富且独特的样貌。

明皇幸蜀图　（传）唐·李昭道

荆楚文化：跨越千年的浪漫奔放

荆楚之名源自楚人与楚国，楚人的先祖——季连带领部落，在江汉大地扎根。楚人的南拓和东渐，促进了江淮古文化与江汉楚文化、太湖吴越文化在这片广大土地上的交流与融合。九州通衢的荆楚，水阔天长，上承巴蜀，下接吴越，成为悠久的中华文明的重要组成部分。

史前时期，郧县人、长阳人等远古人类在这里披荆斩棘、繁衍生息，奠定了长江中游史前文化基本格局。城背溪“太阳人”石刻、城河遗址大型合葬墓、屈家岭高温黑釉陶器以及石家河古城，是长江中游从文明起步逐步走向辉煌的见证。炎帝带领部落在长江最大的支流汉水的中上游地区，完成了中华文明从渔猎时代向农耕时代的过渡。

先秦时期，楚文化一度引领长江文化的潮流，大有超越中原文化的势头。楚人的先祖季连，率领部族扎根江汉，征伐兼并周边小国，统一长江中游地区，荆楚大地一跃成为当时中国南方的文化中心。作为当时的大国之一，楚国在八百年的峥嵘岁月中，不仅创造了炉火纯青的青铜冶炼技术、精美绝伦的丝织刺绣和巧夺天工的竹木髹漆，而且创造了义理精深的老庄哲学、惊采绝艳的屈宋文学和标新立异的音乐舞蹈。可以说，楚文化对中华文化的贡献令世人瞩目，且在很多方面能与古希腊文化比肩而立。

枣阳九连墩楚墓出土的漆木龙蛇座花瓣盘豆

楚文化像一座灯塔，深深影响着后

人。汉唐以来，刘安、陆羽、李时珍等，著书立说，泽被后世；龙岗秦简、张家山汉简，承载了历史；赤壁之战、襄阳之战，军事斗争波谲云诡；近代荆楚大地风云际会，奋楫争先，热血挥洒，无不受楚文化影响。

大江东去，楚风悠长。荆楚文化成长于独特的自然地理之中，《史记》《淮南子》等经典作品的形成直接受到长江文明的滋养和浸润。楚人先祖对鬼神的祭祀，充满浪漫主义色彩；楚人"不服周"的倔强，乍现特立独行的文化品格；屈原《楚辞》的宏大瑰丽，对中国文学影响深远。伴随着楚国势力的扩张，以浪漫奔放为基调的荆楚文化，在淮河流域、黄河流域甚至岭南地区广为散播，成为长江中游地区共同的文化根基。

湖湘文化：三湘大地的儒雅和血性

湖南，素有"三湘四水"之称。湖湘文化作为在特定地理区域内孕育和发展的文化形态，在长江文化中脱颖而出，成为湖南人文思想的重要标志。

湖南宁乡大禾人面纹方鼎

"惟楚有材，于斯为盛。"岳麓书院的那副对联，生动展现了湖湘文化的宏大气象。马王堆、玉蟾岩、城头山、里耶、长沙铜官窑、老司城等重大考古发现，均是湖南先民在中华民族文明中留下的鲜明印记。春秋战国时期，荆楚文化与苗蛮文化在此交流融合，长沙被誉为“屈贾之乡”。随着衣冠南渡，中原地区的先进文化进一步传入湖湘，至唐宋以后，柳宗元、陆游等众多文人墨客相继会聚于此，形成“不到潇湘岂有诗”的文化盛景。岳麓书院、石鼓书院是全国著名的书院，湖南一度成为南方文教中心。宋明理学开山之祖周敦颐等人在此活动频繁，为湖湘文化注入了理学元素，形成影响深远的“湖湘学派”。

近代以来，面对西方列强的侵略，湖南人民积极投身于救亡图存的实践，发出“若道中华国果亡，除非湖南人尽死”的铿锵声音。魏源撰写的《海国图志》，是我国第一部系统介绍世界各国概况的巨著，尤其是“师夷长技以制夷”的思想，成为洋务运动的理论基础。

晚清时期，以曾国藩、左宗棠为代表的湘军集团异军突起，创造了“无湘不成军”的赫赫军声。左宗棠以其气节、文章与事功，证明了“天下不可一日无湖南，湖南不可一日无左宗棠”的论断。他63岁高龄时抬棺出征，以必死的决心收复新疆，维护了国家统一。

辛亥革命风起云涌，湖南形成以黄兴、宋教仁、蔡锷等为代表的资产阶级革命派，湖南人民不畏生死的豪迈得到充分展现。十月革命后，马克思列宁主义传入中国，毛泽东、刘少奇、彭德怀、贺龙、罗荣桓等一大批湖南籍人士走出家乡。他们英勇无畏，书写了“寸土千滴红军血，一步一尊英雄躯”的壮丽史诗。

湖湘文化的形成，离不开长江的哺育。湘、资、沅、澧四水自南向北，穿山越岭，汇入洞庭湖，形成星罗棋布的山水田园。湖南三面环山，一面临水，面对浩渺的洞庭湖和滚滚长江，洪水和干旱时常交替而来，给湖南人民带来了严峻考验。正是这种地理环境，造就了湘人“霸蛮血性”“独立根性”“思变求新”的精神特质。

皖赣文化：吴头楚尾的福地洞天

长江从湖北流出，进入素有“吴头楚尾”之称的江西、安徽境内。这里位于长江中下游之交，山水相接、人文相依、血脉相融，形成了独特的地域文化。

赣鄱文化又称赣文化，形成时间较早。自安义县潦河一带发现距今约 50 万年的古人类旧石器时代文化遗存，到距今 1.4 万年的万年县仙人洞的耕陶文明，及至商周时期以瑞昌市铜岭铜矿和新干县大洋洲镇为代表的青铜文明横空出世，人类先民早就在这里依水而居。

新干县大洋洲镇出土的双面神人青铜头像

白鹿洞书院、白鹭洲书院、豫章书院、鹅湖书院，堪称引领中国书院文化之翘楚；汤显祖“临川四梦”盛传不衰，深刻地影响着后世的戏剧文化；景德镇陶瓷文化登峰造极、享誉世界；中央苏区红色文化彪炳千秋、代代相传。

长江往下游流去，来到了安徽。八百里皖江，是中华文明重要发祥地和传承复兴地。源自巢湖流域、开创巢居文明的有巢氏，被誉为华夏“第一人文始祖”。繁昌人字洞、和县龙潭洞、东至华龙洞等遗址，揭示了安徽境内的长江流域在早期人类起源中的重要地位；含山凌家滩、潜山薛家岗等新石器时代文化带来了长江文明的曙光。商周以来，铜陵的青铜文化在历史长河里熠熠生辉。战国时期，楚国移都江淮之间的寿春，使之一跃成为楚国的政治、经济和文化中心。隋唐以后，江淮地区得到迅猛发展，时有“天下以江淮为国命”之说。宋代以后，以程朱理学、桐城派为代表的思想文化，以齐云山道教、九华山佛教为代表的宗教文化，以徽剧、

桐城六尺巷

黄梅戏为代表的戏剧文化，以玉石加工、文房四宝制作为代表的手工技艺，以及广为传诵的《醉翁亭记》《儒林外史》《孔雀东南飞》等文学名篇，见证了中华优秀传统文化的灿烂辉煌。

到了近现代，安徽沿江地区开风气之先，安庆、芜湖等地兴起的洋务运动，直接推进了近代工业的发展。辛亥革命以后，这里更是新文化运动的重要基地，陈独秀、胡适是这场思想启蒙运动的代表人物。从 1921 年中国共产党诞生算起，大别山革命根据地创造了“二十八年红旗不倒”的革命奇迹。抗日战争时期，战斗在大江南北的新四军是中国共产党领导的华中抗战的中流砥柱。解放战争时期，长江流域是渡江战役的主战场，见证了中国革命的烽火岁月。

千百年来，发达的水系为皖赣文化的发展提供了极佳的地理条件，上承巴蜀、荆楚，下接吴越、海派，共同构建了“吴头楚尾”的格局，成为长江文化的关枢之地。安徽北部与华夏文明接壤，中原文化自北向南辐射迁移，“东南邹鲁”因此得名；中原文化同样沿着江西水域向珠江流域散播，赣南地区成为“客家摇篮”。这种特殊的地理位置，不仅让南北文化在这里碰撞交流，东西文明也在这里汇聚演变，使皖赣文化得以吸取多种文化优长而演进发展，展现多元复合、体系庞杂的显著特征。

吴越文化：水润江南的千年根脉

江南，长江下游充满诗意的一方土地。烟雨青山、水光潋滟，这绝美的背景铺陈过众多文人墨客的风雅情怀，上演了无数风花雪月的浪漫故事，也见证了历朝历代金戈铁马的风云变幻。

吴越文化肇端于新石器时代的河姆渡文化和良渚文化，其文化区包括今浙江、江苏、上海及安徽、江西等地。

自商末周初起，吴和越两个国家在今天的江浙地区逐渐形成，并于春秋时期相继称霸。这一地区在公元前 11 世纪“泰伯奔吴”之前，已经达到较高的文明程度。这从马家浜文化时期和良渚文化时期的考古发现中可以得到佐证。

六朝前期，吴越民众仍以尚武逞勇为风气。西晋末年的晋室南渡，带来士族文化的阴柔特质，改变了吴越文化的审美取向，逐步给其注入了“士族精神、书生气质”。南宋时，赵宋王朝将杭州作为国都 100 多年，吴越文化迎来了文化大融合时期。明清时期，随着工商实业的崛起，吴越文化愈发趋向精致典雅。到清康乾盛世，苏杭已成为人们心目中的天堂，不论是经济、科技、

绍兴大湖头遗址出土的越国原始瓷句鑃、錞于

教育，还是学术思想、文学艺术，都盛极一时。吴越地区书院林立，学术流派纵横辉映；苏州评弹、越剧、昆曲、江南丝竹等，各臻其妙，大众文化精彩纷呈。吴越文化以其强大生命力影响至今。

水乡泽国的地理特征，形成吴越人饭稻羹鱼的经济结构和饮食习惯，并形成善驾舟、鸟崇拜、文身断发的习俗以及尚绿、灵动、情感细腻等文化情愫。早在四五千年前，吴越人就已驾船航行到太平洋部分岛屿。春秋战国时期，吴国就出现了来自西方国家的器皿。吴越文化中善于融合、勇开风气之先的特质流布于长江下游地区，不断催生出文化新形态。

20世纪初期，一种别致的脱胎于吴越文化的海派文化在传统与现代、精英与大众之间，形成新的萌发点。它诞生于中西合璧的上海，以极具叛逆的姿态引领中国的现代都市文明。

海派文化在中国近现代发展史上发挥了重要作用。辛亥革命后，随着政治体制改革和上海港口的开埠，上海有了“魔都”“十里洋场”的称呼，现代化思潮兴起。海派文学强调人性解放、自由恋爱等思想，出现了大量反映市民文化的现代文学作品。20世纪初，上海成为中国现代文学艺术的重要发源地，涌现出了一大批文学艺术家，如施蛰存、穆时英和张爱玲等，他们的作品深刻反映了社会变迁和时代精神。此外，海派文化还孕育了丰富多彩的流行文化，如海派旗袍、爵士乐、电影、摩登女郎等，这些文化符号成为海派文化的重要标志。

多元一体的民族格局

长江，既是南北民族融合之地，也是东西文化交流的通衢。追溯至先秦时期，苗蛮与华夏即已在此汇聚，形成民族交错杂居的格局。魏晋南北朝时期，长江流域不仅有山越、僚等少数民族繁衍生息，更有波斯、天竺、狮子国等外邦客商与使臣往来其间。元代以后，蒙古人、色目人等迁徙至长江流域。至明清时期，又相继出现了“江西填湖广”“湖广填四川”的大规模移民。这种民族的交融与互动，不仅激发了长江流域的文化活力，也形成了长江文化多元一体的民族格局。

“大杂居、小聚居”的分布态势

“我住长江头，君住长江尾。日日思君不见君，共饮长江水。”这首流传千载的名作，虽以爱情为主题，但也描绘了长江流域各民族依托长江和谐共生的生动图景。

单从水系分布来看，长江流域自古以来就是多民族交融荟萃的地区，但民族分布并不均匀，而是以“东简西繁”为总体特征，呈现出“上游密而下游疏”的特点。无论是民族类别还是民族人口，均以上游为多，纵横交错的山间河谷分布着羌族、藏族、白族、彝族、土家族等民族；中游少数民族分布较少，主要集中于西南部的沅江流域和清江流域；至于下游，则仅有零散分布，除回族有一定规模的群落外，其他少数民族聚居区较少。

遥远的古国时代，羌族、藏族等先民借助长江上游的水网，寻找有利于生存与发展的自然资源，与生活在那里的汉族、彝族、蒙古族、回族、苗族等先民密切交往，共同创造了具有鲜明特色的高原文明。

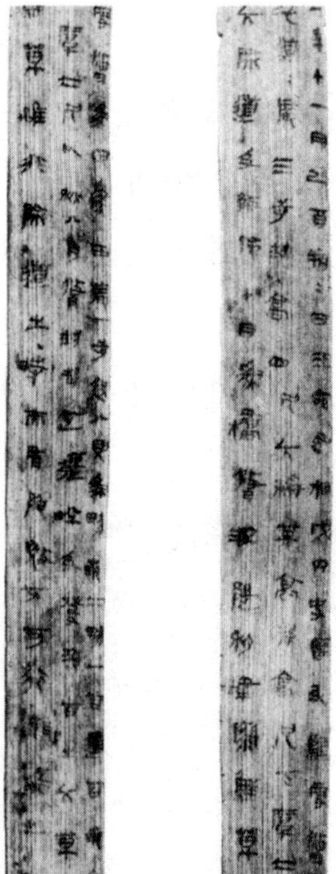

战国时期秦人统治蜀地的见证：青川木牍

云贵高原位于中国地形的第二阶梯，气候湿润，风光秀丽，但长期被中原人士视为瘴疠之地。在忽必烈率领大军乘革囊南渡金沙江之前，中原朝廷对云贵高原常有鞭长莫及之感。尽管自汉代起，就有汉人断断续续迁入云贵高原，但这里的民族依然处于区域小循环状态。直至今日，云贵高原仍是少数民族较为集中的聚居之地。

沿着长江往下行走，来到巴蜀之地。这里的蜀人从战国中期即被秦人管辖，肥沃的成都平原吸收了大量秦地移民。经过两汉 400 余年的发展，蜀人已与汉人无异，而多数巴人则依然保持着其民族特性。

民族的分布与生态环境紧密相关。从地形上看，长江流域的少数民族大部分分布在青藏高原东部边缘和云贵高原及其向东延伸地带。这里的地形以高原、山地为主，间杂一些山间平坝和河谷盆地。这些地方由于山水阻隔，虽有外来民族分布其间，但民族的基本血统始终保留，文化的棱角依然清晰，故而形成“大杂居、小聚居”的分布态势。

跋山涉水的古老先民

华夏民族在黄河流域兴起，逐渐形成大的部落并建立国家。在历史上，黄河流域的中原人士基于地域生活方式、习俗等文化因素，把生活在长江流域的先民称为“蛮夷”，自称“华夏”。

长江流域聚集着中国30多个少数民族，除一部分如蒙古族、回族、满族等是元代以后从北方迁入的，大部分少数民族与秦汉时期形成的氐羌、苗蛮、百越三大民族集团有关。

“氐羌”是居住在中国西部地区游牧民族的泛称。羌人最早分布在今青海东部的河湟流域及其以西以北地区，是一个以牧羊为主的原始游牧部落。早在商周时期，氐羌就是当时西戎的主要组成部分，他们的居住地与中原毗邻，与中原人民关系密切。氐羌有许多支系或部落先后深入中原腹地，甚至参与周武王讨伐商纣王的誓师大会，后来得到分封，建立了周王朝的封国。不过，羌

茂县营盘山遗址出土的彩陶瓶

人的主体部分仍留在其最早分布的区域，过着原始的游牧生活。长期生活在青藏高原的发羌部落，逐渐成为藏族的先民吐蕃人的重要来源。

西汉时期，生活在长江上游的羌族部落开始向支流迁徙，与土著融合，形成一些带有明显地域性的部落联盟。如在雅砻江下游及金沙江沿岸出现了邛都和笮都两大部落联盟，在岷江上游地区则有冉和駹两大部落联盟，甘南、川北交界地区则以白马部落为最大，在滇西北有巂人和昆明等族存在，在滇池地区则有僰人分布。这些部落联盟在分化演进过程中，逐渐形成自己的文化体系，成为彝族、哈尼族、傈僳族、拉祜族、阿昌族等少数民族的祖先。

“苗蛮”也称三苗，是我国南方一个古老的原始民族集团，按《战国策》记载，大体上处于“左彭蠡之波，右洞庭之水，文山在其南，而衡山在其北”的相对位置。周朝，苗蛮包括的部落很多，民族成分复杂，大体包括荆蛮、濮、庸、舒等族，其活动范围为长江流域及其以南的广大地区。

先秦时期，苗蛮中的精英部落形成于荆楚，崛起于江汉，并建有楚国。在楚国的发展进程中，荆蛮、群蛮、百濮和群舒等族，或被楚所灭，或臣服于楚，与楚人逐渐融合；也有一部分群体隐匿于崇山峻岭之中，依然保持其民族特点，继续存在和发展。后来，楚被秦所灭，当时聚居在楚国西部边境的群蛮等族则被纳入秦置的黔中郡。汉初，因在此地设置武陵郡，这一带的群蛮则被称为武陵蛮。在以后的发展过程中，武陵蛮逐渐演变成今天的苗族、瑶族、畲族等。

“百越”之名始于战国，是指古代中国南方广泛分布的越族群落。百越所处范围广大，时有“百越杂处，各有种姓”之说。百越集团分支众多，“吴越”在苏南、浙北一带，“闽越”在福建一带，“扬越”在江西、湖南一带，“南越”在广东一带，“西越”在广西一带，“雒越”在越南北部和广西南部一带。百越集团在形成民族的过程中，除一部分与华夏族融合外，大部分经过多次分化聚合，逐步形成中国南方的壮族、傣族、高山族、布依族、侗族、水族等少数民族。

先民跋山涉水，经历各种离散聚合，构成长江流域庞杂缤纷的多民族特色。

楚人迁都与文化东渐

楚人东渐的历史进程，是中华大地上一次伟大的民族交融与文化碰撞。江淮的古老文明、太湖的吴越风情与楚地的江汉韵律交相辉映，将区域性的文化差异与特质融为一体，绘成一幅宏大的历史画卷。

在秦将白起伐楚之前，楚人已经意识到了来自秦人的威胁，楚国贵族纷纷迁徙到陈地或者江南，屈原的“去故乡而就远兮，遵江夏以流亡”就是这个时期社会的真实写照。

武王墩墓出土的文物

陈地位于今天的河南省周口市淮阳区，地处豫东平原，有大别山护卫，还有韩、魏两国作为屏障，距离秦楚边境也很远，秦军就算再强大，也不敢贸然深入。经过多年经营，陈地已经变成资源丰富、文化昌明的千乘之国，经济和文化

武王墩墓出土的文物

实力都非常雄厚。

公元前278年，楚都郢失守后，为了躲避秦军锋芒，楚顷襄王迁都于陈地。楚国迁都后，先出兵灭掉了鲁国，攻下军事重镇徐州，又消灭了周边的很多小国。至此，楚国向北一直扩张到今山东泰安地区，向东直达今江苏徐州附近，楚文化也开始向这些地方传播。今天在鲁南地区战国楚墓中发掘了很多具有楚国特色的文物，它们都闪现着当年楚文化的高光时刻。

随着战争的升级，韩、魏两国不断丧失领地，几近灭亡。没有了这两个诸侯国的缓冲作用，陈地很快暴露在秦国的兵锋之下。于是，楚王先是迁都钜阳，继而迁都至淮河岸边的寿春。

楚人的东进，带来的不仅是领地的扩大，更重要的是推动了文化的融合。楚文化从汉水传播到淮水，最终与当地的淮夷文化融合，并逐渐渗透至长江下游的吴越地区，丰富了楚文化的内涵。

寿春作为楚国的最后一个落脚点，集中体现了战国末期的楚文化。礼器、食器、乐器以及大量墨书文字，徐徐展开，呈现了一幅楚文化的辉煌画卷。这里是楚文化遗存较为集中的地区。中华人民共和国成立后，在安徽寿县、长丰、六安一带共清理发掘出 1000 多座楚墓，李三孤堆、武王墩的发掘更是轰动一时。出土文物除了铸客大鼎、蔡侯铜编钟、鄂君启金节等珍贵青铜器，还有许多精美漆器、玉器，更有一批又一批楚国金币郢爰和蚁鼻钱被发现，这些都是楚文化在淮河流域积淀的见证。

衣冠南渡：自北向南的三次移民

在人类历史长河中，人口大规模迁移是社会变迁和文化发展的催化剂。从永嘉南渡到安史之乱，再到靖康之变，发生在广阔时空的人口流动，加速了地域文化的融合和中华文明多元一体化的进程。

“朱雀桥边野草花，乌衣巷口夕阳斜。旧时王谢堂前燕，飞入寻常百姓家。”南京秦淮河畔的乌衣巷，狭窄幽静，历史悠久。诗人刘禹锡所说的“旧时王谢”，指的是晋代王、谢两个豪门大族。两家不仅出了王导、谢安等名臣能相，更有王羲之、谢灵运等文化巨擘。这两大家族，也是西晋末年永嘉南渡的移民。

西晋是中国历史上一个短暂而重要的朝代，其建立标志着三国纷争的结束和中国重新统一的开始。然而，西晋的统一并未能带来持久的和平与繁荣，反而因内部的政治斗争和外部的族群冲突，最终导致了政权的分裂与衰亡。其中，永嘉之乱是西晋历史上的一场重大动乱，深刻影响了后来的历史进程。

永嘉之乱使北方的官民十分恐慌，中原世族大批向南逃逸，百姓也跟着逃亡，形成声势浩大的“衣冠南渡”。大批北方流民南下，拥入江淮、两湖地区，据估算有 90 万人。

第二次大规模的南渡发生在唐朝中后期。唐朝中期安史之乱发生后，中原士民为避战祸，纷纷举家南迁。史籍中这样记述：“天下衣冠士庶，避地东吴，永嘉南迁，未盛于此。”这次移民潮，移入地不仅有江淮、江汉，还有川蜀。唐玄宗避祸入蜀，也引得

南朝竹林七贤与荣启期砖画拓片

大批北方官民迁入蜀地。四川是天府之国，历史上一直是富庶之地，又相对安定，许多北方人迁入四川之后，就定居下来。到了唐朝末期，各地藩镇各自为政，相互争斗，百姓不堪战乱之苦。这一时期，大量人口持续南迁。

虽然唐王朝的政治重心并没有因安史之乱而转移，长安城依然是都城，但是这一次的南渡一定程度上造成了北方经济文化的凋敝和南方经济文化的勃兴，为江南发展奠定了经济和人文基础。史学家认为，安史之乱不仅是唐代由盛转衰的转折点，还是长江

流域开始成为中国经济文化重心的标志。

靖康之难则造成了第三次人口大规模的南渡。北宋靖康元年（1126年），金兵攻破宋都汴京，次年二月掳走徽宗、钦宗二帝，标志着北宋王朝灭亡。赵构称帝，建立南宋政权。随着金兵南下，政权被迫南迁，最终定都临安（今杭州市）。受到战争影响的北方百姓纷纷南下，“中原士民，扶携南渡，不知其几千万人”。

靖康之难后的迁徙大潮，规模似乎更为庞大，而移民的区域也更为广阔。长江流域自西至东，几乎都是移民的迁入地，甚至福建、广东等地，也有大批北方移民迁入。正如朱熹所述：“靖康之乱，中原涂炭。衣冠人物，萃于东南。”

宋室南移，以杭州为中心的江南地区经济文化迎来前所未有的发展高潮，四方士民商贾云集，意味着全国经济文化重心南移的完成。自此，长江文化区域强势崛起。

“江西填湖广”与“湖广填四川”

对于长江流域而言，有南北交汇，就有东西交融。自秦汉至宋元时期，北民南迁成为中国移民史上一个基本特征。而自元代以后，移民的潮流有了新的动向，由江南和东南沿海地区向湖广行省、四川地区迁移现象明显，“江西填湖广”“湖广填四川”都是著名的西迁运动，加速了长江流域内部的经济文化平衡发展。

在湖北黄冈、安徽安庆等地，人们往往自称“江西老表”，认为自己的祖先来自江西。在民间，“北有山西洪洞大槐树，南有江西鄱阳瓦屑坝”的说法也很普遍。

瓦屑坝是鄱阳湖边一个古老渡口，是无数人寻根问祖的地方。根据一些学者的研究，元末明初，天下动乱，水旱灾害接踵而至，人口锐减。洪武之初，朱元璋面对这种满目疮痍、田地荒芜的局面，决定在全国范围内移民屯田、奖励开垦。

江西、山西等地由于战事相对较少、人口较多，成为移民的主要来源地。山西洪洞大槐树和江西鄱阳瓦屑坝，成为这次洪武大移民的主要集散地。江西饶州（今鄱阳县）等地的移民，以瓦屑坝为中转站，背井离乡，迁往湖北、湖南、安徽等省。

在“江西填湖广”的同时，还有“湖广填四川”之说。关于这次移民，一种说法是，元末徐寿辉麾下明玉珍率部西征川蜀，后来留在当地自立为帝。由于入川将士大部分为湖北黄冈人，黄冈百姓为避战祸，纷纷迁往四川。朱元璋实行移民政策后，又有大批周边地区的民众迁入川蜀之地。有意思的是，入蜀的移民后裔纷纷以“麻城孝感乡”作为自己的祖籍。另一种说法是，明末清初，四川饱经战乱，于是清政府几次颁诏，允许各省贫民入蜀开垦，准其入籍，并给予免征赋税的优惠政策。入川之民，多自称湖广人氏，其中又以来自“麻城孝感乡”者为最多。

江西是宋代经济文化发展的高地之一。元代以后，“江西填湖广”“湖广填四川”的移民过程，在长江中游开创了“湖广熟，天下足”的新局面。明代的黄州府人才蔚起，文化勃兴，不得不说是江西移民带来了人文领域的繁盛。而饱经战乱的天府之国，也由于湖广移民迁入，逐渐恢复了生机与活力。

土司制度与改土归流

在王朝国家出现之后，“大一统”的政治观念就植根于中华民族基因之中。历代中央王朝在统一多民族国家的建构过程中，均奉行“溥天之下，莫非王土；率土之滨，莫非王臣”的天下观，把边疆地区纳入国家体系之中。

早在秦朝时期，统治者就用羁縻制度来加强对边远少数民族地区的制约和管理。统治者在保留当地原有的社会组织形式和管理机构的基础上，通过承认当地首领的政治统治地位、任用当地少数民族首领为地方官吏等举措来管理边远少数民族地区，少数民族首领通过朝贡来维持当地和中央的联系。到了汉朝，羁縻制度进一步确立和发展。宋代进一步细化了羁縻体系，以中央名义直接任命大量的土著官员，制度性规定逐步清晰，土司制度雏形出现。元代开始，羁縻制度正式发展为土司制度，在湖南、湖北、广西、云南、贵州、西藏等地推行，统一多民族国家得到进一步的巩固和发展。

然而，随着时间的推移，在很多地区，土司制度逐渐不能适应时代的变化。特别是明清革故鼎新之际，土司制度弊病日渐凸显。有的地区，土司拥兵自重、争斗不息，影响地方安定，致使社会动荡；有的地区，土司私自结盟、叛服无常，成为影响中央集权统治的隐患；有的地区推行与外界隔离的政策，社会、文化、经济各方面发展十分缓慢。废除土司制度，已成为历史发展的必然。

明清时期，中央政府加强了对土司管辖地区的治理，在西南地区逐渐实施改土归流。人事上，逐步革除土著官员的世袭制度，派遣外地官员至少数民族地区，与土著官员共同管理少数民族地区事务；行政上，废除各级土司机构，设置各级行政机构，原属土司管辖的地区对中央政府直接负责。同时，中央政府大力建设学校，地方宗族势力逐渐被弱化。

施行改土归流政策后，原土司部分权力仍得以保留，许多原

唐崖土司城址三维复原图

土司被任命为舍把、土目等，继续管理地方事务。中央政府在选派官员加强管理的同时，还在改土归流地区清查户口，丈量土地，征收赋税，加大教育投入，提高百姓的文化水平，并主持修建了驿站，实行军垦开荒，有效地推进了边疆与内地的一体化进程。

土司制度形成于元代，兴盛于明代，衰落于清代。中华人民共和国成立后，中国共产党开创民族区域自治制度，实现了各民族共同当家作主，土司制度彻底隐入历史的尘烟。

各领风骚的学术思想

长江之水绵延不绝，其大开大合的宏阔气象孕育了众多的思想大师。这些学术巨匠在历史的广阔天幕上犹如繁星点点，熠熠生辉。春秋战国时期，老庄道家学派以其深邃独特的思想体系在此崛起，为后世哲学思想的发展奠定了坚实基础。北宋至明代，程朱理学与陆王心学两大流派交相辉映，共同构筑了中华文明璀璨的思想殿堂。进入明清时期，长江流域的宗师大儒以求实的治学态度，从僵化的学术枷锁中挣脱出来，为后世的思想解放与学术创新树立典范。及至清代，长江流域的学术文化再次焕发活力，乾嘉学派、常州学派崛起，在学界独树一帜，为传统文化的传承发展作出了卓越贡献。这一时期，学者们还积极吸纳近代改良思想，勇于开拓创新，使得长江流域成为引领风气之先的重要区域。

老庄哲学：天人合一的理想

春秋战国时期，楚国国力强盛，文化繁荣。楚文化兼收并蓄的开放气度，使得楚国很快成为诸子百家的汇聚之地。得益于楚文化的沃壤，以老子和庄子为代表人物的道家哲学蓬勃发展，与儒家哲学并立为中国古典哲学的两大中流砥柱。

老子，楚国苦县人，曾在周朝王室担任典籍管理员，经历了周王朝的兴衰更迭，他开始思考如何恢复社会秩序、实现国家的长治久安。当他离开了生活数十年的都城洛阳，行至函谷关，关令尹喜向老子问“道”，于是老子洋洋洒洒写下5000余言，这就是我们后世看到的《道德经》。这部著作不仅涵盖了天地万物的法则、爱民治国的智慧，更以其深邃的哲学思想，成为我国历史上第一部完整的哲学著作，老子也被奉为中国哲学开山之祖。

老子生活的时代，正是楚国从弱到强、荆楚文化随之走向兴

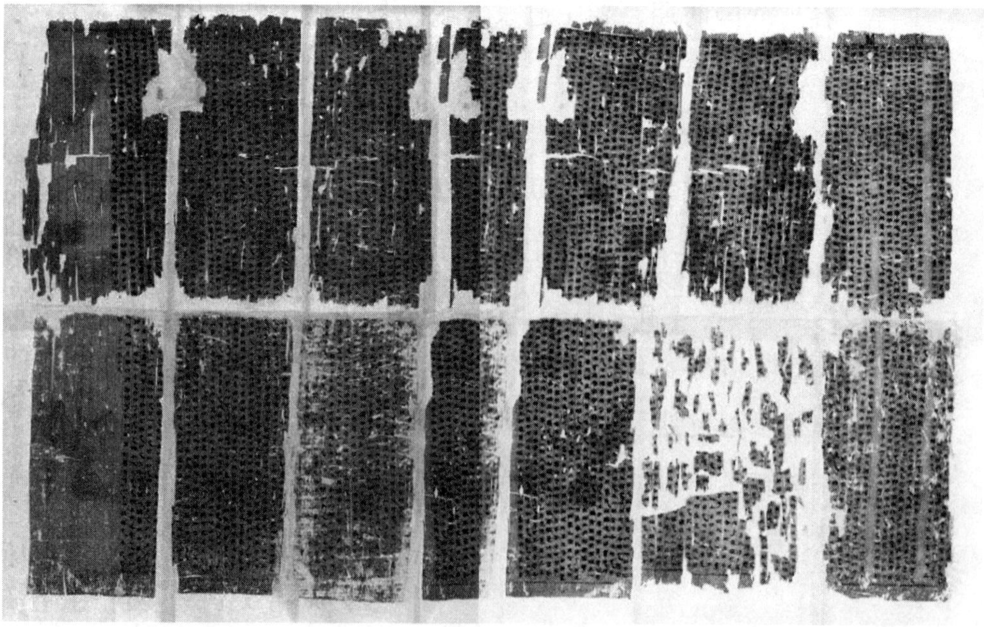

马王堆汉墓出土的帛书《老子》

盛的时代。浩荡的长江、辽阔的楚天以及源远流长的长江文明和丰富多彩的荆楚文化，共同孕育了这位思想巨子。楚文化的神秘与浪漫，让老子的哲学超然于世。老子深入探索世间万物的起源和规律。他提出："人法地，地法天，天法道，道法自然。"他认为天地之道，都要遵循自然，何况人类的行为举止。"治大国若烹小鲜"，则生动地阐述了顺应自然之理的重要性。

受楚地丰富的水资源和地理环境的影响，老子从江河湖泽的流水中汲取灵感，深刻领悟了"水"与"道"的关系。他在《道德经》中大量论述"水德"，提出了"上善若水"这一哲学命题。

在老子之后，庄子作为道家哲学的另一位杰出代表人物，与老子并称"老庄"。庄子，名周，他的哲学思想主要见于《庄子》一书。庄子继承了老子的哲学精髓，同样将"道"视为宇宙万物的本原与根本规律。他主张人应该顺应道的自然规律，不要违背道的本性，以追求真正的自由和幸福。庄子追求自由洒脱的人生态度，他的文章充满了浓厚的浪漫主义色彩，代表作《逍遥游》想象丰富奇特，语言灵活多变。《庄子》被后人称为"文学的哲学，哲学的文学"。

在经世致用的儒学之外，倡导天人合一、俯仰自得的老庄哲学用天地万物为中国人营造了一个可以解放天性的精神花园。

程朱理学：天理是万物的本源

尽管长江流域学派林立，但宋代以降，占据主导地位的无疑是程朱理学，不论在当时还是在后世，其都产生了深远的影响。

公元 960 年，后周大将赵匡胤建立北宋。为维护社会安定，稳固政权，二程思想应运而生。

程颢是嘉祐年间（1056—1063年）进士，神宗时期任监察御史等职；其弟程颐曾任国子监教授等职。在学术上，程颢和程颐提出“天者理也”的命题，倡导“只心便是天，尽之便知性”的思想，这是程朱理学的雏形。

二程把人性分为“天命之性”和“气质之性”，认为“天命之性”是“极本穷源之性”，即宇宙的本原——天理的体现，它至善无恶，具体内容包括仁义礼智信等封建道德规范；“气质之性”乃气禀所至，是恶的渊薮。因此，他们把封建道德说成“天理”所定，先天存在于人性之中。他们认为“上下之分，尊卑之义，理之当也”，从而将封建道德绝对化。

二程师从理学创始人周敦颐。周敦颐在宋仁宗之时就建立了自己的理学体系。二程的学说虽在某些方面与周敦颐有所不同，但基本内容一致，皆以“理”或“道”作为全部学说的基础。他们都认为“理”是先于万物的“天理”，现行社会秩序为天理所定，遵循它便合乎天理，否则便是逆天理。

朱熹像

理学是儒学发展的重要阶段，本质上也是一种道德人文主义哲学，以寻求人类的道德自觉，来维持某种稳定的内心秩序与社会秩序。这对于彷徨的宋代子民来说，类似一种心灵指南。

得益于同一师门的教诲传承，程朱理学获得极大发展。朱熹通过编撰大量著述，建立了完备的理学体系。特别是朱熹的著作《四书章句集注》，改变了中国经学的面貌，自元代起成为钦定的教科书和科举考试的题库与标准答案，理学也正式上升为官方哲学，成为中国古代占据支配地位的学说，甚至对东南亚文明的发展也产生了深远影响。

朱熹的理学思想，正是通过在长江流域的浙江、江西、湖南等地的学术交流传播的。他与长江流域的学人，如吕祖谦、张栻、陆九渊等人的密切互动，丰富了程朱理学的内容。可以说，长江流域孕育了理学，理学则丰富了长江文化。

陆王心学：自我修养的人生智慧

除程朱理学之外，陆王心学同样占据了重要地位。这一学派的历史渊源可追溯至孟子，经由陆九渊的深入阐发，最终在王阳明那里达到了集大成的境界。

陆九渊，作为南宋时期的理学大家，是主观唯心主义的代表人物，也被誉为“心学”的开山之祖。他主张“宇宙便是吾心，吾心即是宇宙”，认为人的心与理都是上天赋予的，然而，人往往会被外界的物欲所蒙蔽，从而失去本心，导致伦理失常。因此，陆九渊强调人的自觉性和自主性，倡导通过心性修养来恢复本心。

陆九渊的思想与程颢接近，但更加偏重心性的修养。南宋淳熙二年（1175 年），吕祖谦邀请陆九渊兄弟与朱熹等人参加“鹅湖之会”。本是朋友相聚，陆九渊却雄辩滔滔，提出“尧舜之前有何书可读”，认为只要明心见性即可，无须过分依赖书本知识。这一观点与朱熹产生了分歧，导致双方不欢而散。

明代，程朱理学被奉为统一意识形态的工具，朱元璋下令访求“朱氏学者”。然而，朱元璋仅欣赏程朱理学对于三纲五常的论证，而不允许士人干预政治。正德元年（1506年），王阳明因替好友辩护而触怒宦官刘瑾，被杖责四十后贬至贵州龙场管理驿站。

在远离京城的龙场，王阳明终日静坐沉思。身处逆境的王阳明开始深入思考哲学问题，某夜突然大彻大悟，不禁欢呼雀跃，这便是明代思想史上著名的“龙场顿悟”。他认为既然无法通过外在格物致知，那就应追求心理上的自觉，达到自我释怀。不久，王阳明被起用，先后平定福建、江西的农民起义及宁王朱宸濠的叛乱，官至兵部尚书。正值仕途顺利之时，他选择辞官归乡，专心著书立说、课徒讲学。王阳明自称一生做了两件大事：一是破“山中贼”，二是破“心中贼”。

王阳明认为，天理存于人心之中，人人皆有向善之心，这是社会秩序和道德规范的基础，可谓“心即理”。他主张，只要人们致力于自我修养，即便不读圣贤书亦可成为圣人。修养的方法是顿悟，通过静思区分良知与私欲，提高自觉，其形式类似参禅打坐。

王阳明楷书《客座私祝》

王阳明赞赏陆九渊的学说，使得陆九渊的“心学”得以发扬，因此学界称他们的学派为“陆王”学派。

王阳明弟子王艮继承心学衣钵，并进一步提出不必以实践为检验真理的标准，只求内心自发地醒悟。他创立“泰州学派”，反对封建伦理道德对人性的束缚，不拘一格，特立独行，引领明朝后期的思想解放潮流，使泰州学派成为中国历史上首个真正意义上的思想启蒙学派。

泰州学派所倡导的人性自由解放，亦对文学艺术领域的创作产生了深刻影响。晚明时期，市井文学空前繁荣，如“三言二拍”等通俗文学及《牡丹亭》等戏剧作品，均对封建传统思想中束缚人性的伦理道德进行了批判。

明清实学：经世致用的社会良方

明清之际，中国社会的一个显著变化是城镇的迅速崛起，苏州、杭州、扬州等长江沿线的城市，一跃为全国较为发达的经济文化中心。

伴随城市的繁荣，传统的士农工商阶级社会分层逐渐模糊，人口和商品的自由流动促使思想观念和文化风气变得更加开放。在这种社会经济条件下，一批代表新兴社会力量的思想家应运而生，以黄宗羲、顾炎武、王夫之“清初三先生”为代表。这些思想家经历了国破家亡的历史巨变，在研究国计民生等问题的过程中，他们的学术兴趣从理学、心学，逐步扩展到政治、经济、科学及文化等多个领域，竭力倡导以治事、救世为急务。

他们深刻认识到社会的弊病，反对空谈，更多关注实际问题的解决。他们提倡经世致用，对程朱理学、王阳明心学等传统儒

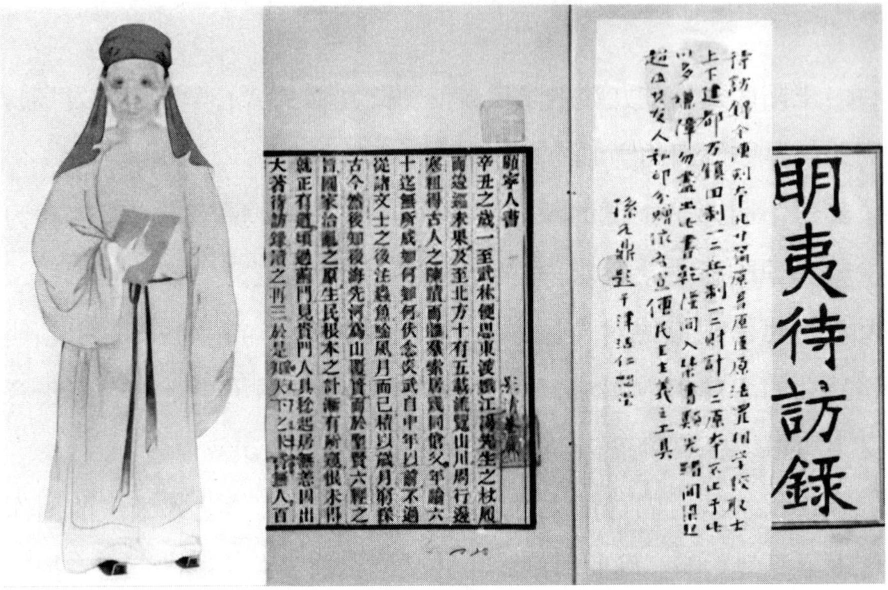

黄宗羲与《明夷待访录》

家思想提出了尖锐的批判，动摇了宋明理学的主导地位。

明清实学不仅表现在田制、水利、漕运、赋税、边防、科技等方面的具体措施上，还体现在各种旨在改革时弊的救世方案上。在政治思想上，主张明清实学的思想家批判封建君主专制，提出普通民众才是天下的主体，要求对政府权力加强舆论监督和制约；在经济思想上，他们抛弃了年代久远的“重本抑末”论，提出“工商皆本”的革命性命题，为工商业发展制造舆论。这些进步思想都带有初步民主启蒙的色彩，是社会进步的新声。

明清实学对后世影响深远。晚清时期，以曾国藩、张之洞为代表的洋务派，就是中国经世致用实学的先锋队。随后，不管是以康有为、梁启超为代表的资产阶级改良派，还是以孙中山、章太炎为代表的资产阶级革命派，他们的思想体系从本质上都已经摆脱了传统儒学文化形态，发扬光大了实学精神，从而成为令人耳目一新的“近代新学”。

明清实学思想还跨越国界，传播至朝鲜、日本等国。在那里，

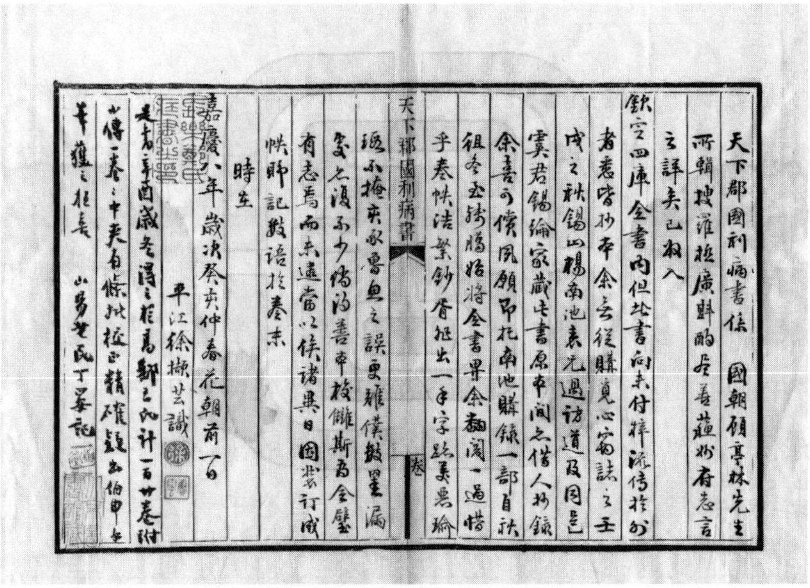

嘉庆年间顾炎武《天下郡国利病书》抄本

实学与当地文化深度融合，分别催生了具有鲜明地域特色的朝鲜实学和日本实学。这些思想流派不仅丰富了各自国家的学术体系，也对整个东亚文化的转型与发展产生了深远的影响，展现了实学作为跨文化交流桥梁的重要价值。

乾嘉学派：精于考据的治学方法

自汉代以后，“五经”成为儒生必读的经典古籍。由于时代环境的变迁和各地语言文字上的差异，这些经书流传的版本不尽相同，使得人们在阐释时出现不同的主张，造成经义理解上的差异和思想倾向上的对立。

从西汉起，经学就分化为今文经学与古文经学。今文经学学者重视阐发经文中的微言大义，认为经书讲的是经世济民之学，可由三纲五常延伸到治国平天下的大道理，甚至可借阴阳五行之说来推定政治得失及天人之道。而古文经学学者则是把这些典籍视为历史文献，主要用于授徒讲学，注重文字训诂，力求把经文本义解释清楚。由于观点不同，两大学派展开了长期而激烈的争论。

诞生于长江流域的乾嘉学派是清代最负盛名的古文经学流派。学者继承古文经学的训诂方法而加以阐释发明，用于古籍整理和语言文字研究，从而形成“朴学”。乾嘉学派学者的研究范围从校订经书扩展到校订史籍，从解释经义扩展到考究历史、地理、天文历法、音律、典章制度等各方面。他们的研究长于考据，每考证一字，常常列举直证、旁证，文字常有数千言，号称“无征不信”。他们的这种学术研究方法在乾隆、嘉庆年间达到全盛，故称“乾嘉学派”。乾嘉学派的学术研究沿袭了汉代学者训诂、考订的治学方法，因此也有“汉学”之称。

乾嘉学派的主要创始人是明末清初思想家顾炎武，其后的主要代表人物包括阎若璩、钱大昕、段玉裁、王念孙、王引之等。乾嘉学派发展至成熟期时，内部形成了两大学术系统：一是以苏州人惠栋为中心的吴派，一是以徽州人戴震为中心的皖派。两派分别影响和带动了一大批学者。吴派以“信古”为标志，皖派以“求是”为专长，均是乾嘉学派的重要分支。

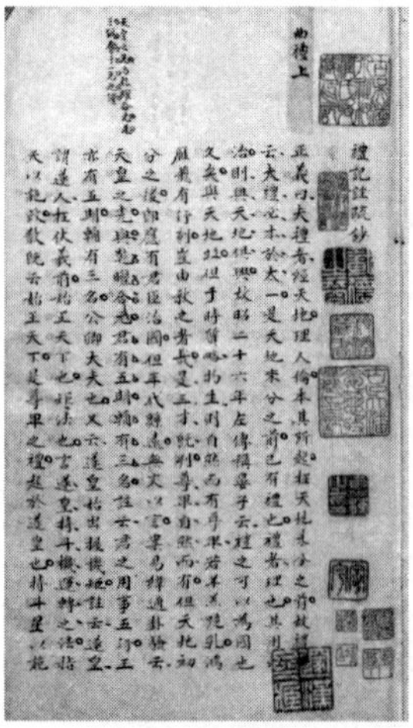

惠栋《礼记注疏》稿本

乾嘉学派的治学方法为后来的古籍点校和利用奠定了坚实的学术基础，在经学、历史、地理、金石、考古以及工具书、类书的研究和编纂方面，都留下了可资借鉴的宝贵成果。然而，乾嘉学派后期逐渐沉湎于故纸堆，严重脱离实际，几乎陷入绝境。

乾嘉学派对近代新史学影响甚大。近代以来，在西方史学的影响下，中国史学得以转型，探究历史本源、崇尚历史本真成为其重要特征。在中国学者看来，中国传统史学中，近代以来最符合科学精神的，就是乾嘉时期发展至顶峰的考据学。梁启超提倡的新史学路径，王国维的“二重证据法”，傅斯年的“科学的东方学之正统在中国”，顾颉刚的“层累地造成的中国古史说”等，均受到乾嘉学派的影响。

常州学派：近代改良思想的源头

乾嘉时期，汉学虽盛极一时，但其学风偏重实证而忽视发挥，导致学者对脱离实际的治学倾向深感不满。正是在这样的学术背景下，常州学派应运而生。该学派因创始人庄存与、刘逢禄等人都为江苏常州人而得名。

常州学派是清中期以后出现的重要学派，以《春秋》公羊学说为中心，重视微言大义，讲求经世致用，亦称“公羊学派”。其起讫当从乾隆年间的庄存与始，到清末的康有为终。

《春秋》作为儒家的五经之一，后世学者普遍认为此书寄寓了孔子的道德准则和社会理想。从汉代开始，解读《春秋》大义的学派不断涌现，其中以公羊学派解经最为著名。公羊学派在解读过程中，秉持古为今用、与时俱进的态度，形成了三个重要的理论支柱：一是强调中央集权的“大一统”理论；二是主张关于社会变革的“通三统”理论；三是揭示历史进化过程的“三世说”理论，即认为社会历史的发展有三个大的阶段，由据乱世到升平世（小康社会），最后到达太平世（大同世界）。

公羊学派以阐释孔子圣言为旗号，为以经议政提供了理论支撑和回旋空间。这一理论体系的实际价值在于为那些致力推动社会变革的人士提供一个相对安全的庇护所。他们既可以借此防范顽固保守派的政治迫害，又可以借解经之名向最高统治者提出“改制”“变法”的主张。

清代中叶，国家面临阶级矛盾激化、农民起义频发的严峻形势。在此背景下，庄存与作为一位曾担任皇子老师的常州籍学者，通过撰写《春秋正辞》，试图以公羊学的义理来调整社会秩序，从而打破了东汉以来公羊学的沉寂，使其重焕生机。

庄存与的外孙刘逢禄是清代公羊学的关键人物。他潜心研究几十年，编成了《春秋公羊经何氏释例》等重要著作，大力宣扬公羊学，成为清代公羊学理论的实际奠基人。在他的努力下，清代公羊学体系日益完备，声势日益浩大。

龚自珍和魏源则是清代公羊学发展至又一高峰的代表人物。他们生活的时代正值清朝统治由盛转衰之际，他们敏锐地洞察到社会的衰败趋势，于是大声疾呼，希望挽救社会。他们改造了传统的公羊学说，使其成为批判社会现实、呼吁变革的思想武器，对晚清社会产生了深远的影响。

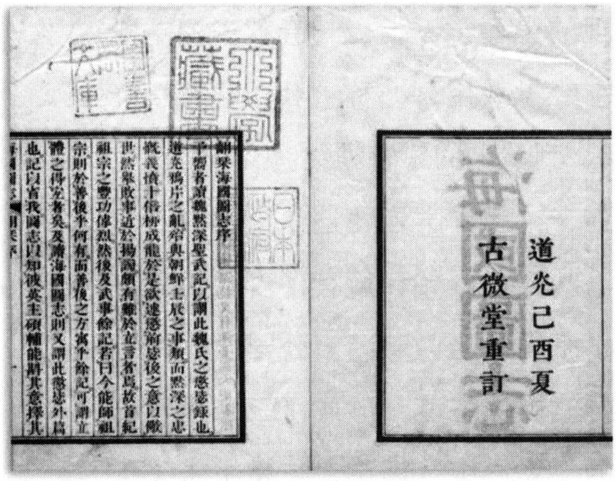
道光己酉夏
古微堂重訂

魏源《海国图志》书影

晚清时期的康有为更是将清代公羊学说推向了国家政治舞台。他以“三世说”为基础，写成巨著《大同书》，祭起公羊学的大旗，掀起了轰轰烈烈的维新变法运动。至此，常州学派已具有明显的政治变革倾向，成为中国近代改良主义思想运动的先锋。

和合共生的信仰崇拜

在长江流域这片辽阔而神奇的土地上，生活着众多民族。各民族的宗教信仰不尽相同，或依山傍水筑起庙宇道观，如星辰般点缀着这片浩瀚的流域；或踏遍千山万水，用虔诚的脚步丈量这片广袤的土地。

在这片充满灵性的土地上，水神崇拜源远流长，巫术文化广泛传播，发源于本土的道教和相继传入的佛教、基督教等宗教，相互交融，交相辉映，共同构筑了一幅独特的宗教文化画卷。这种多元文化共存、和合共生的信仰崇拜，极大地丰富了中华文化的内涵，也为后代留下一份弥足珍贵的文化遗产与精神财富。

流布广泛的水神崇拜

每一种文化都深深植根于其生存的环境。古代社会，人们对鬼神怀有敬畏之心，尤其在农耕时代，民众常以虔诚之心供奉神灵，祈求庇护。

相较于陆地，人们对江河湖海的情感更为复杂。他们依靠水的恩赐来维持生计，又畏惧汹涌波涛带来的灾难。这种矛盾情感在信仰体系中得以体现，人们逐渐形成了对水神的崇拜。

长江两岸，水神庙星罗棋布，蔚为壮观，承担着两大核心职能：一是平息水患，保护一方平安；二是守护航道，助旅人安全航行。这些庙宇不仅是水神崇拜的物化体现，更生动展现了人类与水域环境的深刻互动。

吴地多水，自古被称为泽国，孕育了丰富多彩的水神崇拜文化，如白龙神、五龙神、太湖神崇拜等。此外，一些有功绩的官员也被尊为水神，如先秦的伍子胥、汉代的陈平、南朝的顾野王、南宋的李禄等。他们因治水功绩显著而被人们供奉，寄托了民众对福祉的期盼。

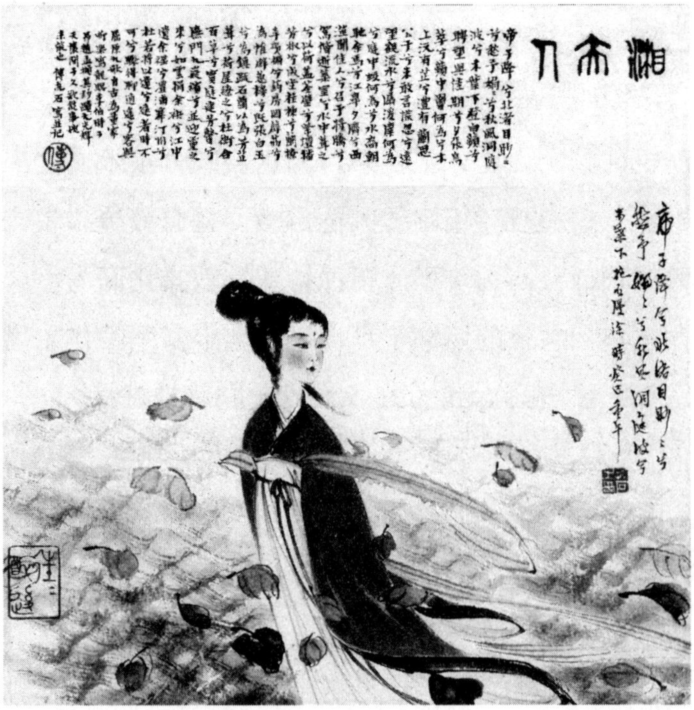

湘夫人　傅抱石

宋代岳州地区，水神庙多建于洞庭湖畔，这与频繁的湖患直接相关。古人在洞庭湖上行船时常受风浪之苦，因此湘君、河伯和大禹等水神受到沿湖民众的崇拜。人们认为他们是能够控制水源、保障湖泊周边地区安全与繁荣的守护神。

长江流域的江神崇拜起源于民间，先秦时期已有相关的祭祀记载。秦统一六国后，江神祭祀被纳入国家祀典，标志着江神崇拜成为全民性信仰，体现了官民对生态环境变化的主动应对和共同改造。后代帝王效仿黄河河神封赐之例，为江神赐下众多名号，其中以“长江三水府”——上水府马当、中水府采石、下水府金山最为著名。而湘水之神、洞庭之神能够深入人心，则与湖湘文化的广泛传播尤其是楚辞的风行密不可分。

眼花缭乱的巫术

长江流域地形复杂多变，崇山峻岭与河流湖泊交织，构筑了相对封闭的自然秘境，这种独特的地理环境为巫术的兴起提供了自然条件。

面对自然灾害的肆虐、疾病的侵袭甚至奇异多样的自然现象，先民感到困惑和恐惧。相传上古时代的巫人部族是一个精通巫术、医术并通晓历史、地理、天文的部族，似乎无所不知，被人们所敬仰，甚至畏惧。

昆仑山山势高峻，因此沿江居民将昆仑山尊称为神山，视其为被众神守护的城堡。长江上游的巫山，因为有奇特的山形和云雾缭绕的景象而成为巫术传说的摇篮。

在巫术的影响下，长江流域的石头也被赋予了神秘的色彩。奇石排列、石祖崇拜等现象，都是巫术文化的体现。人们相信鞭打石头可以引起天气变化，因此长江流域还有鞭石的巫俗，每当天旱或多雨时节，巫师便带领百姓至深山石洞中举行仪式，祈求风调雨顺。

此外，长江流域的巫俗还体现在人的身体上。在古代，长江流域气候比现在更为湿润，瘴气弥漫，人类生存环境极为恶劣。生活在太湖、鄱阳湖、洞庭湖畔的人们，常在上肢或腹部、胸部刻画蛟龙、鳞虫或其他崇拜的图腾，以壮胆、辟邪、增强自信。

不仅普通民众信仰巫术，士大夫也对巫术抱有幻想，屈原就在《离骚》中表达过对巫咸的渴望。巫咸作为传说中被神化的巫师和长江流域的精神偶像，象征着智慧与力量。长江流域的巫术以万物有灵的观念表达了人们对上天的敬畏和对神灵的向往，具有浪漫主义的文化特质。

长江名山僧占多

长江流域自古以来便是佛教传播的重要区域。佛教作为世界三大宗教之一，自西汉末年传入中国后，便迅速从北方地区传播至南方。“南朝四百八十寺，多少楼台烟雨中”，1400 余年前江南的佛教盛景，由此可见一斑。

东汉末年，洛阳一带发生战乱，以支谦为代表的众多高僧由黄河流域随难民南下，先后到达武昌（今湖北鄂州）和建业（今江苏南京）等地，将佛教文化带入长江中下游地区，这是佛教在江南传播的主要路线之一。

另一条路线则是由海路北上。康僧会于孙吴赤乌十年（247 年）抵达吴都建业，从事佛经翻译和弘法活动。孙权深感佛教之新奇与意义之深远，特于坛所之处修建建初寺，这是江南第一座寺庙，也

虎溪三笑图　宋·佚名

是后来赫赫有名的大报恩寺之前身。

至于长江上游巴蜀地区流传的佛教，一般认为是从印度、东南亚沿西南丝绸之路传入中国，在东汉时期已经有佛教寺院和佛教造像的记载。受巴蜀文化的熏陶，长江上游形成极具地域特色的巴蜀佛教，并与其他地区佛教一直保持交流互动。

佛教在长江流域的广泛传播，也推动了佛教中国化的不断探索。道安大师因世乱避居湖北襄阳，建僧团，整经籍，制戒律，统释姓，被誉为“佛教中国化第一人”。慧远大师卜居江西庐山，志心于净土，结社讲道，精进念佛三昧，被后世尊为“净土宗初祖”。慧思大师住湖南南岳传法，双开定慧之门，劝勉勤修法华、般舟三昧，倾动一时，被后世尊为“天台宗二祖”。僧朗大师游于僧肇之门，隐居江苏摄岭，以华严、三论之学行于江表，被后世尊为“江南三论宗初祖”。慧可大师于嵩山接达摩衣钵，南下安徽司空山，使禅宗绝处逢生，后流布海内外，被后世尊为“中国禅宗二祖”。

佛教在长江流域的发展，不仅衍生出众多本土宗派，也通过中外高僧将佛教文化传播至朝鲜、日本、越南等国，成为长江与海外文化交流的桥梁与纽带。

受此影响，长江流域的众多名山大川作为佛教僧侣的修行

南京栖霞寺千佛岩

道场，为海内外佛教徒所神往，形成独特的宗教文化景观。中国佛教四大名山中的三座，即四川峨眉山、安徽九华山、浙江普陀山，均位于长江流域，与佛教文化紧密相连，成为佛教信徒心中的圣地。其余如江苏宝华山、江西庐山、湖南衡山、湖北玉泉山等，也是长江流域佛教名山的代表。

长江流域的佛教文化遗产丰富而厚重。江苏南京的栖霞寺作为三论宗的发源地之一，其内的舍利塔是南唐时期的遗迹。该塔不仅是长江以南地区最古老的石塔之一，也是中国现存最大的舍利塔。栖霞寺的千佛岩石窟始凿于南朝齐永明二年（484 年），历代均有开凿，是六朝时期南方佛教艺术的珍品，被誉为“江南云冈”。大足石刻与安岳石刻作为成渝古驿道上耀眼的“姐妹花”，展示了佛教艺术在巴山蜀水之间传播的辉煌历史。乐山大佛坐落于长江上游支流岷江的东岸，是中国乃至世界上最壮观的佛教造像之一。

在长江流域，佛教造像中的诸多元素被广泛应用于世俗服饰，具有中国文化特色的佛教建筑星罗棋布。比如佛教的莲花、宝相花、忍冬、飞天、伎乐人物等花纹或造型，都成为中国人日常生活中常见的审美装饰。其中蕴含的佛教慈悲、智慧和平等思想，也逐渐成为长江流域乃至整个中华民族共同的精神财富。

发源于本土的道教

古人深信，山川、河谷、丘陵等皆能召唤雷霆、行云布雨，其背后皆有掌管自然界的神灵。道教的信仰根植于万物有灵的古老观念和自然崇拜。

道教之成始自张陵。张陵创立道教，就是融合改造了上古以来巴蜀地区盛行的巫术。他本来以巫师身份在巴蜀一带降妖驱魔，后来托言太上老君降命封其为“天师”，遂于东汉末年乱世之际创立“五斗米道”，后人亦称“天师道”。五斗米道在巴蜀地区发展迅速，很快建立了 24 个宗教活动中心。

此后，道教在巫文化、方仙文化、道家文化的基础上，历经兴衰和分合，逐渐发展壮大，产生了各种流派。道教的传播是由北向南、由西向东展开的，在长江流域影响甚广。

道教在发展过程中，融合了楚文化的精髓，尊老子为道教始祖，以“道”为最高信仰；沿袭了巴蜀、吴越祭祀山川、鬼神、日月星辰的巫术仪式，形成了独特的教义和信仰体系。

作为发源于中国本土的宗教，道教汲取了中华优秀传统文化的丰富养分，涉及哲学、文学、艺术、音乐、养生以及民俗等多个领域。

道教认为，神仙居住的地方与凡人世界是分开的。名山大川中的洞天福地远离尘嚣，被视为神仙的理想居所。长江流域作为道教的发源地之一，拥有众多道教名山、祖庭和道观。从江苏的茅山到江西的龙虎山，从安徽的齐云山到四川的青城山，从湖南的衡山到湖北的武当山，这些名山大川散布着无数道教圣迹。它们不仅是信徒们的精神家园，也是我们丰富的文化旅游资源。

湖北武当山，被誉为“亘古无双胜境，天下第一仙山”，是

竹林谈道图　宋·李德柔

真武大帝的修行之地，也是明代皇家道场。山上的建筑群宏伟壮观，布局精妙绝伦，被称为“中国古代建筑史上的奇迹”。其中，紫霄宫的庄严、南岩宫的清幽、太和宫金顶的巍峨……每一处都令人赞不绝口。

安徽道教历史源远流长，北有道教鼻祖老子的诞生地、道教之祖庭涡阳天静宫，南华真人庄子的故里蒙城；南有被尊为白岳的齐云山及玄天太素宫，古南岳天柱山，还有被唐玄宗赐名的黄山（黄帝之山）。

道教在长江流域的发展不仅体现在宏伟的建筑上，更深刻地渗透到人们的精神世界中。道教倡导的“天人合一”和“无为而治”等思想，对中华民族的生活态度和价值观念产生了深远的影响。道教尊重自然、顺应自然，强调人与自然共生共荣的哲学智慧，为现代社会的发展提供了宝贵的启示和借鉴。

伊斯兰教中国化的进程

公元 7 世纪初，伊斯兰教兴起于阿拉伯半岛。随着丝绸之路的开辟，到唐宋时期，阿拉伯、波斯等地的穆斯林商人循着长江这条黄金水道，将伊斯兰教的宗教文化带到长江流域的诸多城市，构成了长江文化交流史上的重要篇章。

元王朝建立后，得益于其特殊的民族政策，来自阿拉伯、中亚及波斯地区的穆斯林遍布全国。伊斯兰教在长江流域得以大规模传播与发展，成为与其他宗教并存的独立宗教信仰。

明代是长江流域伊斯兰教传播最为普遍的时期。朱元璋为了维护新兴的明朝政权，采取了优容宽待的民族政策。他还在南京、西北和闽粤等地区兴建清真寺，御书《至圣百字赞》，赞扬伊斯兰教有“协助天运，保庇国民”的功劳。为彰显对大明王朝的忠诚，回族将领纷纷将南京作为籍贯，以出身“龙地”为荣，因此，诸多回族家谱记载其祖籍为南京“柳树湾”“高石坎”，而这两处实为明朝军队驻地。

长江奔腾不息，扎根这片沃土的穆斯林非常重视“敬真主，忠国家”的思想，认为伊斯兰教的“忠信孝友”等与儒家伦理有相通之处，遂将伊斯兰文化与儒家、道家乃至佛家哲学深入融通，

普哈丁园

实现伊斯兰教的中国化，史称“伊儒会通”。

伊斯兰教中国化不仅表现在以汉语为母语、以儒学为资源的“中国伊斯兰教思想体系”和融通私塾教育与寺院教育于一体的“经堂教育”上，还表现在清真寺的建筑形制上。

在扬州，有一座集清真寺、古墓园、古园林于一体的伊斯兰教建筑——普哈丁园。普哈丁相传为伊斯兰教先知穆罕默德的第十六代后裔，于南宋咸淳年间（1265—1274年）来到扬州传播伊斯兰教，其主持修造的仙鹤寺成为中国东南沿海重要的伊斯兰教四大名寺之一。普哈丁对扬州怀有深厚的感情，后人根据其遗愿，将其葬于扬州古运河畔。普哈丁园的建筑风格既展现了伊斯兰教的特色，又融合了中国古典建筑的艺术元素。与普哈丁园相邻的还有一大批伊斯兰教知名人士的墓葬。清代中期，人们在普哈丁园旁新建了一座清真寺，该寺成为扬州穆斯林从事宗教活动的重要场所。

基督教与中国文化

公元1600年前后，一位高鼻梁、蓝眼睛的洋人正在滔滔不绝地讲授《几何原理》，关于西方的天文、地理、数学等知识，让那些身着麒麟袍的明朝官员充满好奇。

这个洋人就是利玛窦，一位意大利传教士。他在万历十年（1582年）到中国传教，先是居留在澳门，后迁移至肇庆、韶关、南京、南昌等地，一生致力于传教工作，直至1610年在北京去世。

利玛窦刻苦钻研汉语，撰写《天主实义》，把天主教义和儒家学说结合起来；他留须蓄发，在服饰等方面皆按照明代学士形象进行装扮；他接受中国大部分礼仪及风俗，如祭祖和敬孔；他广交士绅，向他们讲授西学知识，赢得了众多王公大臣的尊敬和支持。对利玛窦传教事业帮助最大的当属“圣教三柱石”——徐光启、李之藻和杨廷筠。得益于徐光启等人的引荐，郭居静等传教士将天主教传播到了上海、杭州、南京等地。

其实，早在利玛窦之前，基督教已经传入中国。唐贞观年间（627—649 年），基督教聂斯脱里派（亦称“景教”）传入中国，后因唐武宗下诏禁止佛教流传，该教也遭波及，未几即告中断。到了元代，随着蒙古大军的西征，亚欧大陆商道畅通，天主教方济各传教士也来到中国，被称为“也里可温”，后来随着元帝国的衰落而难寻踪影。

需要指出的是，广义的基督教包括天主教、东正教（亦称“正教”）和基督新教（亦称“耶稣教”）以及一些较小派别。除天主教以外，17 世纪末叶，俄罗斯正教传教士开始在中国东北建堂立院。清康熙五十四年（1715 年），沙皇俄国正式派遣俄罗斯正教驻北京传教士团来华传教，东正教正式在中国扎根。清嘉庆十二年（1807 年），英国伦敦会派遣传教士马礼逊来华，是基督教新教传入中国内地的开始。

基督教数度入华，自唐代起便开始在中国这片古老的土地上生根发芽，此后经过漫长岁月的发展壮大，在中国有着广泛的影响力和较高的普及度。基督教在中国的传播始终都与长江有着密不可分的关系，长江流域一直都是西方传教士传教的重要地区之一。

利玛窦和徐光启铜版像

1840年鸦片战争后，西方列强打开了文明古国锁闭多年的大门，基督教传播迎来鼎盛时期。上海开埠以后，逐渐成为基督教在中国的传播中心。20世纪40年代，全国最有影响的基督教各大宗派的总部多设在上海。

传教士溯江而上，进入中国腹地，武汉成为长江流域另一个重要的传教中心。这座曾被西方人誉为“东方芝加哥”的大都市，留下了基督教三大派的足迹。四川、云南等省由于偏离政治文化中心，基督教传入相对较晚。但随着殖民列强瓜分中国的狂潮迭起，传教士逐渐深入偏僻的西南少数民族地区进行传教。基督教在西南地区的传播遇到了显著的地域文化和社会结构的抵抗，然而，在一些地区，如云南和贵州，部分彝族民众通过传教士的介入接受了基督教，并逐渐将其本土化。

基督教除了大力传教、兴建教堂，还在长江流域创办了许多教会学校，如圣约翰大学、金陵大学、东吴大学、华西协和大学等；同时也建立了众多教会医院和诊所，如上海瑞金医院、长沙湘雅医院、武汉协和医院、芜湖弋矶山医院等。除此之外，教会还设立慈善机构，参与赈济救灾，从事文化出版业等。

基督教对长江文化的影响是多方面的，不仅在繁华的都市生根，而且影响至远离政治文化中心的农村。传教士一方面传播宗教，一方面从事文化活动。其间，既有文化的交流和融汇，带来了西方文化和先进的科学技术，不断地与儒家、道家、佛家等思想进行交流；也有文化的碰撞和冲突，从而导致了持续200年的礼仪之争，最终使得在清朝时期推行“百年禁教”。1950年7月，中国基督教界吴耀宗等40位领袖联名发表“三自宣言”，号召教会自治、自养、自传，中国教会从此走上了独立自主自办的道路。

浩荡长江奔流不息，基督教各宗派在与中华文化的碰撞中开启中国化的进程，共同构成了长江流域丰富多彩的文化景观。

别开生面的民俗风情

“十里不同风，百里不同俗。”长江横穿我国东、中、西部，以其波澜壮阔的气势，滋养着广袤的大地，孕育了璀璨夺目的文化。长江流淌着世代相承的乡音俚语，映照着四季轮转的风俗礼仪。在这里，人们依水而居，靠水为生，形成具有鲜明风格的生活习惯和饮食特色，从而衍生出丰富多彩、绚烂多姿的社会风俗。

一方水土养一方人

在长江流域的历史长河中，诸如“绍兴师爷”“江西剃头师”“句容剔脚匠”“徽州朝奉”和“扬州尚书”等称谓，均体现了该地区独特的风土人情和地域特色。

先秦时期，长江流域一些地方甚至被视为蛮荒之地。历史上，在相当长的一段时间里，黄河流域的生产力和文明发展程度都胜过长江流域。一直以来，很多人认为，黄河流域是中华文明的唯一起源地，但其实不然。早在史前时期，长江流域就已经创造了灿烂的文明，良渚文化、石家河文化甚至达到了早期古国的文明高度。长江流域的文明起源之早、内涵之深、范围之广，都证明了长江流域是中华文明的发源地之一，长江文化是中华文化的重要组成部分。随着历史上几次北人南迁，中国的政治、经济、文

货郎图　宋·苏汉臣

化中心不断南移，长江流域的发展蒸蒸日上。

明清以降，长江流域的风土人情更多体现在商业的繁荣上。明代中叶至清乾隆末年的300余年，是徽商发展的黄金时代。无论营业人数、活动范围、经营行业与资本，徽商都居全国各商人集团的首位。当时，经商成了徽州人的“第一等生业”，成年男子有70%都在经商。徽商贾而好儒，积极回馈乡里。徽文化在明清时期全面崛起，取得的辉煌成就几乎涵盖了中华传统文化的各个方面，在思想哲学、道德伦理、语言文字、文学艺术、文化典籍、科技工艺等各个领域都璀璨夺目，且自成体系。

扬州处于大运河与长江交汇处，“维扬之盐”名闻遐迩。扬州“三把刀”——厨师、理发师、剔脚匠的盛行，体现了服务行业的兴盛。明清时期，扬州进士人数在全国名列前茅，文教事业亦随之繁荣，有“苏州出状元，扬州出尚书”之说。

文化与商业的繁荣促进了清代绍兴文人的外出，他们成为官府幕僚，擅长谋算和文书工作，因此有“绍兴师爷”之称，有言道“无绍不成衙，无湘不成军”。这一现象也使得绍兴黄酒和绍兴方言在许多地方广为流传。

在长江流域，江西的经济发展虽不算顶尖，但江西人诚信、勤奋，擅长经商，再加上长江发达的水网和便利的交通，江西商人的生意不断壮大，迅速形成庞大的商帮，被称为赣商、江右商帮。商人底色使得江西人注重公平，讲究诚信，因此，江西历来有“好讼”的传统，乡村私塾中甚至有教授打官司的书籍——《邓思贤》。而且，江西人的聪明才智不仅体现在经商上，也体现在文化上。江西吉水县，曾有1000多人考上进士，宋代名家杨万里、欧阳修、文天祥等都来自吉水。因此，后人常说“吉水山高进士多”“五里三状元，百步两尚书”。

荆楚文化亦是长江流域文化的重要组成部分。这里是楚文化的中心，楚人以“不服周”的倔强著称，有勇有谋，行事缜密。明清以来，湖南、湖北的地位迅速上升，“湖广熟，天下足”的经济地位使得两地的文化地位也随之提升。清代湘军以善战闻名，“中兴将相，什九湖湘”，这反映了楚人有尚武的传统。近代湖南、湖北以出产政治军事人才而闻名于世，正是这种文化传统的延续。

隋唐时期的川江流域呈现的是一幅世俗而务实的生活场景，烟火气特别浓厚。蜀地平原的优厚馈赠让蜀人满足基本生存需求相当容易，所以他们有更多的时间研习文化，享受生活。四川地区最突出的是休闲文化，茶馆、麻将、采耳影响至深。“蜀人善玩”“蜀人闲适”，可以说是近现代四川文化的一大特色。

服饰里的万种风情

中国被誉为“衣冠古国”，服饰文化是中华文化的重要组成部分，被誉为“穿在身上的史书”。

以黄河流域为代表的北方地区，深受“被褐怀玉”思想的影响，强调深藏人的本性，忽略服饰的装饰功能。而以长江流域为代表的南方，由于四季分明的气候和少数民族众多，这里的服饰则演绎出万种风情。

长江流域广袤的土地孕育了众多民族，其服饰风格丰富多样，各具特色。仅以头饰为例，藏族妇女的头饰中，最引人注目的莫过于头顶上的巴珠，这种精美的首饰有的呈三角状，有的为三枝状，在考究的布料上镶嵌宝石和金银饰品，与条条发辫巧妙结合。彝族姑娘的头饰因其弯曲如瓦片的形状而闻名，选用 5 至 8 米不

白族妇女头饰

等的黑布或深蓝色布折叠成瓦片状放在头顶，两边点缀丝线和银饰。白族妇女偏爱的头饰以象征“风花雪月”四景著称，垂下的穗子是下关的风，艳丽的花饰是上关的花，洁白的帽顶是苍山的雪，弯弯的造型是洱海的月。其他如土族妇女的“扭达”、布依族妇女的“梳高头”等，不一而足。这些服饰的种类，生动地反映了长江流域各民族的文化和审美情趣。

长江流域各民族的节庆活动，在某种意义上，也成为展示本民族服饰的盛会。其中，云南地区的景颇族目瑙节尤为壮观。活动开始时，领舞者率先登场，头上佩戴着由犀鸟嘴、孔雀翎、野猪牙、银泡等组成的头盔。人们随锣鼓的节奏依次进入，列队起舞。参加盛会的男子，大多穿黑色圆领对襟上衣，下身穿短而宽大的黑裤，包黑布或白布头巾，头巾两边以彩色小绒球作为装饰，腰间斜挎刀鞘和筒帕，手持精美长刀，俨然气宇轩昂的武士。女子多穿黑色对襟上衣，配合黑红相间的筒裙，用黑色布条裹腿，紧身上衣缀满银泡，脖子上佩戴六七个银项圈和一串响铃式的银链子，耳朵上戴着长长的银耳环，手上戴着粗大且刻有花纹的银手镯。舞动时，银光闪闪，叮当作响。还有些女子在腰间围上涂有黑漆或红漆的藤圈……色彩缤纷，令人眼花缭乱。

许多民族以富贵为美，因此他们非常重视服装面料的质地以及首饰的珍稀华贵。苗族的银饰尤为典型。根据佩戴部位的不同，大致可分为银凤冠、银耳环、银项圈、银项链、银上衣和银围裙、银腰带、银手镯、银戒指等几大类。一名姑娘的所有装饰可能会

苗族服饰

有约 10 千克重。在青藏高原上，有些藏族同胞的整套服饰价值数万元，有的高达 20 余万元。侗族人则有“银饰越多越美”的观念，例如用纯银制作的花帽，上面雕刻十八罗汉像和十八朵梅花，两侧有银月图案，正中有双龙戏宝图案，帽檐有水波、云朵等图案，银光熠熠，精美绝伦。

千年传承端午节

端午节是长江流域的传统节日，在中国，以及日本、韩国、越南等国家广泛流行。

古老的端午节历经千年传承，民俗活动丰富多样。讲起端午节，我们总会想起作家汪曾祺笔下用彩色络子装着的鸭蛋，这是孩子们最心爱的饰物。拴五色线、饮雄黄酒、用雄黄画额、佩戴香囊、熏艾草、挂菖蒲等，各地习俗不尽相同，各具特色，唯有划龙舟、吃粽子流传最广，经久不衰。

关于端午节的起源，最广为流传的说法是为了纪念屈原。战国时期，屈原因遭受诽谤和迫害，于公元前 278 年初夏在汨罗江投江自尽。楚国人民深感悲痛，纷纷前往汨罗江边悼念。渔民们划船在江上搜寻，希望找到他。为了防止鱼虾侵扰屈原的遗体，他们将饭团、鸡蛋等食物投入江中。

这一行为被后人效仿。人们用楝树叶包裹食物，并用丝线缠绕，这便是粽子的起源。从那以后，每年的五月初五，人们便有了划龙舟、吃粽子的习俗。

也有人认为端午节起源于古代越国。龙是古代吴越人民崇拜的图腾，端午节是他们进行祭祀的节日。

尽管关于端午节的起源说法不一,但大多数都与长江有关。

在英文中，端午节被译作“Dragon Boat Festival”，即龙舟节，凸显了划龙舟的重要地位。划龙舟是长江流域最具代表性的民俗活动，更是长江文化的重要标志。

清院本《十二月令图轴》中的五月

生活在长江边的先民捕鱼、出行和征战多依赖舟船，因此长江沿岸的造船技术一直非常先进，这为长江流域赛龙舟习俗的形成和发展提供了条件。楚国和吴越的先民好斗尚武，龙舟竞渡也正是这种精神的体现。宁波出土的战国时期“羽人竞渡”铜钺，证明了当时长江下游的先民已有驾龙舟乘风破浪的习俗。

在长江流域，除了端午节，还有甘南舟曲藏族的朝水节、德昂族的泼水节、苗族的龙船节等习俗，都与水有着不解之缘。

独具特色的婚庆习俗

伴随江水东流，人类社会走向更高级的文明，族群间的血缘联姻逐渐被部落间的外部联姻取代，婚姻制度初步形成。长江流域的民族，受到自然环境、宗教信仰、文化传统和生活习惯等多种因素的影响，孕育出了独具特色的婚庆习俗。

长江水流潺潺，渔民靠水谋生，渐渐形成一些有别于陆上社会的婚俗。两家择定吉日，一起在水边下风处抛锚停泊，以筹备婚嫁事宜。抛锚时必定要男方家渔船泊在上风口，女方家渔船泊在下风口。一旦停泊则不能再移动，这是渔家的规矩。婚礼当天，新郎随同媒人至岳父母船上行礼接亲，新娘拜别父母，随新郎从铺着红布的跳板上跨过船只，一步之间就算出门、进门了。双方在送亲、迎亲之时，往往不燃放大串爆竹，主要是防止落水炸不响，不吉利；他们用红纸包裹竹竿，高挑长串的“百子炮”，于船头上燃放，噼里啪啦，热闹非凡。至于锣鼓等仪式，一概从简。渔民婚嫁时，敬神、祭祖仪式是万万不可少的，一般是第一天敬神，第二天祭祖，第三天才是拜堂成亲。敬神时，渔民在船上大桅杆前的甲板上，将数张方桌摆成供桌，分别供奉“三牲”、全鱼（一般都为鲤鱼）、干果、水果等数十样供品，船身四周张贴与水有关的诸神画像。

生活在长江上游的彝族中，流行着一种别具一格的迎亲方式——泼水迎亲。彝族人相信清水能够祛除邪恶、带来幸福和吉祥。当迎亲队伍抵达泼水地点时，热情的姑娘们会手持水瓢，突然出现并拦住客人们，一边高声欢呼，一边向他们泼水。客人们也会主动参与，与姑娘们互动。这种泼水仪式不仅为婚礼增添了乐趣，也渲染了喜庆的气氛。

彝族姑娘向迎亲队伍泼水

与少数民族质朴的婚俗相比，长江流域的汉族婚俗则显得隆重、复杂和精致。江南地区的婚俗承袭了南宋遗风，包括说媒、订婚、行聘、发奁、迎娶、三朝回门等环节。订婚是结婚前的重要仪式，古称“缔姻”，又称“传红”。订婚当天，双方都会把家里装饰得喜气洋洋，厅堂上摆放和合二仙的神像，点燃红烛，并邀请亲朋好友参加订婚宴。在婚礼前一天，会进行发奁，即发送嫁妆。过去，富裕家庭的嫁妆非常丰厚，嫁妆在女方家中摆放有序，到了男方家也必须按照同样的顺序陈列。长江中下游地区还有三朝回门的习俗，即婚后第三天，新郎和新娘一同回娘家拜见父母。

江浙地区自古以来就是富饶之地，在婚礼的筹备上，从仪式的举办到喜糖的选择，都十分讲究。例如，杭州地区的喜糖通常选用桂花糖，取“桂”与“贵”谐音，寓意“早生贵子”。

水乡社戏与傩戏

在长江流域，对土地神的崇拜源远流长，这与中国古代社会中对“天、地、社、稷”四神的祭祀传统密切相关。根据民间传统，每当播种或收获季节来临，农民都会举行立社祭祀活动，以表达对土地神的感激之情，并祈求来年人丁兴旺、五谷丰登。

社戏，是在祭祀土地神时表演的一种宗教和民俗活动，在民间广为流传，鲁迅的《社戏》一文更是让其深入人心。社戏的历史可以追溯到中国原始社会的图腾崇拜仪式，它作为人们与神灵沟通的桥梁，承载着人们的敬仰和祈愿。社戏表演的场所多样，庙宇、祠堂或野外均可成为舞台；表演形式丰富多彩，包括舞龙、舞狮、打鼓、吹号等，充满了浓郁的民间文化气息。

过去，社戏一年举办两次，春季的社戏旨在祈求农作物的丰收，秋季的社戏则是为了庆祝一年的丰收。随着时间的推移，社戏逐渐演变为以戏剧表演来酬谢神灵、祈求福祉的活动，并发展成民间庙会的重要组成部分。每当节日到来，村民们会集资邀请戏班，广邀亲朋好友，准备酒食，共同欣赏戏剧表演。这既是敬神的仪式，也是一种娱乐方式。在长江下游地区，最出名的社戏要数绍兴社戏。绍兴社戏常以传统越剧为主，还有绍兴莲花落、绍剧等具有浓郁地方特色的艺术表演形式。绍剧原是文戏居多，但是为了迎合群众爱热闹、图喜庆的心理，增添了不少杂耍和打斗场面，热闹非常。此外，有的戏剧还用绍兴方言来念对白，听起来诙谐幽默，令观众捧腹大笑。社戏还促进了相关商业活动的发展，农村的集市贸易也常在社戏期间举行，商品琳琅满目，被称为“会市”。

在长江流域，还流布着除魔祛疫的傩戏。它根植于自然、图腾、祖先和鬼神崇拜的原始文化，萌生于夏商，形成于周，规范于“礼”。

傩戏的表演者古称“巫觋”“祭师”，被认为是能够与神鬼沟通的通灵者。在表演时，他们会穿上各种服饰，戴上各种面具，模仿神鬼的动作和神态，借助神鬼之名来驱逐邪恶。傩戏在塑造

池州傩戏

人物形象时，特别注重面具的使用，通过脸谱造型强调人物性格。人们根据不同的角色选择不同的兽皮；面具则采用樟木、丁香木、白杨木等不易开裂的木材雕刻并彩绘而成。

在长江流域，傩戏广泛流行于安徽、江西、湖北、湖南、四川、贵州等省，并在长期的发展过程中形成了各自独特的风格和流派。

明末清初，各种地方戏曲蓬勃兴起，傩舞吸取戏曲形式，发展为傩堂戏、端公戏。傩戏于康熙年间（1662—1722 年）在湘西形成后，由沅水进入长江流域，向各地迅速发展，形成了不同的流派和艺术风格。例如，湖南、湖北的傩堂戏吸收了花鼓戏的艺术表演形式；四川、贵州的傩戏吸收了花灯的艺术成分；江西、安徽的傩戏则吸收了徽剧和目连戏的艺术元素。

傩戏的演出剧目不多，内容也较为简单，大都与宗教和驱疫纳福有关。傩戏内容一般来源于两方面，一是从请神的需要出发；二是从娱神娱人的需要出发，表演一些与请神法事无关的剧目。傩戏可分“正八出”和“外八出”两种。“正八出”统属巫教仪式，“外八出”是有情节的折子戏和连台大戏。

目前我国保存最原始、形式较完整的是贵州的傩戏，有“世界傩文化在中国，中国傩文化在贵州”之说。贵州的傩戏以威宁的撮泰吉、安顺的地戏、铜仁的傩堂戏、福泉的阳戏为代表。

安徽的池州傩戏也独具特色。清代贵池人郎遂在《杏花村志》中记载，池州傩戏起源于贵池（池州古称）民间对昭明太子萧统的崇敬和纪念，因此除了在农历正月初七至十五举行“正月傩”，还有在昭明太子萧统的生日八月份前后举行的“八月傩”。池州傩戏通常以宗族为单位进行表演，不同的村落和家族往往有自己独特的流派，甚至有“无傩不成村”的说法。

流传千古的神话传说

流传千古的创世神话，展现着长江先民对自身历史的丰富想象，它宛如浩渺无际的长江之水，奔腾不息地穿梭于民间，历经岁月洗礼而熠熠生辉。

从长江的源头出发，顺流而下，或穿越至洪荒时期，目睹原始社会的创世景象；或身临巴山巫雨，感受巴蜀神话所特有的壮丽与神秘。抵达中游，与屈原、宋玉对话，为楚地神话的奇异与神秘而惊叹。到了下游，数千年间涌现的历史人物，将向你娓娓讲述那些跨越千载的美丽传说……

开天辟地的创世神

在中华文化中，盘古被尊为宇宙与世界的创世之神，其形象

明代《三才图会》中的盘古画像

与功绩深植人心。盘古事迹的记载，可追溯至三国时期吴国人徐整的《三五历纪》："天地浑沌如鸡子，盘古生其中。万八千岁，天地开辟，阳清为天，阴浊为地。盘古在其中，一日九变，神于天，圣于地。天日高一丈，地日厚一丈，盘古日长一丈，如此万八千岁。天数极高，地数极深，盘古极长，后乃有三皇。数起于一，立于三，成于五，盛于七，处于九，故天去地九万里。"书中描绘了一个混沌初开、盘古孕育其间的古老图景，谱写了盘古在漫长的岁月中，以身躯丈量天地，直至天地稳固、万物初具的壮丽史诗。后人基于对生活的感悟与想象，赋予了盘古以巨斧劈开混沌的英勇形象，使这一神话更加生动鲜活。

盘古神话在形成过程中，或许还融合了长江流域少数民族的神话传说。苗族、瑶族、畲族等少数民族的创世神话里都有一位槃瓠，这一点在《搜神记》《后汉书》等书中皆有记载，故事虽内容各异，却共同描述了从混沌到有序、从无到有的创世过程。汉魏六朝时，南方民族氐人、賨人和槃瓠族北迁关中和汉中时，把他们的神话带到了北方。盘古创世神形象的最终形成，汲取了多方智慧，将不同地域、不同族群的文化元素巧妙融合，共同编织出丰富多彩的神话世界，体现了中华民族多元文化的交流与融合。

在长江上游的少数民族地区，人们或以史诗或以民间传说的形式传颂着创世英雄。四川藏区流传着一种关于天地起源的"大鸟创天地"神话传说，描述了一只名为马世纪的神鸟，以左翼造天、右翼造地，其身体各部分化为日月星辰、山川河流，展现了另一种世界初创的图景。这一神话同样强调了自然力量的伟大与生命的奇迹，与盘古神话遥相呼应。

再现人间烟火

人类起源的奥秘，是世界各国各民族都孜孜不倦探索的核心话题。

东汉时许慎就在《说文解字》中称：“娲，古之神圣女，化万物者也。”几个月的工夫，万物就造齐了。对于“女娲造人”，后世还发展出了“抟黄土”造富贵贤智、“引绳于絚泥中”造贫贱凡庸的说法。楚国诗人屈原曾在宗庙的壁画上写下《天问》一诗，问道：“女娲有体，孰制匠之？”从女娲与楚国壁画的关系中可以看出，女娲神话是早期南方民族带入楚国的。

在苗族神话中，女娲不仅创造了人类，还赐予部分子孙羽翼，使他们能翱翔天际，与神共舞，这些人被称为“蝴蝶人”。一次在天界荷花池的欢宴中，蝴蝶人醉酒失态，引发天界大乱。天帝震怒，令太阳神将其逐回凡尘，并剥夺其飞翔之翼。不幸的是，太阳神行动仓促，未及蝴蝶人完全降落便斩断了他们的翅膀，致使他们坠落身亡，蝴蝶人一族自此绝迹于世。

在长江流域的神话体系里，洪水过后，人间再造的故事层出不穷，而洪水的成因则因民族与地域的差异而异彩纷呈。在汉族神话中，洪水常被归咎于创世之初的疏忽或连绵不绝的暴雨；而在少数民族的传说里，洪水来源则更加多元：羌族传说中讲述的是猴子顽皮打翻天神金盆，纳西族《创世歌》史诗记载神灵纷争

四川东汉伏羲女娲画像砖拓片

殃及无辜，侗族神话则认为是人类不敬上天、糟蹋五谷所致……彝族、土家族、水族等亦各有其洪水神话，共同谱写了人类与自然抗争的壮丽史诗。

重建家园的首要任务便是驯服洪水。汉族有女娲焚烧芦苇取灰以阻洪水的智慧；羌族传说中两兄妹上天求援，引来九日阳光烘干洪水；侗族则传颂天公派遣十二日同辉，迅速蒸发洪水的壮举。

洪水退去，人类面临繁衍的挑战，于是有了“兄妹成亲”与“单身求偶”两种重建人类家园的方式。其中，伏羲、女娲兄妹成婚的故事流传最广，影响深远，其形象常见于汉代画像石中的交尾图，文字记载可追溯至敦煌遗书及唐代笔记。

长江流域藏族、彝族、羌族、苗族、瑶族、侗族、纳西族、仡佬族、土家族、水族、布依族等少数民族也有伏羲女娲的神话传说。

洪水遗民的神话，虽版本各异，却共同承载着中华民族对自然的敬畏、对生命起源的深刻探索以及对社会文化现象的生动反映，构成了我们丰富的文化遗产。

神农尝百草

在人类文明的蜿蜒长河中，食物与药物犹如双生子，共筑生存的基石。慈悲为怀的天界使者神农氏，目睹人间疾苦，以身试险，遍尝百草，足迹深深烙印在长江之畔。

古老传说悠悠传唱。昆仑之巅，西王母以无上神力守护着长生之秘与世间安宁。然而，一场意外打破了这份宁静，三足神鸟的一时疏忽，让毒虫疫兽肆虐人间，瘟疫横行，苍生涂炭。天帝闻讯，即遣神农氏下凡。神农氏深知唯有强健体魄、根除疾患方能平息这场浩劫，他毅然决定亲自品尝每一株草木，以辨其可食与否、疗疾之效。

一日，天际飞来赤红大鹏，遗落九穗嘉禾于地，神农氏视若珍宝，将之播撒于田畴之间。次年，金黄稻浪翻滚，民众食此嘉禾，不再饥饿，体力倍增。于中原金冈之上，神农氏更是细品草木百味，以苦涩疗咳嗽，以酸甘缓腹痛，展现了自然之力的奥妙。在葱郁的成阳山间，他发现了众多疗效卓绝的草药，为世人点亮了健康之光。

然而，尝百草之路并不容易，神农氏虽具透明之体，能及时洞察毒侵之处，但中毒之险仍如影随形。一日之内，他历经十三番生死考验，皆化险为夷。但是，他不幸误食了一种隐匿于石缝间的开小黄花的藤状植物，此物毒性猛烈，神农氏无法及时自救，最终悲壮离世。

为纪念神农氏的丰功伟绩，后世尊其为医药之祖，广建药王庙。渝、鄂交会之地，更是被赋予了“神农架”之名，作为神农尝百草之圣地。

大禹治水定九州

上古时期，华夏大地频遭洪水，肆虐的洪流无情地吞噬了家园，民众流离失所。生死存亡之际，大禹挺身而出，肩负起了驯服洪水的神圣使命。

正值新婚燕尔，大禹却毅然割舍了儿女情长，踏上了治理洪水的征途。上任之初，大禹并未急着筑堤堵口，而是与两位助手深入灾区，遍访洪水肆虐之地。在与无数受灾民众深入交流后，他深刻意识到，仅仅沿袭父辈筑堤防洪之法，难以根治水患。于是，他独辟蹊径，想出一个全新的治水策略——改堵为疏，凿通河道，引导洪水归流入海。

依据山川地势，大禹巧妙地将天下划分为九州，将每一州的河流湖泊视为生命共同体，进行全局性的规划与治理。他首先带领民众平整土地，随后疏通河道，精心修建了一条条引导洪水流向大海的通道，彻底改变了洪水肆虐、民不聊生的局面。每到一处，大禹皆亲力亲为，勘察地形，制定详细的方案，并动员百姓齐心协力，共同

仿唐人大禹治水图　清 · 谢遂

治理洪水。他与民众同心协力，即便在众人休憩之时，仍不忘四处巡查，确保万无一失。

治水之路，荆棘满布，挑战重重，但大禹凭借超凡的智慧与坚忍不拔的意志，一一化解难题，展现出非凡的领导力与创造力。相较于父辈短暂的治水历程，大禹的治水之路更为漫长而艰辛，他历经十三载，终将肆虐的洪水驯服，引导其汇入浩瀚的大海。其间，他虽三度途经家门，却因心系治水大业，未曾踏入家门半步，成就了“三过家门而不入”的千古美谈。

长江流域，不仅是大禹的诞生之地，也是他建功立业和最终安息的地方。他出生于长江上游的西羌（今四川汶川境内）；娶妻、会诸侯于涂山（今安徽蚌埠）；长年奔波于长江流域治理水患，治水足迹从长江上游一直延伸至下游的干流、支流；死后葬于长江口之侧的浙江绍兴会稽山。可以说，大禹的一生是始于长江、终于长江的，他为长江奉献了一生。

神秘而浪漫的巫山神女

在长江中游，楚人面对雄伟奇丽、古老神秘的三峡山水，心中油然生出对自然之灵无尽的敬畏与崇拜，这份情感悄然滋养了绚烂多彩的神女文化。战国时期，楚国人宋玉在《高唐赋》中描写了这位美丽多情的巫山神女，两千载岁月流转，她依旧在诗赋的海洋中熠熠生辉，成为文学史上永不暗淡的明珠。

巫山神女的原型最早见于《山海经》，帝女瑶姬在“姑媱之山”去世，死后化为瑶草，服用此草的人会被人所爱。宋玉在《高唐赋》中对“瑶草神话”进行艺术化改编，将未嫁而亡的炎帝小女儿描

瑶姬献寿图　清·改琦

绘成多情的巫山神女。她风情万种、敢爱敢恨，与楚王演绎了一段人神相爱的浪漫故事。

宋玉完成《高唐赋》后，楚顷襄王因夜梦神女，便命他作赋。宋玉又创作了姊妹篇《神女赋》。宋玉在文中极力铺陈神女的容貌与神女对楚顷襄王的情思，但囿于礼教伦常，两人始终未越雷池，神女以节操自律，楚顷襄王也对神女尊崇有加，不敢亵渎怠慢。后世的传说与衍生的巫山神女依旧有着藐视礼教、主动与心爱男子婚配的个性，但是纵览那些传奇话本，她基本保留了神女的“神格”。

及至唐代，道士杜光庭以其非凡的想象力，对巫山神女的故事进行了颠覆性的重构。他不仅赋予神女新的身份——云华夫人，更将故事内核彻底转变，使之脱离文人雅士的笔端，融入内容丰富的民间传说。在杜氏的笔下，云华夫人因迷恋巫山美景而驻足，恰逢大禹治水至此，遭遇天险。面对困境，大禹得云华夫人相助，获赠天书，召唤神灵，终克难关。云华夫人因此被赋予了护佑者的光辉形象，与大禹并肩作战，共同书写了英雄史诗。

云华夫人与大禹的相遇，不但是两个传奇故事的完美融合，而且让巫山神话与大禹治水的壮丽篇章在民间广为流传。从此，爱情与护佑成为巫山神女不可分割的双重象征，在长江中上游乃至整个中华水文化史上，留下了深刻而永恒的印记。

荡气回肠的爱情传说

中国民间有四大爱情传说，除了《孟姜女哭长城》的原型来自春秋齐国杞梁夫妇的故事，《牛郎织女》《白蛇传》《梁山伯与祝英台》都与长江流域相关。

牛郎织女的故事最初起源于人们对牵牛星和织女星的崇拜。牵牛星和织女星原本是天上的星宿，人们将它们神化和人格化，形成了牛郎和织女的故事：牛郎是一个孤儿，依靠哥嫂生活。他通过老牛的帮助，与织女相遇并结婚，过着幸福的生活。然而，天帝不允许人神结合，命令织女返回天庭，牛郎试图追赶但被银河阻挡。每年农历七月初七，他们通过喜鹊搭成的桥相会。

关于牛郎织女传说的形成时间，有人认为是西周，有人认为是西汉，还有人认为是东汉晚期。对于七夕节的形成，南北朝时《荆楚岁时记》有“楚怀王始置七夕”的记载。应该说在楚怀王之前就有关于七夕的传说。

结合资料分析，七夕节始于楚国时期的汉水流域。当时楚国农耕技术已经相当成熟，纺织手工业极为发达，保留至今的上古丝大多出自汉水流域的楚墓，且自古楚地就盛产良种黄牛。牛郎织女的故事背景就是农耕时代楚地的生活，汉水流域保留了大量与牛郎织女有关的神话、与“七夕”风俗有关的遗迹。

《白蛇传》故事的主角白素贞是历经千年修炼的白蛇精，于

牛郎织女图　清·唐培华

四川青城山的清幽之地幻化成人形。她怀揣着对前世恩情的深深感念，偕侍女青蛇，顺流而下。在杭州西湖之畔断桥之上，她与恩人许仙不期而遇，终成眷属。婚后，两人恩恩爱爱，白素贞更是施展法术，悬壶济世，赢得四方赞誉。然而，人与妖的结合遭到了法海和尚的强烈反对，他施计将白素贞压于杭州雷峰塔下。岁月流转，直至多年后，白素贞之子长大成人，金榜题名，以赤子之心重修雷峰塔，终使母亲得以解脱，一家团聚。

《白蛇传》深刻揭示了善与恶、自由与束缚之间的永恒斗争，展现了人性中最纯粹、最坚韧的一面。该故事源远流长，其起源可追溯至唐代和五代时期，至南宋渐趋完善，元代时已被文人墨客改编为杂剧与话本，广为流传。

明代小说家冯梦龙在其编撰的拟话本《白娘子永镇雷峰塔》中，首次系统地叙述出一部情节完整、脉络清晰的《白蛇传》故事。随着明清两代文人的努力，这一传说更是在歌谣、宝卷、小说、演义、戏曲、弹词等丰富多彩的民间文艺形式中不断被改编与演绎，历久弥新。

梁山伯与祝英台的故事起源可以追溯到晋朝时期。这个故事最初在唐代梁载言所撰的《十道四蕃志》中被提及，后来在晚唐时期的《宣室志》中得到了文学性的渲染。这个故事主要描述了会稽郡上虞县的女子祝英台假扮成男子前往会稽郡城求学，途中遇到了同样前去求学的鄮县书生梁山伯。两人因而结识，并度过了三年的同窗生活。然而，当祝英台返回家乡后，被父母许配他人，梁山伯忧郁去世。祝英台在出嫁时经过梁山伯的坟墓，梁山伯的坟墓塌陷裂开，祝英台投身坟中，两人化蝶双飞。此后，比较重要的文学记载还有明代冯梦龙的《李秀卿义结黄贞女》、清代邵金彪的《祝英台小传》，后者出现了化蝶的结局。“化蝶”的结局，体现了爱情的伟大力量，体现了人们对美好生活的执着追求。

长江流域是爱情神话传说的沃土，我国文学史上第一部长篇叙事诗《孔雀东南飞》也取材于东汉献帝年间发生在庐江郡（治舒县，汉末迁皖县，均在今安徽境内）的一桩婚姻悲剧，安徽潜山和怀宁至今仍流传着焦仲卿和刘兰芝

《孔雀东南飞》连环画

的各种传说。两个相爱的人，在爱而不能相守的困厄中双双赴死。

人与神、人与妖、人与人，不管面临任何禁忌，为了爱情，都愿意不顾一切地去冲破去跨越，爱得轰轰烈烈，爱得奋不顾身。长江文化的浪漫主义特征，在这些爱情至上的民间传说中表现得淋漓尽致。

华夏“第一人文始祖”——有巢氏

上古时代，人类还生活在洞穴之中，饱受野兽袭扰和恶劣环境的折磨。有一位伟大先驱，引领人类迈出了走向巢居的关键一步。人类从此告别了风餐露宿、与兽为邻的蒙昧时代，迈入了安居乐业的文明新纪元。这位先驱，便是被尊称为华夏“第一人文始祖”的有巢氏。

“有巢”，这个名字本身就蕴含着深深的寓意，象征着人类终于有了遮风挡雨的安身之所。《韩非子·五蠹》对有巢氏有详细记载：“上古之世，人民少而禽兽众，人民不胜禽兽虫蛇。有圣人作，构木为巢，以避群害，而民悦之，使王天下，号之曰有巢氏。”这段文字生动描绘了有巢氏的伟大功绩。他带领人类走出洞穴，走向更加广阔的天地。

当然，有巢氏的巢居发明并非一蹴而就，必定凝聚了无数先民的智慧与汗水，体现了人类从穴居到巢居的文明进程。而“有巢氏”这个称号，也逐渐从一个部落首领的个人尊号，演变成一个时代的象征，一个文明的印记。

随着巢居文明的兴起，人类的生活逐渐安定下来，从而推动生产力和社会结构也发生了深刻变化。在有巢氏时代，人类开始从母系氏族社会向父系氏族社会过渡。有巢氏颁布法令，废除了血缘群婚，推行族外群婚，这一变革不仅消除了兄弟姐妹间的通婚关系，也促进了不同部落间的交流与融合，为后世的文明发展奠定了坚实的基础。

有巢氏的影响力，远远超出了他的时代。他的后代在尧舜时期成为隐士，被称为巢父，其后裔建立了自己的氏族方国——巢国。巢国历经夏、商、周三代，世代为诸侯国，对中华文明的发展产生了深远的影响。

在长江下游的巢湖流域，有巢氏的传说尤为盛行。从和县猿人遗址、银山智人遗址到凌家滩遗址，都证明这一地区是人类最

凌家滩遗址

早的发源地之一。

有巢氏不仅为华夏文明的发展作出了巨大贡献，他的智慧还跨越了时空，对后世产生了深远影响。2008年北京奥运会主场馆“鸟巢”及2019年中国北京世界园艺博览会中国馆的建造理念，就源自有巢氏巢居文明的古老智慧。这些现代建筑不仅展现了人类文明的进步与发展，更是有巢氏智慧与精神的传承与发扬。

第六章

人文荟萃

长江是自然之河，也是人文大江，更是一条贯穿中华文明的历史长河。大江两岸山河锦绣，人文荟萃，名家辈出，佳作纷呈，书画艺术自成体系，戏曲音乐百花齐放，崇文重教蔚然成风，至宋明时期，长江流域已经是人才渊薮。千年来，长江流域整体上处于全国经济的高位，经济的发展推动了文化的发展和思想的创新，文化与经济相互促进，实现了人文经济的繁荣发展。长江造就了从巴山蜀水到江南水乡的千年文脉，是中华民族的代表性符号和中华文明的标志性象征，是涵养社会主义核心价值观的重要源泉。

文学：山水清音铸华章

滚滚长江东逝水，浪花淘尽英雄，但淘不尽口传心授的千秋华章，淘不尽文人墨客的千古绝唱。

先秦时期的屈原、宋玉，汉魏六朝时期的扬雄、左思、陶潜、谢灵运，唐宋时期的李白、杜甫、范仲淹、苏轼，明代的公安派，清代的桐城派……历代文人徜徉于长江的山水之间，抒怀写意，表现自己，也照见天地。

如果说黄河文化赋予文学更多的是雄浑壮阔，那么，长江文化赋予文学更多的则是浩渺之思，是自由灵性，是诗情画意，是人生际遇与所见山水的完美契合。

“长江之子”的文学出场

战国时期，在长江中游的楚国丹阳秭归（今属湖北宜昌），诞生了我国历史上第一位浪漫主义诗人屈原（约前 340—约前 278 年）。屈原从楚国重臣到被贬流放汉水、沅湘之间，最终在极度苦闷中投汨罗江自沉，以身殉国。

屈原开创了独特的文学体裁“楚辞”。他的《离骚》《天问》《招魂》《九歌》《九章》等作品，以独特的想象和奇特的构思展现对天地万物的探索与思考。带有自传性质的长篇政治抒情之作《离骚》，洋洋洒洒，波澜壮阔，是中国古代抒情诗中“金相玉质，百世无匹”的鸿篇巨制。司马迁言“离骚者，犹离忧也”，意思是遭遇忧愁。屈原正道直行，竭忠尽智，却信而见疑，忠而被谤，壮志未酬而悲壮离世。他以自己的遭遇、理想、苦痛、热情以及生命浇灌出这宏伟的篇章。《诗经》中的《国风》与《楚辞》中的《离骚》作为先秦诗歌的双璧，分别为中国现实主义与浪漫主义的鼻祖，并称“风骚”。

“哀民生之多艰”的民本思想，“虽九死其犹未悔”的爱国情怀，

九歌图（局部）　（传）宋·张敦礼

“路漫漫其修远兮，吾将上下而求索”的探索精神……屈原的作品不仅仅局限于个人情感的宣泄，更是对社会现实的深刻反思。他笔下浪漫瑰丽的世界，也深深影响着后世文人的创作。

悲秋之声绕三峡

长江三峡，自古以来便容易引发文人的“悲秋”思绪。历代文人将三峡的山水景致与个人悲欢离合相连，借三峡之水咏叹离别之恨、羁旅之孤、蹭蹬之伤、岁暮之恐、不遇之怨、时俗之痛、黍离之悲……

“惟草木之零落兮，恐美人之迟暮”“悲秋风之动容兮”“袅袅兮秋风，洞庭波兮木叶下”……屈原流露出深沉的哀愁和对生命无常的感慨。

在文学史上与屈原并称“屈宋”的宋玉，被称为“悲秋之祖”。宋玉生活的年代略晚于屈原，他的《九辩》，将悲情与秋景巧妙融合，开士人悲秋之先河，引起历代失意文人的共鸣。明末清初文人贺贻孙认为，《九辩》开篇“悲哉！秋之为气也”这七字“遂开无限文心”。

宋玉之后，长江三峡的悲秋嗣音与继响不绝于耳。安史之乱后，杜甫沿长江东下，滞留夔州。他在这一时期创作的悲秋宏响《秋兴八首》和悲秋绝唱《登高》，将宋玉悲秋的传统发展到高潮。尤其是千古名句“无边落木萧萧下，不尽长江滚滚来”，更是将他的满腹才华与晚年历经沧桑的情感完美融合，读来慷慨激昂，动人心弦。

杜甫寓居三峡时两次提及宋玉的故宅。一次是荆州的宋玉宅，

杜甫诗意图　傅抱石

他在《送李功曹之荆州充郑侍御判官重赠》中写道：“曾闻宋玉宅，每欲到荆州。”另一次则是归州的宋玉宅，于《入宅三首》其三中描述：“宋玉归州宅，云通白帝城。”

杜甫创作了《咏怀古迹五首》吟咏先贤在长江三峡一带留下的古迹，其二吟咏宋玉：“摇落深知宋玉悲，风流儒雅亦吾师。怅望千秋一洒泪，萧条异代不同时。江山故宅空文藻，云雨荒台岂梦思。最是楚宫俱泯灭，舟人指点到今疑。”

南宋中兴四大诗人之一的范成大途经宋玉宅，写下了《宋玉宅》一诗，其序言中写道：“相传秭归县治即其旧址，县左旗亭，好事者题作宋玉东家。”诗中写道：“悲秋人去语难工，摇落空山草木风。犹有市人传旧事，酒垆还在宋家东。”

清代诗人王士禛来到三峡，在《宋玉宅》中写道：“登山临水客将归，及到归乡又落晖。宋玉宅边秋水急，似闻《九辩》泪沾衣。”

悲秋，也是“悲士不遇”，连绵不断的悲秋之声，千百年来在三峡回响，是历代怀才不遇者的一声声叹息。

《山海经》：史前文明的传记

一本奇书，呈现史前文明的万千景象。这部书就是《山海经》。

它的内容有的可以直接跟甲骨文的叙事对应，还有一些内容和更早的史前文化对应。司马迁在《史记·大宛列传》中写道："至《禹本纪》《山海经》所有怪物，余不敢言之也。"意思是："《禹本纪》《山海经》里记录的神怪东西太多了，我不敢对其评述。"

在民间，《山海经》流传较广。魏晋南北朝时，陶渊明的诗里有"流观《山海图》"之句，说明他看到的《山海经》是有插图的。

古人认为该书是战国好奇之士取《穆天子传》，杂录《庄》《列》《离骚》《周书》《晋乘》以成者。现代学者也认为《山海经》成书并非一时，作者亦非一人。《山海经》全书现存18卷，其余篇章早佚，内容主要是有关地理知识的民间传说，保存了包括夸父逐日、精卫填海、大禹治水等不少脍炙人口的远古神话传说和寓言故事，奇幻瑰丽的想象与楚文化一脉相承。

山海百灵图（局部）　明·佚名

《山海经》还涉及多个学术领域，如地理、植物、动物、矿物、物产、巫术、宗教、医药、民俗、民族等，内容包罗万象。《山海经》深刻影响了中国古人的世界观和思维模式。有人说，《山海经》是中国史前文明的传记；也有人说，《山海经》是祖先给我们留下的一幅“藏宝图”，等待着我们去探索其中的奥秘。

江湖之远有桃源

两晋之交，中原地区战火纷飞，大量士族与百姓南渡。长江，成为乱世中的一道屏障。江南相对比较安宁，成为人们向往的地方。

从陶渊明的“性本爱丘山”，到谢灵运的“山水含清晖”，魏晋南北朝时期的诗人们，面对自然，他们或在闲适中领悟理趣，或在豁达中感慨人生，赋予田园和山水以生命和情感。

陶渊明（约 365—427 年），魏晋南北朝时期最具影响力的文

桃花源图（局部） 明・钱榖

学家之一，开创了田园诗的先河。《桃花源记》孕育了“世外桃源”的理想意象，而“采菊东篱下，悠然见南山”的名句，更是让无数人向往那诗情画意般的田园生活。

陶渊明的出生地一说在浔阳柴桑，即今天的江西九江，另一说在江西宜丰。他的仕途与隐居生活均在长江流域。彭泽县，长江穿城而过，见证了他的仕途生涯；庐山、黄山、当涂等地，则是他的隐居之所。

归隐后，陶渊明躬耕自养。“种豆南山下，草盛豆苗稀。晨兴理荒秽，带月荷锄归。”这是他躬耕生活的真实体验。陶渊明又“寄酒为迹”，《饮酒》二十首不是他酒后遣兴，而是借酒为题，抒发自己远世俗、亲自然的人生志趣：“结庐在人境，而无车马喧。问君何能尔？心远地自偏……”

晚年的陶渊明，感慨更深，思绪万千。他的创作内容不限于田园生活，还涉及历史、人生、理想等多重维度。尽管身处江湖之远，但他的济世壮志和社会理想从未消解。

“陶潜田家语，二谢山水诗。”魏晋南北朝时期，陶渊明以

田园诗名世，而谢灵运则开创了山水诗，开启了南朝一代新的诗歌风貌。

谢灵运（385—433年），出身世家豪门，因政治失意而寄情山水，创作了《登池上楼》《登石门最高顶》《石壁精舍还湖中作》《石门岩上宿》《入彭蠡湖口》等一批著名的山水诗篇。朱自清在《经典常谈》中称赞他是“第一个在诗里全力刻画山水的人”，是“发现自然的诗人”。

谢朓是谢灵运的族侄，长期奔波在长江中下游地区，在诸王门下做幕僚，后任宣城太守。后人称谢灵运、谢朓两人为“大谢”和“小谢”。

大谢开先河，小谢扬新波，他们前后“接力”，山水诗由此滋兴。

谢朓现存的140余首诗中，有近30首诗是写山水的。其中“余霞散成绮，澄江静如练”，是吟咏长江之美最早的名句之一。他的山水诗继承了谢灵运山水诗富丽精工的特点，与谢灵运客观描摹山水的手法不同，谢朓主要通过山水景物的描写抒发情感意趣，如《晚登三山还望京邑》《之宣城郡出新林浦向板桥》《新亭渚别范零陵云》《游敬亭山》《游山》《观潮雨》等，都是情景交融的佳作。

谢朓是李白最欣赏的诗人之一。李白现存直接提到谢朓的诗就有十余首：“明发新林浦，空吟谢朓诗。”“蓬莱文章建安骨，中间小谢又清发。”“解道澄江净如练，令人长忆谢玄晖。”……王士禛在《论诗绝句》中说，李白“一生低首谢宣城”。

偶尔远离喧嚣纷繁的世界，或江湖寄余生，或田园清平乐，这是山水田园诗给予中国人的慰藉。陶渊明、谢灵运和谢朓，他们用文字构筑的山水田园，成为中国人的精神桃源。

随波万里任浮沉

“绣口一吐，就半个盛唐。”在诗歌大兴的盛唐，李白是最绚丽的色彩。

李白（701—762 年）的一生大部分时间都生活在长江流域，畅饮长江水，吟咏长江诗。开元十三年（725 年），李白开始“仗剑去国，辞亲远游”。李白第一次漫游长江，是为了探观云梦（洞庭湖）。此次漫游，李白收获颇丰，既观览了八百里云梦泽，又欣赏了三千涛湘水，还经江夏、金陵直达扬州，转入吴越，复回江夏，并在湖北安陆完婚。丰富多彩的自然景观、嗥鸣不已的奇禽怪兽、争奇斗艳的奇花异草，让青年李白领略到长江流域的绮丽风光和神秘风采。他虽后来去往北方的长安，但始终把长江中下游地区作为退守安身之处，留下“我似鹧鸪鸟，南迁懒北飞”的归属之作。

太白醉酒图　清 · 苏六朋

李白对长江流域的山山水水、一草一木都怀有深厚的感情。他留下的《李太白集》30 卷 900 多首诗歌中，与长江相关的作品俯拾皆是。《望天门山》《江上吟》《夜泊牛渚怀古》《早发白帝城》《渡荆门送别》《秋下荆门》《宣州谢朓楼饯别校书叔云》《登金陵凤凰台》等，都是流传千古的佳作。

“危楼高百尺，手可摘星辰。不敢高声语，恐惊天上人。”这首《夜宿山寺》，以寥寥数笔，将一个山空夜静、野旷天低、星汉灿烂的空灵寰宇，呈现在读者的眼前。李白夜宿的这座山寺，一般认为是位于今天湖北黄梅县境内蔡山上的江心寺。蔡山本是长江冲积平原中的一座孤峰，涨水时节，江湖一体，蔡山便在长江中心，蔡山上的寺庙由此得名江心寺。如今长江改道，蔡山离江已有数千米，江心寺与长江只能遥遥相望。

“天门中断楚江开，碧水东流至此回。两岸青山相对出，孤帆一片日边来。”李白的名篇《望天门山》写于今天的安徽马鞍山，流传甚广。

李白在当涂离世，长眠于青山之中，赋予了这片土地以诗意的灵魂。他的诗歌，还有关于他的泛舟赏月、跳江捉月、骑鲸升天等神话故事，至今仍让人津津乐道；他的脚步，引领着人们探访采石矶、太白楼、大青山等名胜古迹；他的风采，让马鞍山这座自信、开放、包容的城市，热情地迎接着来自四面八方的游客。自 1989 年至 2024 年，马鞍山李白诗歌节已举办了 36 届，这座历史悠久的山水诗城，因李白的诗歌而熠熠生辉。

文人的倔强与浪漫

宋词在中国古代文学史上的地位举足轻重。周笃文在《宋词》一书中说：“词至宋代，真如娇花放蕊、丽日中天，充满了无穷的活力和光彩。”

从缠绵悱恻的“泪眼问花花不语，乱红飞过秋千去”，到闲情雅趣的“我见青山多妩媚，料青山见我应如是”；从壮志未酬的“胡未灭，鬓先秋，泪空流。此生谁料，心在天山，身老沧州”，到忧国忧民的“兵安在？膏锋锷。民安在？填沟壑。叹江山如故，千村寥落”等，儿女情长与家国天下，是宋代词作的两大主旋律。

苏轼（1037—1101 年）是宋代文坛上最耀眼的巨星，活成了一个传奇。

苏轼的一生，是跌宕起伏的一生。他年少成名，由京官外放，先后在长江流域的杭州、徐州、湖州任职。1079 年，苏轼因“乌台诗案”被捕入狱，多亏宋太祖赵匡胤定下的“不杀士大夫”的国策才逃过一劫。被贬后，苏轼谪居黄州，命运把他抛到长江边的这座小城，一住就是五年。

这五年是苏轼政治生涯的低谷，却是他创作最为辉煌的时期。在这里，他完成了自己最重要的作品“一词二赋”——《念奴娇·赤壁怀古》和《赤壁赋》《后赤壁赋》。

“自其变者而观之，则天地曾不能以一瞬；自其不变者而观之，则物与我皆无尽也……”长江之上，苏轼与友人把酒言欢、扣舷而歌。千年之后，江上清风、山间明月依旧，我们徜徉其间，他的那些字句，仍在耳边久久回响。

金人入主中原后，宋人退守江南，偏安一隅。南宋时期的许多文人如陆游、辛弃疾、李清照、杨万里和范成大等，或出生在长江流域，或因躲避战乱而从北方迁移到南方，最终在长江的怀抱中找到归宿。他们悲痛于国家的衰亡和家园的破碎，以自己的诗词表达了对王师收复失地的热切期盼。

东坡赤壁图　北宋·王诜

在南宋长达百年的历史中，爱国主义成为诗词创作的最显著主题。

“一身报国有万死，双鬓向人无再青”（陆游）；“壮岁旌旗拥万夫，锦襜突骑渡江初”（辛弃疾）；“人生自古谁无死，留取丹心照汗青”（文天祥）；“生当作人杰，死亦为鬼雄”“欲将血泪寄山河，去洒东山一抔土”（李清照）……中国文学史上留下了他们倔强不屈的铮铮铁骨。

从公安派到桐城派

在明末的文坛中，长江流域的公安派（代表人物“三袁”为湖北公安人）与竟陵派（代表人物钟惺、谭元春都是竟陵人，即今湖北天门人）占据了重要的地位。

公安派提倡“性灵说”。“独抒性灵，不拘格套”是他们的文学宣言。公安派强调个性解放，反对拟古，认为文学的生命力在于个性化的思想与见解。“性灵说”对后来的文学创作产生了深远影响，尤其是在清代文学中，许多作家都受到公安派的影响。

然而，公安派的文章因过于随性，不免流于空疏浮滑，竟陵派应运而生。钟惺与谭元春，这两位文学的探索者，倡导以“幽深孤峭”加以匡救。

公安派与竟陵派，这两股文学的潮流，汇聚成清初文学的一股清流，最终体现在张岱的作品中。张岱，浙江山阴（今浙江绍兴）人，浙东四大史家之一，以“小品圣手”名世。代表作《西湖梦寻》与《陶庵梦忆》，行文简练隽永，读后余味悠长。

清初文坛活跃，文风多元，但随着频繁的“文字狱”，文学家们转而将目光投向了浩瀚的古籍，古籍整理促成了考据之风的形成，桐城派在康熙中后期崛起。

桐城派以安徽桐城人方苞、刘大櫆、姚鼐为代表，并称为“桐城三祖”。桐城三祖的文学思想既有密切联系，又有各自不同的理论特色。方苞首倡以“义法”之说为作文纲领，落实到内容和形式上即“言有物”“言有序”。刘大櫆拓展了方苞“义”的内涵，使其能够容纳个人的情感，并将“法”具象化为“神气”“音节”和“字句”，作为写文章的要素。姚鼐作为桐城派的集大成者，在前二人的理论基础上，又力倡“义理、考据、辞章”三位一体的作文原则。他们醉心林泉、即景悟道，以清新妙远的文笔，写出清代山水之文的新风尚。

桐城派称雄清代文坛200多年，“义理、考据、辞章”成为文人作文的准则，除了安徽，江苏、江西、广西、湖南、湖北等地都有桐城派的代表作家，有名有姓者有900多人。有人惊叹：“天下之文章，其在桐城乎？”

桐城派是中国文化史上的重要流派，也是长江流域古代文学最后的辉煌。

19世纪末20世纪初，桐城派古文的余绪与清王朝的统治一样，在落日的余晖中慢慢消散。而陈独秀、胡适这两位被桐城派深刻影响的安徽人，开始用自己的方式书写中国文化的新篇章。

书画：异彩纷呈的水墨丹青

书法与绘画的起源可追溯至远古时期。先民曾在岩石洞壁、陶铜丝帛以及其他各式各样的载体上，或书或画，留下他们对美的认知。笔墨纸砚陆续面世之后，历代书画家挥毫抒怀，在千年的历史长河中，演绎出一幕幕生动鲜活的艺术传奇。

曾侯乙编钟铭文和鄂君启金节铭文所代表的楚系金文，展现了瘦劲灵动的先秦书法；云梦睡虎地竹简上的墨迹和长沙马王堆西汉早期帛书中的《老子》甲本，揭示了秦隶向汉隶过渡时期的独特风貌；“二王”风范彰显书法盛世；一代宗师顾恺之的人物长卷精妙绝伦；唐代诸大家各领风骚；元四家的文人笔墨让人惊叹；清六家呈现书画“正统”；明清时期还有峰峦竞秀的吴门画派、金陵画派、新安画派、“扬州八怪”……共同绘就了一幅源远流长、层峦叠翠的长江流域书画长卷。

钟鼎春秋

汉字的源起难以精确追溯。3000 多年前的殷商时代，甲骨文和金文的出现标志着汉字步入了一个初步系统化且逐渐成熟的阶段。甲骨文，因镌刻于龟甲和兽骨之上而得名；金文，则是铸刻在青铜器上的文字，这类青铜器多为钟鼎，因此金文又被称为“钟鼎文”或“铭文”。

楚系金文，作为铜器铭文的重要组成部分，是书法史上不可或缺的部分。它不仅涵盖楚国青铜器上的铭文，也涉及受楚文化影响的诸侯国铜器上的文字。据统计，已出土的楚系金文青铜器有 100 余件。

楚系金文以其独有的风姿，镶嵌在青铜器上。曾侯乙墓中重见天日的曾侯乙编钟铭文，不仅是古代音律的见证者，也是书法艺术中的瑰宝。那些文字，工细至极，华丽而不失雅致。安徽寿县出土的鄂君启金节铭文，字体挺拔秀丽，圆润之中不失劲道，庄严与秀美并存。

安徽楚幽王陵出土的楚王酓（悍）鼎铭文

自西周中晚期至秦灭楚，楚系金文的演变历经 500 余年，以其独特的地域风貌成为上古南方文字的代表，并随着楚国势力的扩张，辐射到北方，对先秦隶变与秦小篆的形成产生重要影响。

简帛时代

汉代，各种书体进一步完善，中国

书法艺术进入了一个新时期。篆书仅在官方文书、重要文献或装饰性的瓦当与铜镜上得以保留，以彰显庄严之美。与此同时，隶书崭露头角，成为主流书体。

隶书的发展分为两大阶段——初创期与成熟期。初创期是从战国时期至西汉前期，即秦隶阶段，亦称古隶。

古隶作为特定历史时期的产物，广泛见于竹简、木牍、帛书，从材质角度出发，亦可将古隶统称为“简帛文”。简牍和帛书不仅是历史档案的一部分，也是书法艺术的重要载体。

长江流域出土的简牍和帛书数量众多且意义非凡，是研究早期书法风格演进的重要实物证据。据现代考古揭示，早在战国时期，隶书已有迹象在长江流域萌芽。

在湖北省云梦县睡虎地的第11号墓中，发掘出了1150枚保存状况良好的竹简。每枚竹简上都写有一行文字，文字数量不等。墓主是一个名叫喜的小官吏，生活在战国末期到秦朝初期。这批竹简的发现不仅证实了秦隶的真实存在，还以其数量之多和保存之完整，全面揭示了秦隶的独特风格：字体笔画减少，字形方扁，用笔有波磔。

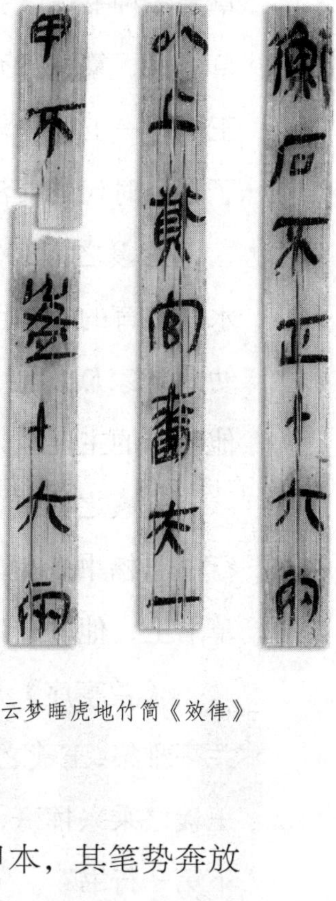

云梦睡虎地竹简《效律》

在长沙马王堆发现西汉早期帛书《老子》甲本，其笔势奔放自如，点画间展现出左右分张的灵动之美，揭示了秦隶向汉隶过渡期的独特风貌。

随着时间的推移，隶书逐渐走向成熟，在笔画、结构和风格上都发生了显著的变化，更加符合书写和审美的需求。成熟期的隶书，也被称为汉隶或今隶，主要流行于西汉后期至东汉时期。

隶书华美庄重又不失朴拙秀逸的风韵，对后世书法影响深远。

“二王”风范

魏晋南北朝时期，是中国书法艺术的辉煌时代。在继承秦汉书法传统的同时，从篆书、隶书、章草中衍生出真书、行书、今草等多种书体，完成了汉字字体的基本演变，形成后世通行的真、草、隶、篆、行五大书体。在这个书法风格百花齐放的时代，“二王”——王羲之与王献之父子，以其独特的行草书风格，几乎定义了那个时代的书法美学。

王羲之（303—361 年），字逸少，是会稽（今浙江绍兴）山水间孕育的书法巨匠。他出身魏晋名门琅琊（今山东临沂）王氏，幼时随家族南渡至长江中下游一带。长江是他的精神家园，也是他创作的主要地方。

王羲之博涉各类书体，不论是八分、章草、飞白，还是真书、行书、楷书，他皆能信手拈来，运用自如。尤其在行书、楷书和草书上，他的造诣更是登峰造极。

《兰亭序》是王羲之艺术生命的华章。永和九年（353 年），兰亭雅集，王羲之与41位友人，共赴上巳之约，流觞曲水，吟诗作对。王羲之乘兴挥毫，为诗文写序，其手稿一气呵成，成就了这幅“天下第一行书”。《兰亭序》28 行，324 字，字字珠玑，笔走龙蛇，行云流水间，尽显大家风范。尤为奇绝者，卷中重复之字，如“之”字、“不”字，皆能变化万千，各具风姿。

王羲之的传世之作，《豹奴帖》奔放，《兰亭序》清新，《乐毅论》

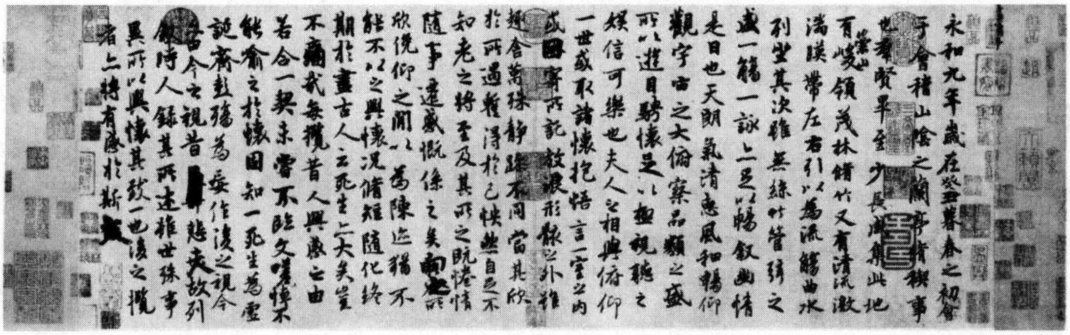

《兰亭序》双钩摹本　唐·冯承素

遒劲，皆为其书法艺术的璀璨明珠。他开创了一代书风，影响深远，被后世尊为“书圣”。

王羲之的七子王献之（344—386 年），字子敬，小字官奴，官至中书令，人称“王大令”。王献之子承父业而有所创新，书法造诣颇深，尤擅行草，其运笔灵动清雅，逸气横生，尤以“一笔书”名震天下，一笔之下，字势连绵，气脉不断。传世之作，如《鸭头丸帖》《中秋帖》等，皆为书法史上之瑰宝。其小楷《洛神赋十三行》流传下来的虽为刻石拓本，但笔画挺拔有力，温润如玉，展现其深厚的书法功底与独特的艺术风格。

王羲之、王献之父子二人，并称“二王”，共同书写了中国书法史上的辉煌篇章。

一代宗师顾恺之

东晋南朝时期，长江流域文化艺术发展繁盛。士大夫们纷纷投身书画创作，其中最为人们熟知的，便是东晋时期的绘画巨匠——顾恺之。

顾恺之（约345—409年），博学多才，能诗善文，精书法，尤擅绘画，有“才绝、画绝、痴绝”之称。绘画作品以道释人物、士族名人为主，兼画山水、禽鸟等。早在青年时期，他便以卓越的画技闻名遐迩。他在江宁（今南京）瓦官寺绘制的维摩诘像，让世人见识到了他那超凡脱俗的艺术才能。而他的作品，如《洛神赋图》《女史箴图》，即便仅存唐宋时代的摹本，也足以让人窥见他那令人赞叹的艺术风采。

《洛神赋图》描绘了三国时期文学家曹植所著《洛神赋》中凄美的爱情故事。画中洛水之畔，夕阳如血，曹植与侍从漫步其间，忽见洛水之上，神女翩然而至，那一刻，时间仿佛凝固，两颗心跨越了神与人的界限，演绎了一场凄美绝伦的爱情传奇。画家以细腻的笔触，将这段浪漫而哀婉的故事绘于纸上，洛神的回眸一笑，曹植的怅然若失，都在画卷中得到了展现。

另一幅《女史箴图》，是根据西晋文人张华的《女史箴》创作而成的。尽管现存的大英博物馆摹本并非顾恺之亲笔，但它依然是一件艺术瑰宝。画中女子，或端庄贤淑，或温婉可人，皆以简练而传神的手法刻画得栩栩如生。其独特的“高古游丝描”技法，灵动飘逸。

洛神赋图（局部）　晋·顾恺之

顾恺之的艺术成就，不仅在于他个人的杰出贡献，更在于他对后世画家的巨大影响。他的《论画》《画云台山记》等画论，提出“传神论”“迁想妙得”等观点，对后世重要的画家如南朝宋的陆探微、张僧繇、展子虔，乃至唐代的阎立本、吴道子、周昉等，或多或少都起到了启发与引导的作用。

龙蛇竞走

唐代书法，吸收了魏晋南北朝以来南北文化的精华，发展迅速，成就突出。楷书与草书达到了前所未有的高度，长江流域更是孕育了一大批杰出的书法大家，他们各具特色，共同谱写了书法史上的华彩篇章。

欧阳询（557—641年），这位出生于潭州临湘（今湖南长沙）的书法大师，以其官职及封号，被尊称为“欧阳率更”“欧阳渤海”。他初学王羲之，后逐渐发展出自己独特的风格，笔力刚健、结构严谨，他的书法体被誉为“欧体”。其代表作《九成宫醴泉铭》被誉为“天下第一楷书”。

虞世南（558—638年），字伯施，越州余姚鸣鹤（今属浙江

慈溪）人，因贞观年间受封永兴县子，故世称“虞永兴”。幼时智永禅师亲授书法，他的笔致圆润而富有内劲，不失庄重的法度。代表作《孔子庙堂碑》用笔雅健端丽，刚柔并济。

褚遂良（596—658年或659年），字登善，祖籍河南阳翟（今河南禹州），因家族南迁而深受江南文化的熏陶。他的书法，博采众长，融虞、欧之精髓于一体，方圆并蓄，结构舒展，展现出一种独特的艺术魅力。传世墨迹《雁塔圣教序》线条流畅，布局宽广，仿佛一幅流动的山水画。

在草书领域，张旭与怀素更是以其超凡脱俗的才情，成为唐代草书的两座高峰。

张旭（约675—759年），字伯高，苏州吴县（今江苏苏州）人，官金吾长史，人称“张长史”，其草书如狂风骤雨，变幻莫测，又如龙蛇飞舞，气势磅礴。其晚年之作《草书古诗四帖》，笔走龙蛇，气势奔放，展现了狂草艺术之美。

草书古诗四帖（局部）　唐·张旭

怀素（725—785 年，一作 737—799 年），俗姓钱，字藏真，永州零陵（今湖南永州）人，后移居长沙。他以狂草闻名于世，笔法瘦劲超逸，随心所欲。《自叙帖》行笔圆劲奔放，神采飞扬，字形变化万千，被誉为“天下第一草书”。

皇家画院

画院的起源可以追溯到晚唐、五代时期，长江之畔的南唐与西蜀的君主们在翰林院中特别设立了翰林国画院。两宋时期堪称画院发展的黄金时代，无论是画院的组织架构还是艺术教育体系，都达到了前所未有的高度。

黄筌（约 903—965 年），后蜀画院的领军人物，被尊为工笔勾勒派鼻祖。其花鸟之作细腻入微，色彩艳丽，充满了富贵之气，

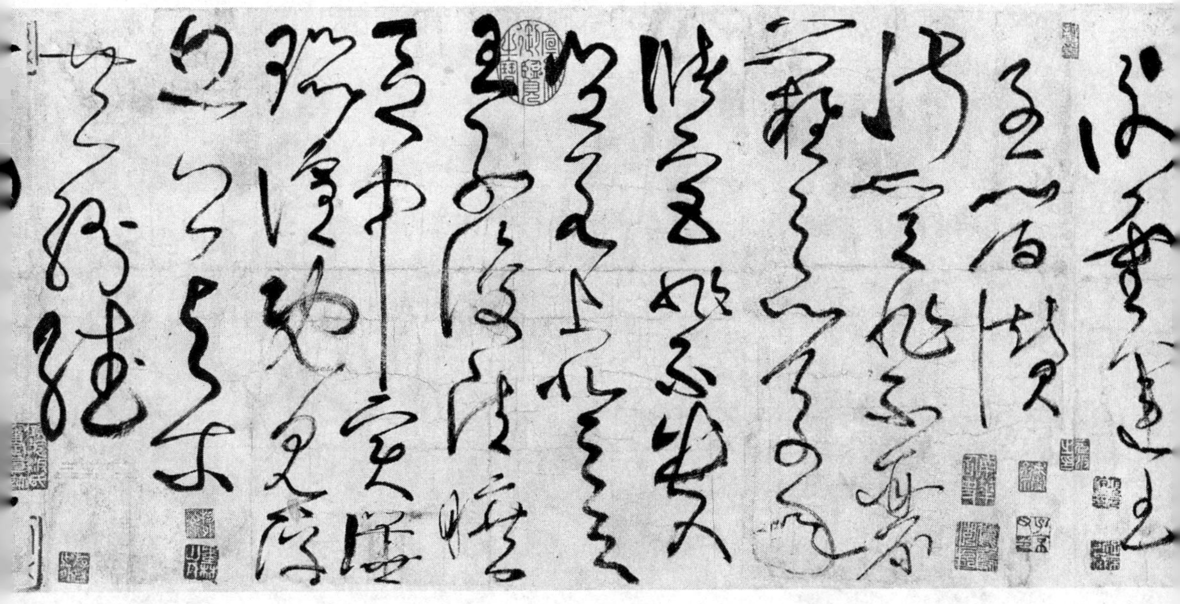

深受宫廷贵族的喜爱，代表作《写生珍禽图》更是传世经典。

南唐中主李璟酷爱书画，在宫廷内设立了“南唐画院”，史称“金陵画院”，画院会集了如顾闳中、周文矩、董源等一流画家。顾闳中的《韩熙载夜宴图》，不仅是一幅生动再现南唐显贵宴乐生活的历史画卷，更是一幅深刻反映社会现实与人性复杂的艺术杰作。周文矩的《重屏会棋图》，则以独特的视角和精湛的技艺，展现了皇家日常生活的另一面。董源以其自然平实的画风，开创了江南山水画派。

南宋画院中，山水画逐渐占据了主流地位。李唐的画风雄浑壮阔，刘松年的作品笔墨精妙，马远的“一角”构图别具匠心，夏圭的“半边”山水意境深远。他们四人以独特的艺术语言和表现手法，将山水画推向新的高度。

南宋院体山水画在水墨技法和布局上标新立异：其一，创造了“大斧劈”这种沉健有力的线条，并且注重“用水”，创造出水墨交融的效果；其二，在布局上虚实相间，形成“边角之景”和“小景山水”，为后世山水画的构图带来启示，影响远及日本。

富春山居图（局部）　元·黄公望

文人写意

院体画随着赵宋王朝的覆灭而衰落、消失，至元代中国画成为在野知识分子抒怀遣兴的艺术寄托。长江流域“元四家”的出现，标志着“文人画”正式兴起。

关于“元四家”，主要有二说：一说指赵孟頫、吴镇、黄公望、王蒙四人，见明代王世贞《艺苑卮言·附录》；另一说指黄公望、倪瓒、吴镇、王蒙四人，见明代董其昌《容台别集·画旨》。因为董其昌的影响力较大，后一说法遂成定论。

元四家的画虽各有特点，但都是从五代董源、北宋巨然发展而来，重笔墨，尚意趣，画中结合书法诗文，对明清两代的画家影响很大。

黄公望（1269—1354 年），字子久，号大痴道人，江苏常熟人，晚年移居浙江富春山中。他是“元四家”之首，笔墨苍润浑厚。代表作品《富春山居图》没有过多的细节描绘，着重把握山水整体的效果，以洒脱的笔墨抒写内心世界，被列为中国十大传世名

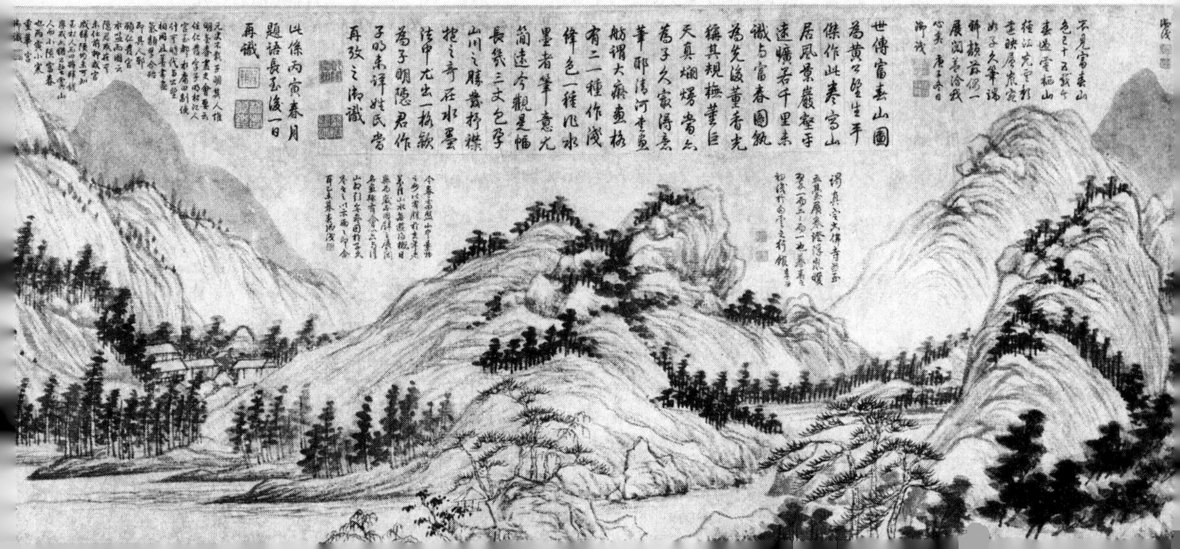

画之一。

吴镇（1280—1354 年），字仲圭，号梅花道人，浙江嘉兴人。出生于官宦之家，一生隐居。精通诗文书画，画风清新洒脱。喜作渔夫题材画作，代表作《洞庭渔隐图》中题有“兰棹稳，草衣轻，只钓鲈鱼不钓名”。

倪瓒（1301 或 1306—1374 年），字元镇，号云林子，江苏无锡人。倪瓒一生追求平淡疏简的风格，对后世山水画画家影响深远。清朝画家王原祁曾说：“云林纤尘不染，平易中有矜贵，简略中有精彩，又在章法笔墨之外，为四家第一逸品。”

王蒙（1301 或 1308—1385 年），字叔明，自号黄鹤山樵，吴兴（今浙江湖州）人，家世在“元四家”中最为显贵，他是赵孟頫的外孙。王蒙以独特的解索皴、牛毛皴创造了“密体繁笔”画风，山水图景呈现出郁郁葱葱之貌。

明代，长江流域出现了一位“天才式”文人写意画家，他就是“青藤老人”徐渭。徐渭（1521—1593 年），被称为青藤画派的鼻祖，他命运多舛，但多才多艺，在诗文、戏剧、书画等方面都独树一帜，是中国“泼墨大写意画派”创始人。其水墨大写意花鸟画，无拘无束，墨气淋漓。郑板桥曾刻一印，自称“青藤门下走狗”。

明末清初四个出家为僧的画家的画作最负盛名，他们是原济（石涛）、朱耷（八大山人）、髡残（石溪）和渐江（弘仁）。他们既学习古人，又敢于突破古人成法，作品个性鲜明，充满活力。美术史家王伯敏评价说：“弘仁用笔空灵，以俊逸胜；髡残笔墨沉着，以淳朴胜；八大山人笔致简练，以神韵胜；石涛笔法恣肆，以奔放胜。”

“四僧”对近代中国画产生的影响绵延至今。学界普遍认为，

"扬州八怪"之后，赵之谦、任伯年、吴昌硕、虚谷、齐白石、潘天寿、张大千、李苦禅诸人均深受"四僧"影响。

峰峦竞起

自南宋以后，长江流域的文化艺术发展蒸蒸日上，书画大家不断涌现。明清时期，诸多画家群体在长江流域峰峦竞起，书画艺术呈现出蓬勃的生机。

明代，吴门画派在苏州崛起，他们承袭了"元四家"的精神，沈周、文徵明、唐寅、仇英等才子各领风骚，将江南烟雨描绘出别样的韵味。吴门画派对明末清初重要画派的影响很大，以董其昌为代表的松江派，以及后来派生的苏松派、云间派等，都与吴门画派有一脉相承的关系。

明末清初，南京这座古老而又充满活力的城市，会聚了一批才华横溢的画家，他们组成了一个独具特色的艺术群体，后世称

晓江风便图（局部） 清·渐江

之为“金陵画派”。龚贤、樊圻、高岑、邹喆、吴宏、叶欣、谢荪、胡慥等人的名字，在中国绘画史上熠熠生辉。金陵画派将江南的山水作为他们创作的主题，尽管他们共同构成了一个画派，但每位画家风格迥异。其中，作为金陵画派领袖的龚贤不仅在绘画上成就斐然，在书法方面亦有建树，深受南京贵族推崇。龚贤的用墨最具特色，为表现江南山水的滋润，他继承并发扬了宋人的积墨法，山石树木多次皴擦渲染，墨丰笔健，形成沉雄郁茂的独特画风。

与此同时，在徽州大地，新安画派犹如一抹清新的山野之风，拂过明末清初的画坛。彼时，一群新安画家，面对江山易主的现实，选择退隐山林，以笔墨自娱，遨游于精神的桃花源。“新安四大家”——渐江、查士标、孙逸、汪之瑞打破清初“四王”陈陈相因的笔墨格式，师法自然，貌写家山，借景抒情，传达出一种超越世俗的精神追求。

除了新安画派，长江流域还有以萧云从为代表的姑孰画派和以梅清为代表的宣城画派。他们承传统，师造化，“写天地万物之生气”，用笔墨描绘自然，抒发性灵，共同倡导简淡高古、秀逸清雅的画风，对中国绘画的发展产生了深远的影响。

清康熙末年至乾隆年间，在长江与运河交汇的扬州古城，“扬州八怪”异军突起。他们虽被保守势力冠以“怪”之名，实则是以笔墨为剑，开辟艺术新天地的勇士。这“八怪”，非确指八人，包括金农、郑燮、汪士慎、黄慎、高翔、李鱓、李方膺、罗聘等十余位才华横溢的画家，更有华喦、高凤翰、边寿民、闵贞、陈撰等大家位列其间。笔墨是他们手中的魔法棒，点化出被赋予各种人格的山川草木，共同构成了“扬州画派”的辉煌篇章。

画坛正统

清初画坛，主流画家“清六家”也在长江流域活动。“清六家”是王时敏、王鉴、王翚、王原祁、吴历、恽寿平六人的合称，亦称“四王、吴、恽”。他们继明代董其昌之后享有盛名，领导画坛，当时被视为“正统”。

王时敏（1592—1680 年），江苏太仓人，家藏历代书法名画甚多，画技得到董其昌等人的指点。专师黄公望，擅画山水，笔墨含蓄，苍润松秀，浑厚清逸，然构图较少变化。其画在清代影响极大，王翚、吴历，其孙王原祁均得其亲授。

王鉴（1598—1677 年），江苏太仓人。早年得到董其昌亲自传授，一直沿着董其昌注重摹古的方向提升画技，吸收并转化古人的笔墨结构，形成自己丰富的山水画语言。

王翚（1632—1717 年），江苏常熟人，被称为“清初画圣”。师从王时敏、王鉴。但他所画山水不拘于一家，广采博纳，集唐宋以来诸家之大成，熔南北画派技艺于一炉。

王原祁（1642—1715 年），江苏太仓人。作品颇受康熙赏识，学生众多。他作画时喜欢反复皴擦，干湿并用，画面显得浑然一体。除了画画，他还编写画论，比较著名的有《雨窗漫笔》和《麓台题画稿》。

吴历（1632—1718 年），江苏常熟人，一生布衣。早年曾跟王鉴学画，同时拜师王时敏。他摹古而不拘囿于古人，能融会诸家之长，自创新意，风格浑厚，还在一定程度上吸收了西法，所画人物，非同凡格。故宫博物院所藏《人物故事图》极见其功力。

恽寿平（1633—1690 年），初名格，后以字行，别号南田，江苏武进（今常州）人。他是清初最享盛名的花鸟画家，画作多写生，人称“写生正派”。他以徐崇嗣为宗，兼取各家之长，极大地发展了没骨画。中年所作《山水花鸟册》，达到了“维能极似，乃称与花传神”的形神皆备境界，晚年画的花卉更加苍劲放逸。

长江画卷

长江，以其独有的魅力激发了无数画家的灵感，成为中国古代山水画中最持久的主题之一。从唐代的李思训、荆浩，到宋元明清诸位大师，再到现当代艺术家，无数经典之作将长江的壮丽景色永久定格于画面之上。这些作品不仅展现了长江的自然之美，更承载了画家对祖国山河的深情与热爱。

唐代李思训的《江帆楼阁图》，以精美的细节和广阔深远的意境展现了长江的壮丽与生机。相传王维画的《江山雪霁图》，描绘雪后江景，将我们带入了一个宁静、祥和的世界。

至宋朝，王希孟的《千里江山图》以青绿设色，描绘了长江两岸的千里江山，气势恢宏，色彩瑰丽，充分体现了中国传统的宇宙观和自然观。南宋的夏圭和赵黻则通过各自的《长江万里图》，从不同的视角描绘了长江的壮美，前者以平视和俯视相结合的角度对长江进行全景式观照，后者则通过起伏的山峦和奔腾的江水描绘长江的烟波浩渺与惊心动魄。

金元时期，武元直的《赤壁图》通过独特的笔触和构图，再现了苏轼与友人泛舟赤壁的诗情画意。王蒙的《长江万里图》描绘了他心中的“印象长江”，画中江面辽阔，远山层叠。

明代，戴进、吴伟和周臣三位画家也分别以不同的艺术风格创作了同名作品《长江万里图》。戴进的画温润精致，吴伟的画豪放不羁，周臣则将长江的壮丽与细腻完美融合。而沈周则以其细腻的情感，绘出了《两江名胜图册》，引领观者漫步于长江和淮河两岸的风景名胜；仇英所作《秋江待渡图》，诗意地呈现秋季长江的宁静和开阔；谢时臣的《黄鹤楼图轴》，重檐歇山顶的楼阁置身于长江流域的水阔山高中，二者相得益彰。

清代，王翚的《长江万里图》以其繁复细腻的技法，展现了长江的壮丽之美，而樊圻的《长江图》则通过简单的线条勾勒出江面的阔大宁静。

随着时间的流逝，长江不同历史时期的绘画被赋予了不同的意义。长江对于艺术家来说，不仅仅是一条河流，更是中华文化精神的象征。历代书画家借景抒情，不断描摹，将自己的人生体悟与奔腾不息的长江融会贯通。一幅幅画卷，关乎自然，关乎时代，更关乎心灵。

黄鹤楼图轴　明·谢时臣

戏曲：戏里乡音最动人

“三四人千军万马，六七步万水千山。”在舞榭歌台间时空变幻，在唱念做打中写意传神。从巴山蜀水到江南水乡，水路即戏路。长江流域是中国古代戏曲最早的诞生地之一，多种戏曲品类你方唱罢我登场，竞相绽放于长江流域。

纷繁世间梦，万般总是情。沿江地方戏曲因为长江而彼此交融，推陈出新，共同成就了中华戏曲宝库的繁花胜景。

川剧：高峡清音亢川剧

近代川籍教育家黄炎培曾有《蜀游百绝句》：“川昆别调学难工，便唱皮黄亦不同。蜀曲亢音与秦近，帮腔几欲破喉咙。”精辟地概括了川剧的历史与特征。

明末清初，伴随着“湖广填四川”的移民潮，各地剧种传入四川，诸如江西弋阳腔、江苏昆曲、湖北汉剧、安徽徽调、陕西秦腔等五花八门的地方戏声腔，与四川的本土灯戏相结合，成就了高腔、胡琴腔、昆腔、灯调、弹戏“五腔共和”的川剧。

川剧剧目之丰富令人惊叹。川剧现存传统剧目 4000 余个，不少是宋元南戏、元杂剧、明传奇与各种古老声腔剧种遗存的经典。融汇百戏、自成一格，可谓川剧的一大亮点。川剧精品《秋江》，源自昆剧，但在表演中嫁接了湍急的川江背景，加以生动的四川话，变得诙谐灵动，有了鲜活地道的巴蜀味道。

川剧表演生活气息浓郁，风趣幽默。川剧艺人创造了变脸、藏刀、钻火圈、开慧眼等许多绝技，表演时火爆热闹、新奇有趣。所谓“无技不惊人”，大量高难度技巧的运用，也增强了剧种的艺术魅力与感染力，成为川剧屹立民族戏曲之林的重要基石。

变脸成为川剧典型的标志。变脸原指戏曲中的情绪化妆，后

川剧

来指一瞬间多次变换脸部妆容，把不可见的情绪变换通过强烈的视觉效果表达出来的表演特技，这是中国戏曲的独特创造。

汉剧：宛转汉江敬皮黄

明万历四十三年（1615 年），湖北文士袁中道在日记中提及在沙市（今湖北荆州）接受诸王孙的宴请，观看了“楚调”的演出。这是目前关于汉剧发展历史最早的文献记载。

汉剧发源于湖北襄阳，始称汉调，又称楚调、楚腔、楚曲。其形成于清康乾年间，成熟于清嘉道年间。

清代，汉口是著名的水运码头，也是长江中游的商业中心。汉口的汉正街有一条“戏子街”（今改为人和街），还有一座供奉戏神的老郎君庙。江苏的昆曲、安徽的徽班皆到汉口闯“戏码头”。民间俗语有“货到汉口活，戏到汉口红”之说。汉口以“戏子街”为轴心，市井戏曲民俗文化十分发达，本土的汉剧更是发展得如日中天。嘉庆年间（1796—1820 年），汉口汉调戏班有十多个。描述嘉庆年间汉口风物的笔记《汉口丛谈》中有“清扬楚调吴侬让”的诗句，可见此时优美动听的“楚调”已主导了汉口舞台。道光年间（1821—1850 年），起源于西北秦腔的西皮，起源于安庆徽班的二黄，在江汉大地合流。“曲中反调最凄凉，急是西皮缓二黄。倒板高提平板下，音须圆亮气须长”，叶调元的《汉口竹枝词》生动描述了当时汉剧声腔的艺术特色。

这一时期，汉调也趋于规范化，形成十大行当，即一末、二净、三生、四旦、五丑、六外、七小、八贴、九夫、十杂，并沿用至今。

汉调是京剧的源头之一。同治、光绪年间，是汉调最为兴盛的时期，也是汉口“戏码头”称雄的时代。汉口戏班云集，名角荟萃，不仅角色全、行当众、剧目多、戏台大，而且打赏丰厚，演出市场繁荣。这一时期，著名汉调艺人米应先、余三胜等人先后进京，搭戏徽班。他们的到来，使汉调演员成为徽班台柱，汉调皮黄成为徽戏主要唱腔板式，唱法念白也更多地使用了湖广韵，形成“班曰徽班，调曰汉调”的局面。徽汉合流，促成了京剧的产生。余三胜也变身为最早的京剧艺人之一，享誉天下。同样从湖北进京的谭鑫培成为上承汉调、下开京剧谭派老生的一代宗师，其主演的《定军山》是有记载的第一部中国人自己摄制的京剧电影。

汉剧表演场景

辛亥革命前后，汉调正式定名汉剧。由于汉剧与京剧的血肉联系，两者常常共演经典剧目，也出现了汉京剧“两下锅”的盛况。1934 年 3 月，京剧名家梅兰芳到武汉演出，在汉口大舞台演出京剧《霸王别姬》，而另外一边，汉剧新秀陈伯华在长乐戏院同唱《霸王别姬》，成就了一段梨园佳话。

1962 年 1 月，在周恩来总理的直接关怀下，武汉汉剧院正式建立。国家副主席董必武为武汉汉剧院题词：“各地名剧种，传人须养成。京昆登大雅，秦越奏清平。尊重吴陈派，宏宣江汉声。根深入群众，生命力蕃荣。”

徽剧：徽池雅调曲常青

徽剧，旧称徽调、徽戏，是安徽本土的代表性地方剧种。明朝嘉靖年间（1522—1566 年），以弋阳腔为代表的南戏诸腔调流传到安徽青阳、贵池一带，与当地民众喜闻乐见的民间曲调结合，演化成徽州腔和青阳腔。万历年间（1573—1620 年），时人合赞这两种腔调为“天下时尚，徽池雅调”，这也是徽剧的萌芽。明末清初，秦腔等乱弹声腔传入安徽，演变成徽调主要唱腔之一的拨子，又与吹腔融合而成吹拨，衍生出二黄腔，徽调成为一个多声腔的系统，逐渐成熟。

明清两代，徽州商人闻名天下，他们积累了巨大的财富，又往往拥有不俗的审美水准。很多徽商都拥有自己的私家戏班，每

祁门馀庆堂古戏台

逢四时节庆、家族祭祀、寿诞婚娶等场合，都有戏班演出。随着徽商的发展，徽调逐渐向江北的安庆和江淮之间发展，并延及江苏、浙江等地。

清乾隆年间（1736—1795 年），徽调在扬州取百家之长，有了很大演变，表演手段也日趋丰富，很快超越其他剧种，受到百姓喜爱，也迎来了它的巅峰时刻——徽班进京。

清乾隆五十五年（1790 年）是乾隆皇帝的八旬万寿，著名旦角演员高朗亭率三庆班进京祝寿，演出大获成功，赢得了“京都第一”的声誉。这就是徽班进京的开始。继三庆班之后，诸多徽班也陆续进京，受到北京观众的欢迎。在演出过程中，不少戏班子逐步合并，形成三庆、四喜、春台、和春四家闻名遐迩的“四大徽班”。

四大徽班在演出上各具特色，当时有这样的赞誉：“三庆的轴子、四喜的曲子、春台的孩子、和春的把子。”“轴子”是说三庆班擅演有头有尾的整本大戏；“曲子”指昆曲，意思是四喜班擅演昆腔的剧目；“孩子”指童伶，意思是春台班的演员以青少年为主，生气勃勃；“把子”指武戏，意思是和春班最擅长武戏。

四大徽班名震京师，也吸引了四面八方的戏班艺人投身徽班。汉调艺人加入徽班后，徽汉两个剧种长期同台演出，最终“徽汉合流”，使二黄与西皮这两种唱腔完美融合，产生新的唱腔，即皮黄腔。再从昆曲、秦腔等其他戏曲中不断汲取营养，结合北京方言特点，形成新腔，国粹京剧横空出世。徽班领袖程长庚成为京剧教头，培养出一批杰出的程门弟子，如大名鼎鼎的京剧名角谭鑫培、汪桂芬、孙菊仙、杨月楼等。

当徽班用自己全部的养料，培育出京剧这枚硕果后，徽班艺人大多转唱新腔京剧，此后很长一段时间里，全国戏剧舞台上再难见到徽班的踪影。1956 年，安徽省徽剧团在徽州筹备成立，剧团成立后抢救挖掘、搜集整理了近千个徽剧剧目和大量的声腔、音乐、脸谱等珍贵资料。两年后剧团迁往合肥，成为今天名角荟萃的安徽省徽京剧院。徽剧，在传承与创新中续写徽班的辉煌。

黄梅戏：吴头楚尾一枝花

“三打七唱黄梅腔，吴头楚尾一枝花。”黄梅戏的嬗变跨越了长江中下游，在鄂、皖、赣三省都拥有深厚的群众基础，这在长江流域的戏曲中是独一无二的。

湖北省黄梅县山高云多，盛产茶叶，人们在采茶等劳作时为了调节气氛，缓解疲劳，遂以唱和为乐，逐渐形成“采茶调”，也称“黄梅调”。清道光年间（1821—1850 年）的诗人别霁林在《问花水榭诗集》中描述了黄梅采茶歌的兴盛：“多云山下稻孙多，太白湖中鱼出波。相约今年酬社主，村村齐唱采茶歌。”

清乾隆至道光年间，黄梅地区连遭大水，逃难的灾民流落周边地区，多数以卖唱为生，唱时多用采茶调，由于音色优美，很受欢迎。在以安徽省怀宁县为中心的安庆地区，艺人们开始用本地方言进行表演，又吸收了青阳腔以及花鼓调、徽调等艺术精华，丰富了黄梅调的唱腔，并形成自己的特色，被称为“怀腔”或“怀调”，这就是今日黄梅戏的前身。

最早的黄梅戏班大多是由从事手工艺的民间艺人组成，表演形式是“三打七唱”，伴奏只有打击乐，没有管弦乐。开始演唱的都是反映民风民俗的生活小戏，角色以小旦、小生、小丑为主，故俗称“三小戏”。后来一些文化人士和商界人士参与并组织演出，随着演出阵容扩大，名角涌现，创作了相当数量的代表剧目。

清朝至民国年间，安庆一直是安徽省府所在地，黄梅戏在政治、经济、文化中心传播发展，可谓得天独厚。

1953年，安徽省黄梅戏剧团成立，黄梅戏被正式定名，从民间小戏到艺术舞台上频频亮相，成为深受全国观众喜爱的著名剧种。

严凤英主演黄梅戏电影《天仙配》海报

1955年，严凤英主演黄梅戏电影《天仙配》，那一段“夫妻双双把家还”成为家喻户晓的经典唱段。“树上的鸟儿成双对，绿水青山带笑颜……你耕田来我织布，我挑水来你浇园……”唱词里描绘的生活图景，生动演绎了田园爱情的“自歌自舞自开怀，无拘无束无碍”。

越剧：江南灵秀出莺唱

清咸丰年间（1851—1861年），浙江嵊州一带农村的说唱艺人，用宣卷、道情、莲花落等俗曲小调，唱一些劝世的词曲，沿门卖唱以糊口。他们又吸收宁波沿海岛屿一带的走唱曲艺，创造了一种“四工调”，结合嵊州乡音，于农闲时节编唱当地传奇故事，演出范围逐渐扩大到绍兴所属各地及钱塘江两岸。后从沿门卖唱发展成厅堂、茶楼唱书，习称为“落地唱书”，被认为是越剧的萌芽。

早期的越剧艺术风格粗犷、朴实，生活气息浓郁。艺人多为半农半艺的男性农民，故称“男班”。自1917年起，越剧男班开始进入上海茶楼演出，于1921年打出了“绍兴文戏”的牌子，受到观众的欢迎。1923年，受京剧女子童班影响，嵊州创办了第一

1953年越剧版《梁山伯与祝英台》海报

个女子科班，后在上海进行演出，称“绍兴女子文戏”或称“文武女班”，因声音甜美、扮相俊秀颇受观众欢迎。1929年前后，女班在上海风靡一时，男班渐被女班取代。

1930年后，越剧在编、导、演、音乐、舞美等方面不断创新，涌现出“三花一娟”等一批优秀演员。1942年，袁雪芬率先倡导“越剧改革”，与琴师周宝才合创出尺调、弦下调等基本曲调，并抛弃了幕表制，建立了剧本制，借鉴昆剧、话剧、电影等艺术形式，形成清新优美、诗情画意的艺术风格。

中华人民共和国成立后，越剧走向繁盛。20世纪50年代，浙江、上海、江苏、福建、江西、安徽以及天津、湖南、四川、甘肃等省市，专业越剧团如雨后春笋般涌现。

1953年拍摄的越剧版《梁山伯与祝英台》是我国第一部国产大型彩色艺术片，第二年被周恩来总理带到日内瓦会议上公映，轰动一时。

1958年以后，越剧成为流布全国的大剧种。越剧公认的流派有13种之多，以旦角为例，袁（雪芬）派、傅（全香）派、王（文娟）派、戚（雅仙）派是越剧旦角中最具影响力的四大流派。

时光荏苒，世事变幻，但越剧表演长盛不衰，越韵悠扬，唱不尽那江南灵秀；人才辈出，赏不完这姹紫嫣红。

昆曲：水磨新调六百年

作为长江流域的重要地区，江苏历来是戏曲艺术汇聚的福地，氤氲多情的江南烟雨，孕育出细腻、柔美、雅致的江南戏曲文化。被作家白先勇赞誉为“中国表演艺术中最精致、最完美的一种形式”的昆曲，无疑是最具典型性的戏曲艺术代表。

昆曲起源于元末的昆山地区，最初只是一种民间的清曲小调，被称为“昆山腔”。明嘉靖年间（1522—1566 年），杰出的戏曲音乐家魏良辅对昆山腔的声律和唱法进行了大胆的改革和创新，形成了一种集南北曲优点于一体的新声腔。这种腔调婉转柔和，好像江南的水磨糯米粉般细腻软糯，因此得了个有趣的名字——水磨调。水磨调流丽悠远、一唱三叹，不论是闺阁闲愁、离人相思，还是兴亡之叹，都于檀板慢拍中，让人心旌摇曳、神思悠然。

明朝隆庆末年，昆山人梁辰鱼编写了第一部昆腔传奇《浣纱记》，通过演绎范蠡和西施的爱情故事，成功地将昆山腔运用于舞台。从此，昆曲不再是单纯的演唱，而是逐渐由清唱之曲发展为综合性舞台艺术。这部传奇的火爆，极大地扩大了昆腔的影响，习昆腔者日益增多。到了万历末年，由于昆曲班子频繁的演出活动，昆曲传入北京，跃居明代戏剧各腔之首，成为传奇剧本的标准唱腔，正所谓“四方歌者皆宗吴门”。

这一时期出现了大量优秀的昆曲传奇剧本，汤显祖的《牡丹亭》是其中的巅峰之作。《牡丹亭》问世后，盛演不衰，好评如潮，也衍生出多种版本，不仅昆曲班上演，徽、秦、京、川等各剧种也纷纷改编搬演，名伶辈出。

《南都繁会图》中的昆曲表演　（托）明·仇英

明末清初，朝代更替，社会动荡，但昆曲并未因此停滞，江南一带的昆曲活动，反而因明朝遗老名士而有了更为精巧的文人传奇剧本和完善的职业昆曲家班。值得一提的是，这一阶段的昆曲表演开始走村串乡，在民间流传，不再是王公贵族独享的艺术。

康熙皇帝对昆曲的喜爱使得昆曲再度风靡一时，昆曲也随着戏班的巡回演出而推广到全国。这一时期的昆曲界出现了两位杰出的传奇作家——洪昇和孔尚任，史称“南洪北孔”。两人的代表作《长生殿》与《桃花扇》双峰并峙，此时的昆曲进入全盛时期，独霸梨园。

乾隆时期，多种戏曲形式蓬勃发展。同时，市民阶层崛起。他们更喜爱具有市井气息的京腔、秦腔戏曲，而不是风格舒缓、充满文人情思的昆曲。“花部”“雅部”之争持续多年后，昆曲

渐渐衰微。

但不可否认的是，昆曲是明代中叶至清代中叶戏曲中影响最大的声腔剧种，它的风靡形成了一种蔚为壮观的文化现象，是“持续了整整两百年的全民性痴迷”。昆曲在传入各地之后，便与本土方言和民间音乐相结合，衍生出众多流派，构成了丰富多彩的昆腔腔系。昆曲艺术因此被称为“百戏之祖，百戏之师”。

建筑：巧夺天工的几何美学

建筑，是人们写给大地的诗篇，也是人们为自己构筑的身心安顿之所在，更是人们以巧夺天工的几何美学营造的创意空间。

长江流域的建筑不仅历史悠久，而且具有独特的美学和文化价值。长江流域的建筑类型丰富多样，民居类型如藏、川、湘、徽、苏、海派，风格各异；名楼如岳阳楼、黄鹤楼、滕王阁等，已经成为地标性建筑；园林如苏州的拙政园、留园，无锡寄畅园、南京瞻园和上海豫园等，生动呈现了人与自然的和谐共生。

居所演化：从穴居走向胜景

距今 1 万多年前，长江流域和黄河流域的先民走出山洞后，因为地理和气候环境的不同，选择的盖房方式有很大差异。黄河流域先民大多修筑的是半地穴或地穴式房屋；长江流域尤其长江以南地区的先民为防潮湿，将房屋建在木桩之上。

长江流域这种房屋被称为干栏式建筑，屋顶多为“人”字形，以树皮、茅草等覆盖。这种建筑分上、下两层，上层为住人之所，下层多无遮拦，用作圈养家畜或放置农具。长江下游地区余姚河姆渡遗址中的木构建筑，是目前发现最早的干栏式建筑设施，距今 7000 多年。遗址第一期有以桩木为基础的干栏式长屋，第二期出现挖坑、垫板、立柱的建筑，第四期出现坩埚状柱础的建筑。其后，太湖地区马家浜文化遗址、良渚文化遗址中也发现有干栏式建筑的村落遗迹。

长江中游地区诞生了中国最古老的城，澧县城头山遗址的先民在 6000 多年前大溪文化时期就修筑起城垣。到屈家岭文化和石家河文化时期，长江中游地区甚至出现了以屈家岭城址、石家河城址、鸡叫城城址为代表的“城市群”。

澧县鸡叫城在彭头山文化时期即有人定居，油子岭文化时期为环壕聚落，屈家岭文化时期开始筑城，其后城池不断扩大，历石家河文化和肖家屋脊文化时期，发展出多重环壕、密集沟渠与农田耕作区，形成澧阳平原史前最为壮观的稻作农业文化片区和城壕聚落集群。考古学家已发掘房址 30 余座，其中有一批大型建筑遗迹。

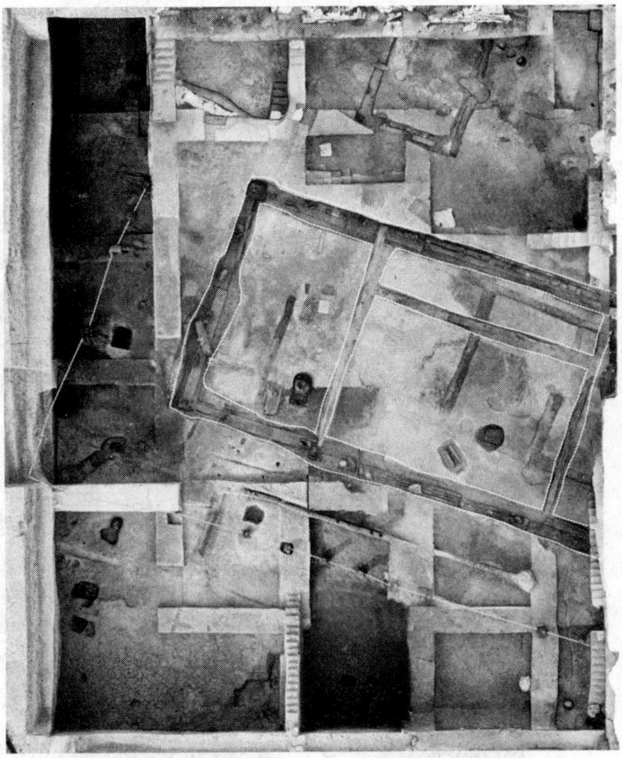

鸡叫城遗址

尤其距今4800年左右的F63房址，是一座面积超过600平方米、主体建筑为五开间的大型木构“豪宅”。与河姆渡遗址干栏式建筑直接在地上插入木柱不同，其建筑方式是先开挖基槽，垫上超大木板后于基槽外侧立柱。所立木柱极为考究，直径多在0.5米以上，大大增加了柱子的受力面积。

汉代及以后，干栏式建筑继续演变。比如六朝时期，长江流域世家大族的居所出现水榭、水阁一类的园林建筑，正是干栏式建筑与江南传统民居融合形成的，与周围的景观和谐共生。隋唐宋元时期，由于战乱，北人南迁，北方建筑样式与南方建筑样式逐渐合流，形成一些新的民居流派。明清时期，徽商崛起，皖南的青山绿水间，粉墙黛瓦、雕梁画栋的徽派民居，成为长江流域最引人注目的民居样式。同时在扬州、苏州等地，致仕的士大夫和徽州盐商热衷于修建文人气息浓厚的园林，园林便成了江南文

黟县宏村月沼

化最重要的符号。

晚清至民国时期，由于西方文化的渗入，沿江而上，由上海到南京、芜湖、安庆、九江、汉口、沙市、宜昌、重庆，渐渐出现一些中西合璧的新民居。如上海石库门民居，虽然结构上保留了江南民居特色，但空间布局上更注重简约、实用，兼容并蓄的设计理念，令海派建筑成为中国建筑史上的一道风景。

典型建筑：藏川湘徽苏海派并存

从长江源头一路往东，藏族碉房、川西吊脚楼、傣族竹楼、侗族鼓楼、湖湘大屋、徽派民居、苏派建筑、海派建筑……建筑因地制宜，流派异彩纷呈。

藏族建筑以帐篷与碉房最有特色。藏族的帐篷一般是用牦牛毛织成布缀成，外观大多呈长方形。青藏高原最普遍的民居建筑是碉房。每家一座独立的碉房，众多碉房组成一个自然村。碉房，藏语称为“卡尔”或“宗卡尔”，原意为堡寨，多建于险峻的山石之上，巍峨高耸，易守难攻，形如碉堡，所以被称为碉房。碉房多为石木结构，一般有三到四层，底层养牲口，堆放饲料和杂物；二层作为卧室、厨房等；三层则多作经堂和晒台，碉房整体外形呈阶梯形，风格古朴粗犷。

川派建筑是四川、云南、贵州等地少数民族特有的一种建筑风格，已经有1000多年的历史，以川西吊脚楼、傣族竹楼、侗族鼓楼为代表。其中具有独特风情的川西吊脚楼依山傍河而建，以木质材料为主，采用半干栏式结构，房舍一部分建在实地上，一部分悬空以木柱支撑，既方便通风干燥，又能防毒蛇、野兽。其优雅的丝檐和宽绰的走栏，使吊脚楼自成一派，成为巴楚文化的“活化石”。

湖湘建筑是位于湖南中部地区的独特建筑流派，多采用木构架，梁柱式结构和穿斗式结构最为常见。在建筑布局上，注重中轴对称和院落组合，形成庞大的建筑群落。湖湘大屋规模恢宏，外表粗犷，内在精致，迥异于北方四合院的壮阔气势和江南民居的细腻雅致。湘中南地区多大户望族，人们聚族而居，自然形成村落，一个村落往往就是一个家族。湘南民居建筑以分栋相衔的街衢式建筑群最有特色。这些建筑群布局紧凑，功能齐全，展现了一种“睦邻友好”的集体居住形态。

徽派建筑广泛分布于古徽州地区及浙西等地，基本由民居、牌楼、祠堂组成。民居是人们生活的地方，牌楼是朝廷用于旌表节孝等的纪念建筑，祠堂是供奉祖先的圣地，一座村庄往往有几百年甚至上千年的历史。所以有人感慨，这里每一座村庄就是一个小型的中国历史博物馆。徽派建筑以砖、木、石为主要建筑材料，其中木构架是核心部分，梁架多用料硕大且注重装饰。外观上，徽派建筑常常采用石雕、木雕、砖雕等进行装饰，这些雕刻作品不仅工艺精湛，而且内容丰富，记录了历史故事、风土人情和传统文化，成为建筑文化的重要体现。同时，徽派建筑还注重建筑结构的严谨性，每个部分都有明确的功能，构造精细，结构稳固，体现了古代工匠的智慧。

苏派建筑是江浙一带独特的建筑，其风格特点可概括为“精巧细腻，园林融合”。苏派建筑以其特有的园林式布局，让建筑和自然环境紧密结合，给人们带来视觉上的享受和心灵上的宁静。同时，苏派建筑以精细的雕刻装饰闻名于世，雕刻装饰题材广泛，包括山水、花卉、人物、鸟兽等元素。无论是建筑的柱子、门窗还是梁椽，都可以见到精心雕刻的图案和纹饰。这些精美的雕刻在细节上充分彰显了苏派建筑的精巧和华丽，具有极高的艺术价值。

海派建筑以其多样性、包容性和创新性，成为上海城市风貌的重要组成部分。海派建筑在中华民族建筑文化的基础上，广泛吸收外来先进建筑文化，注重形式美感与功能需求的结合，如新古典主义风格的汇丰银行大楼，既体现了古典美学的庄重与典雅，又符合现代建筑的功能需求。此外，海派建筑还注重细节装饰，如百年老宅荣宅，内部装饰就融合了欧洲复古彩色玻璃与中式实木雕刻，色彩沉稳厚重，用料考究，是历史与艺术的完美融合。

荣宅

江南园林：中国古典园林之典范

纳天地万象入景，藏诗情画意于心。长江流域的江南园林，集中体现了中国传统建筑美学的典型特征。明代文人赞美江南园林的诗文不胜枚举，如程嘉燧的《余杭至临安山水记》、袁宏道的《虎丘记》、钟惺的《浣花溪记》、李流芳的《江南卧游册题词》、袁中道的《楮亭记》等。江南园林的美，是路过之人念念不忘的曲径幽廊，也是万丈红尘中的一种精神归隐：不出城郭而获山水之怡，身居闹市而有林泉之致。

苏州拙政园、无锡寄畅园、南京瞻园和上海豫园作为江南园林的杰出代表，不仅在建筑风格上各有千秋，还展现出江南园林在空间布局和文化内涵上相映成趣的特色与魅力。

拙政园为苏州古典园林之首。明正德年间（1506—1521 年），御史王献臣解官归隐苏州，在原大弘寺址建园，取意晋代潘岳《闲居赋》“灌园鬻蔬，以供朝夕之膳……此亦拙者之为政也”，命名拙政园，寓意隐逸。据说，此园由文徵明设计，名家手笔，布局精巧。之后400多年屡易其主，几度兴衰，形成如今三园一体的新格局。

拙政园围水建园，池面弯环，有分有聚。长廊迂回，亭阁错落，建筑典雅，一方山水任遨游，别有洞天。中部园林最为精彩。主厅远香堂四面有长窗，可环视四周风景。其他建筑有倚虹亭、西半亭、枇杷园、听雨轩、小飞虹廊桥、香洲等。最高处可远眺虎丘，借景园外。正如文徵明在《拙政园图咏·若墅堂》中所云：“绝怜人境无车马，信有山林在市城。”

无锡寄畅园，依傍惠山，山泉流入此。此园的特色，明代才子王穉登有一段评述：“大要兹园之胜，在背山临流……故其最在泉，其次石，次竹木花药果蔬，又次堂榭楼台池籞。”

寄畅园最初是惠山寺的僧寮。明代一个荣休的高官秦金在此辟建园林别墅，取名“凤谷行窝”。后经秦氏家族改建，命名为寄畅园，典出晋代王羲之的诗句：“三春启群品，寄畅在所因。”寄畅园的设计理念体现了中国古典园林的“借景造景”原则，通过精心的“掇山理水”和“疏泉叠石”，创造出曲折幽深的游园路径和丰富的景观层次。清朝乾隆皇帝南巡时，游赏了寄畅园，认为“江南诸名胜，惟惠山秦园最古”“爱其幽致”，命画工详绘成图，又在清漪园（今颐和园）内仿建了惠山园（今谐趣园）。

瞻园是南京现存历史最悠久、保存最为完好的明代古典园林之一，是“江南四大名园”之一，具有600多年的历史。瞻园原为明太祖朱元璋称帝前所居住的吴王府，后赐予中山王徐达作为府邸花园，以欧阳修诗句“瞻望玉堂，如在天上”命名。园内假

拙政园

山闻名遐迩，全园 8 亩地，假山占地 3.7 亩。山体风格千变万化，一步一景，皆为奇观。太平天国时期，瞻园曾作为东王杨秀清的府邸，因此，园内设有太平天国历史博物馆。这是中国唯一的太平天国专史博物馆。

豫园始建于明代嘉靖、万历年间，与露香园、日涉园合称“明朝上海三大名园”，名列现存的上海五大古典名园之首。豫园本是明代一座私人园林，园主潘允端曾任四川布政使，为了父母安享晚年，花费 20 多年，苦心营建此园。“豫”字有“安泰”“随和”的意思，取名“豫园”，体现“豫悦老亲”之意。豫园肇建初始，占地 70 余亩，明代造园名家张南阳精心设计，并亲自参与施工。整座园林规模宏伟、景色秀美，有“奇秀甲于东南”“东南名园之冠”等美誉。豫园几度重建，呈现出历史叠加性，黄石大假山景区较多保留明代特色，万花楼、点春堂、得月楼等景区较多保留清代格局与风范，集中体现了明清两代南方园林“清幽秀丽、精致玲珑”的艺术风格 。

亭台楼榭：江南水乡的点睛之笔

长江多胜景，亭台楼阁，数不胜数。

中国十大历史文化名楼，长江流域就占七座，包括黄鹤楼、岳阳楼、滕王阁、大观楼、天心阁、阅江楼、天一阁。其中，岳阳楼、黄鹤楼、滕王阁皆处长江以南，并称“江南三大名楼”。

中国四大名亭，长江流域也占其三，即爱晚亭、醉翁亭、西湖湖心亭。“无山水，则楼阁减韵；无楼阁，则山水削色。”每一座楼台，每一处亭阁，都有自己的故事、自己的传说。

江南三大名楼，本多出于实用目的而建，但在文人墨客的追慕、咏叹之下，逐渐变成登临胜地。韩愈所谓“江南多临观之美”，即出于此。

岳阳楼图　元·夏永

岳阳楼在洞庭湖畔，“衔远山，吞长江，浩浩汤汤，横无际涯”，是江南三大名楼中始建时间最早的。清同治《巴陵县志》据宋人笔记作出推测，“岳阳楼或曰鲁肃阅军楼”，建楼时间当在三国时期。

后人多采此说。岳阳楼之名，在唐代已广为人知，张九龄、李白、杜甫、孟浩然、白居易、元稹、李商隐都曾登临此地，名作迭出，如李白的“楼观岳阳尽，川迥洞庭开”，杜甫的“吴楚东南坼，乾坤日夜浮”，等等。而让岳阳楼载入不朽史册的，则是北宋范仲淹的《岳阳楼记》。宋庆历四年（1044年）春，滕子京谪守巴陵郡，重修岳阳楼，邀请同榜进士范仲淹为之作记，遂有“先天下之忧而忧，后天下之乐而乐”这一千古名句的问世。

黄鹤楼素有“天下江山第一楼”之美誉。一说黄鹤楼得名于南朝时有仙人乘黄鹤过此。另一说则认为，黄鹤楼得名于黄鹄矶，为三国时期孙权筑夏口城时所建。黄鹤楼亦在唐朝时演变为文人览胜之地，历代咏楼诗词不下千首，如孟浩然的“故人西辞黄鹤楼，烟花三月下扬州”，李白的“黄鹤楼中吹玉笛，江城五月落梅花”，而最惊艳者，莫过于崔颢那首被誉为“唐人七律第一”的《黄鹤楼》。

黄鹤楼　清·关槐

江南三大名楼中，滕王阁建造的时间最晚，建成于唐永徽四年（653

年）。创建者滕王李元婴乃唐太宗之弟，史载其品行不端，纵情声色，谪置洪州（今南昌）都督，见章江门外层峦叠嶂，遂建阁以览山川之胜。滕王阁建于赣江与抚河交汇的江心洲之上，“层台耸翠，上出重霄，飞阁流丹，下临无地”，一派恢宏气象。建阁的人声名不佳，建阁的初衷也只是出于个人享乐，却因为一篇《滕王阁序》，阁以文名，人以阁名。唐高宗上元二年（675 年），被誉为“初唐四杰”之首的王勃乘舟南下探亲，不料遇阻于长江，遂转至南昌，赶赴洪州都督阎伯屿为重修滕王阁而设的宴席。席间，阎公遍邀宾客作序，众宾客推托，独王勃年少气盛，举笔而书，一挥而就。众人读到“落霞与孤鹜齐飞，秋水共长天一色”时，莫不惊叹。

“楼以文而增胜，文以楼而益彰。”如果岳阳楼没有范仲淹、黄鹤楼没有崔颢、滕王阁没有王勃，也不过是一座座楼台而已，正是因为有了这些人的妙笔生花，这些楼台才具有了文化意蕴。颇有意思的是，三大名楼的命运也如出一辙，曾多次毁于兵燹或洪灾，甚至人为破坏，却又屡屡复建，至今屹立在长江边。或许，

滕王阁　元·唐棣

在这里，可以读懂中国，读懂中国人的闲趣，读懂中国人的文化。

青山之上，江河之畔，亭台楼榭作为江南水乡的点睛之笔，留下一段段建筑与人的佳话。

爱晚亭位于湖南省长沙市湘江西岸、岳麓山清风峡中，始建于清乾隆五十七年（1792 年），筑亭人是岳麓书院山长罗典。爱晚亭原名“红叶亭”，亦名“爱枫亭”——因为峡谷中枫树较多。1795 年，江苏人毕沅奉诏前来湖南平叛，忙里偷闲，赏游至此，见满谷红枫，忽然福至心灵，将此亭更名为“爱晚亭”，取杜牧《山行》诗句“停车坐爱枫林晚”之意境。

如今的爱晚亭，是 1952 年由湖南大学校长李达主持修建的。爱晚亭内金柱圆木丹漆，外檐柱四根，由整条方形花岗石加工而成。亭顶重檐四披，攒尖宝顶，四翼角边远伸高翘，覆以绿色琉璃筒瓦，古朴典雅。此亭坐西向东，三面环山，整体上保留了清代亭台楼阁建筑的风格。李达请毛泽东题写“爱晚亭”匾额，匾为红底，字为鎏金，字体大气飘逸，骨韵独具。

醉翁亭位于安徽省滁州市西南琅琊山麓，始建于北宋庆历七年（1047 年），由唐宋八大家之一欧阳修的散文名篇《醉翁亭记》得名。当年欧阳修常游琅琊山，开化寺住持智仙钦佩他的文采，特在山腰佳胜处筑亭供欧阳修歇脚、饮酒。

醉翁亭初建时只有一个亭子，至明代则蔚为大观，可惜后来屡遭毁坏。清光绪七年（1881 年），全椒观察使薛时雨主持重修，才得以恢复旧观。亭子运用宋代营造法式，全榫卯结构，屋顶是典型歇山顶式，四面挑檐，形似飞翘的燕尾。后经扩建，如今形成“九院七亭”规格，又称作“醉翁九景”。坐于亭内，琅琊山四周美景可尽收眼底。果然是“醉翁之意不在酒，在乎山水之间也”。

明崇祯五年（1632 年），张岱一篇 159 字的《湖心亭看雪》，将杭州西湖的湖心亭变成士子流连处。湖心亭遂成天下名亭。湖心亭建于明嘉靖三十一年（1552 年），绕亭皆水，环水皆山。经过扩建、重建，今天的湖心亭，建筑格局为清代范式，石牌坊，三间四柱式，上刻“湖心亭”。亭中看雪、赏月之人越来越多。“湖上影子，惟长堤一痕，湖心亭一点，与余舟一芥，舟中人两三粒而已。”这样的画面，很难再现了。

醉翁亭

教育：多元并行的育才体系

官学、书院与科举，构筑了古代教育的三大基石，见证了长江流域在教育上的不懈追求与卓越成就。

官学，作为国家教育的正统，历经千年发展，从周朝庠序至唐宋国子监，不断完善，成为培养治国人才的关键。蜀郡石室精舍，是中国古代第一所地方官办学校，也是历久弥新的官学范本。

自宋代起，随着封建体制的僵化，官学逐渐衰微，民间书院悄然兴起，尤盛于长江沿线。白鹿洞、岳麓、石鼓等书院，不仅是学术的殿堂，还是思想的熔炉，为士子提供了一片求知的天地。

科举，则如同纽带，连接官学与书院。自隋唐始，科举制以其公正性，成为士子人生进阶的主要途径，促进了社会阶层的流动，推动了儒家文化的传播与教育事业的发展。

石室精舍：文翁蜀地兴学

位于成都的石室精舍在中国古代教育史上具有非凡的意义，它是中国古代第一所地方官办学校。

蜀地是中华文明的发祥地之一，拥有宝墩文化、三星堆文化和金沙文化等独特文化。秦并巴蜀后，中原文化涌入蜀地，但两者的融合过程艰难而复杂。西汉建立后，蜀地文化虽有较大发展，但仍与中原文化存在较大差异，在中原官员和士人眼中依旧带着几分蛮荒与落后。从秦至汉初，不少从中原来成都的官员都试图改变蜀地文化。一位名叫文翁的官员，从教育入手推动文化的融合与发展，蜀地文化迎来了新的大发展。

文翁并非四川本地人，他来自庐江郡舒县（今安徽庐江西），在汉景帝末年担任蜀郡太守。这位“少好学、通《春秋》”的官员，“见蜀地辟陋有蛮夷风”，试图改变这种社会风气，遂大办学校，重视教化。

一方面，文翁从郡县小吏中选出十来位有资质者送去长安学习，他们或学律令，或从博士学习经学，这些人学成归来后，文翁都予以重用；另一方面，文翁在成都南门创办石室精舍，就学者可以免除徭役，成绩优秀者可补为郡县吏。文翁巡行治下各县时，让通晓经书大义、品行端正的学生与他一同前往，让他们教化当地民众。

文翁创办石室精舍之举措，如春风化雨，润物无声。蜀地的士子们争相入学，普通民众也改变了过去的偏见，纷纷送子弟入学。石室精舍声名远播，吸引了众多学子前来求学，崇文重教蔚然成风，蜀地文化面貌焕然一新，与中原文化的差距逐渐缩小。

文翁兴学，促进了蜀地文化的复兴与繁荣，在中国文化教育史上留下了浓墨重彩的一笔。《汉书》中说，汉武帝时“乃令天下郡国皆立学校官，自文翁为之始云”。石室精舍虽历经 2000 多年世事沧桑仍弦歌不辍，今天的石室中学，保存了四川人对文翁兴学的记忆。

石鼓书院：历经沧桑的学术殿堂

石鼓书院，原名“李宽中秀才书院”，坐落于湖南省衡阳市石鼓区石鼓山上。这里山川秀美，茂林修竹掩映其间，鸟语花香，四季如画；湘水清澈，往来船只穿梭其间，渔歌阵阵，被誉为“湖南第一胜地”。

成都出土的讲经画像砖拓片

唐宪宗元和年间（806—820年），衡阳秀才李宽中在合江亭旁建房，取名为“寻真观”，刺史吕温曾慕名前来。此为石鼓书院雏形。

宋至道三年（997年），衡州郡人李士真在观内开堂讲学、广招弟子，寻真观开始成为正式的书院。一时间，儒士云集，声名远播。宋仁宗景祐二年（1035年），曾担任集贤殿校理之职的刘沆，在衡州任知府。他将书院的情况上报给皇帝，宋仁宗阅后，便赐额“石鼓书院”。自此，石鼓书院跻身天下四大书院之列。当时许多名流都在此地举办过讲座，如苏轼、周敦颐等。

时光流转，石鼓书院几经迁徙，一度改为州学。南宋孝宗淳熙十二年（1185年），使者潘畤在原址重建石鼓书院，旨在为有志于学问的士子提供栖身之所。提刑宋若水接续其志，设立先圣先师牌位，收集书籍，邀请朱熹作记，劝勉学生重义轻利，追求

石鼓书院老照片

内在修养。

之后，书院历经战乱遭到破坏，又几度重建。明永乐十一年（1413 年），知府史中重建书舍，恢复祭祀孔子的传统。正德四年（1509 年），山长叶钊致力于讲授圣贤之道，在此剖析疑难，启迪学子心智。嘉靖年间（1522—1566 年），湛若水与邹守益等人先后莅临此地讲学，弘扬“体认”与“良知”之学。

清世祖顺治十四年（1657 年），巡抚袁廓宇上奏朝廷，申请重建石鼓书院，衡阳知县余天溥具体负责修复工程。石鼓书院为清廷允许恢复的第一家书院，山上建有合江亭、大观楼、敬业堂、浩然台、七贤祠等建筑。这一时期，书院科举化，石鼓书院成为传授举业、培养科举人才的基地。

清光绪二十八年（1902 年），石鼓书院改为衡阳官立中学堂，清光绪三十年（1904 年），改为湖南南路师范学堂；民国时期，相继改为“衡郡女子职业学校”和“湖南省立第三师范学校”（湖南三师）。后由于石鼓山场地有限，无法满足新型学校要求，学校迁至金鳌山，原址成为供人游览的风景文化名胜景区。1944 年 7 月，石鼓书院原有的楼、阁、亭、祠等建筑物，在衡阳保卫战中毁于日寇炮火。

2006 年，当地仿照清代石鼓书院格局重建，石鼓书院涅槃重生。

岳麓书院：与时俱进的教育殿堂

在翠绿葱茏的岳麓山下，藏着一所承载着千年智慧与风华的学府——岳麓书院。自晋代以后，无数文人墨客、名贤雅士，如陶侃、杜甫、马燧等，先后在此留下了他们的足迹与诗篇。

岳麓书院

唐末五代，智璿和尚在此购书求学，奠定了书院的文化基础。北宋开宝九年（976 年），这座原本由僧人创办的学校，在官方的支持下转型为书院，五间讲堂、五十二间斋舍的落成，正式开启了其近千年的辉煌篇章。

岳麓书院不仅是教育的殿堂，也是学术研究的热土。南宋时期，它成为湖湘学派的摇篮，张栻在此讲学，四方学者慕名而来。张栻反对将书院视为功名利禄的阶梯，倡导将教学与治国平天下的理想相结合，培育出了一批心系天下、志在四方的栋梁之材。在湖湘学派的耕耘下，岳麓书院逐渐形成崇实尚学、尊师重道的优良学风，成为士人心中的圣地。

书院的学术氛围开放包容，历史上著名的“朱张会讲”即发生于此。南宋孝宗乾道三年（1167 年），两位大师围绕“太极”与“中和”展开辩论，促进了理学的发展，也为岳麓书院赢得了学术声誉。此后，王阳明的心学、东林学派的学术思想也相继在此生根发芽，使得岳麓书院的学术氛围更加浓厚多元。

从讲学、藏书到实体运营、教学模式，岳麓书院不断探索创新。书院拥有大量的学田作为经济支撑，藏书丰富，而且形成一套系统化的组织架构，其中由山长领导的多个层级的教学团队，以及分斋而治的管理模式，显示出近代高等学校教育体制的雏形。同时，书院不断革新教育内容，清道光年间（1821—1850 年）创建的湘水校经堂，光绪年间（1875—1908 年）开设的经学、史学、掌故、算学、译学等五科课程，以及藏书楼中新增的西方科学书籍，无不体现书院与时俱进的精神风貌。

白鹿洞书院：天下书院之首

位于庐山东南的白鹿洞书院，镶嵌在灵山秀水之间，在千余年的历史中吸引了众多名人驻足。

唐德宗贞元年间（785—805 年），洛阳才子李渤偕其兄登上庐山游览，被庐山五老峰下的洞天福地吸引，遂在此隐居，饲养白鹿，读书自娱，人称“白鹿先生”，其居所也因此得名“白鹿洞”。后来李渤出任江州刺史，重游故地，引水植树，建台修

白鹿洞书院

榭，白鹿洞遂成为一处名胜。

南唐升元四年（940 年），李氏王朝在此设立庐山国学，一个与秦淮河畔的金陵国子监相媲美的学府，被赋予了白鹿国库、白鹿国学等雅称。

宋代，白鹿洞被划归江南东路江州德化县星子镇，当地居民在南唐庐山国学旧址上建立了一座学馆，这是白鹿洞书院的真正起点。太平兴国二年（977 年），江州知州周述将书院的情况上报朝廷，宋太宗听闻后慷慨赠书，书院声名鹊起。之后，书院经历了数次修缮与扩建，不仅建造了孔子及其门徒的雕像，还扩建了住宿空间以接纳四方学子。

使白鹿洞书院真正走向辉煌的是南宋理学大师朱熹。宋淳熙六年（1179 年）三月，朱熹全面复兴白鹿洞书院，自任洞主，制定学规。他招徒讲学，制定学规，提倡“格物致知”，他制定的《白鹿洞书院揭示》倡导“博学之，审问之，慎思之，明辨之，笃行之”的学风，堪称集传统儒家教育思想之大成。

《白鹿洞书院揭示》后来由宋理宗手书并颁行天下，成为各地书院共同遵循的学规，其影响远播至朝鲜和日本。这一系列举措奠定了白鹿洞书院作为中国古代重要教育中心与学术中心的地位。

朱熹不仅为书院设置了课程体系，还将《大学》《中庸》《论语》《孟子》合称为“四书”，作为教育的核心内容。他倡导的导师制度，让师生之间形成亲密无间的互动。书院的教学活动不仅包括课堂讲授，还有个人研习以及师生之间的讨论交流，甚至到山水间游历，寓教于乐。朱熹还积极寻求政府的支持，为书院购置土地，建造房屋，收集图书，邀请学者访问，使得白鹿洞书院成为南宋最为知名的学府之一。白鹿洞书院的影响力延续至明清两代，被誉为“天下书院之首”。

据统计，自南唐到晚清，白鹿洞书院培养出状元 3 人，进士约 200 人，举人、秀才不计其数。先后走出了如南唐状元、诗人伍乔，宋末宰相江万里，宋末名将、军事战略家余玠，明末科学家宋应星，清代嘉庆朝状元、军机大臣戴衢亨等众多英才名士。

“白鹿虽无归洞迹，青衿犹有读书声。”白鹿洞书院的辉煌，彰显了古代书院教育的光辉岁月。

江南贡院：最壮观的科举考场

贡院是科举制度下士子们应试的考场。我国的科举制度，始于隋代，成形于唐代，至宋代时已发展出一套较为完善的考试体系。明清时期的科考程序大致分为四个等级，即童试、乡试、会试和殿试。其中，各省府城的贡院是乡试的场所。科举制度下的选官之路，正是从乡试这一环节正式开启。

江南贡院，曾是中华大地最为壮观的科举考场，是承载了无数文人梦想的圣地。它坐落于古城南京的东南角，东临桃叶渡，南望秦淮河，西傍状元境，北接建康路。

1888 年的江南贡院老照片

贡院初建于南宋孝宗乾道四年(1168

年），由知府史正志创立，最初仅作为县府学的考试场所，规模较小。考生人数激增时，还需借用附近寺庙作为考场。

明太祖朱元璋定都南京后，江南贡院成为乡试与会试的考场。后朱棣迁都北京，南京仍为留都。随着江南文化的繁荣，考生数量增加，原有考场不足。永乐年间（1403—1424年），皇帝没收了犯事大臣纪纲的府邸及他人房产，将之改建为新的江南贡院。

清代，江南贡院历经多次扩建，规模蔚为壮观。康熙、雍正年间（1662—1735年），两江总督与巡抚等官员相继增修江南贡院，号舍过万，贡院焕然一新。道光初年，江苏、安徽两省士绅募资重建，解决积水难题，增设号舍。同治时，曾国藩、李鸿章等重臣接力扩建，尤其是李鸿章，将贡院规模扩大至26000间号舍，江南贡院规模达到巅峰。

清光绪年间（1875—1908年），江南贡院已经拥有超过2万间号舍，此外，还有上千间供主考、监临、监试、巡察等官员使用的官房，以及膳食、仓库、杂役、禁卫等各类辅助用房。贡院内不仅有水池、花园、桥梁、通道等设施，还有岗楼等建筑，其规模之宏大、占地之广阔，在全国贡院中首屈一指。

清代初期，南京作为江南省的首府，贡院一直沿用“江南贡院”的名称。1905年，科举制度废止，江南贡院也闲置，现在成为中国科举博物馆。

才情过人的唐伯虎，书画双绝的郑板桥，忠贞不屈的文天祥，讽刺世态的吴敬梓，乐于食趣的袁枚，虎门销烟的林则徐，施耐庵、方苞、曾国藩、左宗棠、李鸿章，中国最后一位状元刘春霖，等等，都在这里留下了深刻的印记。

天一阁图　清·祝永清绘　民国·李良栋刻

天一阁藏书楼：古代私人图书馆

在浙江宁波月湖之畔，绿荫深处，静静地伫立着一座中国现存最古老的藏书楼——天一阁。天一阁经受了数百载的风霜洗礼，将昔日的文化精髓保留至今。它是中国现存最早的私家藏书楼，也是亚洲现存最古老的图书馆。

天一阁主人范钦（1506—1585 年），字尧卿，号东明，鄞县（今宁波市鄞州区）人。明嘉靖十一年（1532 年）进士，官场沉浮多年，宦迹遍布半个中国，累官至兵部右侍郎。他一生喜好藏书，所到之处皆悉心搜集公私刻本，对无法购置的书则雇人抄录，经史百家之书兼收并蓄。

嘉靖四十年（1561 年），范钦辞官回乡。因为所藏书籍越来越多，他开始在自家宅东建造藏书楼，历时五年建成。建造之初，他在楼下开凿一池清水，意外发现了元代揭傒斯所书的“龙虎山天一池”石刻，并伴有铭文记载。这一发现与范钦开池的初衷不谋而合，他欣然将此楼命名为“天一阁”。

范钦亲自设计了天一阁的整体布局：一栋坐北朝南的两层砖

木结构楼房，前后开窗，巧妙地实现了通风与防潮；楼上是一片开阔的空间，用书橱巧妙分割成六个区域，楼下则分为六个独立房间，形成了上一下六的独特格局，寓意“天一生水，地六成之”，因五行中水能克火，从而防止火灾的发生，希望藏书能世代传承、长久无虞。

“天一阁”藏书当时有7万余卷，所收图书以方志、政书、科举录、诗文集为特色。聚书之余，范钦还喜欢校刻书籍，所刻之书，后人辑为《范氏奇书》，计20种，今存16种，都属稀有版本。

范钦去世前，将家产分为藏书和其他两部分。长子范大冲自愿放弃其他家产，继承了父亲收藏的7万余卷藏书。他制定了天一阁“代不分书，书不出阁”“烟酒切忌登楼”等7条族规，规定藏书归子孙共有，非各房齐集书橱钥匙，不得开锁。这些制度在天一阁私藏时期一直被遵守，且后世子孙不断补充，之后更扩展为外姓人不得入阁、不得私自领亲友入阁、不得无故入阁、不得借书与外房等严苛规定，违反者将受到严厉的处罚。此外，族规还详细制定了防火、防水、防虫、防鼠、防盗等各项措施。这一连串措施，确保了天一阁藏书能够历经磨难，传承13代，最后仍留存古籍1.7万余卷。

文庙：赓续千年文脉

千年文脉，悠悠古韵。文庙，这一祭祀与纪念我国伟大思想家、政治家、教育家孔子的圣地，在岁月的流转中产生诸多雅称：夫子庙、至圣庙、先师庙、先圣庙、文宣王庙，其中“文庙”之名最为人熟知。

自汉代“独尊儒术”以后，儒家思想渗透至华夏大地的每一个角落，尤其在宋代推广书院的背景下，几乎每个州、府、县乃至一些镇都建立了孔庙。文庙是将“主祀孔子”“旁祀贤达”与“教授儒经”相结合的一种独特的文化空间。它以“庙学合一”为特色，以祭祀和教学为手段，传扬儒家思想和理念，涵养社会发展的内生性力量，塑造士人群体及整个社会的价值观。

自宋代起，长江流域的文庙建设逐渐领先于全国，临安作为南宋都城，金陵作为明初都城，都在文庙建设中起到了示范作用。

南京夫子庙，坐落于秦淮河畔，始建于宋景祐元年（1034年）。夫子庙是中国四大文庙之一，夫子庙内的孔子像、碑刻、楹联等都是儒家文化的重要载体，见证了儒家文化在南京地区的传承和发展。夫子庙在古代还是重要的教育场所，明清时期，夫子庙内的学宫是南京地区的最高学府，吸引了众多学子前来求学。学宫内设有讲堂、斋舍等，供师生们讲学、住宿。夫子庙为南京地区培养了大量人才，推动了当地文化的繁荣。

苏州文庙，自古便是文人墨客向往之地。范仲淹在此兴学育才，开创了苏州文庙府学的辉煌篇章。历经数百年的风雨洗礼，它依然屹立不倒，成为“东南学宫之首”。宋代苏州文庙府学考中了486名进士，培养出的状元更是一度达到全国状元的1/4。

浠水文庙，坐落于湖北省浠水县清泉镇，始建于宋代，历经多次重建与扩建，形成以棂星门、大成殿为中心，包括崇圣祠、尊经阁、东庑、西庑等建筑的庞大古建筑群，是体现古代民间建筑艺术风格的典范。清朝近300年间，湖北出了3个状元，其中之一就是浠水巴河人陈沆，在这座文庙里，至今保留着他当年的状元文卷。

四川资中文庙，以纪念苌弘这位孔子的老师而著称，其内的孔子全身站立石像国内独有。而四川德阳文庙，则有“德阳文庙甲西川”的美誉，展示了中国西部地区文庙的独特魅力。

每一座文庙都是一部厚重的历史书卷，它们或坐落于青山绿水之间，或隐于市井繁华之处。文庙学子们“进足以臣吾君，而泽吾民，退足以化其乡，而善其俗”，将儒家思想播撒在祖国的城乡大地中。

资中文庙

科技：改造世界的智慧

长江流域是中国的重要地理区域，不仅在自然景观上独具特色，而且在科学技术上取得的成就也颇为可观。

湖南人蔡伦改进造纸术，湖北人毕昇发明活字印刷，指南针的四种装置由浙江人沈括全面展现；火药制作的“火箭”首次运用，是在长江南岸击退金兵——四大发明的诞生与传播，与长江流域息息相关。

长江流域医派林立，医家众多，苏州的吴门医派、常州的孟河医派、徽州的新安医学、江西盱江医学……不一而足，在中国医学史上，撑起半壁江山。

科技巨子星光熠熠，刀剑冶铸家陶弘景、“百科全书式学者”沈括、《天工开物》作者宋应星、地理学家徐霞客，影响深远。

江河接力，滔滔不绝。中华文明发展史上，长江流域承古萌新，举足轻重。

葛洪炼丹图　明·李芳

四大发明的故事

火药作为中国古代四大发明之一，其起源最早可以追溯到古代炼丹术。

炼丹家们发现将硫黄、硝石和木炭混合在一起，能够引发剧烈的燃烧和爆炸，这种混合物的破坏力远超当时已知的任何物质。然而，由于早期火药的配比和成分尚未达到最佳状态，火药并没有立即被广泛应用于军事和生产等领域。

宋代，火药的配方经过了重要的改进，硫黄和硝石的比例从唐代的1∶1调整为1∶3，火药的燃烧性能和爆炸力得到显著提升。这一配方与后来黑火药中硝石占比75%的标准配方已经非常接近。除了调整硫黄和硝石的比例，宋代的火药配方中还加入其他易燃易爆物质，进一步提升了火药的威力。这些改进使得火药的实用性得到极大的提高，开始被广泛应用于军事、矿业、建筑等领域。

金国海陵郡王完颜亮率领60万大军南下，准备渡江攻宋。大战当天，波澜不惊的江面上，一道道红光从宋军战船上射出，落在金军战船上就爆炸，石灰粉漫天飘扬，成功击退了第一波打算过江的金军。这个秘密武器，就是在历史舞台上首次使用火药制作的“火箭”。

宋代的火器技术发展成熟，可以根据功能和形态分为三大类：燃烧型火器、爆炸型火器和管型火器。南宋初，抛射型的燃烧火器是比较常见的。宋军将领虞允文击退金军，用的“火箭”属于爆炸型火器。

而管型火器的发明者是南宋的陈规。在绍兴三年（1133年）的德安（今湖北安陆）保卫战中，陈规发明了一种长竹竿火枪。这种火枪是将粗大的竹竿内部打通，填充火药，瞄准目标后发射。火枪喷出的火焰能够直接命中目标，射程和威力远超传统的抛掷型火箭和火球。这被认为是世界上最早的管型火器，陈规因此被尊称为管型火器的鼻祖。

东汉之前，中国使用的书写载体有西汉纸、竹简、木简、木牍与缣帛。西汉纸粗糙不好用，竹简、木简、木牍太笨重，缣帛

白帝城樊家台遗址出土的铁火雷

又太贵。至东汉时期，因为蔡伦的研究，一种影响世界文明进程的书写载体——蔡侯纸诞生了。

蔡伦是桂阳郡耒阳（今湖南耒阳）人，东汉永平十八年（75 年）被选入洛阳宫内做太监。永元十四年（102 年），蔡伦兼任尚方令，主管宫内御用器物和宫廷御用手工作坊。由他设计、监制的宝剑和宫中器物，“莫不精工坚密，为后世法”。这期间，蔡伦尝试造纸，经过反复实验，他用树皮、麻头、破布和旧渔网等植物纤维制出一种新的植物纤维纸，人们称之为蔡侯纸。这种纸不仅耐用，而且来源广泛，造价低廉，很快得到推广。蔡侯纸相继流传到朝鲜、日本、阿拉伯，12 世纪左右又通过阿拉伯人传入欧洲。

长江流域的造纸技术日新月异，诸多名纸纷纷面世，比如徽州澄心堂纸、四川蜀笺、温州蠲纸、平江（今江苏苏州）的粉笺、剡溪（今浙江嵊州）的玉版纸、临安（今浙江杭州）的油拳纸、湖北陕州（今湖北宜昌）的夷陵纸等。

与造纸业息息相关的，被称为“文明之母”的印刷业在这一时期也迎来它最重大的发明——活字印刷术。

在印刷业出现之前，只有世家大族才有藏书，普通人想要学习知识，只能借书誊抄。唐至五代时期，雕版印刷术产生。比起手抄书卷，这自然是一个飞跃，但雕版印刷有个麻烦：一版定型，若多或少一字，就要整版重刻。

刻版师傅毕昇就经常遇到这个问题。毕昇幼时跟随父母逃荒，辗转流落到了杭州，住在菜农聚居的望江门外。宋代的江南地区文化气息浓厚，读书蔚然成风，大大小小的书坊林立。当时杭州的雕版以刻工精良著称，深受文人墨客喜爱。毕昇自幼心灵手巧，喜欢研究物件，长大后在一家书坊做刻版师傅。刻版在当时是一项费时、费工、费料的大工程，印制一本书稿往往需要几年之久，而这些刻版常常使用一次后便搁置，并需要大量空间储存，多年后才能再次派上用场。江南地区气候潮湿，木质雕版不宜久存，毕昇开始尝试改进传统的刻版工艺。

活字印刷

北宋庆历年间（1041—1048 年），经过反复实践摸索，毕昇发明出泥活字，即用胶泥做出规格统一的字模，一字一模，用火烤硬后就能直接用来排版和印刷。活字印刷的优点显而易见：灵活排版、一字多用、节约成本、易于储存。毕昇发明活字印刷术，比德国人古登堡发明金属活字印刷术早 400 多年，堪称世界活字印刷术的鼻祖。

沈括与毕昇结识于杭州，是一位跨学科的科技奇人，他在《梦溪笔谈》中记述了活字印刷。

除了谈到活字印刷，沈括一般被认为是指南针的发明者，他还在《梦溪笔谈》中记载了四种磁针的装置方法。

最早的指南装置叫“司南”，是我国东汉以前利用天然磁石制成的一种形状像勺、能辨别南北方向的工具。但因其磁性弱，与地盘的摩擦力又较大，指南效果较差，未能被广泛使用。北宋时期，指南装置取得显著的进步。人们开始利用天然磁石磨砺针锋，使钢针磁化，这一创新极大地提高了辨别方向的准确性。可以说，宋代真正实现了人工磁化，完成了指南针的装置。据说沈括发明

司南

指南针时，发现了“地磁偏角”（指南针常常偏东，不全指向南方），这个发现早于西欧400多年。

指南针完善后，很快被引入航海事业中。指南针在航海上的运用，不仅推动了两宋时期航海事业的发展，也促进了海外贸易的繁荣，为后来的海上丝绸之路的繁荣和我国与世界各地的联系提供了重要的技术支持。

长江流域不仅是四大发明的重要发源地，也是这些发明传播和应用的关键区域。这些发明的传播，促进了长江流域的经济和文化发展，也对世界文明产生了深远的影响。

医派林立

长江流域医派林立，为中国传统医学的发展作出了重要贡献，其中以吴门医派、孟河医派、新安医学、盱江医学等最具代表性。这些医派不仅名医迭出，而且著作颇丰。

苏州吴门医派源远流长，周朝至南北朝时期已有众多方士在吴地制丸炼丹，为百姓施医治病。唐开元年间（713—741年），吴门诞生第一位御医周广，开后世吴门御医之先河。明清时期，吴门医学发展成熟，其影响日渐深远，不仅医家众多，著述宏富，还形成了其中心学术思想——温病学说。

在温病学说形成之前，一般医家都遵从张仲景《伤寒论》中六经传变的论证方法，进行辨证施治。吴中地区湖河渚泊良多，地域潮湿，人口稠密，是温疫、温病的屡发地区，但温病的病因、发病、传变过程和治疗原则不同于伤寒，故运用治伤寒的方法疗效不佳。

元末明初的王履、明末清初的吴又可、清中期的叶天士是温病学说的萌芽、形成、鼎盛时期的代表人物。温病学说从根本上划清了温病与伤寒的界限，从此成为中医流派重要的组成部分。至此，逐步形成了独具特色、地域性强、传承不衰的医学流派——吴门医派。

明清时期吴门医派有医家1100余人，其中医官、御医100余人，有400余部医著传世。吴门医派在我国医学史上占有相当重要的地位，影响深远，有“吴中医学甲天下”的美誉。

孟河是唐朝常州刺史孟简拓浚河道修建的一条连接南运河和长江的运河，此运河周边地区称为孟河地区（孟河镇），古称南兰陵，坐落于江苏省常州市西北。此地土壤肥沃，水上交通便利，地理优势得天独厚，故而经济文化繁荣，人才荟萃，诞生了一批名医，这批名医以及他们的后辈被称为“孟河医派”。

孟河医派最具代表性的是费、马、巢、丁四大家。

费家最具代表性的医家是费伯雄（1800—1879年）、费绳甫（1851—1914年）祖孙两人。费伯雄以归醇纠偏、平淡中出神奇，盛名于晚清，是孟河医派的奠基人。费绳甫以善治危、大、奇、急诸诊而闻名上海。

马家以疡科扬名数世，马培之（1820—1903年）影响最大。1880年，马培之进京为慈禧太后治病，名声大振。

巢家即巢崇山（1843—1909年）、巢渭芳（1869—1929年）二人。巢崇山在上海行医50余年，家学渊源，学验两富，擅长内外两科，刀圭之术尤为独到。巢渭芳系马培之学生，精内科，尤长于时病。

丁家医学造诣最深的是丁甘仁（1865—1926年）。他从马文植学，兼蓄马氏内外喉三科之长，为上海一大名医，因首创中医专门学校，有“医誉满海上，桃李遍天下”之称。孟河医派医家辈出，正如丁甘仁在《诊余集》序中所说：“吾吴医家之盛甲天下，而吾孟河名医之众，又冠于吴中。”

新安医学是形成于古徽州地区的医学流派。唐代以后，徽州文化开始昌盛，医学研究也逐渐出现。明清时期，名医辈出。根据不完全统计，自宋代至清末，共有名医466人，其中197人撰写了355部医学著作。许多医学著作在全国都有一定影响，其内容有医学经典的注释，理论的发挥，诊断、方药、运气等方面的学说，而且内、外、妇、儿、伤、眼、针灸、推拿等科，无不具备。

新安医学专科齐全，世代相传，至今不息。如始于南宋的“医博”黄孝通，其创立的“黄氏妇科”，至今已有二十五世，代不乏人；延续至今的还有从明嘉靖年间（1522—1566年）就有的张一帖内科，至今也有十五代；明代余午亭和吴正伦创办的“内科”，清代王雪健始创的“新安王氏医学”，郑于丰、郑于蕃创始的“南园喉科”“西园喉科”等，这些专科，内容丰富，经验独特，在中医学发展史上具有重要地位。新安医著的外传，还对日本、朝鲜及东南亚各

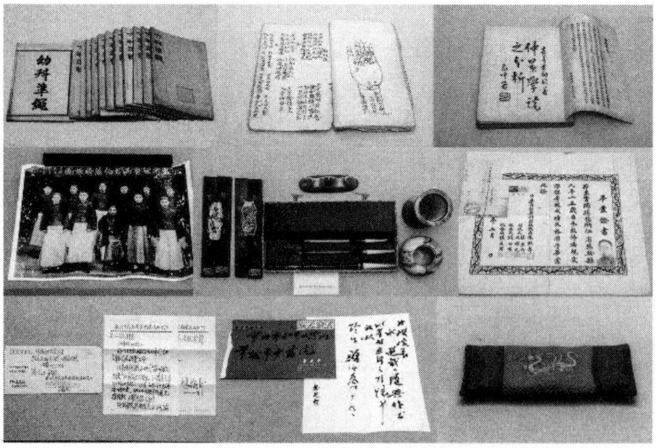

常州孟河医派博物馆内展示的孟河医派史料

国的医学发展起到了积极作用。

盱江医学是形成于江西盱江流域的一个医学流派，专科特色鲜明。医学人物中影响较大的医家有南宋妇产科、外科专家陈自明，元代骨伤专家危亦林，明代“医林状元”龚廷贤等，影响深远的著作包括《妇人大全良方》《外科精要》《万病回春》等。盱江医学独创“建昌帮”特色炮制技术。“建昌帮”是中国南方古药帮之一，也是中药炮制的重要流派之一，起源于东晋，发展于宋元，鼎盛于明清，有一套独特的传统中药炮制技术。

长江流域除了这些著名的医学流派，还有被后世尊为“药圣”的李时珍（1518—1593 年）。他出生于湖北中医世家，后在楚王府任职。他阅读了大量医书，又历经 27 个寒暑，先后到武当山、庐山、茅山、牛首山等地收集各种药物标本和民间药方，记录上千万字札记，三易其稿，于明万历十八年（1590 年）完成了 192 万字的巨著《本草纲目》。《本草纲目》是当时中国最系统、最完整、最科学的一部医药学著作，被誉为“东方医药巨典”，不仅为中国药物学的发展作出了重大贡献，而且对世界医药学、植物学、动物学、矿物学和化学的发展产生了深远的影响。

科技四大家

长江流域曾涌现出许多极具代表性的科学家，其中，陶弘景、沈括、宋应星、徐霞客作为长江流域的科技四大家，都在不同的领域作出了开创性的贡献。

陶弘景（456—536 年），字通明，丹阳秣陵（今南京）人。齐武帝永明十年（492 年），36 岁的陶弘景辞去官职，隐居茅山，并建立了华阳馆，致力于修身养性和炼制丹药。梁武帝曾多次请他出山辅政，都被拒绝。梁武帝曾问他："山中有何物？"他作诗回复："山中何所有，岭上多白云。只可自怡悦，不堪持赠君。"梁武帝没办法，只好让他自由自在地在山中炼丹采药，有大事便派遣官员前往问策，所以时人称陶弘景为"山中宰相"。

经过多年的不懈努力，梁普通六年（525 年），陶弘景第七次开鼎，终于宣布炼丹成功。陶弘景不仅在丹药制作上取得了成功，还掌握了当时最为先进的刀剑冶炼技术。他制作的刀剑工艺精湛，令人赞叹，堪比古代的名剑。

根据《古今刀剑录》中的记载，梁武帝萧衍在天监元年（502 年）即位后，曾请求陶弘景制作了 13 把神剑。这一记载首次详细记述了中国早期炼钢技术的显著成就——灌钢冶炼法。灌钢冶炼法是一种将生铁和熟铁混合冶炼的技术。生铁由于含碳量较高且熔点较低，首先被熔化，随后灌入熟铁之中，这样可以获得品质上乘的钢材。这种灌钢法在南北朝时期已经相当流行，广泛应用于农业和手工业工具的制造之中，标志着当时中国炼钢技术的重要进步。

沈括（1031—1095 年），字存中，号梦溪丈人，杭州人。他是地理学家、物理学家、数学家、化学家、医学家、天文学家，还是水利专家、兵器专家、军事家……由于在众多学科领域都成就斐然，被英国科学家李约瑟誉为"中国整部科学史中最卓越的人物"。中国科学院为纪念他，将 1963 年发现的一颗小行星命名为沈括。

沈括的前半生一直在宦海沉浮，历经仁宗（天圣）、英宗（治平）、神宗（熙宁）和哲宗（元祐）四朝。元祐四年（1089 年），沈括举家搬迁至早年在润州（今镇江）购置的梦溪园，在此隐居，创作《梦溪笔谈》。这本书被英国科学家李约瑟盛赞为"中国科学史上的里程碑"。

镇江梦溪园

在中国科技史上，宋朝科技成就斐然，中国古代的许多发明创造在北宋及其后的一段时间里达到高峰，并居于世界领先水平。《梦溪笔谈》是一本笔记体著作，沈括结合生平经历，以纪实和考证的方式记载了地区气候、地形地貌、物产资源、社会生活等方面的内容，涉及当时数学、物理学、化学、天文学、光学、地学、医学等多个科学领域，体现了沈括广泛的兴趣和广博的研究，因此他被称为“百科全书式的学者”。

宋应星（1587—1666 年），字长庚，江西南昌府奉新县（今江西宜春市奉新县）人，明朝著名科学家，其代表性著作《天工开物》被誉为“中国 17 世纪的工艺百科全书”。

宋应星在科举路上屡试屡败，45 岁的他第五次会试失败后，毅然决定把自己的精力和时间都用在研究农业和手工业的生产技术上。他大量翻阅前人留下的史书典籍，并结合自己在实践中的所见所闻，对典籍上的内容加以甄别，历时 4 年完成了经典之作《天工开物》。

《天工开物》初刊于明崇祯十年（1637 年），共 3 卷 18 篇，是世界上第一部关于农业和手工业生产的综合性著作，也是一部综合性的科学技术著作。此书的序言中，写着一句非常有力量的话："此书于功名进取毫不相关也。"

全书内容按照"贵五谷而贱金玉"的原则分上、中、下三卷，收录了农业、手工业，诸如机械、砖瓦、陶瓷、硫黄、烛、纸、兵器、火药、纺织、染色、制盐、采煤、榨油等生产技术。各篇详细描述了从原料到成品的全部过程，辅以插图说明，展现了中国 17 世纪在科学技术领域所取得的辉煌成就。

从 17 世纪开始，《天工开物》先后传入日本、朝鲜和一些欧美国家，轰动一时。英国科学家李约瑟把宋应星称为"中国的狄德罗"，赞扬《天工开物》是"17 世纪早期的重要工业技术著作"。

徐霞客（1587—1641 年），名弘祖，字振之，号霞客，江苏省江阴人，明代著名的地理学家和旅行家。

他出生于一个富有的家庭。父亲徐有勉不愿涉足官场，喜欢游历四方，饱览大自然的壮丽景色。在父亲潜移默化的影响下，徐霞客也乐于跋山涉水进行地理考察，在 30 多年的时间里，他的足迹遍及大半个中国，"达人所之未达，探人所之未知"。他把自己的经历、观察、考证和感悟都记录下来，经后人整理，形成了 60 余万字的《徐霞客游记》。

徐霞客对长江流域的自然景观和人文环境有着丰富的描述，他不仅记录了长江的源头、流域的山川河流，还详细描述了沿岸的城镇、村落、风土人情以及当地的自然资源和经济活动，为我们全面系统地了解长江历史文化提供了宝贵的资料。

英国科学家李约瑟在他的《中国科学技术史》中曾这样评价："《徐霞客游记》读来并不像是 17 世纪的学者所写出来的东西，倒像一位 20 世纪的野外勘测家所写的勘测记录。"

第七章

水润中华

近代以来，长江流域在引领时代潮流、融汇中西中屡当新锐：从师夷长技到科技强国，从辛亥革命到民主共和，从新民主主义革命到改革开放，长江文化勇于革新、善于创新的精神传统得以传承，在开启并引领中国近代化和中国式现代化的非凡征程中发挥了极其重要的作用。新时代，在以中国式现代化全面推进中华民族伟大复兴的进程中，长江文化又肩负起新的伟大使命。从“长江经济带”到“长江国家文化公园”，从“一带一路”交汇地到“生态文明”先行区，从“新质生产力”到“中国式现代化”，在统筹百年未有之大变局和实现中华民族伟大复兴战略全局中，一曲雄浑壮美的新时代长江之歌正在母亲河上唱响。

但开风气天下先

长江，像一位沉吟不语的老者，穿越时光的隧道，见证岁月变迁，笑看世事无常、云卷云舒，宠辱不惊。

从辛亥革命到新文化运动，从中国共产党的诞生到南昌起义，从井冈山革命根据地的建立到中华苏维埃共和国的成立，从第二次国共合作到抗日战争的胜利，从中华人民共和国的诞生到改革开放拉开大幕……长江流域始终踏着铿锵的脚步，走在历史的前沿。

武昌首义：铸就民族复兴征程中的里程碑

武昌起义的一声枪响，宣告了一个旧时代的结束和一个新时代的到来。这看起来是一个偶然的变故，却注定成为历史的转折点。

晚清政府，内忧外患，风雨飘摇。1911 年 5 月，广东、湖南、湖北、四川人民为反对清政府将已归民办的川汉、粤汉铁路筑路权收归“国有”，并抵押给英、法、德、美四国银行团，掀起保路运动。至8月下旬，运动发展为罢课罢市和抗粮抗捐的群众斗争。9月7日，四川总督赵尔丰屠杀请愿群众，激起四川人民更强烈的愤怒。革命党人四方联络，谋划发动武装起义。1911年9月24日，湖北革命团体文学社和共进会商定于10月6日举行起义，不料消息被泄露，只好暂缓。

10月9日中午，革命党人孙武等在汉口俄租界制造炸弹，不慎发生爆炸。湖广总督瑞澂当即下令全城搜查，革命党人人人自危。10日晚，武昌城内新军工程营的革命党人熊秉坤、金兆龙率先在湖北省武昌城发难，武昌起义爆发。熊秉坤率领10多名革命士兵直奔楚望台军械库，守库士兵鸣枪配合，从而顺利占领楚望台。

人民英雄纪念碑浮雕中的“武昌起义”

吴兆麟被推为临时总指挥。当天夜里 11 时左右，革命军分三路向督署发起猛攻，督署守兵千余人以强大火力阻击，各路革命军均未得手。午夜时分，第二次进攻发起，瑞瀓闻炮丧胆，从督署后墙凿洞逃遁。次日凌晨 2 时，革命军再次发动进攻，终于在黎明前攻下督署，先后占领汉阳、汉口，武汉三镇完全光复。

消息传出，全国乃至全球都为之震动。武昌起义的胜利如同火把，点燃了全国的革命热情，引发湖南、陕西、江西、山西、云南、浙江、贵州、江苏、安徽、广西、福建、广东、四川等十多个行省宣布独立。1912 年 1 月，中华民国临时政府在南京宣告成立，孙中山宣誓就任中华民国临时大总统。孙中山后来将之命名为“武昌首义”，又称“辛亥首义”。

武昌起义，拉开了中国完全意义上的近代民族民主革命的序幕，以孙中山为代表的革命党人发动了震惊世界的辛亥革命，推翻了清朝政府，结束了在中国延续几千年的君主专制制度。辛亥革命极大促进了中华民族的思想解放，传播了民主共和的理念，打开了中国进步潮流的闸门，撼动了反动统治秩序的根基，在中华大地上建立起亚洲第一个共和制国家，以巨大的震撼力和深刻的影响力推动了中国社会变革，为实现中华民族伟大复兴探索了道路。辛亥革命永远是中华民族伟大复兴征程上一座巍然屹立的里程碑！

近代中国，从此迈入新的历史叙事时空。

新文化运动：“德先生”与“赛先生”吹响号角

1915 年 9 月 15 日，一份不起眼的杂志诞生在上海滩，名为《青年杂志》。当时，并没有太多人料想到，它将会掀起一场思想启蒙运动，成为近代中国历史上最著名的一份杂志。一场以民主和科学为旗帜，向传统的封建思想、道德和文化宣战的新文化运动由此发端。

陈独秀将挽救“国势陵夷，道衰学弊”危局的责任寄托于青年，“青年之于社会，犹新鲜活泼细胞之在人身”。他主张青年人应如“利刃断铁，快刀理麻”一般抛弃传统的陈规陋习，要做到“六义”：自由的而非奴隶的，进步的而非保守的，进取的而非退隐的，世界的而非锁国的，实利的而非虚文的，科学的而非想象的。万马齐喑的岁月里，这无疑是惊天动地的一声呼喊。

“德先生”（Democracy）和“赛先生”（Science）两面大旗，成为陈独秀开启新思想大门的两枚“金钥匙”。越来越多的同道聚集在他的身边，与他一起坚定主张民主与科学，守护着当时已改名为《新青年》的阵地，向封建陈腐势力发起强劲的冲击。

1917 年，远在美国留学的胡适写来《文学改良刍议》一文，直言“文言乃是一种半死的文字”，主张以白话文代替文言文。陈独秀随即发表《文学革命论》作为呼应，彻底否定古文，旗帜鲜明地提出：“今欲革新政治，势不得不革新盘踞于运用此政治者精神界之文学。”

尔后，随着陈独秀出任北京大学文科学长，《新青年》编辑部迁往北京，北京大学迅速成为新文化运动的风暴眼。在蔡元培“思想自由，兼容并包”治校理念的支撑下，旧文化与新文化、旧思想与新思想，你来我往，此起彼伏，演绎出一场前所未有的思想启蒙运动。

李大钊是在中国大地上举起十月社会主义革命旗帜的第一人，是中国最早的马克思主义传播者。1919 年 9 月、11 月，李大钊在《新青年》第六卷第五号、第六号上连续发表《我的马克思主义观》

一文，对马克思主义作了比较全面、系统的介绍。该文的发表，不但表明李大钊完成从民主主义者向马克思主义者的转变，而且标志着马克思主义在中国进入比较系统的传播阶段。

马克思主义火种，渐渐燃烧于近现代中国的历史天空，越燃越旺，终于遍及每一个角落。

中共一大：开天辟地的大事变

1921 年 7 月的一天，位于上海法租界望志路 106 号（今兴业路 76 号）的一幢民居里，陆续涌进十几位操着不同口音的外地人，还有两位高鼻梁、蓝眼睛的外国人。

许多年以后，人们才知道：他们是中国共产党第一次全国代表大会的代表，共 13 人，代表着全国 50 多名党员。两名外籍人士则是共产国际代表马林和尼克尔斯基。

1920 年初，李大钊冒险送陈独秀去天津，在路上谈及建立中国共产党之事。这被后来的学者概括为“南陈北李，相约建党”。1921 年 6 月，上海共产党早期组织成员李达、李汉俊与当时在

中共一大纪念馆

广州的陈独秀和在北京的李大钊通信商议，决定在上海召开中国共产党第一次全国代表大会。会议地点就选在李汉俊和胞兄李书城租住的李公馆中。由于种种原因，“南陈北李”都没有出席中共一大。

这是一次秘密的聚会，秘密到没有任何正式文件留存下来，一度甚至连开会的日期也难以确定。后来经过党史学者的多番考证，最后确定一大的开幕时间是 1921 年 7 月 23 日。

会议还引起了法国巡捕的注意。一天晚上，这一群人正在热烈商议着建党事宜，突然闯进来一个人，环顾一周后又匆匆离去。这一奇异的举动，引起了马林的警惕。他判断此人可能是密探，建议立即停止会议，众人分头散去。果不其然，十来分钟后，法国巡捕围住了李公馆，幸好与会者提前有了准备，有惊无险。

但这里显然已不适合再做开会地点。李达夫人王会悟建议去她的家乡嘉兴，嘉兴与上海已通火车，到达后众人可租船于湖上开会。随后，在嘉兴南湖一条租来的丝网船上，中共一大代表们审议通过了党的第一个纲领和决议，并将党的名称正式确定为中国共产党。会议成立了党的中央领导机构中央局，陈独秀当选为中央局书记。

一大代表、伟大领袖毛泽东后来说：“中国产生了共产党，这是开天辟地的大事变。”“自从有了中国共产党，中国革命的面目就焕然一新了。”从此，中国大地上出现了以马克思主义为行动指南的统一的无产阶级政党，中国人民谋求民族独立、人民解放和国家富强、人民幸福的斗争，追求实现中华民族伟大复兴的梦想，也就有了主心骨。

南昌起义：石破天惊第一枪

南昌起义的枪声，响起在凌晨时分。

1927 年，蒋介石集团和汪精卫集团先后在上海和武汉发动反革命政变，屠刀砍向了一心救中国的共产党人和革命群众。轰轰烈烈的国共合作大革命归于失败。

中国共产党从残酷的现实中认识到，没有革命的武装就无法战胜武装的反革命，就无法夺取中国革命胜利，就无法改变中国人民和中华民族的命运，必须以武装的革命反对武装的反革命。危难时刻，中共中央紧急改组。7 月下旬，中共中央政治局临时常委会决定：将党所掌握和影响的部队向江西南昌集中，准备发动武装起义；组织工农运动基础较好的湘、鄂、赣、粤 4 省农民发

南昌起义主题油画

动秋收起义；召开中共中央紧急会议，讨论和决定大革命失败后的新方针。

根据这一建议，中共中央成立了由周恩来、李立三、恽代英、彭湃等人组成的前敌委员会，周恩来担任书记。7 月 27 日，周恩来等人抵达南昌，并在城内的江西大旅社正式成立前敌委员会，领导起义的准备工作。

8 月 1 日凌晨 2 时，起义按计划爆发。在周恩来、贺龙、叶挺、朱德、刘伯承的领导下，2 万多名颈扎红领带、臂绑白毛巾的起义将士，以“山河统一”为口令，分别向南昌城内的多处守军发起进攻。经过一夜激战，至拂晓时分，起义军全歼守军 3000 余人，缴获 5000 余支枪械、70 余万发子弹和数门大炮。同日下午，聂荣臻、周士第领导的驻马回岭的第 25 师部队也起义，并在第二天抵达南昌。

南昌起义虽然没能实现预期目标，但打响武装反抗国民党反动派的第一枪，标志着中国共产党独立领导革命战争、创建人民军队和武装夺取政权的开端。

井冈山的斗争：星星之火，可以燎原

山下旌旗在望，山头鼓角相闻。敌军围困万千重，我自岿然不动。

早已森严壁垒，更加众志成城。黄洋界上炮声隆，报道敌军宵遁。

近百年后，我们重读毛泽东这首《西江月·井冈山》，仍可感知当时严峻的形势和坚韧的共产党人意志。

在关系党和革命事业前途和命运的严重危机时刻，中共中央于1927年8月7日在湖北汉口召开紧急会议，确定了实行土地革命和武装起义的方针。毛泽东出席了这次会议，并提出了著名的“枪杆子里面出政权”的重要论断。八七会议在中国革命紧急关头及时地向党和全国人民指明了斗争方向，反对政治上的右倾机会主义，使党在革命中前进了一大步，为挽救党和革命作出了巨大贡献。

党领导举行秋收起义、广州起义和其他许多地区起义，但由于敌我力量悬殊，这些起义大多数失败了。事实证明，在当时的客观条件下，中国共产党人不可能像俄国十月革命那样通过首先占领中心城市来取得革命在全国的胜利，党迫切需要找到适合中国国情的革命道路。

秋收起义受挫后，毛泽东决定放弃进攻长沙，向敌人力量薄弱的湘南一带转移。行进路途中，他领导了著名的“三湾改编”，全军士气为之一振。

1927年10月，毛泽东率领起义队伍来到地处湘赣边界罗霄山脉中段的井冈山，在这里建立了中国共产党的第一个农村革命根据地。1928年4月，朱德率领南昌起义余部也来到了井冈山。朱毛顺利会师，共同开启了“农村包围城市、武装夺取政权”的革命道路。

这是一条从来没有人走过的革命道路。有人动摇，有人逃离，当然，更多的人在坚守。面对敌人一次又一次的围堵、进攻、“会剿”，中国共产党人不惜抛头颅、洒热血，无论经历怎样的挫折，“我自岿然不动”。有数据统计，从1927年10月至1930年2月，在两年零四个月的井冈山斗争中，有近4.8万人牺牲，平均每天近60人献出生命。

“红旗到底能打多久？”面对党内外的质疑，在八角楼的油灯下，毛泽东先后写下《中国的红色政权为什么能够存在？》《井冈山的斗争》两篇光辉著作，敏锐而颇具远见地作出判断：“一国之内，在四围白色政权的包围中，有一小块或若干小块红色政权的区域长期地存在，这是世界各国从来没有的事。”

世上本没有路，走的人多了，也便成了路。1930 年 1 月，在古田会议结束后不久，毛泽东又写下《星星之火，可以燎原》一文，再次回击党内的悲观情绪，以坚定而深邃的笔触写道：“这里用得着中国的一句老话：‘星星之火，可以燎原。’这就是说，现在虽只有一点小小的力量，但是它的发展会是很快的。它在中国的环境里不仅是具备了发展的可能性，简直是具备了发展的必然性。”

星星之火虽小，却凝聚着无数革命党人的初心、意志和信念，更凝结着无数人民群众的信任、拥护与支持，迅速以燎原之势燃遍整个中国。

遵义会议：改变历史的三天

中央苏区第五次反“围剿”失败后，1934 年 10 月中旬，中共中央、中革军委率中央红军主力 8.6 万余人从江西省瑞金、古城等地出发，踏上战略转移的漫漫征程——长征。

湘江边，蒋介石投下 30 万重兵，布下四道封锁线，企图在湘江以东将中央红军歼灭。在国民党军的围追堵截之下，红军损失惨重，队伍一度锐减到 3 万多人。

烈士的鲜血染红了湘江。这是红军长征出发以来生死攸关的一段时期。越来越多的人意识到，必须有一个根本的转变，悲剧不能再演下去了。1934 年末至 1935 年初，中共中央连续召开紧急会议，决定采纳毛泽东的主张，放弃去湘西，抢渡乌江天险，进入黔北，占领重镇遵义。

遵义会议，就是在这样的危急关头召开的。

1935 年 1 月 15 日至 17 日，在遵义一座两层小楼里，中共中央召开政治局扩大会议，总结第五次反“围剿”以来的军事路线问题。博古首先作关于第五次反“围剿”的总结报告，但仍把失败归咎于“敌人力量过于强大”等客观条件。毛泽东作了长篇发言，对博古、李德等人错误的军事路线予以批驳。

会议决定改组中共中央领导机构，取消博古、李德的最高军事指挥权，增选毛泽东为政治局常委，成立由毛泽东、周恩来、王稼祥组成的“三人军事指挥小组”，统一指挥红军的军事行动，实际上确立了毛泽东在党中央和红军决策中的领导核心地位。

据《红军长征史》记载：“遵义会议一共开了三天，气氛紧张激烈，发言的声音很高，每天总是开到半夜才休会。”

显然，这是改变历史的三天。后来的无数事实证明，遵义会议“在最危急关头挽救了党、挽救了红军、挽救了中国革命”，成为中国共产党历史上具有伟大意义的转折点。

改革开放：开启新时期的一声惊雷

1978 年 12 月，党的十一届三中全会开启了改革开放和社会主义现代化建设新时期。

对内改革，是从农村开始的。1978 年冬天的一个夜晚，安徽省凤阳县小岗村 18 户村民偷偷聚在一起，在一张包干到户的“秘密契约”上按下红手印，拉开了“大包干”改革的序幕。

这一“秘密行动”很快得到了邓小平的支持。他说：“农村政策放宽以后，一些适宜搞包产到户的地方搞了包产到户，效果很好，变化很快。安徽肥西县绝大多数生产队搞了包产到户，增产幅度很大。‘凤阳花鼓’中唱的那个凤阳县，绝大多数生产队搞了大包干，也是一年翻身，改变面貌。有的同志担心，这样搞会不会影响集体经济，我看这种担心是不必要的。”

1979年，党中央、国务院批准广东、福建在对外经济活动中实行“特殊政策、灵活措施”，并决定在深圳、珠海、厦门、汕头试办经济特区。

1990年，邓小平在上海听取关于开发开放浦东设想的汇报后，非常明确地表示支持。浦东开发开放，标志着中国改革开放进入纵深阶段。

此后，长江流域的多个城市，如上海、南京、武汉等，先后被设立为对外开放的窗口。长江流域，尤其是长江三角洲地区，得益于改革开放政策，迅速成为中国经济最活跃的区域之一。上

长江安庆段

海作为长江流域的龙头城市，其国际金融中心的地位得到了加强，而江苏、浙江等省份也因私营经济和外向型经济的快速发展而成为全国经济增长的排头兵。

从高空俯瞰长江流域，可以看到一派繁忙的建设景象：铁路和公路的建设工地遍布各地，如同繁星点缀；水运和航运的线路日益密集，形成了一个复杂的网络。江海联运和铁水联运等多种联运方式，构建起一个立体的交通网络，贯通东西，连接南北。

改革开放的窗口，影响越来越大，辐射越来越广。从成渝地区双城经济圈到长江中游城市群，再到长三角一体化，长江经济带覆盖沿江 11 个省市，横跨我国东、中、西三大板块，人口规模和经济总量已占据全国“半壁江山”。

科技创新：照亮人类未来的生活图景

“科学技术是第一生产力。”

早在 1978 年 3 月召开的全国科学大会开幕式上，邓小平就明确指出：“科学技术是生产力，这是马克思主义历来的观点。”后来，他又进一步提出“科学技术是第一生产力”的重要论断。

插上科学技术的翅膀，飞得更高更远，是人类共同的梦想。从四大发明到蒸汽机，从万户飞天到莱特兄弟发明飞机……每一次梦想的实践，哪怕是经历挫折和失败，也无法阻挡人类超越自我的脚步。

进入 21 世纪后期，随着改革开放的深入，长江流域更是迎来科技创新的春天，成为科技创新的重要基地。长江流域尤其是长三角地区，聚集了中国顶尖的科研机构和高等学府，如中国科学院上海高等研究院、中国科学技术大学、复旦大学、南京大学、浙江大学、上海交通大学等，在科研和人才培养方面有着深厚的积淀，是科技创新的摇篮。

作为长三角的“领头羊”，上海已形成科技创新中心基本框架体系，正在向“形成科技创新中心城市的核心功能”这一目标迈进。在世界知识产权组织《全球创新指数报告》发布的2023年“全球最佳科技集群”榜单上，上海—苏州位居全球第五。

科技活水，澎湃成潮。武汉、合肥、南京、杭州等长江流域中心城市也纷纷聚力高质量发展，稳扎稳打，优化布局，走稳走好科技创新这步“先手棋”。大科学装置建设着力推进，国家实验室建设渐成体系，原创性成果屡有惊喜，长三角科技创新共同体、G60科创走廊率先突破……长江流域正成为中国科技创新版图中举足轻重的策源地。

科技创造美好，创新引领未来。长江曾经见证着，也将继续见证着一个又一个科技创新奇迹在这里诞生，在这里闪耀。

中国科学院量子信息与量子科技创新研究院

善治国者必先治水

水，乃万物之源、国之血脉。善治国者，必先治水。中华民族5000多年的文明史，就是一部与水相亲、与水相搏的历史。历朝历代，无论乱世争霸，还是盛世统一，皆视水利为国之基石，以治水之道稳固江山，润泽民心。

万里长江，浩浩荡荡，既有天地之大美，也生无情之灾害。中华人民共和国成立后，治水步入新的历程，从荆江分洪的壮举到三峡大坝的建成，从南水北调的宏伟蓝图到引江济淮的巧妙构思，从淠史杭工程的智慧布局到长江大保护的高瞻远瞩，每一步都关系着江河安澜、国泰民安。

长江抗洪：怒涛里的时代壮歌

长江肆虐泛滥之时，摇身一变，化为怒吼的巨龙，波涛汹涌，势不可当，吞噬两岸人民的生命，破坏他们的家园。

1931 年，长江大洪水期间武汉受灾景象

有学者考证，长江流域在唐代每 20 年左右才发生一次水灾，宋元两代为 10 年左右一次，20 世纪上半叶则增加到每 6 年左右一次。而最近 50 年发生水灾的频率又加快一倍，平均 2—3 年就有一次，有时甚至连续几年肆虐。

长江流域一度成为全国洪涝灾害最为严重的区域。仅清末以来，就先后发生 1905 年长江上游洪水、1917 年岷江洪水、1926 年湖南洪水、1931 年特大洪水、1935 年长江与黄河同时暴发大水灾、1949 年长江中下游洪涝，等等。其中，1931 年特大洪水是中国近代史上最严重的灾害之一，受灾人口达 2500 万，直接和间接死亡总人数逾 200 万。

1952 年，荆江分洪工程建设者庆贺提前完成任务

为政之要，其枢在水。中华人民共和国成立后，党中央、国务院相继决定开展对淮河、海河、黄河、长江等大江大河的治理。“万里长江，险在荆江。”1952 年，

毛泽东等领导极具远见卓识，决定启动荆江分洪工程建设，因势利导，变堵为疏，分流荆江上游的超量洪水。30万建设者从全国各地汇聚在荆江之畔，与时间赛跑，与洪水争锋，仅用75个日夜就创造了一个令世界瞩目的奇迹——荆江分洪工程。

这是中华人民共和国成立后的第一个大型水利工程。荆江分洪工程不仅卸下了洞庭湖沉重的负担，更平息了荆江的波涛，抚慰了荆江大堤的创伤，使得江汉平原、武汉三镇免受威胁。其建成以来，只在1954年启用过一次，1998年备用过一次。每一次启动或备用，都是对勇气和决心的考验，都是对自然力量的尊重与应对。

1998年夏，长江流域出现了罕见的持续强降雨，再次发生仅次于1931年和1954年的滔天洪水，受灾人口达2.23亿。

危难时刻，30余万人民解放军和武警官兵挺身而出，与当地群众一起，以血肉之躯筑起冲不垮的“铜墙铁壁”。武汉市江汉区龙王庙闸口的黄义成、唐仁清、李建强等16名共产党员，在一块白底红字的木制“生死牌”上写下了“誓与大堤共存亡”的誓言；1998年8月1日，嘉鱼县簰洲湾堤段民垸决口，生死关头，空军某高炮团一连指导员高建成脱下救生衣给了不会水的新兵，自己跳下水去救一对60多岁的老夫妻，结果被巨浪冲走，不幸牺牲……

“你是谁，为了谁”，在这一刻，有了最响亮的回答，有了最生动的诠释。至今，伟大的抗洪精神仍如筑在长江大堤上的一座座丰碑，持续激励着后人，无论遇到什么艰难险阻，都众志成城，一往无前。

三峡工程：百年圆梦的国之重器

兴建三峡工程，是中华民族的百年梦想。

1919年，孙中山首次提出在长江三峡修建大坝的构想："以水闸堰其水，使舟得溯流以行，而又可资其水力。"其后人也多次跃跃欲试，并一度邀请享誉世界的水坝专家、美国总工程师萨凡奇来华勘测三峡坝区，继续推动建坝计划，终因时局动荡、国库虚空而搁浅。

历史的车轮滚滚向前，以为中国人民谋幸福、为中华民族谋复兴为初心使命的中国共产党，在中华人民共和国成立初期即开启了为实现中国人民新的长江兴水梦而奋斗的历程。荆江分洪工程建成之后，系统全面地治理长江成为毛泽东关注的重中之重。1953年，他在视察长江时，伸手指向《长江流域水利资源综合利用规划草图》上的三峡口，问长江水利委员会主任林一山："为什么不在这个总口子上卡起来，毕其功于一役？就先修那个三峡水库怎么样？"1956年，毛泽东畅游长江后，再次以诗人的浪漫情怀勾画了修建三峡大坝的宏伟构想："更立西江石壁，截断巫山云雨，高峡出平湖。"上马三峡工程的呼声日高。

1958年3月，中共中央成都会议通过了《中共中央关于三峡水利枢纽和长江流域规划的意见》，但出于种种考虑，没有立刻将三峡工程付诸实施。其后，中央决定先上马葛洲坝工程，为兴建三峡工程做准备。

修建三峡工程的梦想，未曾有过动摇。改革开放后，国力日益增强，三峡工程进入"快车道"。1986年至1989年，国务院组织412位专家对三峡工程进行全面论证，最终得出结论：建设三峡工程技术上是可行的，经济上是合理的。

三峡泄洪

1992年4月3日，七届全国人大五次会议通过《关于兴建长江三峡工程的决议》。至此，距离孙中山最初提出这一构想已经过去73年的时光，距离毛泽东提出修建三峡水库的动议也已经过去39年的时光。

1994年12月14日，万众瞩目的三峡工程正式开工建设。工程的主要建筑物包括三大部分：三峡大坝、三峡水电站、双线五级连续梯级船闸和垂直升船机。

这是一座中国人从未攀登过的水电高峰。三峡工程是迄今为止世界上规模最大的水利枢纽工程和综合效益最广泛的水电工程，同样也是世界上施工难度最大的水利工程。在8年施工过程中，三峡建设者自主创新、攻坚克难，先后攻下大江截流和二期深水围堰、混凝土高强度施工、大体积混凝土温控等六大工程技术难题。

百年梦想，终成现实。1997年11月8日，大江截流成功；2003年6月10日，三峡工程如期实现蓄水135米、船闸试通航、首批机组发电的三大目标，进入初期运行；2006年5月20日，三峡大坝全线达到海拔185米设计高程；2010年10月26日，三

三峡大坝全貌

峡水库首次达到初步设计的 175 米正常蓄水位。

从此，巍巍大坝如同镇守长江的雄关，一把“揽住”上游汹涌而下的狂暴洪水，将其纳入自己博大的胸怀中安抚为一面舒展平静的湖泊，为中下游地区带来安全感的同时，也打造出我国最大的淡水资源储备库和生态环境调节器。

从此，巫山云雨在巨无霸般的水轮机组的转动下，化为充沛的清洁电能，被源源不断地送到缺电地区，点亮了万家灯火，为人们的生活增添活力；兴旺了百业千城，为经济发展注入动力。

从此，响彻峡江的纤夫号子，被船队悠悠的汽笛声取代，“自古川江不夜航”的历史宣告结束，万吨级船队可由上海直达重庆，长江成为名副其实的“黄金水道”。

2020 年 11 月 1 日，水利部、国家发展改革委公布，三峡工程完成整体竣工验收全部程序。至此，“截断巫山云雨”的三峡工程建设画上了一个圆满句号。

如今，岿然矗立在西陵峡口的三峡工程，正全面发挥集防洪、发电、航运、补水、生态保护等功能于一体的巨大综合效益，成为长江流域最醒目的新地标，向世人娓娓讲述着中华民族日益走向繁荣强盛的追梦故事。

南水北调：碧波北上，泽被万家

伟大的时代，诞生伟大的构想。

1952 年 10 月，毛泽东踏上了黄河之畔，凝望着这条中华民族的母亲河，提出了一个伟大的构想："南方水多，北方水少，如有可能，借点水来也是可以的。"

翌年 2 月，春寒料峭，毛泽东再次聚焦水利大计，在"长江号"军舰上，与长江水利委员会主任林一山深入讨论南水北调的伟大蓝图。他眼睛扫过桌上的地图，定格在汉水与丹江的交汇处。他认为，从这里向北方引水可能是最有利的。从那一刻起，长江水利委员会肩负起了新的战略使命，开始论证、规划在丹江口建设水利枢纽，为南水北调工程描绘出第一张蓝图。

1958 年 3 月 25 日，中央政治局成都会议审议批准兴建丹江口水利枢纽工程，并将其纳入国民经济第二个五年计划。9 月 1 日，丹江口水利枢纽工程正式破土动工。湖北、河南、安徽三省 10 万民工满怀着"向北方供水"的美好憧憬，开始了一场战天斗地的壮举。1974 年，丹江口水利枢纽工程全面建成，成为中华人民共和国水利建设史上第一个大型综合利用水利工程。

丹江口水利枢纽工程的主要功能是防洪，从这里往北方引水是伟人的梦想，也是无数人的期待。然而，从最初启动建设到最终成为南水北调工程中的关键环节，这一段路走了 50 年。

南水北调工程是在21世纪初被重新提上日程的。2002年，随着《南水北调工程总体规划》诞生，一幅宏伟蓝图徐徐展开。12月27日，南水北调工程的号角正式吹响，开启了中国水利史上的崭新篇章。根据规划，东、中、西三条线路宛如三条巨龙，从南到北，跨越千山万水，将南方的丰盈之水引向北方的干涸之地。

中线的起点就在湖北省十堰市的丹江口。2005年，丹江口大坝加高工程启动建设，目标是将丹江口大坝高程由162米加高到176.6米，设计蓄水位由157米提高到170米，库容由174.5亿立方米提高到290.5亿立方米。2014年12月12日，南水北调中线一期工程正式通水后，从丹江口流出的一渠碧水，一路北上，汩汩流入郑州、石家庄、天津、北京等沿线20多座大中城市，让8500多万北方居民喝上了甘甜的南方之水。

南水北调东线源头——江都水利枢纽

东线则从位于长江下游的江苏省扬州市江都区启程，在此地引出长江之水，然后沿着古老的京杭大运河及其平行的河道，逐级提水北送。出东平湖后，水流分两路继续它的北上之旅：一路向北，勇敢地穿过黄河，将清泉送达山东北部；一路向东，抵达胶东半岛，滋润着那片充满生机的土地。调水主干线全长 1467 千米，是一条名副其实的跨越山河、连接南北的生命线。2013 年 11 月 15 日，南水北调东线一期工程迎来历史性时刻，正式通水运行。

有数据显示，自 2014 年 12 月南水北调东、中线一期工程建成通水以来，已累计调水 765 亿立方米，为沿线 40 多座大中城市、1.85 亿人提供稳定水源，幸福了千家万户。

南水北调，这项被誉为“人类有史以来最大规模的调水工程”，重塑中国的水资源格局，正在书写前无古人的历史。

引江济淮：长江与淮河的千年牵手之望

传说，曹操在亲率大军南征时，命令手下大将在合肥修筑“新城”，同时，试图劈开将军岭，开挖、疏浚沟通淮河、淝水的人工运河，使淮河之水能够与长江相贯通。然而，开挖过程中出现了一件令人百思不得其解的怪事，大军“日挖一丈”，运河“夜长八尺”，白天挖出的土，夜间会自然回填，“周而复始，河道难成”。

沟通江淮的梦想，终于在中华人民共和国成立之后实现了。

最初讨论南水北调工程时，曾有一个方案是分别从长江的下、中、上游引水。其中，巢湖提水线是从长江下游裕溪口引水入巢湖，越巢淮分水岭入瓦埠湖至淮河，沿沙颍河上溯至河南周口。只不过，由于历史原因，这一方案曾一度搁浅。

安徽北方缺水的问题始终未能缓解，尤其是亳州，亳州属于极度缺水城市，城市生产生活用水全都要依靠地下水。引江济淮的倡议，屡屡被提及。

进入新时代，引江济淮工程的脚步明显加快：2014 年 5 月，引江济淮工程被国务院纳入 172 项重大水利工程计划中；2015 年 3 月，国务院批复项目建议书；2016 年 12 月 29 日，引江济淮工程建设动员大会在肥西县派河口泵站枢纽建设工地举行。长江与淮河的千年牵手之望，终于有了跨越性的突破。

按照规划，引江济淮工程从长江干流经枞阳引江枢纽、凤凰颈引江枢纽双线引江水，分别由菜巢线和西兆河线入巢湖，从白山节制枢纽接菜巢线引江水和巢湖水，经小合分线由派河口泵站枢纽、蜀山泵站枢纽提水，穿江淮分水岭至瓦埠湖入淮河。自南向北，引江济淮工程划分为引江济巢、江淮沟通、江水北送三大段落，供水范围涉及河南、安徽两省 15 个市 55 个县（市、区），输水线路总长 723 千米，受益范围 7.06 万平方千米，惠及皖北、豫东 5000 多万人口。

引江水入淮河，最难之处在于要让“水往高处流”。全线沿途经过八大枢纽，有“水流开关”节制闸，有调节航道水位的船闸，有能让水“坐电梯”升到指定高度的泵站。据统计，引江济淮工程建设规模宏大，创造多个“亚洲之最”“世界之最”，涉及新建或改建跨河桥梁 145 座，包括特大桥和铁路桥，被誉为“桥梁博物馆”。

2 万多名建设者历经 6 年奋战，终于在 2022 年 12 月 30 日见证了引江济淮工程试通水通航，实现了长江与淮河的历史性牵手。这两条在江淮大地上并驾齐驱的河流，汇合在一起，向着明天，向着幸福，一路奔腾。

淠史杭工程：人间天河，治水史诗

江淮大地上，淠史杭工程犹如一道绿色的血脉，横跨长江、淮河两大流域，为千里沃野输送着营养。

“洼地洪水滚滚流，岗上滴水贵如油。一方盼水水不来，一方恨水水不走。”江淮分水岭，一条自然的界线，绵延于秦岭、大别山的余脉，隔开了长江与淮河两大流域。这里丘陵起伏，岗冲交错，河洼遍布。自然赋予这片土地独特的风貌，却也带来旱涝交替的严峻考验，无雨则旱，有雨则涝。史料记载，中华人民共和国成立前的500年间，平均2—3年就有一次水旱之灾，且旱重于涝。江淮丘陵地带的皖西、皖中地区更是长期承受着旱涝灾害的肆虐，如民谣所言，“命水不见面，废水冲破田”。

1950年夏，淮河流域洪水再次泛滥，4000多万亩农田遭受重创，1300多万人民受灾。在灾难面前，毛泽东号召“一定要把淮河修好”，激励着江淮儿女积极投身于治淮工程，决心在大别山区拦蓄洪水，保卫家园。1952年1月，中华人民共和国第一座连拱坝结构的大型水库、亚洲第一座钢筋混凝土连拱坝——佛子岭水库破土动工，标志着大规模治淮工程的全面启动。而后，佛子岭、梅山、响洪甸、磨子潭等大型水库陆续建成，蓄水防洪初见成效，为江淮地区带来了希望的曙光。

然而，江淮丘陵地带依然面临着严重的缺水问题。如何变害为利、引水疏渠？于是，一个更大、更加富有想象力的系统工程——淠史杭工程，开始在人们心中酝酿：沟通淮河流域流经本地的淠河、史河、杭埠河三大河流，利用大别山水库的水源，开挖人工渠道，灌溉江淮之间安徽、河南的千万亩良田。

1958年，皖西再遇特大旱灾，建设大型灌区迫在眉睫。以防洪、灌溉为主的特大型综合利用水利工程——淠史杭灌区工程从梦想走向现实。8 月 19 日，时任淠史杭工程总指挥的赵子厚在横排头工地开挖第一锹土，从此开启了一段波澜壮阔的建设历程。

淠史杭工程难度之大，超乎想象，如干渠需 4 次穿过江淮分水岭，土石方量剧增；低地需人工加高河道，山岗需劈开山岭，让渠道穿山而过；等等。“明知山有虎，偏向虎山行。”面对重重困难，建设者们愈战愈勇，以愚公移山般的斗志，发挥出无穷的智慧和创造力，没有水泥自己做，没有炸药自己造，凭借勤劳的双手，硬是在群山峻岭之间挖出一条“人间天河”来。

人工开挖的淠河总干渠

1972 年，淠史杭骨干工程及分干渠以上渠道基本建成通水，结束了皖西、皖中等江淮丘陵地区滴水贵如油的苦难历史，使这一地区成为中华人民共和国成立后兴建的全国最大灌区，被誉为“中国水利建设史上的史诗”。

如今的淠史杭灌区每年灌溉千万亩农田，惠及皖豫两省的 4 市 17 个县区 2000 万人口，昔日“十年九旱”的江淮分水岭地区成了“年产百亿斤粮”的大粮仓。

60 多年过去，淠史杭灌区风采依旧，宛如一座矗立在江淮丘陵之上的丰碑，见证着人间的奇迹，吟诵着奋斗的史诗。

共护江流万里清

“共抓大保护，不搞大开发。”2016年1月，推动长江经济带发展座谈会在重庆召开，拉开了从水域之治转向生态之治的序幕。

千万年来，长江滋养着源远流长的中华文明，哺育着勤劳勇敢的中华儿女。然而，在经济社会发展进程中，长江“病”了。洞庭湖、鄱阳湖频频干旱见底，近30%的湖库处于富营养化状态，500多千米长的污染带侵蚀着干流，白鱀豚和长江鲥鱼被宣布野外功能性灭绝，白鲟被宣布灭绝……曾经生机勃勃、活力无限的长江，一度失去了耀眼的光彩。

“绝不容许长江生态环境在我们这一代人手上继续恶化下去，一定要给子孙后代留下一条清洁美丽的万里长江！”以习近平同志为核心的党中央高度重视长江流域的发展，为长江经济带发展谋篇布局、把脉定向，提出具体的诊断药方：“让母亲河永葆生机活力。”

为长江立法："天人合一"的当代回响

"道法自然。"中华民族历来尊重自然、热爱自然。长江文明，正是"天人合一"理念的生动诠释。

在漫长的历史长河中，长江与沿岸人民相依相存，共同书写了一部人与自然和谐相处的壮丽诗篇。早在新石器时代，长江流域的许多史前聚落便依山傍水而建，体现出先民既能与自然和谐共生，又能巧妙利用自然资源的智慧。战国时期，太守李冰率众修建的都江堰水利工程，创造了人与自然和谐共生的生态文明实践，生动谱写了中国智慧和生态哲学的世界奇迹。

然而，历史的进程并非总是一帆风顺。唐宋以后，随着长江中下游地区的大规模开发，经济快速发展，新兴城市如雨后春笋般涌现，人口急剧增长，给生态环境带来了前所未有的压力。人口、资源与环境的矛盾，愈演愈烈。明清乃至近代，长江流域自然灾害频发，洪水肆虐，很大程度上是由于过度开发导致的自然生态系统失衡。历史的教训告诫我们，发展必须建立在尊重自然、顺应自然的基础上，否则必将付出沉重的代价。

长江经济带要发展，必须坚持生态优先："从长远来看，推动长江经济带高质量发展，根本上依赖于长江流域高质量的生态环境。要毫不动摇坚持共抓大保护、不搞大开发，在高水平保护上下更大功夫。"

2018 年 4 月，习近平总书记再启长江之行，一路望闻问切，进一步开出药方："治好长江之病还是用老中医的办法，追根溯源、分类施策。开展生态大普查，系统梳理隐患和风险，对母亲河做一个大体检。祛风驱寒、舒筋活血、通络经脉，既治已病，也治未病，让母亲河永葆生机活力。"

《中华人民共和国长江保护法》是习近平总书记亲自确定的重大立法任务，更是他为长江母亲河开出的一剂永葆生机活力的良方。这是我国第一部流域法律，于2021年3月1日起正式施行。

《中华人民共和国长江保护法》的首要定位，就是一部生态环境的保护法，坚持生态优先、绿色发展的战略定位，把保护和修复长江流域生态环境放在压倒性位置，划清“红线”，压实“底线”，守护好“绿线”，依法推动长江流域走出一条生态优先、绿色发展之路。

“共抓大保护、不搞大开发”被作为一项基本原则写入法律。这无疑是中华优秀传统文化中“天人合一”生态理念的一次铿锵回响。依法维护长江流域生态安全，推进长江流域绿色、可持续、高质量发展，事关国家经济社会发展的全局，事关中华民族和子孙后代的长远利益，意义重大，影响深远。

十年禁渔：生命长江的生态答卷

一条生机勃勃的长江，不仅要有清澈的水、葱茏的岸，还应该有活泼的鱼、微笑的江豚。

物华天宝，大江厚馈。长江流域得天独厚的自然地理条件，造就了时空差异显著、生物种类极其丰富的流域生态系统，它是我国珍稀水生生物的天然宝库，也是地球上极其重要的淡水水生生物基因库。据不完全统计，长江拥有水生生物4300多种，鱼类370多种，其中142种为长江所特有，鱼类种数约占我国772种淡水鱼总数的48%，素有“中国天然鱼仓”的美誉。

长江是世界上水生生物最为丰富的河流之一，也是我国珍稀濒危水生生物集中分布区。这里生活的国家级水生保护动物超过20种，

芜湖江景

分布有中华鲟、白鲟(灭绝)、达氏鲟、胭脂鱼、白鱀豚(功能性灭绝)、江豚等珍稀濒危物种。目前设有1个长江上游珍稀特有鱼类国家级自然保护区，以及50余个国家水产种质资源保护区。

近半个世纪以来，由于围湖造田、过度捕捞、工业水污染等，长江渔业资源急剧减少。有数据显示，长江渔业资源总量在1954年达到最高峰，为45万吨，此后逐年下降，到长江禁渔之前只有不到10万吨。长江生物完整性指数一度到了最差的“无鱼”等级。换而言之，渔民采用传统捕捞的方式、工具，已经捕不到鱼了。鱼类资源的衰退，标志着整个长江水生生物系统和生态环境的退化。

为全局计，为子孙谋。从2021年1月1日0时起，一场为了“生命长江”永葆青春、永续发展的“长跑”正式启幕——长江干流、大型通江湖泊和重要支流（“一江两湖七河”）等重点水域实行为期10年的禁渔，常年禁止天然渔业资源的生产性捕捞。

长江十年禁渔是党中央从中华民族长远利益出发作出的重大决策，是扭转长江生态环境恶化趋势的关键之举，也是迈出长江大保护的重要一步。习近平总书记在江苏南通考察调研时指出："长江'十年禁渔'是一个战略性举措，主要还是为了恢复长江的生态。10 年后我们再看效果。"

其实不到 10 年的时间，初期成效已经显现。农业农村部发布的信息显示，2023 年长江干流、洞庭湖、鄱阳湖水生生物完整性指数评价等级相较于禁渔前提升了 2 个等级，重要支流中，赤水河继续为"良"，岷江提升 1 个等级。2023 年长江流域监测到土著鱼类 227 种，比 2022 年增加 34 种；国家重点保护水生野生动物 14 种，比 2022 年增加 3 种。

如今，在荆州、岳阳、武汉、黄石、九江、铜陵、芜湖、镇江、南京等各个江段，一度难觅踪迹的江豚频频现身，出没于江涛里。2022 年，长江江豚的数量达到了 1249 头，比 2017 年普查时增加了 237 头，实现历史性的止跌回升。"水中大熊猫"面带微笑、憨态可掬的形象，萌化了人心，也印证着长江水生物保护带来的变化。

鱼群出没江波里本应是寻常风景。十年禁渔让人、水、鱼和

长江江豚

谐共生，是一张需要久久为功、合力攻坚的生态答卷，远没有到敲锣打鼓庆祝胜利的时候，还是那句话："10年后我们再看效果。"

水生态修复："绿色交响曲"澎湃作响

长江，并不仅仅是一条地理空间上的江河，更是人类文明的发源地、经济的金纽带、生态的屏障区。人类与长江，唯有共生共存，才能行稳致远，奔向更远的远方。

党的十八大以来，党中央高度重视长江生态环境保护，坚持"生态优先、绿色发展"战略定位，"共抓大保护、不搞大开发"，从生态系统整体性和长江流域系统性出发，统筹推进长江河湖生态环境复苏重点工作，推进山水林田湖草沙一体化保护和系统治理。一系列生态修复工程如雨后春笋般涌现，让长江流域的生态环境发生了历史性、转折性的变化。

四川宜宾，正积极推进长江、岷江、金沙江的生态保护廊道建设。这个全长192千米的长江生态综合治理项目，累计完成76亿元的投资。通过这些年的努力，已经建成约82千米的生态廊道，以及15个亲水节点、休闲驿站和公园，同时新增了约300公顷的沿江绿地。在三江六岸，如今可以看到花草丛生、鸥鸟翩跹的景象，生态治理的成果为当地居民带来实实在在的福祉。

在武汉东湖，一片由金鱼藻、狐尾藻、苦草等沉水植物交织而成的"水下森林"奇观，近年来悄然走红，成为与黄鹤楼齐名的武汉新地标，吸引着无数游客与市民驻足观赏。2020年4月起，面对水生态环境持续恶化的挑战，武汉市毅然启动东湖水生态修复工程，通过清理水体垃圾、设置分区围隔、种植沉水植物、投放水生动物等措施，重新构建以沉水植物为核心的水生态系统。2.6万平方米的水域被精心规划，46万丛沉水植物被科学种植，水质显著提升，一池碧水格外清澈。

在安徽马鞍山，薛家洼曾经是一个生态痛点，散乱分布着各种非法小码头、“散乱污”企业，还有畜禽养殖场、危旧民居和大量渔民作业船、住家船，环境问题突出。从2019年起，马鞍山市启动长江东岸环境问题综合整治，以薛家洼为突破点，一体推动长江两岸79千米岸线综合整治和生态修复，拆除长江干支流非法码头，整治“散乱污”企业，修复岸堤，植树复绿，清理固体废物，建成江边生态园，实现了从“滨江不见江”到“城市生态客厅”的惊艳蝶变。

长江大保护，碧水向东流，并非一朝一夕之功。污水直排，曾是长江母亲河的切肤之痛。为了彻底斩断破坏长江水质的污染

武汉东湖

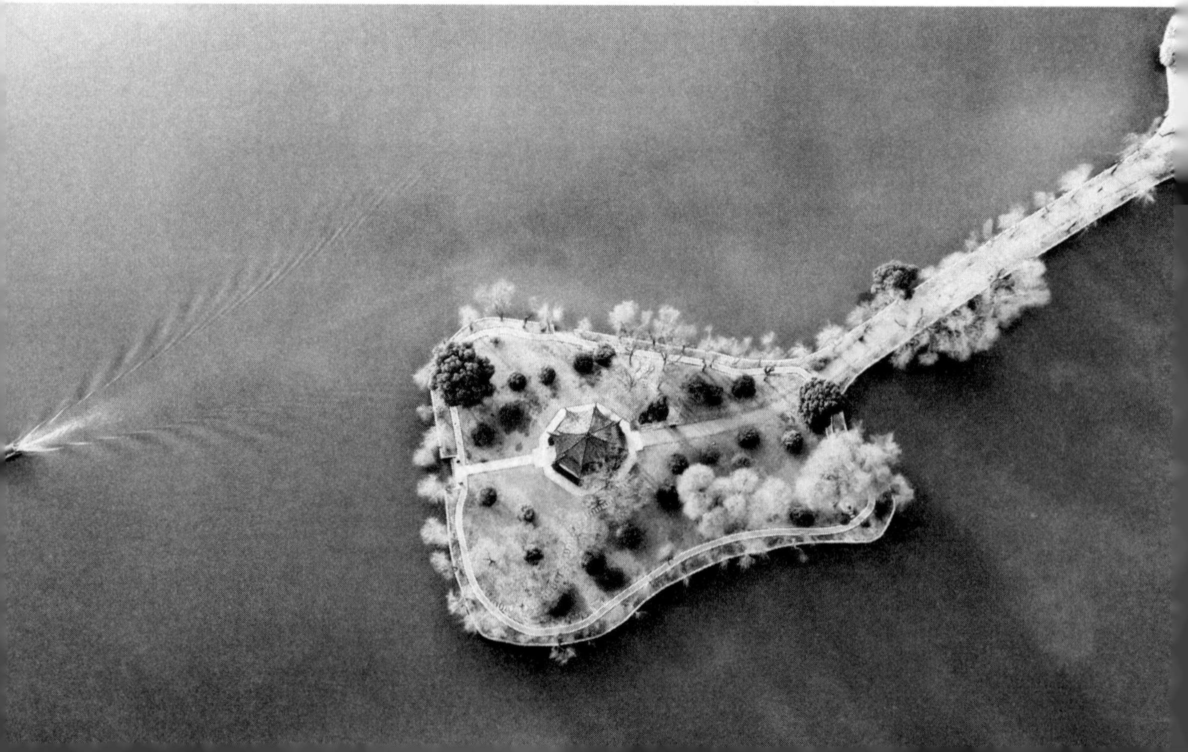

源，2017 年初，国务院推动长江经济带发展领导小组办公室作出部署，开展长江入河排污口专项检查行动，大量违规排放、超标排放的排污口得到了严格整治。

从巴山蜀水到荆楚大地，再到江南水乡，一幅生态复苏、碧水东流的壮丽画卷正徐徐展开。曾经烟囱林立的化工厂得到有效整治，那些灰头土脸的非法小码头已经消失不见，很多江边胜景又回到人们的视线中。长江之畔，武汉黄鹤楼下，观“晴川历历汉阳树，芳草萋萋鹦鹉洲”；上海黄浦江边，望“十八潮头最壮观，观潮第一浦江滩”……

新时代的“绿色交响曲”，正在黄金水道上澎湃作响。

河湖长制：每一条河都有人负责

江河湖海治理，本是极其复杂的系统性工程，要治好大江大河，就得从治好大小河湖抓起。实施河湖长制，无疑是新时代治水进程中的一次制度创新。2016 年 10 月，中央全面深化改革领导小组第二十八次会议审议通过《关于全面推行河长制的意见》，全面建立省、市、县、乡四级河长体系。

“河水流到哪里，哪里就会有人对其负责”，这是推行河长制的初衷。根据要求，各省（自治区、直辖市）设立总河长，由党委或政府主要负责同志担任；各省（自治区、直辖市）行政区域内主要河湖设立河长，由省级负责同志担任；各河湖所在市、县、乡均分级分段设立河长，由同级负责同志担任。在各级河长名单里，有省委书记、省长，也有市长、县长、镇长，还有最基层的村支书、村主任，各司其职，各管其河。这些对河流“负责”的人，就是

巢湖流域十八联圩

从省到市、县、乡、村的各级河长。2017 年底之前，长江流域所有省市都建成了省、市、县（市、区）、乡镇（街道）四级河长制体系，有的地区还延伸到村级，覆盖全部河流。

在此基础上，2017 年底，中共中央办公厅、国务院办公厅又印发《关于在湖泊实施湖长制的指导意见》，要求各省（自治区、直辖市）将本行政区域内所有湖泊纳入全面推行湖长制工作范围，到 2018 年底前全面建立湖长制。至此，河湖长制基本成型。

河湖长制的全面推行，翻开了我国河湖治理全新的篇章。我国内地 31 个省（自治区、直辖市）均由党委政府主要负责同志担任省级总河长，省、市、县、乡、村共设立 5 级河湖长 120 余万名，实现了每条河流都有“一个温暖的名字”，并建立了河湖长动态调整和责任递补机制，地方领导会换人，但河长责任不断档。

长江流域是河湖长制最直接的受益者。根据水利部安排，依

托河湖长制平台，水利部长江水利委员会大力开展河湖库“清四乱”专项行动，强化河湖监管、严格水资源管理、加强水污染防治、推进水生态保护，取得显著成效，河湖面貌发生历史性改变。2017年以来，长江经济带7.12万个“四乱”（乱占、乱采、乱堆、乱建）问题完成整改；河湖生态环境持续复苏，实现85个重点河湖131个控制断面生态流量动态管控全覆盖，丹江口水库水质长期保持Ⅱ类及以上，流域水土流失面积减少5.71万平方千米。

从“治一水”到“治全域”，变成一种共识。2021年12月，水利部正式印发文件，建立长江流域省级河湖长联席会议机制。联席会议由青海、四川、西藏、云南、重庆、湖北、湖南、江西、安徽、江苏、上海、甘肃、陕西、河南、贵州等15省（自治区、直辖市）人民政府和水利部长江水利委员会组成。同题共答、高位推动，推动河湖长制从“有名有实”向“有能有效”转变，加快形成长江流域河湖一体化治理格局。

每一个河流湖泊都有自己的生态，每一位河长、湖长就是河流湖泊生态的总守护人。随着河长制、湖长制的层层推进，沿江各地涉水产业结构调整也在不断加速，沿河、沿湖企业不得不放弃传统落后的生产方式，关停超标排污企业，寻求清洁生产方式，促进循环经济发展。

推行河长制、湖长制，根本上就是治理好老百姓身边的水生态，打造河畅、水清、岸绿、景美、人和的健康、美丽、幸福河湖，让每一条河流、每一个湖泊都有人负责，让每一个生活在江河湖泊之畔的人都能重温少年时的梦想。

生态补偿：合力共护“一江碧水”

跨省流域生态补偿的实践探索，始于新安江。

新安江发源于安徽休宁六股尖，一路东流，穿山越岭，至皖、浙省界街口，注入下游千岛湖、富春江，尔后汇入钱塘江。新安江平均出境水量占下游浙江千岛湖入库水量的68%以上。

一江跨两省，上游水质状况至关重要。2011年2月，习近平同志在全国政协《关于千岛湖水资源保护情况的调研报告》上作出重要批示：“千岛湖是我国极为难得的优质水资源，加强千岛湖水资源保护意义重大，在这个问题上要避免重蹈先污染后治理的覆辙。浙江、安徽两省要着眼大局，从源头控制污染，走互利共赢之路。”一段两地联手“护水”的佳话由此展开。

在国家有关部门“撮合”下，安徽、浙江两省于2012年9月签订生态保护补偿协议，按照“谁受益谁补偿、谁保护谁受偿”

原则，探索试点全国首个跨省流域生态补偿机制——两省各拿出1亿元，考核新安江省界断面水质，若达标，下游给上游钱；若不达标，上游给下游钱；中央财政则直接拿出3亿元支持上游。上下游联动互惠，共同守护“一江碧水”。

经过十多年的努力，三轮跨省流域生态补偿试点均圆满收官，目前已进入第四轮。新安江跨省界断面水质持续稳定在Ⅱ类标准，年均向千岛湖输送近108亿立方米清水，千岛湖水质明显改善。

实践证明，实施生态保护补偿是调动各方积极性、保护好生态环境的重要手段，是生态文明建设的重要抓手。实际上，我国生态保护补偿制度最早可追溯到20世纪90年代，当时以退耕还林还草等重点生态工程实施的补偿为主。2012年，党的十八大报告首次确立“美丽中国”这一生态文明建设的宏伟目标，正式提出建立生态补偿制度。长江流域生态补偿机制逐渐被提上议事日程。

长江流域面积有180多万平方千米，约占全国陆地面积的1/5，拥有全国1/3水资源和3/5水能资源储备总量，森林覆盖率达41.3%，河湖湿地面积约占全国的20%，国家级水产种质资源保护区占全国的51%，淡水鱼类占全国的33%，珍稀濒危植物占全国的39.7%，构成我国生态文明建设的“绿色脊梁”。但长江流域横跨我国东、中、西三大区域，覆盖11个省市，各区域经济发展差异明显，生态资源分布不均，上、中、下游生态联动效应强，“一着不慎，满盘皆输”，实施跨地区生态补偿，迫在眉睫。

长江大保护，离不开政策、资金等层面的鼎力支持。2018年2月，财政部等四部门联合印发《中央财政促进长江经济带生态保护修复奖励政策实施方案》，累计安排奖补资金180亿元，支持长江经济带省市加强长江生态保护修复，建立省际省内流域横向

新安江跨流域生态补偿

生态保护补偿机制。同年12月，生态环境部、国家发展改革委发布《长江保护修复攻坚战行动计划》，明确要求健全长江流域生态补偿机制，深入实施长江经济带生态保护修复奖励政策，推进沿江11省市实施市场化、多元化的横向生态补偿。

共饮一江水，同护一江清。政策推动之下，长江经济带11个省市先后建立省内流域生态保护补偿机制。在此基础上，多个省份还探索建立跨省际的流域横向生态保护补偿机制，如皖赣、鄂赣、苏皖等，相互之间签订协议，设立横向生态保护补偿资金，以生态优先、绿色发展理念为引领，合力而为，全域共治，让长江母亲河永葆生机活力。

同塑黄金经济带

长江，既是一条文化的江，也是一条经济的江。独特的地理优势、资源优势，成就了长江经济带的迅速崛起。

自古以来，长江流域农商经济兴盛，一度形成“国家根本，仰给东南”的丰饶局面，且历经千年而不衰。到如今，依托长江而形成的长江经济带，成为中国经济最有活力、最具潜力的黄金经济带。

悠悠长江，绵延万里，横贯神州大地，舞动经济奇迹，激荡起高质量发展的时代浪潮，引领着中华民族伟大复兴的新征程。

涌动的长江经济带

人类因水而兴。从沿海起步先行、溯内河向纵深腹地梯度发展，是发达国家现代化进程的共同经历。长江流域庞大而旺盛的水系，涤荡出了一条照亮古今、富有活力的经济带。近年来，推动长江经济带发展战略应运而兴，成为国家发展的重要战略之一。

100 多年前，中国近代民主革命的先行者孙中山提出了推进长江流域经济发展的构想。1919 年，他在《实业计划》中提出，扬子江流域拥有大量的人口和丰富的自然资源，具有重要的发展前景，可以上海为龙头的沿海及长江流域为主干，通过四通八达的铁路网、纵横交错的运河系统和便捷短途的公路运输线，多方带动和促进内陆及更广大地区的经济振兴。这也被认为是关于长江流域经济带建设的初步设想。然而，由于当时国内局势未稳，这一计划并未得到实施。

中华人民共和国成立后，长江流域的建设和开发工作备受重视。中国人民政治协商会议第一届全体会议便通过了建造武汉长

长江经济带工业区夜景

江大桥的议案，川藏公路、成渝铁路等一批重大项目先后上马。进入 20 世纪 80 年代后，改革开放大潮渐起，孙尚清、马洪、陆大道等经济学家纷纷将目光投向长江流域，认定以长江为纽带能拉动经济发展：孙尚清提出“建设长江产业密集带”；马洪提出“一线一轴”战略构想，“一线”即指“沿海一线”，“一轴”即指“长江发展轴”；陆大道则提出沿海轴线与沿江轴线组成的“T”字型区域发展战略，主张海岸经济带和长江经济带两个一级重点经济带形成“T”字型，并在长江三角洲交汇，长江经济带将成渝地区、武汉地区与海岸经济带联系起来。这一构想被国家、省市有关部门多次写入国土规划文件之中。

蓝图逐渐走向实践探索，始于 20 世纪 90 年代。1992 年 6 月，国务院召开长江三角洲及长江沿江地区经济规划座谈会，提出发展“长江三角洲及长江沿江地区经济”的战略构想，开始谋划通过上海的辐射带动作用，“带动长江三角洲和整个长江流域地区经济的新飞跃”。1995 年，党的十四届五中全会明确提出，“建设以上海为龙头的长江三角洲及沿江地区经济带”。这意味着长江沿线地区发展问题已进入国家战略决策的视野。

21 世纪后，探索的脚步进一步加快。2005 年，交通部牵头沿江七省二市签订《长江经济带合作协议》，但由于区域行政壁垒等因素羁绊，长江流域的经济发展未能形成“一盘棋”。长江经济带，依旧只是一种美好的构想与期待。

长江经济带的真正机遇，源于党的十八大之后以习近平同志为核心的党中央的高瞻远瞩和精心部署。2013 年 7 月，党中央明确提出，“长江流域要加强合作，充分发挥内河航运作用，发展江海联运，把全流域打造成黄金水道”。自此，长江流域的开发被正式提上国家议事日程。2014 年 3 月，第十二届全国人民代表大会第二次会议上，《政府工作报告》作出部署：“依托黄金水道，建设长江经济带。”长江经济带由此上升为国家战略，开启了快速奔跑的发展新历程。

水灌沃野，船接商肆。滔滔江水流淌着滚滚财富，长江注定要成为引领中国开放发展的重要轴线。2014 年 9 月，国务院印发《关于依托黄金水道推动长江经济带发展的指导意见》，明确了打造长江经济带为“中国经济新支撑带”的战略目标。同年 12 月，长江经济带上升为国家“三大支撑带战略”之一。根据相关部署，长江经济带覆盖上海、江苏、浙江、安徽、江西、湖北、湖南、重庆、四川、云南、贵州等 11 个省（自治区、直辖市），面积约 205.23 万平方千米，占全国的 21.4%，人口和生产总值均超过全国的 40%。

2016 年 9 月，《长江经济带发展规划纲要》正式印发，确立了长江经济带“一轴、两翼、三极、多点”的发展新格局：“一轴”是以长江黄金水道为依托，发挥上海、武汉、重庆的核心作用，推动经济由沿海溯江而上梯度发展；“两翼”分别指沪瑞和沪蓉南北两大运输通道，这是长江经济带的发展基础；“三极”指的是长江三角洲城市群、长江中游城市群和成渝城市群，充分发挥中心城市的辐射作用，打造长江经济带的三大增长极；“多点”是指发挥三大城市群以外地级城市的支撑作用。

长江经济带，在中国经济发展版图中的作用愈来愈重要，角色定位也越来越清晰：“长江经济带横跨东中西，承接南北方，是我国生态优先绿色发展的主战场、畅通国内国际双循环的主动脉、引领经济高质量发展的主力军。”实现长江经济带高质量发展，成为关系国家发展全局的重大战略和行动指南。

一组新鲜出炉的数据，或许能印证长江经济带的“黄金地位”：

2024年上半年，长江经济带11个省（自治区、直辖市）实现地区生产总值28.8万亿元，占全国的比重为47.0%，比2023年上半年提高0.2个百分点。从地区看，江苏、浙江、四川、湖北、湖南、安徽等6省经济总量位居全国前10位。

长江是大自然赐予中华民族的厚馈，为民族复兴和大国崛起注入澎湃动力。在未来的岁月里，长江经济带将继续书写着属于自己的辉煌篇章。

聚能的长江城市群

“我住长江头，君住长江尾。日日思君不见君，共饮长江水。”

太仓港口

宋代李之仪的这一番感慨，如今成为长江流域各城市之间互联互通、协作成群、融合共生的生动写照。城市，因集聚而成群；城市群，又成就城市新的跃升。

“协同发展”是城市群战略的核心关键词。以京津冀城市群、长三角城市群、粤港澳大湾区、成渝城市群、长江中游城市群、中原城市群、关中平原城市群等城市群推动国家重大区域战略融合发展，建立以中心城市引领城市群发展、以城市群带动区域发展新模式，推动区域板块之间融合互动发展。其中，长江三角洲城市群、长江中游城市群以及成渝城市群的带动作用至关重要。

长江三角洲城市群，坐落于长江经济带东端，由上海、南京、杭州、合肥等主要城市构成，是中国最大的城市群。以上海为龙头，

具备发达的经济基础和现代化的城市设施，是中国乃至全球重要的经济、金融和航运中心之一。

长江中游城市群，位于长江经济带中部，聚拢了武汉城市圈、环长株潭城市群、环鄱阳湖城市群等重要经济载体，承东启西、南引北联，是中国内陆经济增长的关键动力之一。

成渝城市群，位于长江经济带西端，以成都、重庆为中心，是西部大开发的重要平台，是西部经济基础最好、经济实力最强的区域之一，有望成为继长三角地区、珠三角地区、京津冀地区之后我国经济增长的“第四极”。

三大城市群作为长江经济带的核心，通过发挥其辐射效应，推动周边地区的经济发展，形成长江经济带的三大增长极，对整体经济增长、区域协调发展及城市间合作产生重要推动作用。

长江港口

根据华东师范大学最新发布的一份“长江经济带城市协同发展能力指数”显示，110 座地级以上城市（含地级市）呈现出橄榄型结构特征，其中上海为龙头，杭州、南京、武汉、重庆、成都、宁波、合肥、长沙、苏州、无锡等紧随其后。各城市之间分工协作，携手共进，构筑起长江经济带上一个有机的整体，“分片”建设城市群，再通过城市群相互对接，大中小结合、东中西联动，在全国率先建立城市群一体化发展模式，形成中国经济新的增长极。

一体化的长江三角洲

长江三角洲最初只是一个自然地理的概念。

这个由长江和钱塘江在入海处冲积而成的三角洲，明清时期便发展出南京、杭州、苏州、松江、扬州、无锡、常州、湖州、上海等重要的商业、手工业中心城市，尔后在具体的经济发展实践中逐渐扩容，成为我国经济发展最活跃、开放程度最高、创新能力最强的区域之一，更成为区域一体化发展的先行者与示范者。

一体化发展是区域协调发展的高级形态。这一条路，长江三角洲走了超过 40 年。

最早的谋划可以追溯至 20 世纪 80 年代。1982 年，国务院决定成立“上海经济区”，以上海为中心，包括江苏的南通市、苏州市、常州市、无锡市，浙江的杭州市、湖州市、嘉兴市、绍兴市、宁波市等10个城市，这是构想中的长三角经济区的雏形。1983年，“国务院上海经济区规划办公室”正式成立，并在随后召开的上海经济区规划工作会议上建立了经济区省、市长联席会议制度，意味着长三角区域的一体化协作发展迈出了带有试探性的一步。安徽省、江西省、福建省亦先后成为经济区成员，欲携手舞动出一天片地。然而，由于种种原因，这一颇具开创意义的尝试因上海经济区规划办公室的撤销戛然而止。

幸而，长三角区域各城市走到一起、协作发展的努力却从未停歇。1992年，上海市、南京市、苏州市、常州市、无锡市、镇江市、扬州市、南通市、杭州市、湖州市、舟山市、嘉兴市、绍兴市、宁波市等14个城市的经济协作办公室达成共识，自发成立长三角14城市协作办主任联席会，并逐步升格为长三角城市经济协调会，再次启动区域经济层面的一体化试验。此后，经过多次“扩容”，台州、合肥、盐城、马鞍山、金华、淮安、衢州、徐州、芜湖、滁州等多座城市先后加盟。至此，长三角“朋友圈”覆盖上海市、江苏省、浙江省全境以及安徽省的合肥、马鞍山、芜湖等5地市。

党的十八大以来，习近平总书记更是站在全局高度精心谋划，为长三角一体化发展按下“快进键”。按照中央部署，2016年5月，国务院常务会议通过《长江三角洲城市群发展规划》，确定长三角城市群由上海、江苏、浙江、安徽3省1市的26个城市组成。作为我国城市群中规模最大、经济总量最大、一体化程度较高的顶级城市群，长三角地区中26个城市之间发展相对平衡，具有一体化发展的良好基础。2018年11月5日，在上海举行的首届中国国际进口博览会开幕式上，习近平总书记郑重宣布，支持长江三角洲区域一体化发展并上升为国家战略。这赋予长三角重大历史使命，为长三角一体化发展注入强大动能。从此，长三角一体化发展同“一带一路”建设、京津冀协同发展、长江经济带发展、粤港澳大湾区建设相互配合，完善中国改革开放空间布局，翻开了长三角一体化发展新篇章。

长江三角洲所囊括的区域范围也在不断扩大。2019 年 12 月 1 日，中共中央、国务院印发《长江三角洲区域一体化发展规划纲要》，把上海市、江苏省、浙江省、安徽省全域作为规划范围，27 个城市为中心区，在更大范围探索建立更加有效的区域一体化发展制度，辐射带动长三角地区高质量发展。2020 年 8 月 20 日，一场由习近平总书记主持召开、以扎实推进长三角一体化发展为主题的座谈会在安徽合肥召开，这是长三角一体化发展上升为国家战略以后，习近平总书记首次就这一重大战略专门召开座谈会进行重要部署。

“一体化”和“高质量”是实施长三角一体化发展战略的两个关键词。不同省市之间的要素流通加速，产业发展形成前所未有的“链动”效应，跨区域合作成为一种常态。很多企业可能总部在上海，研发中心在浙江，生产基地在江苏，甚至在安徽，长三角一体化变得越来越具象。据统计，长三角三省一市经济总量从 2018 年占全国比重的 23.9% 提升到了 2023 年的 24.4%，经济动能呈蓬勃之势；“万亿城市”从 6 个增加到 9 个，占全国比重超 1/3。长江三角洲区域成为世界公认的第六大世界级城市群。

当然，“一体化”不仅仅意味着经济层面的融合协作，更体现在“打破行政壁垒、提高政策协同”的全方位协同层面。民生福祉“同心圆”越画越大。官方最新发布的数据显示，长三角率先在全国试点的跨省异地就医门诊费用直接结算，至 2024 年已累计超 4600 万人次，减少群众垫付超 70 亿元。长三角高铁营业里程已超7600千米，较2018年的4150千米增加超80%，上海、南京、杭州、合肥之间基本实现高频次“1小时交通圈”，沪苏湖、通苏嘉甬等一批项目建设持续推进，跨省出行如“串门”……一体化，不只是简单的加法，而是共赢的乘法，长三角正从“你是你、我是我”，到“你中有我、我中有你”，并加速走向“你就是我、我就是你”。

大江奔流，千帆竞发。长三角的时空距离越拉越近，蓝图越绘越美，成为新时代高质量发展征程中的一面旗帜、一个标杆。

向“新”的产业集群

产业，是驱动长江经济带高质量发展的“牛鼻子”。绿色向“新”，是长江经济带产业链打造的“核心密码”。

曾几何时，长江流域产业布局结构性风险突出，沿江11省市化工产量约占全国46%，重金属重点防范区面积接近全国50%，长江中下游近80%的化学工业园区集中分布在长江干流，生态环境承载几近极限。“共抓大保护、不搞大开发”方略的提出，为长江经济带高质量发展指明了新的方向。

2023年11月27日，《关于进一步推动长江经济带高质量发展若干政策措施的意见》进一步明确，要统筹抓好沿江产业布局和转移，更好联通国内国际两个市场、用好两种资源，提升国内大循环内生动力和可靠性，增强对国际循环的吸引力、推动力。

协同联动，绿色向“新”，成为长江经济带上中下游产业布局的普遍共识。G60科创走廊、合肥中国声谷、武汉中国光谷、成都科学城、重庆科学城、贵阳中国数谷等科技创新产业集群逐渐成型，迸发出高质量发展的强劲动能。

长江流域是区域创新的主要阵地。流域内共有国家级经开区 88 家、国家级高新区 71 家，全国占比均超 40%。早在 2015 年 10 月，上海张江高新区就联手武汉东湖高新区、重庆两江新区、南京高新区、合肥高新区成立了“长江流域园区合作联盟”，加强流域上下游产业园区合作共建。中国四大综合性国家科学中心，有 2 个位于长江流域，分别是上海张江综合性国家科学中心和合肥综合性国家科学中心。

长江流域上中下游地区凭借各自不同的资源优势和产业基础，分工协作，互成一链，激发出高质量发展的充沛潜能。以新能源汽车为例，长三角地区发挥金融、科技、高端制造等优势，为中游地区的装备制造、汽车零部件产业提供技术和资金支持，中游地区为上游地区的资源开发、原材料加工提供装备和零部件，上游地区为中下游地区提供能源和原材料，形成完整的产业协同发展格局。有统计显示，我国六大汽车产业集群中，有 3 个位于长江经济带，占据“半壁江山”。

“绿色发展是高质量发展的底色，新质生产力本身就是绿色生产力。”依托长江这一黄金水道，流域各省市“八仙过海，各显神通”，聚力发展新型平板显示、集成电路、汽车制造、生物医药、新材料产业、节能环保、新能源装备、电子信息、生物医药、航空航天等战略性新兴产业，协同优势渐显，电子信息、装备制造等产业规模占全国比重均超过 50%，集成电路产业规模占全国比重有 60% 以上，形成一批具有国际竞争力的产业集群。

奔腾的江水，牵动着上中下游各省市，积蓄着一路向前的力量，对标以国内大循环为主体、国内国际双循环相互促进的新发展格局，集聚产业优势，向“新”显“绿”，连点成片，串珠成链，合奏出新时代生态优先绿色发展的动人旋律。

世界经济的脊梁

放眼世界版图，长江令人瞩目，自古以来便是地球上一道蜿蜒万里、坚忍不拔的脊梁。

长江不仅是中华文明的摇篮之一，更是中华文明与世界文明交流互鉴的重要通道。长江文明的开放与包容，一如其浩渺无垠的水域。唐宋以降，长江与海上丝绸之路相得益彰，共同描绘了人类经贸往来、文明互鉴的壮丽图景。

在这里，贸易的航船扬帆启航，穿越重洋，将世界的精彩与多元引入这片神奇的土地。在这里，长江以其独有的魅力吸引着世界各地的友人，一起书写人类命运共同体的崭新篇章。

北纬 30° 上的一个奇迹

北纬 30° 是一条充满神奇色彩的“人类文明发生线”，横跨亚洲、非洲和美洲等多个大陆。尼罗河、幼发拉底河、底格里斯河、印度河、长江等世界级大河，多在这条线上入海，孕育出各具魅力的大河文明，串起古埃及、古巴比伦、古印度和中国等四大文明古国。

尼罗河流经非洲的东部和北部，全长6670千米，自南向北流入地中海，是世界上最长的河流。尼罗河孕育了灿烂而独特的古埃及农耕文明，留下了金字塔、莎草纸等无数动人的“文明遗迹”。幼发拉底河与底格里斯河位于西亚地区，通常合称为“两河”，流域总面积约105万平方千米，孕育出的美索不达米亚文明，由苏美尔、阿卡德、巴比伦、亚述等文明组成，影响深远的世界第一部成文法典——《汉谟拉比法典》即诞生于此。印度河源于中国西藏境内冈底斯山冈仁波齐峰的东北部，全长2900千米，流域面积110多万平方千米，是古印度文明的发源地。

这些大河虽然同在北纬30°，但各区域气候条件差异显著，自然资源禀赋也各不相同。整体上看，北纬30°位于赤道与北极之间，自西向东，依次经过热带沙漠气候—地中海气候—热带季风气候—高山气候—亚热带季风气候等气候类型，夏季干燥炎热，冬季温暖湿润，降水集中在冬季。受制于副热带高压，北纬30°附近终年高温少雨，大部地区被荒漠所覆盖，仅有北美洲南部和亚洲部分区域有茂密的丛林。比如，印度次大陆西北部的印度河流域就是炎热干燥的沙漠地带。自印度河流域向西，伊朗高原、两河流域同样干旱少雨。再向西，则为阿拉伯沙漠北部、撒哈拉大沙漠。跨过大西洋之后，则是北美中西部绵延至加利福尼亚州东南的科罗拉大沙漠。

相较而言，位于东亚大陆的长江流域，似乎是北纬30°上的一个奇迹。长江流域地处欧亚大陆东岸的中纬度亚热带季风气候区。长江流域气候在南北方向上存在明显的分布特点。南部地区气温高，降水充沛，夏季多暴雨和台风。北部地区气温较低，降水相对较少，夏季多雷阵雨。受全球气候变化的影响，近年来，长江流域的气候变化趋势明显，夏季降水量增加，全流域年均降水量有 1100 多毫米。这使得长江流域成为北纬 30° 附近不可多得的雨量充沛带。

充沛的雨量，无疑有益于稻作农业的发展。越来越多的考古发现证实，中国长江流域的稻作农业起源的时间，与麦作农业在两河流域起源的时间基本是同步的。早在 1 万多年前，长江流域就凭借其独特的地理位置、优越的自然条件，孕育出了东亚稻作文明。超过 8000 年的水稻遗存中，长江流域已发现近 20 处。

至今，长江流域仍是重要的“天下粮仓”所在地。在中国九大商品粮基地中，长江流域内的成都平原、江汉平原、洞庭湖平原、鄱阳湖平原、江淮地区和太湖平原雄踞六席。

全球经贸往来的“大通道”

长江，如同奔腾不息的巨龙，穿越千山万水，浩荡东流，活力无限，不仅孕育着中华大地上的经济奇迹，还书写着全球贸易史上的动人故事。

长江拥有江海相通、河湖相连的天然优势，这为其融通内陆商品、参与海外经贸往来提供了便捷的条件，成为中国对外交往的纽带和通道。有证据显示，长江流域与恒河流域之间，很早便通过南方丝绸之路这条古老的商道，实现物资的交换、商品的交易与文化的交流。长江流域盛产丝绸，四川是中国早期重要的丝绸原产地，“蜀锦”之名，远扬域外。《史记》中多次提到的“蜀布”，就由四川的商人经云南运至印度等地销售，再转口至中亚、西亚和欧洲地中海地区。

西汉时期，中国相继打通北方的陆上丝绸之路和东部沿海的海上丝绸之路，长江都参与其中，其联通内外的经济贸易功能进一步彰显，成为中国对外开放不可或缺的物资供应纽带和重要环节。长江流域的商品，通过两条重要的商业大通道，远销至中亚、尼罗河流域、多瑙河流域等地，见证着长江文明与世界文明的深度碰撞与交流。

唐宋以后，随着全国经济中心的南移以及海上丝绸之路的进一步发展，长江流域与海外的经济贸易达到了前所未有的繁荣程度。东海航线的开辟，使得长江流域的陶瓷、丝绸等手工业产品能够直接运往日本；而南海航线的延伸，则将长江流域的商品远销至东南亚、南亚及西亚地区。扬州更是成为大运河、长江和海上丝绸之路的交汇处——“国际贸易中转站”。唐代大诗人杜甫诗中有“商胡离别下扬州”之句，“商胡”即指当时聚集在扬州的波斯商人、大食商人等，据称有数千人之多。

元朝鼓励海外贸易，位于长江口南岸刘河入海处的太仓刘家港脱颖而出，“兼市易海番”，迅速从“居民尚不满百”的沿海村落发展为“番汉杂处”的“六国码头”。明永乐年间（1403—1424年），陈伸在《太仓事迹》中记载了刘家港当时的盛况：“官第甲于东南，税家漕户，番商贾客，辐凑而云集；粮艘商舶，高墙大桅，集如林木；琳宫梵宇，朱门大宅，不可胜计，四方谓之天下第一码头。”由刘家港下海，可直抵东洋、南洋、西洋等地。

近代以来，芜湖、九江、汉口等长江内陆港口陆续开埠，上海因拥有整个长江流域而成为区域龙头，迅速替代广州，成为全国的对外贸易中心，进出口贸易值约占全国的50%。洋务运动的兴起，更推动了长江流域军事工业与民用工业的发展和初步近代化的进程，奏响了中国工业文明旋律的序章。外资的涌入、工厂的建立、矿场的开采等，为长江流域的经济发展注入了新的动力，也让中国直接参与国际贸易竞争。

世界上最有价值的河流

长江是中国第一大河、世界第三长河。与尼罗河、亚马孙河相比，长江的长度或水量或许并不显得特别突出，但它是世界上内河航运价值最高的河流之一，对中国乃至全球经济作出了无可替代的贡献。

长江的航运优势得天独厚。长江地处中低纬度区域，没有冰封之虞，且中下游江面宽阔，水流平稳，最窄处也有1100多米宽，便于通航。绵延2800余千米的长江干线航道，与汉江、清江、岷江、嘉陵江、乌江以及洞庭湖、鄱阳湖等支流航道共同组成干支衔接、通江达海的水上货运交通网络。流域内有700多条通航河道，干支流通航里程近8万千米，货运占全国内河货运总量的60%。长江流经中国西南、华中、华东三大城市群——中国人口最密集、经济最发达的区域，沿线分布着众多港口，这些港口不仅是中国对外贸易的重要门户，更是连接内陆与海洋的桥梁。

纵观世界上的其他大江大河，尼罗河一度号称世界上最长的河流，但流经的区域多为非洲大陆经济不发达的地区，航运价值有限。而且，长期以来，尼罗河上下游的埃及和苏丹都在争夺尼罗河的河水，这也导致尼罗河的航运发展受到一些人为的阻碍。亚马孙河已超过尼罗河成为世界第一长河，其年径流量是全世界所有河流之中最大的，具备不可多得的航运潜能，但由于流域大部分属于热带雨林地区，人口稀少，商业也不活跃，货物运输量小。印度的恒河养育了约 7 亿人口，是印度人心目中的母亲河，其航运价值却因含沙量高、浅滩多、季节性强而大打折扣。恒河年输沙 14.51 亿吨，但需要定期疏浚才能保持河流畅通，这无疑羁绊了航运事业的脚步。而且，恒河中下游地区的河道普遍宽于 4000 米，江阔水浅，轮船进入，极易搁浅。2023 年，恒河在印度境内的全年货运量仅 1600 万吨。

“黄金水道”，名副其实。自 2005 年起，长江运输的规模便稳居世界内河第一，承担着沿江经济社会发展所需 80% 以上铁矿石、电煤和外贸货物的运输，每年直接贡献超 1200 亿元，间接贡献 2 万亿元以上。2023 年，长江的货运量在世界上遥遥领先，干流年货运量逾 38 亿吨，干支流货运量合计为 64.5 亿吨，远超苏伊士运河、密西西比河等世界级大河。

进入新时代，长江作为世界级“黄金水道”，它的发展也站在了新的历史起点上。可以预期，伴随着未来的江海联运以及新运河的建设，长江将继续承载着中华民族的希望与梦想，走向更为广阔的世界舞台。

衔接“一带一路”的“合作走廊”

2011 年 3 月 19 日，我国第一列中欧班列“渝新欧”从重庆沙坪坝区团结村中心站缓缓驶出，开往德国杜伊斯堡。

这是中国内陆城市直抵欧洲核心城市的创新之举。“一带一路”建设拉开序幕后，成都、武汉、长沙、合肥、苏州等长江流域城市纷纷开通中欧班列。一条横跨亚欧大陆、途经数个国家的国际物流大通道宣告诞生。

从重庆团结村中心站始发首列中欧班列（渝新欧）至今，十多年过去，中欧班列累计开行突破 10 万列，联通中国境内 125 个城市，通达欧亚 30 多个国家，基本覆盖亚欧大陆全境。从一条线到一张网，从最初运载单一的 IT 产品到如今的智能家电、汽车及配件、光伏产品等上千种产品，累计运送货物超 1100 万标箱，货值超 4200 亿美元，为世界经济发展注入新的强劲动力。

中国的发展离不开世界，世界的繁荣也需要中国。共建“一带一路”有关国家大多属于发展中国家，经济发展诉求强烈，而长江经济带上的很多省市拥有自身独特的资源、产业、交通、资金等优势，完全具备打造成“一带一路”倡议支点的内在动能条件。

中欧班列的开通，泛亚铁路的建设，与长江“黄金水道”和东部沿海港口城市的航运线路相互衔接，相互交织，共同构成中国“两带一路”闭环区域经济发展线路。长江经济带主动融入“一带一路”建设的脚步，越来越稳健。

中欧班列（渝新欧）满载货物驶出站台

作为连接“丝绸之路经济带”和“21 世纪海上丝绸之路”的重要纽带，长江位处我国“T”字型国土开发和布局中的重要轴线之上，拥有广阔的腹地和产业资源，统筹着沿海、沿江、沿边和内陆开放，是中国经济走向世界前沿最具潜力的“黄金经济带”。早在 2014 年，长江流域在“一带一路”建设征程中的定位就得以明确：长江通道是我国国土空间开发最重要的东西轴线，在区域发展总体格局中具有重要战略地位，“加强与丝绸之路经济带、海上丝绸之路的衔接互动，使长江经济带成为横贯东中西、连接南北方的开放合作走廊”。

事实上，自“一带一路”建设启动以来，从上游的成渝地区双城经济圈，到长江中游城市群，再到下游的长三角区域，长江经济带各大城市主动发力，双向奔赴，积极融入共建“一带一路”。作为服务国家“一带一路”建设的桥头堡，“龙头”上海充分发挥海港、空港、数字港等枢纽优势，推进海上、空中和数字丝绸之路建设。上海港连续十余年集装箱吞吐量位居全球第一。“龙腰”武汉打通了一条贯穿东亚—中亚—中东—欧洲的“江海直航、铁海联运”国际物流新通道，万吨级船舶可直达武汉，无缝衔接中欧班列，往来货物“航运向东入海、班列向西入欧”，有机衔接“一带一路”与长江经济带。“龙尾”重庆加快推动形成陆、海、天、网“四位一体”互联互通布局，向东经长江黄金水道出海，向西凭中欧班列辐射欧洲，向南由西部陆海新通道迈向全球。截至 2022 年底，西部陆海新通道海铁联运班列开行 8345 列，实现西部 12 个省份全覆盖，通达全球 113 个国家和地区的 338 个港口。

“一带一路”建设的下一个“黄金十年”已然开启，长江经济带与其携手联弹的交响，还将继续。

引领世界经济的新增长极

在世界经济格局中，长江正焕发出前所未有的活力，构建起一条具有全球影响力的内河经济带，成为拉动中国经济乃至世界经济的重要引擎，兀立在国际竞争与合作的舞台上。

长江经济带的崛起，不仅是中国经济版图上的重大变化，更是全球经济格局中的一抹亮色。2020年，在全面推动长江经济带发展座谈会上，党中央赋予长江经济带“畅通国内国际双循环主动脉”的重要使命，尔后又进一步强调，更好发挥长江经济带横贯东西、承接南北、通江达海的独特优势，更好联通国内国际两个市场、用好两种资源，提升国内大循环内生动力和可靠性，增强对国际循环的吸引力、推动力，为构建新发展格局提供战略支撑。

长江，成为引领世界科技创新的新增长极。长江经济带作为我国科技创新的重要策源地，涌现出高温超导体研究、粒子物理与核物理研究、人工合成生物学研究等一批具有国际影响力的标志

上海

性科技成果。世界知识产权组织最新发布了《2024年全球创新指数（GII）报告》先期报告。报告显示，中国拥有的全球百强科技创新集群连续第二年位居世界第一。其中，位于长江流域的上海—苏州、南京、武汉等集群分别位列全球第五、第九位、第十三位。与往年相比，中国集群的科技产出增速最为迅猛，尤以长江流域的合肥遥遥领先。

长江，成为引领世界绿色发展的新增长极。长江经济带作为生态优先、绿色发展的主战场，肩负着率先实现“碳达峰”“碳中和”的重大使命。目前，全国共有7个碳排放权交易试点地区（北京、天津、上海、重庆、湖北、广东、深圳），长江经济带就占了3个。截至2024年12月，武汉市“中碳登”服务全国碳市场累计成交超过4.5亿吨，规模居全球首位，为全球碳市场助力绿色发展提供了切实可行的“中国方案”。长江流域绿色产业集群持续跃升，电子信息、高端装备、新能源与智能网联汽车、生命健康等产业正加速迈向万亿级。

合肥全超导托卡马克核聚变实验装置

长江，成为引领世界经济复苏的新增长极。当前世界经济增长乏力，经济全球化和多边主义受到阻碍和挑战，导致不确定性进一步上升。中国是世界经济增长的重要引擎和稳定锚，对全球经济增长的贡献率超过 30%，而长江经济带又是引领中国经济高质量发展的主力军，在全球经济复苏进程中的重要性不言而喻。长江经济带发展战略实施以来，全国 26 个年地区生产总值超万亿的城市中，有 14 个城市位于长江经济带；九大国家中心城市中，也有 4 个位于长江经济带。从城市群看，全国七大最为核心的城市群中，长江经济带拥有 3 个。2024 年，长江经济带的外贸进出口总值达到 14.61 万亿元，占全国外贸总值的 45.2%，创下历史新高，更凸显出其在引领世界经济复苏的关键地位和强大活力。

长江，这条从雪山走来的“黄金动脉”，以“奔流到海不复回”的磅礴气势，一路向东，见证并推动着中国的崛起，不断滋养出新的经济增长点和竞争优势，为全球经济复苏和繁荣注入新的动能。

一江文脉贯古今

世界史告诉我们，人类文明起源于河流。

长江文脉，一如长江水脉，历经数千年的积淀，绵延不绝、博大厚重，深深融入中华民族的血脉。

文化兴则国运兴，文化强则民族强。实现中华民族伟大复兴的新征程中，长江必将走向世界舞台，肩负起新的使命。让我们赓续长江悠悠文脉，将历史智慧与现代创意交织融合，共同创造精彩的时代华章。

大江奔流：读懂 5000 多年文明史

长江穿越青藏高原、横断山区、云贵高原、四川盆地，穿过平原，逶迤而行，汇入大海。其独特的地理和生态资源，为人类提供了理想的居所。

安徽繁昌的人字洞遗址是迄今亚欧大陆发现的最古老的人类活动遗址。此外，距今200多万年前的巫山人和建始人、距今170万年左右的元谋人、距今100万年左右的郧县人等无不有力地证实，从长江上游的高山峡谷到下游的丘陵平原，都出现过古人类的身影。那些出土的打制石器，穿越百万年的岁月，悄悄诉说着古代人类与大自然斗争的故事。

百万年前，自然条件恶劣，人类生活极其艰难。抛开地震、

长江万里图卷（局部） 清·王翚

火山和猛兽等不说，地球历史上还多次经历冰川时期，离我们最近的一次是第四纪冰川期，始于约200万年前，1.15万年前完结。与严寒抗争，这是一个无法回避的问题。人类从自然界的雷击、山火中获得火种，学会了用火烧烤猎物，开始制作熟食；学会用火来御寒取暖、驱暗照明，这大大扩展了人类活动的空间，也延长了人类活动的时间。

在长江流域，用火烧制陶器的相关遗址很多。江西万年仙人

洞遗址出土的陶器距今约2万年，这是目前世界上最早的陶容器。湖南道县玉蟾岩遗址出土的陶器距今约1.8万年，广西桂林甑皮岩遗址出土的陶器距今约1.2万年，浙江浦江上山遗址出土的陶器距今约1万年。长江流域的先民在发明陶器的同时，开始驯化动物、栽培水稻、饲养家畜、发展农业，甚至制玉、造船、洞察天文、雕石塑像、刻画记事。

中华文明探源工程首席专家王巍等人认为，文明是人类文化和社会发展的高级阶段。这一阶段在生产力发展的基础上，出现了社会分工和社会分化，形成了阶级、王权和国家。2002年春，国家启动了中华文明探源工程。经过20年的工作，中华文明探源工程提出文明定义和认定进入文明社会的中国方案，为世界文明起源研究作出了原创性贡献。根据恩格斯关于“国家是文明社会的概括”的观点，中华文明探源研究提出进入文明社会的标准：一是生产发展，人口增加，出现城市；二是社会分工，阶层分化，出现阶级；三是出现王权和国家。

良渚文化距今5300—4300年，分布广泛，主要分布在长江下游环太湖地区。良渚文化的代表性遗址是良渚古城遗址，位于浙江省杭州市余杭区，由良渚古城核心区、水利系统、祭坛墓地和外围郊区等部分组成，有着复杂的社会分工、明显的阶层分化。它是人类文明发展史上具有代表性的东亚地区史前大型聚落遗址，被誉为“中华第一城”。

博大丰厚：融入华夏民族血脉

长江流域绵长的水流、宽阔的流域、复杂的地貌，发展出以原始文明、农业文明、工业文明为顺序的文明演进路径，形成了形态多样、体量庞大、内涵丰富的长江文化体系。

古文化遗址包含着丰富的历史、文化和人类学信息，为我们了解古代人类的生产生活方式、文化传统和社会组织提供了重要的线索和证据。我国境内已经发现的古人类化石点有70多处，其中长江流域就占30多处。如果把这30多处古人类化石点串写成一部书，那么它必然是无比神秘、厚重和博大的。

中国是世界上最早发明养蚕缫丝的国家，被称为“东方丝国”，考古成果证实迄今为止生产丝织品的一个源点出现在长江流域。不仅如此，这里还是陶瓷制作、茶叶种植与茶文化的起源地。

从宋代开始，长江流域经济一路向前发展，推动了文化兴盛，也激发了思想创新，培育了历代思想精英，朱熹、陆九渊、黄宗羲、顾炎武、王夫之等学术贤达辈出，使得长江文化开一时风气之先。

位于云南省的长江第一湾

在经济发展的基础上，长江流域的秀美山川、发达的交通网络，造就了自由浪漫的文艺创作与发达的思想创新。诗歌、辞赋、歌舞、戏曲、书画、美食、医学、雕刻、建筑、园林……各类文化形态应有尽有，历经岁月的洗礼，许多作品成为经典，名家不断涌现。就文学艺术而言，宋代诗词在风格、题材、情调等方面均带着深刻的长江文化印记，《全宋词》收录了1300多位词人的作品，《宋诗钞》收录有100余位诗人的作品，他们大多数来自长江流域。以长江流域胜迹为抒写对象的《岳阳楼记》《醉翁亭记》《赤壁赋》等千古名篇，是文学史上的瑰宝。

长江流域有得天独厚的地理条件，但也时常出现各种自然灾害。楚国的筚路蓝缕，吴国的北进西突、东拓南征和越国的发愤图强，都体现了人们锐意进取、自强不息的精神。

近代以来，意在改造社会的思想与实践在长江流域蓬勃发展。汲取西学，融会创新，工业、商贸、教育、科学、文学等引一时潮流。洋务运动、维新变法、辛亥革命，以及早期马克思主义传播、中国共产党创建等，都是沿着长江逐步深入中国腹地，进而影响国家变革的历史进程，无数仁人志士和革命先烈为民族复兴前赴后继，写下了精彩篇章。

穿越时空，回眸历史。我们发现无论是人类的起源、中华文明的发祥、社会生产力的发展、历史进程的演变，还是思想文化的兴盛、民族精神的淬炼，都离不开长江的哺育和滋养。

漫长历史进程中，长江早已成为中华民族的文化血脉，成为中华文明演进的主脉。

江河互济：中华文明基本格局构建

黄河，发源于青藏高原的巴颜喀拉山北麓，穿越青海、四川和甘肃等省，九曲十八弯地奔流入海。

黄河与长江，是中华民族的骄傲与象征，不仅滋养着流域内的万物生灵，还各自孕育了灿烂的文明，尤其是在江河互济中，共同构建了中华文明的基本格局。

远古时期，黄河流域与长江流域一样，都是先民早期最主要的活动地域。山西西侯度人，陕西蓝田人、大荔人，山西襄汾丁村早期智人，北京山顶洞人，内蒙古乌审旗大沟湾晚期智人，他们同样在艰苦条件下生存，不断探索与前行。黄河流域形成了半坡文化、马家窑文化、齐家文化、裴李岗文化、大地湾文化、仰韶文化、龙山文化、大汶口文化等，与长江流域的三星堆文化、河姆渡文化、宝墩文化等交相辉映。

在文明起源与发展阶段，长江流域与黄河流域就存在交流与融合。枣阳雕龙碑遗址、宜昌中堡岛遗址出土的彩陶与仰韶文化时期的彩陶有着共同特色。凌家滩遗址出土的玉龙等文物，与东北地区红山文化的“C”形玉龙有着相似之处。湖北当阳九里岗遗址的石制品既有南方砾石体系的特征，也有北方小石器体系的风格。

青铜器，作为人类文明的重要标志之一，在各大文明中都留下了独特的痕迹。夏商周时期，中原王朝南下控制南方的矿石资源，铜绿山先民采矿冶铜，输送给中原。同时，黄河流域的铸造技艺流传到长江流域，三星堆遗址的晚商青铜器、盘龙城的早商青铜器、湖南宁乡等地的晚商青铜器、安徽楚大鼎等青铜器、江苏宁镇地区西周青铜器，都显示了长江流域青铜的工艺水平和文明发展程度。

从文化基础来看，南稻北粟、南船北马的地域分异，造就了南北文化迥然不同的文化意趣。秦汉大一统，书同文、车同轨，统一度量衡，开启华夏文明一体化发展的格局。汉代陆上丝绸之路的开通以及后来的海上丝绸之路和万里茶道等国际贸易路线的开辟，使长江流域与黄河流域的经济联系更加紧密，文化互动、文学艺术与思想的交流等更加频繁。同时，整个中华文明在与世界文明的交流互鉴中，吸收了世界文明的精华，并将其融入自身的发展。

不同时期的民族交融促进文化交融。我国现有的 55 个少数民族中有 34 个居住在长江流域。不同时期的文化叠加，不同地域之间的文化交融，使长江文化存在的区域几乎都是时空嵌合体。

在漫长岁月中不断地碰撞与融合，长江文化和黄河文化一起激发了中华文明强大的内生动力，使得中华民族在面对各类危机、挑战时，能够从容进退，不断开创新局面，中华文化、中华文明几千年绵延不绝，具有“突出的连续性”。

发展赋能：长江文化的当代价值

跨越我国东、中、西三大板块的长江经济带，人口规模和经济总量占全国“半壁江山”。它所承载的，不仅有中国式现代化的生动实践，也有对建设社会主义文化强国的答卷。

从三峡大坝的雄伟壮观到江南水乡的温婉细腻，从古代巴蜀的坚忍不拔到近代上海的开放包容，长江文化独具魅力，诉说着一幕幕动人的故事。一系列中华文明探源、考古研究等重大工程告诉我们，长江承载着丰富的历史信息，长江所承载的族群文化记忆，清晰地展示了中华民族独特的文化叙事结构。讲好长江故事，才能更好地讲中国故事。结合时代特点，把长江文化融入文艺创作、文化产品及文化建设，可以激励各族人民增强文化自信，推动新时代长江文化繁荣发展，增强国家文化软实力。

长江文化，既是长江流域的精神标识，更是推动长江经济带高质量发展的重要力量。敢为人先，开拓创新，开放包容，胸怀天下，长江所蕴含的思想文化内涵有如璀璨的星辰，照亮了中华民族前行的道路。新时代新征程，我们要努力揭示长江文化的独特魅力，深入挖掘长江文化的内涵与价值，将长江文化的保护、传承、弘扬与长江经济带的发展紧密结合起来，实现文化与经济的双赢。

在知识经济、生态文明、数字化、智能化的时代背景下，文化要素上升为重要发展资源，文化可以推动人才要素流动，推动人文经济与新质生产力创新发展。一方面，我们应加强国际传播能力建设，聚焦文化交流和传播体系建设，推动长江文化走向世界舞台中央。另一方面，我们要深入挖掘长江文化与区域文化、世界文化的融合点，以江河为媒，增进文明交流互鉴，积极推动长江参与世界大河文明对话，促进世界大河流域在文化贸易、绿色发展、生态保护等领域的交流互信，弘扬“和而不同”的发展理念，共绘“美美与共”的文明画卷。

长江不单单是一条江。长江水文直接影响了气候、地形、地质，决定了自古以来的耕作活动方式和经济发展格局。可以说，长江流域不仅是我国国土空间开发最重要的东西向轴线，同时也是重要的生态安全载体。

文明密码：长江国家文化公园

国家文化公园，是推动新时代文化繁荣发展的重大文化工程。

2021年底，长江国家文化公园建设正式启动。这是继建设长城、大运河、长征、黄河国家文化公园之后，又一构建民族精神家园的大手笔、大文章。

长江孕育了羌藏文化、巴蜀文化、滇黔文化、荆楚文化、湖湘文化、皖赣文化、吴越文化……多少深厚的文化内涵留存在岁月里，我们可想、可感，却不易触及。以长江沿线一系列主题明确、内涵清晰、影响突出的文物和文化资源为主干，建设集保护传承利用、文化教育、公共服务、旅游观光、休闲娱乐、科学研究功能于一体的长江国家文化公园，以一个个地标、一段段故事、一句句诗词为线索，我们或可揭示背后的文明密码。

长江沿线拥有全国重点文物保护单位2000多处，国家级非物质文化遗产代表性项目800多项，国家级烈士纪念设施100多处，国家一级博物馆90多家。社会主义先进文化、革命文化和中华优秀传统文化在这里交相辉映，共同构筑了博大精深、绚丽多彩的长江文化体系。长江国家文化公园的建设，根植于文化沃土，整合具有突出意义、深远影响及重大主题的文化遗产资源，展现长江文化的深刻内涵和独特魅力。

在这里，古老与现代碰撞交融，传统与创新齐头并进。我们需通过联合长江沿线城市，从长江文化系统的整体性视角统筹推进全流域文化资源要素的价值开发，注重整体联动、协调发展，推动长江文化育民、惠民、利民，让长江文化走进人们的日常生活，

长江国家文化公园九江城区段

浸润人们的精神世界，进而培育长江经济带高质量发展新引擎。

面对世界百年未有之大变局，着眼于推进中华民族伟大复兴战略全局，长江国家文化公园从绵延数千年的中华优秀传统文化中汲取营养，全国一盘棋，东西南北一个面，统筹协调，精心组织，成为弘扬社会主义核心价值观、引领精神文明创建的坚强阵地。这一国家工程，是中华文明璀璨夺目的象征之一，是彰显大国自信的重要文化新地标。

奋进在以中国式现代化全面推进中华民族伟大复兴道路上，新时代新征程的滚滚长江正奏响新的澎湃乐章！

后 记

长江是中华民族的母亲河，孕育了辉煌灿烂的长江文化。习近平总书记指出，“长江造就了从巴山蜀水到江南水乡的千年文脉，是中华民族的代表性符号和中华文明的标志性象征，是涵养社会主义核心价值观的重要源泉”，强调要“深入发掘长江文化的时代价值，推出更多体现新时代长江文化的文艺精品”。

为深入学习贯彻习近平文化思想，贯彻落实习近平总书记关于保护传承弘扬长江文化的重要指示精神，切实担负起新时代新的文化使命，安徽省政协组织编撰了《长江文化读本》，让人们能够从更广视角、更宽领域、更深层次聆听长江文化之声、观赏长江文化之美、领悟长江文化之韵，推动长江文化创造性转化、创新性发展，赋能中华民族现代文明建设。

《长江文化读本》定位为面向大众传播普及长江文化的通俗读本，从文化根脉、黄金水道、江山胜迹、造物之美、多样竞辉、人文荟萃、水润中华七个方面进行编写。每章选择若干最有影响、最具代表性的文化标识进行阐释。同时，在卷首设置引言，对长江形成的地质历史和概貌，对长江文明的整体认知，以及长江在中华文明进程中的重要地位作用等进行凝练概括。《长江文化读本》以长江沿线历史文明的演变轨迹为逻辑顺序，用一个个文明印记串联起长江文化从古到今的主线情节；在写法上，以学界形成定论的关于长江文化的学术研究成果为基础，力求做到系统性阐释和通俗化表达。

本书的完成得益于有关方面的高度重视和积极支持。围绕长江文化开展重大课题研究并编撰《长江文化读本》，得到中共安徽省委的支持。安徽省政协主席唐良智，副主席孙云飞、陶仪声以及秘书长张岳峰等亲自推动编撰工作，并组成编委会，协调解决工作中遇到的问题。中共安徽省委宣传部对编撰工作进行具体指导，并将本书作为重点出版物予以扶持。安徽省政协文化文史和学习委员会、安徽出版集团积极推进，安徽省文旅厅、安徽省文联提供了一批精美的图片，使本书大为增色。

本书是集体智慧的结晶。安徽省政协策划组织，执行主编由南京大学文化与自然遗产研究所所长贺云翱、安徽省社会科学院研究员钱念孙担任，干有成、黄文浩、陈松平、胡迟、章玉政、陈永、周玉冰等人作为主创人员，领衔书稿编写。北京大学教授朱良志及长江沿线专家学者段渝、白九江、郭伟民、刘玉堂、周广明、叶润清、徐吉军、刘士林等受邀担任学术顾问并对书稿进行了审读，提出了很好的意见建议。本书的编撰，我们参考了许多学者的学术著作和研究成果。对于所有给予本书关注、帮助和支持的单位和同志，在此一并致谢。

编撰《长江文化读本》是一次全新的尝试，我们自觉力有不逮，但仍尽心为之。由于时间仓促，书中难免存在不足之处，真诚欢迎广大读者不吝指正。

编者

2024 年 12 月

说 明

本书个别照片从相关书籍和网络中选取，特向拍摄者致谢。由于客观条件限制，我们尽管多方努力，有的照片仍未能联系到作者。请有关作者及时与我们联系，并提供相关证明材料，以便我们及时支付稿酬并寄送样书。